Gerda Thiele-Malwitz
Pflaumenkuchen für den Führer

Gerda Thiele-Malwitz

Pflaumenkuchen für den Führer

Roman

Gustav Lübbe Verlag

Schutzumschlag: Roberto Patelli, Köln
Gesamtherstellung: Ebner Ulm

Printed in West Germany
ISBN 3-7857-0268-X

Dieser Roman erschien erstmals 1974 unter dem
Titel »Drei Groschen für H.«

Meiner Mutter

»Punkt, Punkt, Komma, Strich, fertig ist das Mondgesicht. Oben Käse, unten Butter, fertig ist die Schwiegermutter.« Das ist der Führer. Jetzt bekommt er noch knallrote Backen. Braun ist abgebrochen, mal ich die Uniform eben rot. Rot ist viel schöner. Noch Ohren und Eisernes Kreuz und Standarte mit Bommeln und den guten Bello mit Ringelschwanz, den mal ich grün. Der Führer hat eben einen grünen, und den liebt er heißinniglich, wie überhaupt alle Tiere auf der Welt. Und rechts oben mal ich die Sonne. Die scheint ihm auf all seinen Wegen. Und weil er immerzu in der Sonne steht, haben wir deutschen Kinder eine sonnige Jugend. Denn er wohnt ja bei uns und nicht in Amerika.

Für das schöne Bild muß mir mein Vati aber mehr zahlen. Nur mit Bleistift ist ja viel leichter. Manchmal habe ich schon zwei Mark bekommen, aber meistens bloß dreißig Pfennig. Oder fünfzig. Aber immer, wenn ich den Führer gemalt habe, war es viel, zur Belohnung, weil ich schon so vernünftig nachdenke, wo ich doch noch nicht mal sieben Jahre alt bin. Ich bin weit voraus, sagt mein Vati. Mal rechnen: Für zwei Mark gibt's beim Bäcker Drombuschat 200 Gummipuppen. Dann würde ich hundert rosane nehmen und die anderen halb grüne und halb weiße. Und dann gebe ich meiner Freundin Trautel fünf ab, damit sie sich freut. Oder drei. Und dann male ich immerzu lauter Führer und Führer, und dann kann ich alle Gummipuppen auflutschen, die es in ganz Grünsburg gibt. Ach, das habe ich ja vergessen: Ich schreibe noch hin, wie es unter dem Bild in der Illustrierten stand: »Der Führer ist Tierfreund«. Mein Vati wird ganz schön staunen über das wunderbare Bild. Er wird es sich über sein Bett hängen und mich doll bezahlen.

Vati streichelt mein Haar, als ob ich ein niedliches Hundchen bin: »Hmhm-hmhm-hmhm, mein Mausezahn, mein Mausezahn«, sagt er und zieht aus der Hosentasche sein braunes Schüttelportemonnaie, aus dem ich schon mal heimlich zehn Pfennig genommen habe. Das gildet aber nicht mehr, denn ich war gleich danach zur heiligen Beichte, woraufhin ich das Dittchen wieder zurück ins Portemonnaie tun mußte. Und noch fünf »Vaterunser« und drei

»Gegrüßet seist Du Maria« hat mir der Pfarrer Tuttig als Buße aufgebrummt. Für das kleine Dittchen! Die »Vaterunser« habe ich unserem Dienstbolzen, der buckligen Ida geschenkt. Bei der kommt es auf die paar mehr oder weniger nicht drauf an. Sie betet schon seit fünfzehn Jahren um einen treuen Schatz oder wenigstens überhaupt einen. Und die übrigen drei »Gegrüßet seist Du« vergesse ich. Da kann ich ja nichts dafür.

Mein Vati legt dann das schöne Führerbild auf den Tisch und schüttelt das ganze blanke Geld in dem Schüttelportemonnaie nach vorn, daß ich so richtig fein sehen kann, wie reich mein Vati ist, und dann nimmt er ganze drei Dittchen heraus und das viele andere Geld rutscht wieder ins Dunkle zurück. Vielleicht hat er noch was lose in der Hosentasche, das er erst suchen muß. Aber Pustekuchen! Wer's denkt, ist damlich, daß ich den noch mal malen tu, für drei Dittchen.

Wir sind nämlich Konvertiten. Das ist, wenn jemand von woanders aus reinem Herzen zur einzig wahren Kirche übertritt. Das heißt, ich bin es ja noch nicht. Aber meine Mutti und mein großer Bruder Heia sind es. Seitdem ist unsere Familie in zwei Teilen. Der eine sind wir und mein Vati ist der andere. Dafür ist er aber Märzhase in der Hitlerpartei und muß viel Freizeit für den Zweck verwenden, weil er sich um Deutschland bangt und ganz besonders um unseren heiligen, ostpreußischen Boden, auf dem ich fröhlich bin und in dem unsere Uromas noch ihre Gebeine aufheben, die wir sehr verehren. Das von dem heiligen Boden und alles, das habe ich von meinem Vati. An meinem Geburtstag hat er mir so eine Rede gehalten.

Es war ganz schön spannend, wie wir zu den Konvertiten kamen. Schuld war der Führer. Natürlich können wir ihm auch wieder dankbar sein, daß wir nun auf dem rechten Weg sind und die göttliche Erleuchtung haben, dessentwegen wir nun jeden Sonntag zur Kirche müssen, wehe, wenn nicht, das ist Todsünde und die bekommt man so schwer wieder von der Seele ab.

Die Erleuchtung kam zu meinem Vati in sein Büro. Der Führer war nämlich gerade ganz frisch der Führer von Deutschland mitsamt dem Ostpreußen geworden, weil er der beste ist, und nun meinte er es gleich gut mit uns und hatte wohl auch Sorge, daß wir alle in den Himmel kommen. Wenn nämlich der Führer mal wegen Alters futsch ist, dann will er uns Deutsche wohl dort oben alle unbedingt wieder um sich haben. Jedenfalls haben sie von der Regierung aus so Fragebogen an die Büros überall rumgeschickt, wo jeder Ernährer ein Kreuz machen mußte, ob er denn nun kirchlich getraut ist oder nicht. Fast alle, wie sie da anständig von ihrer Hände Arbeit leben, haben plötzlich einen schrecklichen Bammel gekriegt, wenn sie noch keine Trauung weghatten, daß es dem Führer vielleicht nicht passen könnte, und da sind sie alle schnell, schnell zu den Kirchen gelaufen. Die armen Kirchen wußten gar nicht wohin mit den vielen Heiratungen. Auf meinem Vati seinen Befehl ist meine Mutti mit mir zu den Evangelischen gegangen, wo wir ja zugehörten.

»Sie kommen so einfach daher und wollen mir nichts, dir nichts getraut werden, und nachher sehen sie sich die Kirche nur noch von außen an. Dazu brauchen sie schon ein wenig Vorbereitung«, so sprach der Pfarrer, und weil meine Mutti ihre Zeit nicht gestohlen hatte, schickte er uns mit unseren Seelen wieder vor die Tür.

Die haben wir dann sofort in die Pfarrkirche zu den Katholischen gebracht. Dort sprachen wir mit dem dicken Pfarrer Tuttig, der gleich einen gelben Zitronenlutscher für mich hatte. In der Sakristei roch es nach kokeln und war lausekalt. »Vor Ihrer Ehe gehörten Sie doch wohl zu uns, liebe Frau Walter?« Wegen dem Pfarrer Tuttig seiner Frage tat meine Mutti eine Sünde und nickte. Draußen hat sie mir erzählt: Gleich als wir in die Sakristei reingingen, kam von Pfarrer Tuttig ein Funken zu ihr geflogen und anschließend ist sie noch über eine goldene Brücke von ihm gelaufen. Ich habe davon nichts gesehen und fand, meine Mutti hat ganz schön einen weichen Dassel. Jedenfalls als wir gingen, hatten wir für einen Freitagabend die Hochzeit in der Tasche. Uns war es doch Wurst, wer uns verheiratete, wenn die Evangelischen sich so zierten.

Aber, nun kam's. Nur für so ohne was ist nichts. Wir Kinder mußten streng katholisch werden, sonst konnte der Pfarrer Tuttig das mit der Trauung nicht machen. Aber da gehören wir nun zu den Katholischen bis zum Jüngsten Gericht, wovor wir solchen Schiß haben, seit wir aus dem Unterricht alles davon wissen. Denn was unsere Mutti nicht brauchte, dafür mußten wir tüchtig den Katechismus pauken.

Die nächste Zeit sind dann überall massenhaft Trauungen losgegangen. An unserem Hochzeitstag war es besonders schlimm. Als wir mit unserem Brautpaar, welches auch gleichzeitig unsere Eltern von schon immer waren, an einer Feuerwehrwache vorbeikamen, gingen gerade viele Feuerwehrleute zu ihrer Trauung. Wehe, es wäre wo eine Feuersglut ausgebrochen. Das haben wir jetzt alles glücklich hinter uns, und von da ab gehöre ich nun zu den Konvertiten.

Mit mir geschieht was ganz Besonderes auf der Welt. Jedenfalls ist das noch keiner Freundin von mir passiert. Mit sechseinhalb Jahren werde ich noch getauft. Vorher habe ich frommen Unterricht. Wenn mich aber der Pfarrer Tuttig zu naß dabei machen will, dann lasse ich mich erst gar nicht taufen. Ich wasche mich nicht gerne. Kaltes Wasser ist für mich nämlich nicht gut, denn ich habe eine empfindliche Blase.

Ein paar Wochen später schon kommt der schönste Tag im Leben, der Weiße Sonntag, der Tag der ersten, heiligen Kommunion. Und das ist das Wunderbare, wo ich gar nicht dankbar genug sein kann: Obwohl ich doch eben erst getauft bin, darf ich da auch gleich noch mitmachen und bekomme ein süßes, weißes Kleid, weiße Schuhe mit passenden Söckchen und einen Myrtenkranz, in den unsere bucklige Ida weiße Blümchen hineingeknüppert und dabei will sie weinen, denn sie hätte auch zu gerne so einen Kranz auf dem Kopf, aber als Braut, mit einem hübschen Schatz an der Hand. Doch der Buckel liegt da immer im Weg. Außerhalb von dem Buckel ist sie aber ganz hübsch.

Das mit der Kommunion ist gar nicht so einfach, denn an sich bin ich noch viel zu klein dafür. Meine Mutti rannte dem Pfarrer Tuttig die Sakristei ein, wer weiß wie oft, und jedesmal legte sie dem Pfarrer Tuttig ihren Lieblingswunsch an sein Herz, das schon krank ist, mit Fett und Stichen. Das machte sie so lange, bis ich mit meinem Bruder Heia zum Beicht- und Kommunionunterricht mitdurfte, und wenn's soweit ist, zusammen mit ihm auch den Leib des Herren herunterschlucken muß. Das ist aber nicht weiter schlimm, denn der soll bloß nach Oblaten schmecken, und außerdem ist er heilig und benutzt mich einfach als Haus, in dem er sich wohl fühlen will. Deshalb muß ich dieses Haus auch immer hübsch rein halten ohne Sünden. In den Zehn Geboten stehen ja die Verbote alle drin, wonach ich mich richten soll. Wenn ich mal nicht dazu komme, ist es auch nicht weiter schlimm, dann gehe ich schnell zur Beichte und gut. Wir haben beim Pfarrer Tuttig auch schon tüchtig beichten geübt, und er hat uns jetzt, so kurz vor dem Weißen Sonntag, auch schon die erste, richtige Beichte abgenommen, die gildet. Da habe ich dann auch gleich das gemauste Dittchen gelassen.

Das ist eine praktische Sache mit der Beichte. Es geht alles ganz einfach, bis auf das sechste Gebot. Jetzt weiß ich nicht ganz genau, ob es auch das sechste ist, jedenfalls das mit den Unkeuschheiten. Da kann man noch so leise und undeutlich flüstern, da wird man ganz gewaltig ausgefragt. Manchmal dachte ich schon, wenn wir nun nicht Konvertiten geworden wären, hätten wir uns viel Umstände erspart. Aber dann hätten wir natürlich die Sünden ewig mit uns herumgeschleppt, und es hätte auch keine Hochzeit gegeben. So ist es wohl doch besser und ich bin eigentlich ganz gern bei den Konvertiten.

Der Pfarrer Tuttig schenkte mir im Kommunionsunterricht immer einen Apfel, damit ich die Gusche hielt. Zu meiner Mutti hat der Pfarrer Tuttig gesagt, daß er wegen mir in seelischen Konflikten ist, von wegen meiner Reife, ob die denn nun für die Kommunion ausreicht oder nicht. Als er meiner Mutti das sagte, hatte sie keine Augen mehr vor lauter Tränen, und da hat er die seelischen Konflikte lieber wieder weggetan.

Ich fand, daß ich ja wohl reif genug war und Verantwortlichkeit hatte, mit reinem Herzen, immerdar, und daß ich nur noch mit dem guten Vorsatz mal was stehlen wollte, es aber auch bestimmt nie, nie, nie mehr wiederzutun. Amen. Und damit der Pfarrer Tuttig auch merken sollte, wie fromm und reif ich war, habe ich, als wir das Lied lernten: »Fest soll mein Taufbund immer stehen«, so laut und inniglich mitgesungen, daß mir der Hals weh tat, und bei dem Satz: »Dank sei dem Herrn, der mich aus Gnad' zur wahren Kirch' berufen hat«, sind mir vor Dankbarkeit ganz herzlich die Tränen gekommen. Ich bin aber doch froh, daß ich nach der Taufe auch noch die Kommunion weghabe, denn nun kann der Pfarrer Tuttig ja nichts mehr zurücknehmen.

Mein Vati hat sich aus unserer Kommunion nichts gemacht. Aber wie es sich gehört, ist er doch noch im letzten Moment mit. Er hat uns sogar eine Taxe spendiert, weil es ihm peinlich war, ich mit der langen Kerze und einem Kranz von der Ida auf dem Kopf, Mutti mit Hut und Gebetsbuch und Heia mit dunkelblauer Hose bis an die Knie. Schön, daß es ihm peinlich war, sonst hätten wir zu Fuß laufen müssen, wie wir es jeden Sonntag tun. Meine Mutti hat mir in einem Sarggeschäft eine riesengroße, dicke, weiße Kerze gekauft, die weit über meinen Kopf ging, wenn ich sie trug. Um die Kerze herum hat unsere bucklige Ida eine Myrtengirlande gewunden, und meine Mutti hat die Kerze noch vorher extra für mich in der Kirche weihen lassen. Und nun sollte ich sie würdiglich, ohne Lachen und Quatschmachen, mit einem weißen Spitzentaschentuch in der Hand, vor mir hertragen, an meinem allerschönsten Tag. Ich kam mir ganz befleckt vor, als ich so an ihr hochsah. »Du wunderschöne, reine Kerze, o ich Sünder, measchulpa, meamaximaschulpa«, oder wie das heißt.

Ich war mit meiner Festkerze wegen der Vorsicht zuletzt in die Taxe eingestiegen. Ich quetschte mich an Heia, der sich immer so dick macht. Neben ihm saß mein Vati. Der schlug die Tür zu und es machte KNACK. Heia stieß die Tür gleich wieder auf, aber ach du Allgewaltiger: Die Hälfte von der herrlichen Kerze baumelte nur noch an einem dünnen Docht.

*

Immer wenn es so klingelt, wie es jetzt klingelt, nämlich als ob die Feuerwehr da ist, dann ist das meine allerbeste Freundin Trautchen Kaminski. Auf eine Art hat sie es besser als ich, denn sie darf Zöpfe tragen, und meine Mutti will das bei mir nicht, weil sie das so gewöhnlich findet. Meine Mutti wird von der Ida »gnädige Frau« genannt, also sind wir was besseres. Kaminskis haben überhaupt kein Dienstmädchen, das zu der Frau Kaminski

»gnädige Frau« sagen kann. Also weiß man gar nicht genau, was nun die Kaminskis für welche sind. Auf andere Art habe ich es aber wieder viel besser als die Trautel. Denn ich darf so oft aufs Klo gehen wie ich nur will. Ich habe mir schon mal lieber in die Hosen gemacht, als auf die Toilette von den Kaminskis zu gehen, denn dort ist es gar nicht auszuhalten. Das war damals, als ich bei der Trautel »Mensch ärgere dich nicht« spielte. Die Toilette von den Kaminskis ist nämlich immer bis zum obersten Rand voll. Wegen der vollen Toilette sind die Kaminskis aber Hausbesitzer. Der Herr Kaminski ist bloß Gestütsbeamter. Da verdient er nicht viel, und er hat noch seine Frau durchzubringen und die Trautel und den schielenden Erich und die Irmela, die damliche Bohnenstange, die schon fünfzehn ist und nur einen Akademiker will. Da kann sie aber lange warten. Wenn so ein Akademiker mal bei denen die Bescherung auf der Toilette sieht! Aber weil die Kaminskis um jeden Pfennig knausern und nur altes Brot essen und sonntags Kuchenkrümel vom Bäcker und nur einmal in der Woche auf der Toilette ziehen, um das Wassergeld zu sparen, und sich alle von der Familie darum reißen, dann als erster auf dem Klo zu sitzen, deshalb sind sie eben zu was gekommen.

Darum darf ich auch nicht darüber lachen, hat mein Vati gesagt. Der Herr Kaminski ist kein Schmarotzer an der Volksgemeinschaft, sondern ein ehrlich arbeitender Volksgenosse und außerdem hat mein Vati den Herrn Kaminski bald soweit, daß er in die Hitlerpartei eintritt. Natürlich kann er nun nicht mehr, wie mein Vati, ein Märzhase werden. Dann hätte er schon im März 1933 eintreten müssen und der März ist ja nun vorbei. Aber mein Vati hat bei der Partei eine prima Nummer, wenn er einen Neuen mitbringt.

Jedenfalls ist der Herr Kaminski der einzige Gestütsbeamte in Grünsburg mit Haus. Wir haben bloß ein Reihenhaus gemietet. Dafür gehen die Kaminskikinder, wenn es kalt ist, zu anderen Leuten austreten. Sonst düngen sie den Garten. Sie sind aber gut erzogen und kommen nicht dauernd angeschest. Zum Beispiel die Trautel hält es wirklich bis zum allerallerletzten Moment aus, daß sie schon mit der Hand alles zuhalten muß und von einem Bein aufs andere hampelt und die Lippen aufeinanderbeißt. Nur wenn es soweit ist, klingelt sie und fragt: »Ist die Nate da?« Sie wartet aber die Antwort von der Ida gar nicht erst ab und stürzt auf unser Klo.

Die Ida kann sich halbtot ärgern, wenn die Trautel dessentwegen schellt. Wenn noch mehr von der Kaminskifamilie auf unsere Toilette pischen, dann will unsere Ida kündigen und kann ja gleich irgendwo Toilettenfrau werden, denn das bringt mehr ein, als zwanzig Mark im Monat und freies Wohnen und Essen und einmal im Jahr ein Paar Pumps.

*

Meine Berliner Oma ist eine Wütwe und zuckerkrank. Das ist beides sehr traurig. So richtig gut leiden kann ich aber meine Oma nicht, weil sie den Heia immer vorzieht. Der Heia ist ihr Ein und Alles und ihr Sonnenschein und ich bin nichts. Obwohl er schrecklich abstehende Ohren hat, findet sie ihn hübsch. Sie gibt auch zu, daß sie mich nicht richtig leiden kann, weil ich dem Heia immer alles kaputt mache. Schon als die Mutter meiner Berliner Oma noch lebte, hatte die immer zu mir gesagt, wenn ich dem Heia seine Burg und seine Soldaten zerdepperte: »Aber Natelein, das dürfest du doch nicht!« und dabei böse mit dem Krückstock auf die Erde gebumst. Die hatte auch immerzu was an mir rumzuquergeln. Gott sei Dank ist sie dann bald gestorben und meine Berliner Oma ist auch nicht mehr jung. Immer, wenn das Blut bei meiner Oma zu süß wird, fährt meine Mutti für kurze Zeit nach Berlin, um nach dem Zucker zu sehen. So auch jetzt. Aber das macht nichts. Für uns Kinder sind nur die Dienstmädchen wichtig, denn mit denen haben wir es zu tun. Die bucklige Ida mögen wir besonders gern leiden. Mit dem Buckel kann sie in ihrer Freizeit nicht was rechtes anfangen und so hat sie viel Zeit für uns.

Alle unsere Dienstmädchen bekommen wir von der Kirche geschickt. Als unsere letzte, die hübsche Elsbeth, uns zwei Pfund fette Blutwurst schenkte und in die Arme eines Schlächters ging, hatte meine Mutti aufgeatmet. Das alte Fräulein von der Kirche, welches im Dritten Orden ist und sich deshalb als Bräutigam den Herrgott genommen hat, und die uns immer die Mädchen besorgt, war ganz schön in der Bredouille, mit einer Neuen für uns. Wegen meinem Vati. Beinahe hätten wir keine mehr von ihr bekommen, weil sie die Verantwortlichkeit für die jungen Dingerchen nicht mehr länger übernehmen wollte. Aber da kam gerade die bucklige Ida recht. Das Fräulein vom Dritten Orden meinte: »An einem Buckel würde sich ja wohl der Herr Walter nicht vergreifen.« Dabei hat mein Vati nie ein Mädchen verdroschen. Ehrenwort! Sonst hätten sie geweint oder mir mal was erzählt. Bis auf die Ida war er zu allen sogar immer besonders nett. Aber die von der Kirche sind bloß gegen die von der Partei, hat mein Vati gesagt. Nur darum reden die solchen Quatsch.

Nun ist also meine Mutti weggefahren und hat den Heia nach Berlin mitgenommen. Mich wollten sie ja nicht, obwohl doch kleine Ferien sind. Da steh ich nun ganz allein in unserem Garten. Der ist schmal und lang und vollkommen durcheinander. Die drei Gärten daneben sind genauso schmal und lang aber viel schöner. Der Garten an unserem mit den Sonnenblumen gehört Blodauers mit der Dörte. Die hat Sommersprossen und rote Zöpfe mit Ponys und bekommt alles, was sie will. Die Frau Blodauer ist eine schauderbare Frau mit ihrem wasserstoffblonden Knoten und vor den Ohren zwei Sechserlocken. Sie kann fuchsteufelwild werden, wenn ich bloß man so, ohne Worte, summe:

Liebling mit dem blonden Haar,
Wasserstoff bleicht wunderbar.

Ich summe das oft, wenn ich sie sehe. Ist ja nicht verboten. Immer geht sie im Garten spazieren, und wenn sie sich wegen dem Unkraut bückt, hängen bei ihr aus dem Ausschnitt zwei lange Busen heraus, wie helle Weißbrote. Die Frau Blodauer habe ich genascht, denn andauernd holt sie mich von der Trautel weg und ich muß mit ihrer langweiligen Dörte spielen. Zum Glück ist die Dörte jetzt mit ihrem Vater verreist. Auch zu ihrer Oma. Wie der Heia.

Ich weiß gar nicht was Rechtes anzufangen an diesem Morgen. Das Gras ist ja auch noch ganz naß. Unsere Ida ist in aller Herrgottsfrühe zum Arzt ins Krankenhaus. Das dauert da wieder. Vielleicht ist sie wegen ihrem Buckel hin. Mannometer, ist das mal wieder langweilig. Ich gehe außen die Kellertreppe zur Waschküche runter, um mal nach meiner wunderschönen Regenwürmerzucht zu sehen. Ich habe mir viele verschiedene rosane, ellenlange Würmer ausgegraben und sie alle in einen großen Pappkarton gelegt. Der süße kleinste ist mein Liebling. Dann habe ich den Karton dreiviertelvoll mit der dunkelsten Erde geschaufelt, die ich finden konnte. Ich habe sogar wegen der Nahrhaftigkeit zwei Sorten gemischt, und ich gieße nun jeden Tag zwei- oder dreimal, wie ich Lust habe, das schöne Regenwürmeraquarium ordentlich mit der Gießkanne, und zwar mit der Sprühschnute. Sie sollen es gut bei mir haben. Im Garten oben regnet es ja nun nicht jeden Tag, wie hier bei mir in der Waschküche. Leider werden die Kartons so leicht weich und ich muß sie öfters wechseln. Dann spiele ich Regenwürmerumzug. Jetzt gieße ich bloß. Mir ist heute alles zu langweilig. Mein Vati ist auch noch nicht auf. Er muß erst um zehn weg. Nur so aus Blödsinn krieche ich auf allen vieren die Treppe wieder hoch, in den Garten, und lehne mich an den Drahtzaun zu den Blodauers. An einer Stelle kann man nämlich so schön in die Veranda von denen sehen. Mal gucken, ob die Frau Blodauer wieder ihre langen Busen rausbaumeln läßt. Erbarmung! Wie kommt denn mein Vati, so früh am Morgen, in die Veranda von der Frau Blodauer, in dem Herrn Blodauer seiner Schlafanzugjacke?

*

Mein Vati ist ein großer Geizknochen. Das hat ja nichts mit dem Geld für die Gummipuppen zu tun. Aber er hält meine Mutti mit dem Wirtschaftsgeld auch zu knapp. Für das bißchen verlangt er Gott und die Welt. Wenn meine Mutti die Berliner Oma nicht hätte, die von ihrer Wütwenpension oft mal was zubuttert, na, gute Nacht. Auch die Reise nach Berlin zahlt meine Oma. Den Heia kleidet sie vollkommen ein. Mich nicht. Von der brauche ich aber nichts. Mir strickt die Ida allerhand aus roter und brauner aufgeräufelter Wolle.

Weil mein Vati unser Ernährer ist, deshalb muß er immer eine Extrawurst haben. Zum Beispiel beim Frühstück. Also beim Frühstück schmieren wir uns aus einer großen Butterdose, die uns allen gehört, bloß wir Kinder sollen nicht so dick schmieren, sondern kratzen. Gut. Dann bekommen wir noch in einem Extraschälchen Vierfruchtmarmelade. Sollen wir auch kratzen. Gut. Jeder bekommt noch zwei blonde Brötchen, wo wir Anschiß kriegen, wenn wir mal zu dunkle bringen. Gut. Aber nun mein Vati!

Der bekommt noch Pflaumenmus. Und da soll man gar nicht glauben, wie wundervoll so ein Pflaumenmus riecht, wenn man es nicht aufschmieren darf, bloß der Vati. Das Pflaumenmus muß links von ihm stehen. Rechts verlangt er ein gelbes Honigglas. Da gucken wir Kinder immer so schön zu, wie sich der blanke Honig vom Messer auf sein Brötchen kringelt. Wenn er dann reinbeißt und der Honig so schön klebrig über seine Finger läuft, leckt er sie ganz sauber ab. Da sieht man richtig, wie gut es ihm schmeckt. Wir gönnen es meinem Vati, weil er unser Ernährer ist. Ehrenwort! Es ist bloß zu dumm, daß Kinder auch so gern Pflaumenmus und Honig essen. Und ein Ei bekommt er auch immer noch. Das köpft er mit dem Messer, und wenn es hart ist, will er es am liebsten der buckligen Ida auf dem Kopf zermantschen.

Unser allergrößter Spaß beim Frühstück ist die Butterdose. Wenn wir die mal zu nahe bei uns stehenlassen, sagt mein Vati ganz vornehm: »Dürfte ich mal bitte eure Privatbutter haben?« Immer grinst dann der Heia, und Mutti muß zur Decke schauen, und ich huste manchmal, um nicht loszuplatzen. Hi-hi-hi, die Butter ist nämlich gar keine reine Gutebutter, sondern gemischt, halbe, halbe. Wer gerade Zeit hat, Heia, Mutti, Ida oder ich, der setzt sich schnell auf die Kellertreppe oder wo und knetet kräftig in einer Schüssel einen Butter- und einen Margarinebatzen mit einem dicken Holzdubbas durcheinander. Da braucht man Kraft zu, das kann ich sagen. Das muß auch gründlich gemacht werden, sonst gibt es Streifen und mein Vati merkt was. Aber so spart meine Mutti Wirtschaftsgeld. Wenn mein Vati dahinterkommt, heilige Mutter Gottes!

Die meiste Angst von uns allen hat die Ida wegen der Butter. Über unserem Tisch hängt eine eiserne Lampe, bei der die Ida immer das Staubwischen vergißt. Von der aus geht eine elektrische Schnur bis dicht über unsere Köpfe. Daran schaukelt eine Klingel. Wenn wir mit dem Frühstück fertig sind, schellt meine Mutti nach der Ida. Die klopft zweimal und kommt furchtbar ängstlich an unseren Tisch. Erst glotzt sie die Butterdose an, dann Vati, nachher uns, und da sieht sie dann, daß wir feixen und ist froh, weil er mal wieder nichts gemerkt hat. »Na, was ist denn, Ida, räumen Sie doch schon ab. Aber holen Sie erst das Tablett.« So ähnlich sagt mein Vati dann meistens. Er kann es nämlich nicht leiden, wenn sie alles einzeln rausträgt. Aber die Ida nimmt schon mal lieber gleich die Butterdose vom Tisch weg und trägt sie schnell in die Küche.

*

Also unseren Führer muß man doch richtig lieb haben. Was er nicht hübsch ist, dafür macht er gute Taten. Ach du liebes Gottchen, hat mich der Führer erbarmt, als wir letztens in der Schule, bei Fräulein Weisse, das schöne Gedicht über ihn gelernt haben.

Das geht so:

Hab' Dank.

Wenn ich abends schlafen geh',
Und ich morgens lachend steh',
Wenn ich schreite durch den Wald,
Wenn vom Berg mein Echo hallt,
Du mein Führer für mich wachst.

Wenn ich turne, singe, lach',
Wenn ich kühle mich im Bach,
Wenn ich spiel' auf deutschem Sand,
Wenn ich lerne für mein Land,
Du mein Führer für mich wachst.

Wenn auf heil'ger deutscher Flur,
Jugend einigt sich im Schwur;
Ganz zu stürmen himmelan,
Daß das Land in Ruh' sein kann,
Du mein Führer für uns wachst.

Also das muß man sich mal vorstellen, ich kann spielen und ruhig schlafen und alles machen und immerzu hält der Führer Wache, damit mir nichts passiert. Jetzt werde ich gleich zweimal beschützt, denn ich habe ja noch unseren Herrgott. Vielleicht ist das ganz vernünftig so, und die beiden wechseln sich mal ab. Aber nein, nein, nein, der Führer verläßt sich nicht auf andere, wenn es um seine Jugend und Deutschland geht. Der Herrgott kann ja das fremde Ausland nehmen. Das alles sieht man ja schon an dem Gedicht, bei dem mir Tränen voll Mitleidigkeit kommen, jedesmal wenn ich es aufsage. Denn wie das so aussieht, mit dem Wachen und Wachen, da kann der arme Führer ja niemals schlafen.

*

Wir sind nämlich eine Garnisonsstadt. Das ist, wenn wo außerhalb von dem Ort Kasernen stehen und die Soldaten, die dort wohnen, am Ausgangstag mit den Dienstmädchen von der Stadt poussieren gehen. Jetzt haben wir auch wieder eine, die von den Soldaten poussiert werden muß.

Es ist rein zum damlich werden, aber unsere Ida hat gekündigt. Nicht wegen meinem Vati, und auch nicht wegen dem Pullern von der Trautel. Nach Mehlsack ist sie oder Heiligenbeil, zu ihrer Mutter, die nicht sterben will. Dabei hat sich die Mutter dessentwegen extra hingelegt, und nun macht sie und macht sie nicht und bockt. Und an wem bleibt das mal wieder hängen? Es kommt alles immer noch rauf auf Idas Buckel. Gespart hat sie bei uns nichts, aber ihre Tugend hat sie heil wieder mitgenommen und zog recht traurig damit ab. Sie hat dem Fräulein vom Dritten Orden erzählt, daß bei uns alles anständig war. Die hat sich so sehr darüber gefreut, daß sie noch mal ein Auge zudrückte, und dann hat sie uns die Anna Zietmann geschickt, und die habe ich jetzt auf dem Hals. Meine Eltern sind mit dem Heia übers Wochenende nach Königsberg, zu den Gubschens, die einen Schäferhund haben und zwei Sofapuppen mit Schlenkerbeinen.

Mich hat die Anna Zietmann schon am Nachmittag ins Bett gesteckt. Ich habe Halsschmerzen und einen komischen Kopf. Halsschmerzen ist übertrieben. Es kratzt bloß ein bißchen beim Schlucken. Einen großen Topf Kaukau hat sie mir auf den Nachttisch ins Kinderzimmer gestellt. Die weiß wohl gar nicht Bescheid, daß bei Halsschmerzen Kaukau nicht gut ist und wenn sie noch so viel Milch reintut. Ich habe mir auch schon die ganze Bettdecke damit vollgekleckert. Ich will meine bucklige Ida wiederhaben! Wenn ich bei der mal krank war, ach du Allgewaltiger, die ist halb damlich geworden vor Aufregung. Ihren ganzen Buckel hatte sie voller Geschichten für mich und Umschläge gemacht und an meinem Bett gesessen und mir alles gebracht und getan, daß ich am liebsten gar nicht mehr gesund werden wollte. Und die

Anna Zietmann? Ha, ihren Ausgang nimmt sie an meinem kranken Sonnabend. Wenn sie nun schon nicht in Romeikats Festsälen mit ihrem Schatz von den Soldaten tanzen kann, weil ich mit meinem Hals solche Zicken mache, dann muß der Schatz eben in unsere Wohnung kommen und sie hier poussieren, und ich muß versprechen, im Bett zu bleiben und keinen Mucks. Oder will ich wohl, daß die Anna Zietmann lieber in Romeikats Festsälen tanzen tut? Das will ich nicht! Allein habe ich nämlich Angst vor kleinen Männern unterm Bett. Ich will meine bucklige Ida wiederhaben!

Nun klingelt es wie verdreht. Ich höre, daß der Anna Zietmann ihr Schatz genau so eine tiefe Stimme hat wie der Weihnachtsmann, welcher in Wahrheit ein armer, alter Mann aus Grünsburg ist, der sich in der Weihnachtsmannuniform ganz schön mal was verdient. Weil wir dann so herrliche Lieder singen und von wegen der dicken Gans im Bauch und Schneeflocken, und was da alles noch so ist, dessentwegen wir ein Schärflein geben, wo der alte Mann dann immer sagen muß: »Gott vergelt's.«

Schrecklich laute Soldatenstiefel hat der Schatz und lacht »hirch-hirch-hirch.« Jetzt summt der Schatz. Das kenne ich doch? Komme bloß nicht drauf. Ein ganz, ganz berühmter Radioschlager. Mein Kopf ist so dumm und tut schrecklich weh, daß ich lieber mal aufhöre, mit dem Besinnen. Schon muß der Schatz mal nötig bei uns. Wegen dem weiten Weg von der Kaserne nach hier. Er knallt die Klotür zu, daß es in meinem Kopf ganz furchtbar knackt. Da blubbert Wasser in der Wand. Aha, ist er fertig. Nun geht's ihm besser, und er muß eine Treppe höher ins Mansardenzimmer von der Anna Zietmann marschieren, das gleich neben Heias Bude ist. Der Schatz schlurft ja beim Treppensteigen. Wenn ich die Füße mal nicht hochhebe, dann kriege ich von meinem Vati eine saftige geschwalbt. »Hirch-hirch-hirch«, lacht der Schatz und »ach du« sagt die Anna Zietmann so ganz komisch. Nun wird sie poussiert. Hauptsache sie ist da, und ich bin nicht allein im Haus. Bei dem schönen Frieden, wie er jetzt so ist, schlaf ich schon mal fein eine Runde weg für den schlimmen Hals.

Auf einmal bin ich wach, weil das Badewasser läuft. Bum, bum, krach, kommt der Schatz die Treppe heruntergepoltert. Jetzt planscht doch der Lorbaß in unserer Wanne und summt schon wieder den schönen Schlager. Bei dem ich nicht drauf komm, wie er heißt.

Als der Schatz weg ist, klingelt es gleich wieder. Ein neuer Schatz ist gekommen. Der muß nicht erst mal so nötig und geht gleich poussieren. Baden tut er aber nachher auch. Ganz lange. Dann ist er fort, und der nächste Schatz klingelt. Es haben noch mehr Soldaten Ausgang und gehen und kommen. Immer mit den Stiefeln die Treppe rauf, poussieren, baden und schön sauber wieder in die Kaserne zurück. Es ist nämlich schrecklich schlecht für kranke Köpfe, wenn den ganzen Nachmittag, bis spät abends, das Badewasser läuft.

Und am Sonntag, wo es mir noch gar nicht besser geht, dasselbe, Klingeln, Poussieren, und das Badewasser strullt und strullt, daß ich davon schon ganz gnaddrig bin. Einer von den Schätzen ist aber doch sehr nett. Und zwar einer vom Sonntag. Der macht wenigstens mal meine Tür auf und kommt nach mir sehen. Es gehört sich auch so. Wenn wo ein krankes Kind liegt, muß man doch mal nachgucken, ob es schon tot ist. Das ist ein niedlicher Herr Soldat, der ganz kurze Haare hat, die er niemals kämmen muß. Er kommt an mich heran und zieht mir die Bettdecke weg. Nun sieht er meinen blauen Schlafanzug, hinten mit Klappe. Der ist auch ganz voll Kaukau, wie die Decke. Der Herr Soldat lacht so freundlich und sagt zu der Anna Zietmann, die schon fix und fertig poussiert in der Tür steht – und zeigt dabei auf mich –, »Gott, ist die aber süß!«

*

Ich weiß rein garnuscht. Ich werde doch nicht petzen. Aber der Herr Blodauer! Kaum sind Vati und Mutti aus Königsberg zurück, da kommt er auch schon rüber zu uns. »Das arme Mariellchen«, sagt er, und Unverantwortlichkeit und sowas alles und von seinen Nerven, und daß damit was nicht richtig ist. Alles wegen unserer Badewanne, in der ja eine Kompanie Soldaten gebadet hat, mit Tag und Nacht Wasserlaufen und von den dünnen Wänden. Seitdem rauscht es jetzt in seinem Kopf.

Da sieht man nämlich, finde ich, daß die Soldaten, die beim Marschieren nach Pups und Leder riechen, in Wahrheit ganz schön sauber sind. Und ich armes Kind, sagt der Herr Blodauer, war immer dazwischen. So ein Quatsch. Ich habe doch im Bett gelegen.

»Aber Natelein, mein Mausefüßchen, mein Mausezahn«, ruft mein Vati und steht sehr weit weg von mir, von wegen der Angst, daß ich vielleicht eine Halsbazille habe. Meiner Mutti ist das egal. Sie nennt mich »meine Mücke, mein kleines Mädchen, mein Spatz«, und davon muß ich doch was gemerkt haben, und daß ich alles sagen soll. Nun drückt sie mich ganz fest an ihren weichen Bauch, wo ich gar nicht so gerne dran bin.

»Aber auch rein garnuscht habe ich gemerkt«, sage ich. »Bloß die Anna Zietmann hat mal gebadet. Und ich. Von wegen dem Sonnabend.« Jetzt streichelt sie mich und knutscht und schüttelt mich und will bloß, daß ich petze. Das tue ich aber nicht. In der Schule haben wir nämlich schon von der Kameradschaft gesprochen. Ein deutsches Mädchen ist keine Zimperliese, sondern eine Kameradin, komme was da wolle, hat Fräulein Weisse gesagt. Da bin ich nun auf einmal die Kameradin von der Anna Zietmann, die ich gar nicht richtig leiden kann. Aber als deutsches Mädchen darf ich mal nicht so sein. Denn das muß ich schon sagen, die Anna Zietmann hat ja bloß mir zuliebe hier in unserem Haus poussiert, damit ich nicht so allein sein sollte mit meinem schlimmen Hals. Sie kann ja auch nichts dafür, daß wir eine Garnisonsstadt sind. Jetzt stehe ich zu der Anna Zietmann, weil sie mich in meiner schlimmen Krankheit nicht allein gelassen hat. Nun muß sie aber mit mir auch mal wieder bei irgendwas kameradschaftlich sein. Denn nur, weil ich nichts gesagt habe, darf sie noch bei uns bleiben. Meine Eltern haben mir geglaubt und nicht dem Herrn Blodauer, der mal lieber auf seine Frau aufpassen soll, sagt meine Mutti, dann braucht er nicht überall schon ganze Kompanien von Soldaten zu sehen, sagt sie, und damit gut. Wenn ich wieder richtig gesund bin, muß ich sofort mal zum Pfarrer Tuttig laufen. Denn die schöne, deutsche Kameradschaft und das Vierte Gebot aus dem Katechismus, die passen bei mir auch rein überhaupt nicht zusammen.

*

Auch wenn wir mischen, muß unsere Butter billig sein und frisch. Am liebsten möchte meine Mutti unter der Kuh sitzen und die Butter auffangen. Frisch ist bei uns ganz besonders wichtig, denn sie muß ja recht schön die Margarine überriechen. Einmal im Monat kommt eine alte Frau mit einem runden Korb an unsere Tür. Unter einem weißen Handtuch zeigt sie uns frische Landbutter. Die sollen wir kaufen. Meine Mutti kostet immer eine Messerspitze voll, und dann sagt sie nein. Höchstens nimmt sie Eier. Aber wehe, eins ist kaputt. Die alte Frau hat Spangenschuhe an mit schwarzen Knöpfen und sagt, es ist ein Kreuz mit der Butter. Auch stopft sie nie das große Loch in ihrem Strumpf, der immer so kruschlig in Falten zusammenrutscht.

Also fährt meine Mutti wieder mit dem Heia nach dem Gut Sonnenstuhl, wo man ihr ein schönes Schinkenbrot schenkt, weil sie von denen die Butter nimmt. Der Sonnenstuhl ist nicht sehr weit weg von Grünsburg. Wenn man Zeit hat, kann man sogar hinlaufen. Höchstens einen Nachmittag bleibt sie fort, oder einen Abend, wie sie gerade losgeht. Der Heia ist ganz jieprig nach den kleinen Katzen dort. Die haben nämlich so niedliche blaue Augen. Wenn mein dummer Hals nicht wäre, hätten sie mich mitgenommen.

Mein Vati ist schon gekommen. Die Anna Zietmann sagt ihm Bescheid wegen dem Sonnenstuhl. Wenn einer von uns Kindern mal krank ist, dann ist mein Vati wer weiß wie feige. Wegen sowas kann ich ihn nicht richtig leiden. Ganz weit weg bleibt er dann von uns, weil er Angst hat, daß er sich an der Erkältung womöglich ansteckt. Jetzt steht er auch bloß wieder in der Kinderzimmertür und wirft mir eine Tüte Puffreis aufs Bett, und nun soll ich mich freuen. Das tue ich aber nicht, weil ich lieber kaltes Birnenkompott mit viel Soße hätte. Beim Lachen hat mein Vati an den Seiten so schöne goldene Zähne. Jetzt lacht er auch wieder ganz golden und ganz von weitem, und dann geht er Abendbrot essen.

Was soll ich denn mal träumen? Na, ich träume mal, unser Rotwasserbächlein wäre voll Apfelsaft. Dann sehe ich hoch. Über meinem Bett hängt der Führer. Ich gucke ein bißchen zu, wie er so würdiglich schaut und wacht und was er über dem Bart für eine dicke Gurke hat. Ich schwärme für ihn, aber ich will ihn nicht heiraten. Nun klebe ich einen Popel an die Tapete. Ich muß mal, und die Anna Zietmann hat natürlich das Töpfchen vergessen. Ich bin wieder mal ganz unnütz und trete nicht, wie ich soll, in die warmen Pampuschen. Wegen meiner nackichten Barfüße schleiche ich mucksmäuschenleise auf den Flur, pst, es darf ja nicht wo knacken, und ich hab's doch so eilig. Die Schlafzimmertür von meinen Eltern ist nur ein Stückchen offen. Ich höre, wie die Anna Zietman drin ist und mein Vati. »Anna«, sagt er, »ach Anni«, so als ob er solches Zahnweh hat, und die Anna Zietmann atmet ganz komisch und sagt: »Aber Herr Regierungsrat, doch nicht auf dem Bett von der gnädigen Frau!«

Jetzt weiß ich auch schon gut Bescheid mit der Unfähigkeit. Das ist, wenn ein Dienstmädchen, – wums –, ihren großen Popo auf das Bett von der gnädigen Frau fallen läßt, wenn diese gerade mal Butter holt oder was. Wieso denn auch? Das Dienstmädchen hat ja selbst ein Bett. Die braucht doch nun nicht das schön glatt gemachte Bett von der gnädigen Frau zu verruscheln. Wie sieht denn das auch aus, wenn da überall so Riesenpopos eingedrückt sind, und keiner will es nachher wieder glatt machen. Überhaupt ist das Bett von der gnädigen Frau wie heilig, das habe ich schon gemerkt.

Seit die Anna Zietmann auf dem Bett von meiner Mutti gesessen hat, ist sie plötzlich ganz vornehm und gnädig und rein wie verdreht. Daraufhin hat sie sich sofort den Mund noch und noch voll Lippenstift gemalt. Auch hat sie die Fingernägel wie rosane Bonbons lackiert, dessentwegen sie nicht mehr im Garten arbeiten kann. Immer zetert sie wer weiß wie los, wenn ihr beim Aufwischen oder was ein Fingernagel wegknackst, und nach jedem Abwasch beschmiert sie ihre Hände mit Kalodermagelee. In ihrer Schürzentasche trägt sie eine große Flasche Maiglöckchenparfum, wovon sie dauernd was an die Ohren und unter die Arme gießt. Sogar ihr Sonntagskleid ruiniert sie und nimmt es für alle Tage. Nun sieht sie ja wirklich hübsch damit aus, ganz dunkelblau, mehr schangschang, mit um den Hals so lilane oder rosane Spitzen, oder was das für welche sind, jedenfalls alles schangschang. Beim Kochen steht sie immerzu mit der Brennschere an der Gasflamme und onduliert sich Locken. Als meine Mutti zu ihr sagt:

»Nun machen Sie mal das und das, Anna, wie oft soll ich Ihnen denn das noch sagen?« Na, die Anna Zietmann! I wo, sie nimmt rein gar nichts an und macht das dann einfach nicht. Ihre fein lackierten Fäuste klemmt sie in die Taille und atmet wieder so komisch und pumpt ihre Busen auf wie zwei Luftballons, daß sie ordentlich dick nach vorn stehen und sagt: »Ich lasse mir diese Behandlung nicht mehr länger gefallen, weil ich das nun nicht mehr nötig habe.« Und dann gibt sie damit an, daß sie da mächtig stolz darauf ist, daß der Herr Regierungsrat sie ganz eigenhändig auf das Bett von der gnädigen Frau getragen hat, und nachher bekam sie von ihm noch Wein und Konfekt geschenkt. Und mir bringt er Puffreis mit. So ist mein Vati.

Gerade jetzt, wo es interessant wird, schubst meine Mutti mich aus dem Zimmer. Dann lausche ich eben und höre meine Mutti sagen: »Ich glaube, der Herrgott meint es nicht recht gut mit mir. Anna, Sie sind wegen Unfähigkeit entlassen.«

Aber die paar Tage bis zum Ersten muß sie schon noch bleiben, weil es neue Dienstmädchen immer nur am Ersten gibt, und wir sind mitten im Einmachen. Die Anna Zietmann weiß ja auch gar nicht so schnell wohin. So eins, zwei, drei nimmt sie keiner. Seit dem Trara mit ihr ist mein Vati zu meiner Mutti richtig anmaßend. Das ist, wenn Vati zu Mutti »Pfaffenhure« sagt, »du Spaltpilz, du«, und noch so allerhand und wie ein ganz fremder Mann tut und nicht wie ein Vati.

Das kann man glauben, jetzt habe ich Riesenohren und weiß Bescheid über alles. Der Vati schreit immer »Hure«, und richtig geschubst hat er meine Mutti. Dabei ist die deutsche Mutter heilig, und die deutsche Mutter schubst man nicht, weil die deutsche Mutter an das Land lauter Söhne und Töchter verschenkt, daß wir stark sind. Sollen sie doch mal kommen, die Feinde. Die deutsche Mutter gibt immer mehr und mehr Söhne ab, bis sie alt ist und keine mehr hat. So einen ähnlichen Vortrag hat mir mein Vati mal gehalten, als ich nicht an seine Mutter schreiben wollte, wegen dem Bedanken von den Kniestrümpfen zu Weihnachten, die sowieso immer rutschen, weil sie für mich nur ganz billige nimmt. Die teuren bekommt ihr Liebling, meine Kusine Josefine. Diese deutsche Mutter, die ich zu ehren habe, ist gleichzeitig auch noch meine Omama aus Insterburg. Ich habe nämlich eine Oma und eine Omama.

Mit meinem Vati ist das so schlimm, daß es kein Benehmen mehr ist mit ihm. Sogar die Anna Zietmann hat neulich auf der Bodentreppe zu ihm gesagt: »Ich kann das nicht mehr länger mit ansehen. Sie müssen etwas netter zu Ihrer Frau sein.« Ich lasse nun meinen Vati nicht mehr aus den Augen, wo er jetzt so dreibarstig mit uns ist. Am nächsten Tag sehe ich doch, wie er die Anna Zietmann beim Staubwischen am Rock zupft, und dann höre ich ihn nuscheln: »Anna, ich habe der gnädigen Frau eben gesagt, daß ich mit ihr ins Kino gehe. Nun strahlt sie. Habe ich es Ihnen recht gemacht?«

*

Die arme Marta Wischnewski ist ein Vollwaisenkind. Am Anfang war sie natürlich erst mal Halbwaise, weil ja noch ein Mutterherz für sie schlug. Aber nur ein Jahr. Schuld, daß es nicht länger dauerte, war ihr jüngerer Bruder Hermann. Der Hermann kam, und die Mutter ging. Ob in den Himmel, man weiß es nicht. Was nun? Natürlich Waisenhaus. Das ist dort, wo die Liebe fehlt und wo man zu essen und zu trinken kriegt und noch ein häßliches Kleid mit Schürze, und das ist alles. Die arme Marta Wischnewski ist aber nicht nur Vollwaisenkind. Es kommt noch viel schlimmer. Sie ist auch vollkommen unehelich. Sowie ebenfalls ihr Bruder Hermann. Nun ist die arme Marta Wischnewski zu uns gekommen und kann sich freuen, daß sie eine richtige Familie hat, wo ich dazugehöre und ihr helfen will, daß sie nicht so viel davon merkt von der Vollwaise. Die Marta Wischnewski ist nämlich unser neues Dienstmädchen. Gleich, als ich sie sah, wußte ich, der werde ich auch immer schön folgen, trotzdem ich ehelich bin. Sie ist schon ein bißchen alt. Fünfundzwanzig. Sie achtet auf ihre schlanke Linie. Das ist ganz gut so, da kommt sie uns billiger. Am schönsten finde ich ihre Naturlocken. Dunkelblond im Winter und im Sommer sind sie noch viel blonder. Die Marta ist streng aber gerecht. Gleich am Anfang hat sie meinen Vati durchschaut und läßt sich nirgendswo anfassen. Wenn er es versucht, dann bekommt er eine gelangt. Unsere Marta ist treu und katholisch. Wir sind mit ihr in einem Bunde. Wenn ich WIR sage, meine ich immer uns und nicht meinen Vati. Ich sage dann schon sehr deutlich extra noch »mein Vati«, wenn ich ihn meine.

Die Marta hat solchen Kummer mit ihrem einzigen Bruder. Der Hermann säuft. Du Schande! Dann kommt er immer zur Marta, egal in welcher Stellung sie auch ist, und verlangt Geld. Die Dittchen, die sie verdient, braucht sie aber für Haareschneiden und Kino und mal was leckern, und dann ißt sie zum Glück bei uns wieder nichts, weil sie ihre schlanke Linie hat. Von dem gibt sie mir immer noch was ab. So lieb ist sie. Die Marta ist fast noch besser als die bucklige Ida. Wenn nun der Hermann klingelt und vor unserer Tür herumlungert, dann sollen wir schnell sagen: die Marta ist nicht da. Wenn sie ihn nämlich erst mal sieht, dann gibt sie noch ihr Letztes, weil er doch ihre einzige Familie ist. Wir machen da natürlich mit, das ist klar. Aber bisher ist der Sauf-Hermann noch nicht gekommen.

Außer dem Bruder hat unsere Marta auch noch einen richtigen Bräutigam mit Ring und auf der Bahnhofstraße Unterhaken. Der Bräutigam heißt Freddy und hat die gleichen naturkrausen Locken wie die Marta. Er ist Feldwebel bei den Soldaten. Aber nicht bei denen, die schießen, sondern in der Musikkapelle. Von meiner Mutti aus darf der Freddy jeden Sonnabend in der Marta ihr Mansardenzimmer kommen. Seit er kommt, ist der Sonnabend für mich der schönste Tag im ganzen Leben.

Kaum daß er da ist, küßt er die Marta gleich, daß es man nur so schmatzt. Mir gibt er einen Klaps auf den Po und hebt mich schwere Jule hoch und wirbelt mich. Ich habe den Freddy auch wirklich zu gern und muß zusehen, daß ich mich nicht noch in ihn verliebe, denn er paßt viel besser zu mir als zu Marta, weil er nämlich eine Menge kleiner ist als sie. Zuerst kochen wir drei uns eine ordentliche Tasse Kaffee in der Küche. Den guten Kaffee hat der Freddy mitgebracht. Wir tragen den Kaffee nach oben ins Mansardenzimmer. Also da müssen wir noch was ändern, denn gemütlich ist es gerade nicht. Überhaupt kein Bild, bloß ein Kruzifix, wo dem Jesus der Arm wackelt. Na, vielleicht male ich für die Marta ganz umsonst mal ein schönes Führerbild, wenn sie mir neue Buntstifte schenkt. Das ollste Holzbett der Welt steht in ihrem Zimmer und macht es ganz voll. Dann noch eine Kommode mit Würmern, die knacken. Das ganze Ding hat bloß drei Beine. Als das vierte ist ein dicker Holzdubbas runtergeschoben, der gar nicht dazu paßt. Aber auf der Kommode ist es herrlich. Da hat die Marta ein wunderschönes, buntes Muschelkästchen zu stehen. Darauf ist ein süßer, weißer Spitz angeklebt mit richtigem Fell zum Streicheln. Der Schrank, den sie mit dem Heia zusammen benutzen darf, steht auf dem Flur. Das enge Zimmer ist nur für Dienstmädchen.

Ich setze mich einfach aufs Bett, und der Freddy bietet mir eine Tasse Kaffee an. Ich trinke den Kaffee und zähle an seinen Knöpfen: »Er liebt mich, er liebt mich nicht.« Es ist einer zu wenig, sonst hätte er mich geliebt. Die Marta sagt, wenn ich jetzt unten mit den Anziehpuppen aus Pappe spiele, dann soll ich anschließend aber gefälligst die ganze Schnipselei wieder einsammeln. Andermal, wenn ich damit spiele, dann mach ich das. Jetzt finde ich der Marta ihren weißen Spitz auch zu niedlich. Ich weiß sogar, daß sie in der Kommode einen richtigen, echten Fuchs hat mit dickem Puschelschwanz und Glasaugen, zum um den Hals legen. Den finde ich auch so niedlich. Jetzt ist es der Marta so, als ob draußen die Trautel nach mir schreit. Ob ich wohl mal nachsehen will. Zu der Trautel gehe ich dann morgen. Heute leiste ich mir zuliebe dem Freddy Gesellschaft. Der Freddy wird mir eine Mark schenken, wenn ich gleich mal für ihn ein vierblättriges Kleeblatt im Garten suchen gehe. Den Garten habe ich doch längst danach abgesucht, als ich welche für mein Poesiealbum brauchte. Der Freddy hat eine niedliche Warze am Daumen. Die fasse ich an. Dann bekomme ich auch eine. Ich trinke noch eine Tasse Kaffee und sitze vergnügt auf dem Bett und freue mich und kann den Freddy so gut leiden und auch die Marta. Gott segne sie, ich will für sie beten. Wir haben es ja so schön zu dritt. Dem Freddy wird es warm. Er zieht seine Uniformjacke aus und legt so süß einen Arm um die Marta, daß ich mich gleich in seinen anderen kuschele. Dauernd sieht die Marta nach ihrem Wecker. Nun muß sie ja bald auswendig wissen, daß es halb fünf ist. Aber das kommt, weil die Marta kurzsichtig ist, und für eine Brille ist sie zu eitel. Ich finde das alles so süß, was der Freddy von der Kaserne erzählt. Ach, der Freddy ist überhaupt so süß. Mit dem haben wir solches Glück. Nach einer Weile streckt er sich lang aufs Bett und knöpft sich, wie mein Vati, bequem die

Hose auf. In der einen Ecke vom Bett sitzt die Marta und rutscht hin und her, als ob sie es nicht gemütlich hat. Auf der anderen Seite throne ich und wackle ein bißchen, weil ich so glücklich bin, und hopse und schaukle immer doller, daß die dumme, alte Matratze wer weiß wie quietscht. Das Quietschen macht der Marta so komische Augen, und der Freddy sieht sie plötzlich an, als ob er entweder mal ganz dringend muß oder in Not ist und Hunger hat oder was. Auch liegt der Freddy jetzt unbequem. Vom Rücken dreht er sich auf den Bauch. Wie wild kramt die Marta in ihrer Handtasche und holt endlich lose zwei Mark heraus. Portemonnaie hat sie nicht. Ich soll mal eben mit den zwei Mark zum Bäcker am Bahnhof gehen und für den Kaffee noch Prinzeßtörtchen holen. Aber ich soll nicht hetzen, sonst schramme ich mir wieder die Knie auf. Zum Bäcker Drombuschat, gleich um die Ecke, darf ich nicht. Extra bis zum Bahnhofsbäcker muß ich schesen, weil dort die Prinzeßtörtchen die meiste Schokolade haben und am dollsten cremig sind. Ich darf auch nicht mogeln, sagt sie, denn sie kann es genau schmecken, ob die Prinzeßtörtchen von Drombuschats oder vom Bahnhof kommen.

Na was denn, ich pese! Ich will den Freddy nicht eine Sekunde zu viel vermissen. Wenn ich zu Drombuschats gehe, muß ich mich lange rumtreiben. Denn so schnell bin ich ja nicht vom Bahnhof zurück. Also gehe ich dann doch lieber dorthin, wo ich muß. Denn die Marta sieht alles. Sechs Prinzeßtörtchen geben sie mir am Bahnhof. Zur Belohnung darf ich ja eins behalten. Vor dem Bäcker setze ich mich an den Rinnstein und packe das Kuchenpaket auf und puhle die Liebesperlen von den ganzen Prinzeßtörtchen runter. Die schmecken! So schön kriege ich das Paket nun nicht wieder zusammen.

Zu Hause habe ich die Tür nur angelehnt und bin eins, zwei, fix oben. Im Mansardenzimmer machen sie auf einmal solchen Krach und stellen Möbel um. Ich gucke mal durch das Schlüsselloch. Sie stellen keine Möbel um. Nur das Bett macht solchen Krach. Der Freddy ist ganz nackicht und liegt auf der Marta und ist verrückt geworden. Die arme Marta hat auch noch Zahnweh und jammert »oooh« und »ach«.

Da will ich bei denen nun nicht mehr mittun. Ich bohre den Zeigefinger in das Stückchen Kuchen, was meins ist und fische es aus dem Knisterpapier. Die sollen mal bloß so weitermachen. Dann stehen nicht mehr lange die fünf Prinzeßtörtchen vor ihrer Tür.

*

Die Marta sagt: An sowas hängt kein Segen, wenn man ein Kind aus dem Hause wegtut, wo es doch noch seine leibhaftigen Eltern hat. Meine Mutti sagt: Der Junge hat schon so sehende Augen und muß hier raus. Mein Vati sagt: Der Junge interessiert ihn nicht so sehr, aber das Mädle. Er ist nämlich mehr ein Mädelsvater. Wenn ich so häßlich wie der Heia wäre, mit großen Propellerohren und Vorstehzähnen und dünnen Beinen, dann würde er sich auch nichts aus mir machen. Bloß weil ich so ein niedliches Dingelchen bin. Mich behalten sie nur, weil ich noch so klein bin, obwohl ich doch schon wieder Geburtstag hatte, und weil sie wohl denken, ich bin so kurzsichtig wie die Marta. Dabei sehe ich alles.

Den Heia sind sie in Allenstein losgeworden und nicht in Mehlsack, wie sie erst wollten. Der Pfarrer Tuttig hat meine Mutti nach Mehlsack begleitet. Wenn ein Seelsorger mit dabei ist, hat es so ein Kind nachher immer besser. Bei den Steyler Missionaren denken sie dann, wir sind streng katholisch. Als aber meine Mutti in Mehlsack die ganzen vierhundert Kinder sah, kleine und große, allesamt in der geistlichen Tracht, wie lauter kleine Priesterlein, da hat sie dem Heia sein junges Leben schon ganz umsonst verbetet gesehen, nachher womöglich noch als ein Hochwürden, und da hat sie den armen Jungen mit den dünnen Beinen nicht hergegeben.

Andermal sind die drei dann nach dem Franziskanerkonvikt in Allenstein gefahren. Dort wollte der Heia dann schon lieber bleiben und hat sich sofort als Freund den Alois genommen, der auch elf Jahre alt ist, wie er. Die Eltern von dem Alois haben in der Nähe von Allenstein ein Gasthaus, von wo aus sie dem Alois Wurstpakete und Kuchen schicken.

Nun ist der Heia also von den Franziskanern ein Zögling. Jetzt macht es mir keinen Spaß mehr, ihm was kaputt zu trampeln, wo er bloß noch Ende der Woche und zu den Ferien nach Hause kommt. Wo er jetzt weg ist, bange ich mich so nach ihm.

Gleich in der ersten Nacht hat er den Franziskanern das Bett vollgepuscht. Der Bruder Pförtner hat gesagt: »Der Junge muß sich erst eingewöhnen.« Aber der Heia strullte weiter. Nach ein paar Mal hat er sich dann doch schrecklich geniert und die nasse, braune Decke gepackt und in das Bett von einem anderen Zögling getan. Dafür hat er sich die schöne, trockene von dem genommen. Das war auch ganz fein ausgedacht. Nachdem aber jeden Morgen ein anderer Junge ins Bett gemacht hatte, bloß der Heia nie mehr, und der ganze Schlafsaal schon fast durch war, da dachte der Bruder Pförtner, die vielen schwachen Blasen gehen doch mit dem Teufel zu. An einem Morgen hat nun der Bruder Pförtner ganz heimlich durch das kleine Fenster in der Wand geguckt, durch das er sonst nachsah, ob wer unnütz ist. Natürlich hat er den Heia erwischt, wie er gerade seine nasse Puschdecke auf dem Bett von Heini Kluge so schön glatt zog. Da gab es Wimse. Mit dem Stock.

Dem Heia hat es nun im Konvikt nicht mehr gefallen. Deshalb wollte er mit seinem Freund nach Amerika auswandern. Vorher haben sie sich noch ein paar Mal über Sonnabend/Sonntag das Fahrgeld nach dort besorgt. Über Sonntag durfte der Heia nämlich oft zu dem Gasthaus von dem Alois mitfahren. Dort haben die Jungens immer so fleißig den Tanzboden nach den Festen ausgefegt und dabei schrecklich viel Geld gefunden. Am Mittwoch sind sie dann los nach Amerika. War das eine Aufregung! Aber bis nach Amerika sind sie nicht ganz gekommen, nur bis Tannenberg. Wie schade! Die Polizei hat sie eingesteckt und ins Konvikt zurückgebracht.

*

Wenn ich mal einen Apfel haben will, muß ich zum alten Fräulein Moenke in die Bachstraße gehen und nicht zu meinem Vati. Wie kommt das wohl, wo doch bei meinem Vati, unter dem Fenster vom Büro, so wunderschöne, rote Äpfel wachsen? Das kommt, weil er nämlich die Äpfel so gern selber ißt. Soll er ja auch, aber doch nicht alle. Die kann er ja gar nicht allein schaffen. Mein Vati ist der Leiter von dem Büro. Mit Willen und Erlauben von der Stadt darf der Oberste alle Äpfel vom Bürogarten verputzen. Natürlich kann der Leiter auch Äpfel abgeben, an die anderen Büroleute. Wenn er nett ist. Aber so haben sie im Büro die schönen Äpfel vor der Nase hängen und nichts ist. Wenn der Leiter gerade mal fort muß, machen sie Diebstahl mit der Aktentasche.

So oft ich konnte, ging ich am Bürogarten vorbei. Mal sehen, ob die leckeren Äpfel schon was größer und reifer waren als gestern. Wenn dann einer auf den Rasen plumpste, stocherte ich mit einem Knüppel durch den Zaun, aber die Falläpfel lagen meistens zu weit weg. Auf einmal war es dann höchste Zeit, daß man die Äpfel abnehmen mußte. Dazu waren wir gut genug, die Marta und ich. Wie heimlich, abends, wenn die anderen Büroleute nichts davon sehen konnten, weil das Büro ja längst zugesperrt war, mußten wir in die Bäume steigen und abpflücken und alle Körbe vollfüllen und auflesen. Zum Schluß karrten wir mit unserem klapprigen Handwagen die Äpfel so lange nach Hause, bis auch nicht mehr der murkligste Apfel auf der Wiese lag. Unser ganzes Haus roch dann so schön nach Weihnachten.

Auf dem Boden haben wir solche langen Dinger, die sind aus Latten gemacht. Genau der Größe nach, in Reih und Glied, wie die Soldaten, mußten wir da die Äpfel nebeneinanderreihen. Sie durften sich aber nicht anschubsen, wegen der Fauligkeit. Waren wir fertig, kam mein Vati meckern, weil da wo ein großer zwischen den Schrumpeläpfeln lag. Uns schmiß er raus, und die Bodentür schloß er zweimal ab. Den Schlüssel steckte er sich in die Tasche.

Da wartete ich und wartete ich, und dann sagte ich mal, daß es durch die Bodentür so schön nach Äpfeln riecht. Ich soll nicht so betteln, schimpfte mein Vati mit mir. Er wird schon mal welche austeilen, wenn es soweit ist.

Wie dann der Heia Ende der Woche aus dem Konvikt gekommen ist, da sind wir, mit Marta und Mutti, nichts wie hin zu Fräulein Moenke, die eine alte Jungfrau ist, und, wie alle die ollen Tanten vom Dritten Orden, den Herrgott als Bräutigam hat. Ich finde ja, er hat sich ein bißchen viele Damen angeschafft. Und immer so alte.

Fräulein Moenke geht ganz schwarz angezogen, mit lauter Klecksen. Ihr Garten ist bestimmt so groß wie dreimal der vom Büro, und die vielen Apfelbäume kann man überhaupt nicht zählen. Das Fräulein Moenke hat ein reiches Vermögen, was sie, wenn sie hin ist, an die Kirche schenkt. Sie ist auch schon ziemlich hin, mit Wickeln um die Beine und dünne Haare und keine Zähne, und sehen tut sie nur noch alles ganz von weitem, und sie schlurft und kann nicht gerade stehen und hat ein goldenes Herz, was meine Mutti weiß. Ihr ganzer Liebling ist der Flocki, der auf drei Beinen geht und das vierte hochhält, und wo der Schwanz länger ist als der ganze andere Flocki. Auch er hat keine Zähne und ein blindes Auge und eins, auf dem er nur noch schlecht sehen kann. Er bellt wie ganz alte Frauen husten, und wenn man ihn streichelt, sabbert er. Alles Fleisch, das der Flocki bekommt, kocht sein Frauchen tüchtig, und dann kaut sie es dem Flocki vor, damit er es nachher auch schön weich hat. Das ist das große Opfer, weil das Fräulein Moenke ja selbst nicht beißen kann. Und es ist ihr goldenes Herz, wovon auch wir jetzt was merken.

Das Fräulein Moenke sagt, der Herr wird meinen Vati schon strafen, weil er so hartherzig auf den Äpfeln sitzt. Wir sollen aber nicht dafür büßen. Sooft wir wollen, immer und ewig, bis die Moenken mal ihr blindes und ihr anderes Auge für ganz zuklappt, dürfen wir nach ihrem Garten kommen und so viele Coxpomponas essen und einstecken, wie wir bloß wollen. Jetzt, wo wir nun selber welche haben, gucken wir doch meinem Vati seine Äpfel nicht mehr an. Hoffentlich lebt die Moenken noch recht lange. Das ist leider gar nicht gewiß. Aus Angst, daß sie bald mal weg muß, rechnet sie nicht nach, wie alt der Flocki jetzt schon ist. Denn ohne sie kann der arme Hund sein Gnadenbrot ja gar nicht fressen.

Nun haben war immer den Bauch so schön voll Coxpomponas. Wie jetzt mein Vati in seiner neuen Parteiuniform angestelzt kommt und großartig den Bodenschlüssel auf die Flurgarderobe legt und sagt: »Na dann mal alle ran an die Äpfel!« und selber keine Zeit hat, weil er zum Parteidienst muß, da sind wir wer weiß wie stolz und wollen dem seine Äpfel gar nicht, auch nicht den dicksten. Der Heia ist gerade wieder aus dem Konvikt hier, wegen dem Wochenende. Wir wollen bloß mal nachsehen gehen, wieviele uns der Vati übrig gelassen hat.

Oben denken wir, wir kippen um. Alle Äpfel faulig, wie sie da sind. Viele bloß noch ein Haufen Matsch. Lauter winzige Fliegen tanzen darüber weg. Ich gehe an das eine Bodenfenster und brülle nach der Trautel. Die denkt, bei uns ist wer damlich geworden und bringt gleich noch den Erich und die Irmela mit. Auch von unserem Bürgermeister die Tochter mit den O-Beinen, die Ditty, kommt gerade an und hat ihre Freundin Gisela Funk dabei, welche die Nichte vom Zahnarzt Bierholz ist. Noch drei solche Jungens, die wir nicht kennen, kommen hinten vom Arndtpark angelaufen.

»Was ist?« fragt die Irmela. »Das ist!« rufe ich und werfe ihr einen faulen Apfel auf die Pampuschen. Der Heia pfeffert ihr beinahe einen an den Dassel. Jetzt schubst die Marta mich weg und wirft mehrere. Mutti hat unten die Tür aufgemacht, und die Kaminskikinder kommen raufgepest und feuern vom anderen Fenster. Wir verdeppern immer mehr Munition. Die Kinder unten, auf der Straße, feuern den Mantsch zurück, immer an die Biedermeierzimmerscheibe. Tüchtig aufpassen müssen wir, daß wir nicht ausrutschen in dem braunen Apfelmus. Der Heia hört nicht auf, Äpfel abzupfeffern. Unsere Marta beschmeißt die Laterne. Wir sind alle wie beschallert.

Ich werfe, — batsch, — einen runter für den Vati, noch einen, — klatsch, — für seine blonde Welle, die er sich immer morgens mit Wasser legt, — wums, — einen für seine Nase, — plumps, — einen vermautschten und einen vermantschten und noch einen verpantschten für seine funkelnagelneue, braune Uniform.

*

Nur der Trautel habe ich verraten, wie man reich werden kann. Weil sie mitmacht, bekommt sie von dem Reichtum die Hälfte ab. Das wird man aber nicht so leicht, weil wir doch im Ermland wohnen. Da ist alles so ärmlich, und es ist die schlechteste Gegend in ganz Ostpreußen. Aber wem das sein Heimatboden ist, der ist damit zufrieden. Meine Mutti freut sich halb meschugge, weil ich auf einmal mit der Trautel so viel in der Kirche bin. Das Reichwerden geht nämlich so:

Erstmal brauchen wir eine Kirche dazu, wo der Gottesdienst gerade aus ist oder die Andacht und die Leute genug davon haben und endlich mal was ordentliches in den Bauch bekommen wollen, und wo höchstens noch eine alte Jungfrau in der letzten Reihe betet. Weil wir ja drei Kirchen haben, ist bei einer immer gerade was zu Ende. Dann haben wir die Kirche fast für uns allein. Schon an der Kirchentür falten wir die Hände und gehen ganz langsam und fromm bis zu dem goldenen Altar. Vor dem noch viel goldeneren Tabernakel machen wir einen tiefen Knicks. Wie wir hier so unwürdiglich stehen und an Ehrfurcht denken und sowas, sehen wir mal schnell zur Seite und nach hinten, ob auch alles schön leer ist. Dann fallen wir in tiefer Andacht auf die Knie. Das ist hart und drückt uns sehr. Wir murmeln unser »Gegrüßet seist du«, kommen höchstens noch bis »Du bist gebenedeit unter den Weibern«, und dann geben wir dem Fußboden, der aus Stein ist, einen Kuß, weil wir doch hier so im Staube knien. Das machen wir, wie sonst immer bei den alten, heiligen Knochen, die vom Pfarrer rumgereicht werden zum Abküssen. Nun rutschen wir mit den Knien ein Stückchen zurück und haben endlich die erste Reihe Bänke erreicht. Wir beten weiter, und die Trautel schielt dabei nach rechts, die ganze Bankreihe ab, und ich begucke mir die linke. Nichts. Rückwärts rutschen wir zurück im Mittelgang, was gar nicht solchen Spaß macht, wie man denkt, weil man sich davon so die Knie verkühlt. Inbrünstiglich beten wir und küssen in dem geweihten Haus immer wieder den Fußboden. Dabei blinzle ich nach links und die Trautel auf ihre Seite. Erbarmung, so unter dem fünften Platz, da sehe ich doch was liegen. Ich rutsche in die Reihe und flehe: Heilige Mutter Gottes, laß es doch nur ein bißchen Reichtum sein, ich brauche ja nicht viel, denn ich bin ja noch klein. Ich grabsche nach unten. Ha! Das ist mindestens das Portjuchhe einer frommen, alten Frau, die schon viele Dittchen in den Klingelbeutel hat plumpsen lassen. Wozu nimmt sie denn sonst auch Geld mit in die Kirche. Hoffentlich hat sie nicht alles gegeben. Am Portjuchhe sind solche kleinen Knipsdinger zum Aufmachen. So eine gute Seele ist das nun auch wieder nicht. Im Portemonnaie blinkt es noch ganz schön für uns. Ich muß es schnell zuschnipsen und in meine Dirndlschürze stecken. Die hat eine große Tasche, in welche noch eine Menge Portjuchhes reinpassen. Wir beten, daß über allem ein Segen liegt. In der nächsten Reihe ist die Trautel auf den Boden gesunken. Das Geld, was sie aufklaubt, liegt lose. Wir rutschen und küssen und beten die ganze Kirche ab und sammeln unter allen Bänken die danebengekullerten Dittchen auf oder auch mal ein niedliches Geldtäschchen. Leere lassen wir ehrlich liegen. Am Ausgang sprechen wir noch eine schöne Danksagung, damit wir andermal nicht ärmer aus der Kirche kommen, denn wir teilen uns nachher so um die fünf Mark sechzig.

Wenn ich auch das Reichwerden erfunden habe und ohne mich die Trautel arm wie eine Kirchenmaus wäre, so ist die Trautel, wenn ich Pech habe, doch um fünf gute Dittchen reicher. Die habe ich nämlich schon vorher an den Erich verwettet. Darüber kann ich mich furchtbar ärgern. Meine Ärgerlichkeit wird aber noch viel größer, als ich sehe, wie der Erich schon in der Kirchstraße vor der Leichenhalle auf mich lauert. Wenn ich zu ihm sage »du schielst ja«, ärgert er sich nicht mal, weil er ja wirklich schielt. Ich muß mal lieber sagen »du stinkst«, oder »ihr eßt ja Kaninchen zu Hause«.

Unser allerliebster Spielplatz ist die Leichenhalle. Es ist wirklich zu schade, daß Grünsburg so arm ist und gar keine richtige Leichenhalle hat. Da könnten wir erst Spaß haben. Nur in den zwei Krankenhäusern gibt es noch Totenzimmer. Wenn nun aber mal einer so schön gemütlich zu Hause stirbt, dann muß er eben anschließend im Altersheim in der Kirchstraße liegen. Als richtige Leichenhalle gildet die aber nicht.

Im Altersheim gibt es nur Männer. Paar von den ollen Männern haben immer ein Zimmer zusammen, damit keiner alleine alt ist. Auf dem selben Flur ist plötzlich ein Zimmer ausgelassen. Das ist nicht voll von alten Männern. Das ist die Leichenhalle. Weil das bloß so ein gewöhnliches Zimmer ist und die Leute aus der Stadt auch mal nachsehen kommen wollen, deshalb bleibt der Schlüssel immer in der Tür stecken.

Wenn ich mich mal langweile, gehe ich mit der Trautel rein. Wir brauchen ja bloß die Tür aufzumachen. Treffen wir mal im Flur einen alten Mann, dann sagen wir schnell »Grüß Gott«, und die Trautel schluchzt ganz leise. Dann sind wir Hinterbliebene oder welche, die für die armen Seelen beten kommen. Mal wollte sich meine Mutti in der Leichenhalle eine verblaßte Nonne ansehen und hat mich mitgenommen. Da haben wir auch auf dem Flur einen alten Mann getroffen, und meine Mutti hat ihn gefragt: »Sagen Sie mal, graulen Sie sich denn nicht, wenn neben Ihrem Zimmer die Toten liegen?«

Ganz ohne Zähne hat der alte Mann gesagt: »Aber gewiß doch nicht, junges Frauchen. Warum denn auch? Mein Zimmer ist eine Schlafstube, und das hier, wo ich mich graulen soll, ist doch auch nur eine Schlafstube.«

Wer hat wohl schon mehr Tote gesehen, die Trautel oder ich? Die Trautel sagt, sie ist da besser, und ich sage natürlich ICH. Gestern waren wir erst wieder mit dem Erich in der Leichenhalle, weil wir uns was Wunderbares ansehen wollten. Aus meiner Straße waren schon alle Kinder da. Die Ingrid Andruschat sogar zweimal. Nämlich dort liegt eine ganze olle, verschrumpelte Braut. Wo sie noch als Mensch ging, war sie vom Dritten Orden. Ganz allein liegt sie im Zimmer. Schöne große Kerzen haben sie ihr spendiert und ein Spitzenkopfkissen und eine feine, weiße Steppdecke, so eine möchte ich auch mal haben. Und das wundervollste an dem ollen Fräulein ist, trotzdem, daß sie so einen alten Kopf hat, ist sie noch als richtige Braut angezogen, mit Schleier und Myrtenkranz und allem. Das weiße Kleid reicht bis runter an die weißen Brautschuhe und sogar lange, weiße Strümpfe hat sie an. Wir haben nachgesehen. So weiß soll sie nun hochfahren, als strahlende Braut Gottes. Hienieden war ihr wohl keiner fein genug. Trotzdem ist die tote Braut eine ganz lustige Nudel, weil sie nämlich mit dem einen Auge immer so ein bißchen schmult. Die Trautel kichert natürlich, wie sie sich den alten Kopf besieht. Da sagt doch die dumme Pute zu ihrem Bruder: »Du Erich, eine Braut muß man küssen.« – »Traust dich ja nicht«, ärgere ich den Erich. Ich weiß doch, der Erich hat noch nie wen wo geküßt. Ich schon. Den Freddy. Da sagt der Erich: »Wetten?« Der immer mit seinem Wetten. Nun werden wir ja sehen, was ist.

»Na, Blubber«, sagt der Erich. Er nennt mich immer so, weil ich so schnell spreche. Wir springen die eine Stufe hoch ins Altersheim. Also, da kann man sehen, wie die alten Leutchen so sind. Irgend so ein oller Papa hat sich beschwert, daß wir Kinder immer in der Leichenhalle das Spiel spielen »Das ist mein Toter und das ist dein Toter.« Wir sind aber nur ein bißchen laut, wenn wir uns wegen den Toten zanken. Die Trautel will immer nur die schönen, und ich bekomme die alten. Jetzt haben sie also dessentwegen abgeschlossen. So eine Gemeinheit. Dem Erich sein Schielen ist manchmal doch ganz gut zu benutzen. Er braucht bloß hochzuschielen und sieht sofort, daß sie den Schlüssel oben auf dem Türrahmen versteckt haben. So hoch können wir aber nicht reichen. Eine Pleite. Da freuen wir uns, daß wir den Erich haben. Die Trautel hilft mir, und ich klettere dem Erich auf seine Schulter. Dort oben kann ich ganz bequem nach dem Schlüssel langen.

Gestern war die olle Braut noch was hübscher. Man kann ihr gar nicht mehr die gefalteten Hände auseinanderknacksen. Na, nächsten Tag kommt sie ja schon in die Grube. Ganz dicht stellt sich nun der Erich an die Braut und beugt sich wie beim Fröschefangen und haps, hat sie noch einen Kuß weg von hienieden. Es geht alles so schnell, daß man gar nicht was davon hat. Wie sie da so freundlich mit ihrem Auge pliert, sieht man ganz deutlich, es hat ihr Spaß gemacht. Hätte sie man beizeiten damit angefangen. Jetzt ist es zu spät. Mit dem fremden Kuß auf der Backe muß sie dort oben ganz schön eine Ausrede finden.

Von wegen der Ehrfurcht und damit die alte Braut nicht wissen soll, daß der Abschiedskuß bloß eine Wette war, dessentwegen sie sich dann womöglich aufregt, gebe ich dem Erich sein gewonnenes Geld erst vor der Tür.

*

Was an der Liebe so schön sein soll, das möchte ich wirklich mal wissen. Meistens kommt doch nur eine schöne Bescherung dabei heraus, und man hat ein wehes Herz in der Brust rumzutragen und rotgeflennte Augen und nachher einen dicken Bauch, zu dem sich kein Besitzer meldet.

Bei uns zu Hause gibt es nun dessentwegen schon zwei Schicksäler, ein schlimmes und eins, das ist bloß enttäuschungsvoll. Das bessere ist noch das von unserem Heia. Nein, wie hat der Heia die olle Mariell vom Bürgermeister, die Ditty, geliebt. Sie war wirklich seine Flamme. Daß es ihm ernst mit der Ditty war, sieht man ja schon daran, daß er ihre vollkommen kröpligen O-Beine nicht sah. Besonders begeistert war er, wenn sie über's Wochenende, wo der Heia ja auch in Grünsburg war, richtig hohe Absätze trug, wie eine gnädige Frau. Ein o-beiniges Mädel von noch nicht dreizehn und solche Stöcker unter den Füßen! Aber unser Heia war ganz futsch. Es stört ihn auch nicht, daß sie was älter ist, und er hat sogar mal was Unanständiges von ihr geträumt. Mir soll es ja egal sein. Aber gerade diese eingebildete Ziege, die sich wer weiß wie vorkommt, bloß weil ihr Vater Bürgermeister ist! Na, den Bürgermeister muß man sich erst mal ansehen. Der ist so klein, der ist ja nicht viel größer als ich.

Mich hat der Heia mit seinem fettfleckigen Liebesbrief als Liebesboten benutzt. Hinter der Pumpe hat die Ditty den Brief gelesen. Knallrot ist sie dabei geworden. Dem Heia hat sie bestellen lassen: »Ist gut!« Der Heia hatte ihr geschrieben, er schreitet mit ihr so gern durch die milde Waldesluft. Im Rotwasserwäldchen wollen sie sich küssen. Das sollte was sein!

Für die Verabredung hat sich der Heia einfach, ohne zu fragen, die Parteihose von meinem Vati genommen. Richtig erbärmlich hat das Ding um den armen, dünnen Jungen geschlottert. Da konnte er noch so fest seinen Lederriemen um den Bauch schnüren. Unten, wo die Hose eng ist, hat er sie wer weiß wie sehr umgeschlagen. Darüber hat er dann meinem Vati seine schwarzen, langen Stiefel gezogen, worin er ordentlich mit den Füßen wackeln konnte, trotzdem, daß die dicken Schafwollsocken ihm sehr geholfen haben. Na, und das kann man sich ja denken, als die Ditty dann im Wald neben dem Heia herstöckelte, und der Heia so forsch durch die milde Waldesluft schritt, da bin ich mit der Trautel nur immer so weit abgewesen, daß wir noch sehr gut sehen konnten, ob sie sich küssen oder wo anfassen.

Manchmal sind wir sogar vorgelaufen oder bloß so rumgestolpert. Der Heia hat mir eine Tracht Prügel versprochen, wenn ich nicht bald mit der Trautel verschwinde. Darauf haben wir uns hinter den Bäumen versteckt. Das endlose Schweigen von den beiden war langweilig. Schließlich hat der Heia wieder mit seinem Wald angefangen: Er schreitet ja so gern (mit meinem Vati seinen Stiefeln) neben ihr durch die milde Waldesluft. Sowas hat er mal wo gelesen.

Dann wollte der Heia sie anfassen, nichts Schlimmes, bloß die Hand. Zweimal ist ihm die Hand von der Ditty weggerutscht, weil sich der arme Junge so schüchtern anstellt. Aber dann hat er bei ihrer Potsche doch derber zugepackt. Sie hat bloß wie so ein blödes Huhn zur Erde geguckt. Mit der Zeit ist ihr der Kopf immer tiefer gehangen. Nach einer Weile hat der Heia ihren Ellenbogen in die Hand genommen. Da war es bei ihr wohl schon nicht mehr ganz richtig, oben im Bregen, so bedeppert ist sie neben ihm hergestolpert, auf ihren Stöckeln. Nun haben wir jede Minute den Kuß erwartet, denn er hatte sie ganz doll um die Schulter gefaßt. Mit seinen braunen Pumphosen kam sich der Heia wie sechzehn vor. Er redete zwar noch vom Konvikt, und daß er der Anführer ist und der Allerbeste, aber sie gingen jetzt so dicht beieinander, daß der Kuß gleich losgehen konnte. Das muß ich schon sagen, wie ein richtiges Liebespaar.

Aber dann ging unser Heia ganz abrupt weg von der Ditty. Plötzlich lief er sogar ein Stück vor, daß sie mit ihren vornehmen Damenschuhen gar nicht nachkommen konnte. Sie stelzte auf der einen Seite des Weges, und er drückte sich auf der anderen entlang, als ob er sich am liebsten ganz an die Bäume ranquetschen wollte. So konnten sie sich ja nun nicht mehr küssen. Der Heia hatte sich doch nicht etwa vor Aufregung in die Hosen gemacht? Die Ditty ging nun immer schneller und ganz allein. Wie wir alle aus dem Wald raus waren, lief die Ditty plötzlich wie verrückt davon und der Heia auch, aber jeder extra.

Als ich zu Hause den Heia fragte: »Was war denn nun?« da konnte man sehr deutlich an dem Heia seinem Gesicht merken, daß er nie mehr so gern neben der Ditty durch die milde Waldesluft schreiten wollte. Aber so schlimm habe ich mir sein Liebesschicksal doch nicht vorgestellt. Rein das ganze Wasser ist ihm vor Wut in die Augen gekommen, und seine Ohren waren wie knallrote Henkel, als er losschrie: »Ich liebe die Ditty nicht mehr! Die Ditty hat im Wald hintereinander siebenmal gepupst.«

Das andere, wirklich traurige Schicksal gehört unserer Marta. Das arme Mädel hat es wohl nicht schon schwer genug! Meine ganzen siebzehn Puppen hätte ich für den Freddy hergegeben, da sind die winzigen, nackichten Babys natürlich mit eingerechnet. Für den Freddy hätte ich sogar meine süßen Regenwürmer alle platt getrampelt. Aber nun wissen wir Bescheid, der Freddy ist es nicht wert.

Ich meine, jeder weiß doch, daß richtige Babys in den Bäuchen von Fräuleins wachsen, solange, bis sie Geburtstag haben. Wenn man nun als Bräutigam gerade so eine Braut erwischt, in der ein Baby wächst, ja Herrgott im Himmel, da muß man doch das Kind nehmen und der Vater sein. Sicher, man kann ja vorher nicht ahnen, in welchem Bauch gerade ein Kind wächst. Wenn man nun aber mal zu so einem Bauch der Bräutigam ist, dann kann man doch nicht einfach wegflitzen. Wo kommen wir denn da hin! Dann haben ja bald alle Babys keine Väter.

Nachdem die Marta ihm erzählt hatte, daß in ihrem Bauch was wächst, hat er sofort gesagt: Das könnte ihr wohl so passen, daß er bei dem Wurm den Vater macht. Nicht im Traum denkt er daran. In Grünsburg gibt es eine ganze Kompanie Soldaten. Da könnte doch jeder der Vater sein! Also da weiß ich nicht, was ich noch sagen soll. Wir können doch nicht einfach zur Kaserne gehen und uns von den Soldaten einen Vater wegnehmen, den wir gar nicht kennen.

Nächsten Sonnabend darauf brauchte ich keine Prinzeßtörtchen mehr zu holen, folgenden nicht und den anderen auch nicht. Nie wieder haben wir Prinzeßtörtchen verschmaust, denn der Freddy ist kein einziges Mal mehr gekommen. Und jetzt hat unsere Marta schon einen ganz schön dicken Bauch. Das ist doch ein Elend mit so einem armen Menschen. Wenn die Marta einkaufen geht, kommt sie immer ganz verweint zurück. Da hat dann die Frau Dings und die Nachbarin und ich weiß nicht, wer noch alles, zu ihr nicht mehr guten Tag gesagt, bloß weil sie keinen Mann gefunden hat für ihren dicken Bauch. Aber wir stehen zur Marta, weil wir ja wissen, wie das alles gekommen ist. Wenn das Kind da ist, nehmen wir die Marta auch wieder zurück. Aber ohne Kind. Das muß sie wo abgeben, wegen meinem Vati.

So eine arme Mutter, ohne Ernährer, kann nicht einfach mal sagen: »So, jetzt ist der Bauch groß genug, und das Kind hat Geburtstag«, und dann fällt es auch schon ins Bett. So eine arme Mutter muß schon viele Wochen vorher ins Krankenhaus und dort die Flure scheuern und abwaschen und Kartoffeln schälen und Nachttöpfe ausschütten und so was alles machen, damit sie nachher das Kind umsonst kriegen kann, denn sie hat ja vorher schon so schwer dafür gearbeitet. Man soll nur mal mit einem dicken Bauch einen Flur scheuern. Zum Probieren kann man ja mal ein großes Kissen unter den Pullover stecken, wie ich das gemacht habe, und dann die Treppe wischen. Das ist doll, sage ich.

Wir haben unsere Marta auch immer fleißig besucht, wenn wir konnten. Der Bauch war aber auch wirklich so groß geworden, daß ich schon Angst hatte, da ist womöglich ein Elefantenbaby drin. Aber dann ist zum Glück doch bloß das Helmutchen herausgekommen. Wie ich davon hörte, habe ich vor Freude meine Regenwürmer vertrocknen lassen.

Als wir dann die Marta abgeholt haben, brachte sie ihre schlanke Linie wieder mit, und wir haben alle drei, Marta, Mutti und ich, so inniglich geweint. Ich war dann furchtbar traurig, daß wir das Helmutchen nicht mit nach Hause nehmen durften. Gott, war das süß! Wir konnten aber schon froh sein, daß der Vati die Marta nicht rausgeschmissen hat.

Das muß man sich nun mal vorstellen: In Grünsburg sind doch die meisten katholisch. Ist ja ganz klar, daß es da auch ein katholisches Säuglingsheim geben muß. Von wegen! Nicht ein einziges gibt es. Das kommt vielleicht davon, daß es verboten ist, daß ein katholisches Mädchen ein uneheliches Kind hat. Aber was wollen sie nun machen, unsere Marta ist jawohl katholisch und hat doch eins gekriegt. Also da hat nun diese arme, katholische Mutter ihr

Helmutchen in ein evangelisches Kinderheim geben müssen, das da groß und breit und frech kurz vor Grünsburg steht, obwohl doch hier nur mal ganz selten einer evangelisch ist. Unser katholisches Baby liegt nun zwischen lauter evangelischen.

An diesem Donnerstag spiele ich wieder mal so schön ohne die Trautel im Arbeitszimmer von meinem Vati, und die Marta sitzt vor dem Radio und stopft seine Socken. Meine Mutti ist auch dabei und versengt mit dem Plätteisen sein Oberhemd, und nun reibt sie und wischt, und da kann man nicht mehr was Rechtes machen. Das Hemd muß jetzt verschwinden, sonst gibt es von meinem Vati aus Theater, weil wir keine Millionäre sind und meine Mutti zwei linke Hände hat, die nur zum Beten taugen und zum Ringe draufmachen. Ich soll ja Vater und Mutter ehren, aber mein Vati ist trotzdem ein Ekel.

Ich mache was Feines, nämlich die »Koralle« zerschneiden, die im Papierkorb liegt. Aus der Illustrierten schneide ich die tollen Autos raus von der Reklame, ganz genau, wie sie da so fitzlig sind, mit Rädern und wo man die Koffer reinstellt und mit Trittbrettern und alles. Dazu schneide ich noch die eleganten Modedamen aus und die schicken Herren mit Zigaretten und Hüten. Ratsche ich mal einer Dame ins Bein, schmeiße ich sie einfach weg und nehme mir eine andere. Wie schön die Marta singt! »Die alte Turmuhr schlug Mitternacht.« Ich höre das ganz gerne, noch lieber aber das Lied wo sie dem Soldaten beide Beine abgerissen haben »und dazu die rechte Hand, die so tapfer hat gefochten für sein teures Vaterland«. Wenn sie das singt, muß sie aber immer sehr gute Laune haben. Nun läßt sie mal das Singen sein, weil es klingelt. Bißchen später kommt sie wieder rauf und sieht so komisch aus und sagt: »Die gnädige Frau möchte doch mal einen Augenblick kommen.« Meine Mutti geht gleich mit. Ich setze eine besonders elegante Modedame, der ich bloß aus Versehen ein bißchen viel Backe abgeschnitten habe, auf ein rotes Auto und lasse sie vornehm durch die Bahnhofstraße kutschieren, die auf dem Teppich immer das grüne Muster ist. Wo es gelb ist, das ist das Kriegerdenkmal, alles Graue sind Häuser und Hotels und so was alles. Gerade wie die Modedame am Kriegerdenkmal mit einem herrlichen Blumenstrauß aussteigt, den sie für die toten

Helden mal spendieren will, weil sie so schrecklich reich ist, da kommt die Marta mit der Mutti wieder zurück.

Richtig ins Zimmer reingehen tun sie eigentlich nicht. Sie bleiben an der Tür stehen, und die machen sie nicht mal zu. Beide gucken mich an, als ob ich wer weiß wie krank bin und sagen nichts. Ganz lange. Da wird wohl das Klingeln für mich gewesen sein, denke ich und frage auch gleich: »Wer war's denn, die Trautel?«

»Nein«, sagt meine Mutti, »es war eine Diakonissenschwester vom Säuglingsheim.« Was die wohl wollte? Ehe ich noch frage, sagt meine Mutti: »Natelein, du mußt jetzt ganz tapfer sein und nicht weinen. Seit einer Stunde ist unser Helmutchen ein Engel.«

»Bei wem denn?« will ich wissen, aber die sehen sich bloß wieder an und sonst nichts. »Ganz friedlich ist er eingeschlafen«, hat die Schwester gesagt, »und er hat sich so auf den Himmel gefreut.«

Erbarmung! Da rutscht mir doch wahrhaftig das Herz in den Schlüpfer. Der dicke Bauch, der ist jetzt ganz umsonst die lange Zeit so groß gewesen. Wo er jetzt gerade erst so ein bißchen Mensch war, da soll er auf einmal gleich als Engel gehen. Ohne Sünden kann man ja leicht Engel werden. Ich weiß nicht, ob das richtig gildet. Die Marta glaubt, daß sie mich tröstet, wenn sie mir so die Ponys verruschelt. Plötzlich wird mir heiß, und ich flenne, daß ich einen Schluckauf bekomme, wo die Marta schnell nach dem Zucker läuft. Den muß ich dagegen nehmen. Ich löffle tüchtig Zucker. Braunen esse ich aber lieber. Dabei knirsche ich so mit den Zähnen. Trotz dem Zuckerlutschen muß ich weiter weinen und mag den lieben Gott nicht mehr leiden. Die Tränen sind wie solche Schleier. Ich sehe Marta und Mutti nur ganz schwummrig. Da muß ich mal mit der Faust die Augen auswischen. »Das gute Kind!« sagt die Marta zur Mutti, und die Mutti sagt zur Marta: »Die gute Kleine.«

Wie es so aussieht, weint ja überhaupt niemand, außer was ich bin, die Nate Walter, die dumme Liese.

Nun müssen wir vor allen Dingen einen schönen Sarg für das Helmutchen haben, weil er es ja immerhin bis zum Jüngsten Tag darin aushalten soll. Also gehen wir zur Fürsorge, wo es eine

Fürsorgerin gibt. Die muß dafür sorgen, daß die Marta ohne Geld einen Sarg bekommt. Die Marta sagt Bescheid, was sie verdient und von der Vollwaise und alles und daß sie keinen Vater gefunden hat. »Denken Sie mal«, sage ich zu der Fürsorgerin noch, »eine ganze Kompanie Soldaten und kein Vater!« Weil ich so vorlaut bin, bekomme ich von der Marta eine geschallert. Kinder haben da nichts zu mucksen, wenn Erwachsene reden. Die Fürsorgerin gibt uns einen wertvollen Zettel, worauf wir vom Möbelbudde einen Sarg holen sollen.

Bei Buddes haben sie Eßzimmer und Schlafzimmer und Bilder und Kerzen und Tuffs für schmutzige Wäsche und allerhand Auswahl von Särgen. Auch Küchen. Draußen drücke ich meine Nase ganz fest an das kalte Schaufenster. Wir alle drei, wie wir da sind, haben uns sofort in den süßen, weißen Kindersarg verliebt: Den ganz links. Er steht auf goldenen Entenfüßen mit Flossen. Auch die Schlösser zum Zunuddeln sind ganz golden. Der Deckel ist hoch, und es ringeln sich goldene Blätter darum. Ganz paar nur, aber sie sind so hübsch gelegen. Das Schönste am Sarg ist da, wo die Füße hinkommen. Da steht ein goldenes »Schlafe süß«!

Wir gehen rein. Sofort kommt der Sargbudde an mit seiner Glatze. Wir gehen gleich zu unserem Sarg. Er soll mal den Deckel hochheben. Innen ist alles seidig und weiß gerüscht, daß man doch gleich so gerne tot sein möchte. Die gestickten, grünen Sträußchen auf dem Kopfkissen sind alles Handarbeit.

Die Marta faßt aber den Sarg nicht an, und Mutti befühlt nicht die Decke, wie es der Herr Budde so gerne möchte. Denn es ist alles erstklassig. Ich probiere mal, an das weiße Holz zu klopfen. Von wegen dem Zusammenhalten. Schon wieder kriege ich von der Marta eine geschallert, und Mutti muß sich ans Herz fassen. Der Budde klappt den Deckel wieder zu, daß es bumst und will gleich anschließend den Sarg zur Leichenhalle rüberkarren. Das ist aber nicht so eilig. Noch haben wir ja keine Leiche. Die müssen wir erst von den Diakonissen besorgen. Nun freuen wir uns über den Sarg und zeigen dem Budde den Zettel.

»Da müssen Sie aber noch ganz schön was zulegen«, meint der Budde. Aber so sieht es doch mal aus: Das können wir nicht, der ist nur für Reiche. Und da denke ich an den Führer. Der hat uns versprochen, daß er das ändert. Wenn ich auch klein bin, will ich ihm dabei helfen und ihn immer von Herzen lieben. Der Budde kann sich meschugge lachen, weil wir für unseren Zettel den feinen Sarg wollen. Ob wir das denn nicht wissen, die Fürsorge bezahlt doch nur einen Nasenquetscher. Auf der Stelle wollen wir mal so einen sehen. Das ist der braune, flache, ganz hinten neben dem Korbsessel. Die Zigarrenkiste für unseren Helmutchen! Da kriegt er ja Luftzuschnürung bis zur Auferstehung. Ich weine und stecke die Marta an wie beim Schnupfen. Meine Mutti weint bloß mit dem Mund. Der zittert.

»Aber Leutchen«, sagt der Herr Budde, »nun seid doch mal vernünftig. Ich habe so meine Erfahrung mit die Nasenquatscherchen. Haben Sie einen Jarten? Dann kostet Sie's nuscht. Da schneiden Sie alles kahl, was Sie finden. Jerade jetzt im Spätsommer sind doch die Blumchen so prächtig. Und dann nageln Sie sich ein Holzkreuz zusammen, aus zwei gewöhnliche Stöcker. Zum Schluß flechten Sie die janze Pracht rauf, immer schön kreuzweise. Das fertige Blumenkreuz schlagen Sie mit ein, zwei Nägeln auf den Sarch. Da sollen Sie mal sehen, daß da keiner nuscht merkt, von dem Nasenquatscherchen.«

Er schenkt uns noch so komische Haarnadeln für die Blumen zum Zusammenstecken, und dann laufen wir in unsere Waschküche und schlagen in zwei Bretter Nägel. Fertig ist das Kreuz. Alle drei, wie wir da traurig sind, rupfen im Garten sämtliche Blumen ab, besonders die dicken roten und weißen Dahlien. Auch gelbe Blumen nehmen wir und so kleine, die wie Unkraut wachsen. Bloß keine blauen. Die sind schon hin. Wir sortieren und stecken und binden und verwurschteln alles und achten auch mit schöner Geschmacklichkeit auf die einzelnen Farben. Am dummen Holzkreuz reiße ich mir einen Splitter ein.

Mutti geht mit dem Kreuz gleich nach der Leichenhalle. Sobald der Sarg eintrudelt, will sie nageln. Auch müssen wir öfters abwechselnd das Kreuz besprengen gehen, weil wir doch erst morgen früh um acht Begräbnis feiern. Ach du Allgewaltiger, wenn ich noch an das Theater denke, daß wir mit dem Erzpriester Schulz hatten, von wegen dem Begräbnis um acht. Kaum war das

Helmutchen tot, mußten wir doch in der Pfarrkirche das Begräbnis anmelden.

Wegen der Wehmut haben wir die Marta gar nicht erst mitgenommen. Der Kaplan Muhn war gerade auf einem Versehgang. Da wollte mal wieder wer abkratzen. Aber der Erzpriester Schulz war da und blätterte in dem Buch für die Begräbnisse. »Hausangestellte«, sagte er, »Fürsorge, – das Kind Helmut Wischnewski wird dann also am Mittwoch frühmorgens um sieben zur letzten Ruhe gebettet.«

»Wie bitte?« sagte meine Mutti, »bitte, wie soll ich das verstehen? Dieses Kind wird nicht in aller Herrgottsfrühe um sieben verscharrt wie der Ärmste der Armen. Dieses Kind, Hochwürden, wird zu einer anständigen Zeit beerdigt. Sonst ziehe ich die Leiche zurück und gebe sie zu den Evangelischen.« Da hat der Erzpriester Schulz noch einmal in seinem Begräbnisbuch nachgesehen und gesagt: »Ich will Ihnen entgegenkommen, Frau Walter. Ich sehe gerade, um acht habe ich hier noch was frei.«

Mit acht war meine Mutti zufrieden. Um acht ist eine Beerdigung anständig. Das haben wir ja nun geschafft, und jetzt gehe ich mit der Marta das Helmutchen abholen. Die müssen uns ein Auto geben, für den Leichnam zu überführen. Kommen wir da an in dem Säuglingsheim, bringt uns gleich eine freundliche Diakonisse zu unserer Leiche, die da sehr stört. Wir denken, wir sehen nicht richtig, liegt doch das Helmutchen vollkommen mit nichts an in einem Wartezimmer auf dem Tisch. »Wieso hat das Kind nichts an?« fragt die Marta. »Das Jungchen hat ja nicht was Rechtes, bloß die paar Fetzchen, die haben wir dort zusammengeschnürt.« Auf einem Stuhl sehe ich ein kleines Bündel. Wir wickeln das Paket auf und ziehen dem Helmutchen ein Strampelhöschen an und ein weißes Jäckchen. Nun wollen wir wissen, wie die Leiche denn überführt wird?

»Das ist nicht unsere Sache«, sagt die Diakonisse, »das ist Sache der Katholischen.« Es ist ein Kreuz. »Was sollen wir denn nun machen?« fragen wir.

»Wir jedenfalls«, sagt die Diakonisse, »können da überhaupt nichts machen. Behalten können wir die Leiche aber auch nicht, denn wir sind ja hier ein Säuglingsheim.«

Nun könnten wir ja das Helmutchen einfach unter den Arm klemmen und davontragen. Aber wir wissen nicht so recht. Das ist uns dann doch zu komisch.

»Wenn Sie die Klosterstraße nach Grünsburg runterlaufen, ist das ja nicht mehr weit«, meint die Diakonisse. »Eine Schubkarre hätten wir. Die braucht der Gärtner jetzt nicht. Damit können Sie ja schnell das Jungchen zur Leichenhalle fahren. Aber wieder zurückbringen.«

Uns ist schon alles egal. Hauptsache, das Helmutchen kommt noch zeitig zu seiner Beerdigung. Wir nehmen eine grüne Decke vom Bündel weg, und wickeln das Herzchen ein, daß rein überhaupt nichts mehr davon zu sehen ist. Das bißchen Wäsche knoten wir zusammen und tragen die ganzen Sachen zur Schubkarre vom Gärtner. Ich schiebe mal Probe. Geht ganz leicht, quietscht bloß ein bißchen. Alles vom Helmutchen legen wir rein, aber so, daß nichts hin und her wackelt.

Dann gehen wir los und treffen vorläufig keinen Menschen, trotzdem tun wir aber so, als ob wir Kartoffeln schieben. Wenn wir über Hubbelpflaster fahren, gucken wir immer auf die grüne Decke. Unterwegs halten wir mal an vor einem Laden, auf dem POSAMENTEN steht. Ich muß bei der Schubkarre Wache stehen, daß sie nicht wegrollt und wegen der Diebesgefahr. Ein Segen, daß die Marta schon immer eine schwarze Bluse hatte und einen dunklen Rock. Schuhe bekommt sie von meiner Mutti solange. Bloß schwarze lange Handschuhe muß sie noch kaufen. Das tut sie gerade. Auch das noch, so kurz vorm Ersten.

Wie sie mit den neuen Handschuhen rauskommt, fahren wir weiter zur Leichenhalle und treffen die Nichte vom Zahnarzt Bierbaum. Ganz belämmert guckt die Gisela und wundert sich, wieso wir eine Schubkarre schieben. Die Schwelle vom Bürgersteig fahren wir ganz vorsichtig runter. Vorn hebe ich mit an, daß es nicht so schuckelt.

Vor dem Altersheim nimmt die Marta das Helmutchen in den Arm, und die Karre lassen wir stehen. Mutti ist schon drin. Unsere Blumen sehen noch so neu aus wie vorhin. Buddes Nasenquetscher ist schon angekommen. Flach und klein steht er am

Fenster. Neben ihm sind noch zwei große Särge mit einem Mann drin und einer Frau.

Hinter uns steht eine lange Bank. So lang wie die Wand. Da sind lauter weiße Tücher und noch was an Wäsche drauf gestapelt. Die Diakonissen haben ja das Helmutchen schon so schön gewaschen. Wir brauchen es bloß noch auszuwickeln und können es gleich einsargen. Das ist nichts weiter als hübsch hinlegen, im Nasenquetscher, daß der Kleine recht niedlich aussieht und schön glatt zudecken. Was er anhat, bleibt so. Man kann noch mit Blümchen garnieren.

Ich setze mich zum Zugucken auf die lange Bank mit den Tüchern. Die ist trotzdem sehr hart. Mutti und Marta stülpen den flachen Deckel über das Helmutchen und machen alles zu, für ewig. Ich sitze ganz schön hoch und baumle mit den Beinen. Mutti hat in ihrer Handtasche ein paar Nägel mitgebracht und unsern Hammer. Nun legt sie das große Blumenkreuz auf den Nasenquetscher und bummert die paar Nägel ins Holz und wirklich, der Sarg macht uns jetzt solche Freude. Da knirscht es wo unter mir. Gucke ich mal nach in den weißen Tüchern. Erbarmung, da habe ich mich doch aus Versehen auf die nackichte Oma Poschmann gesetzt.

Anschließend wetzen wir dann noch schnell mit einem Korb voller Blumenköpfe zum Friedhof. Die haben wir auch aus unserem Garten. Der Totengräber zeigt uns unser Grabchen. In so was schrecklich Dunkles kommt das Helmutchen auf keinen Fall. Dazu sind wir ja hier, damit das nicht passiert. Schön eigen und bunt und duftig wollen wir dem Helmutchen seine vier Wände mit Blumenköpfen bespicken. Dazu können wir ganz gut die Haarnadeln vom Budde noch verbrauchen. Mutti quält sich mit der Marta ab, wie sie da so knien und sich nach unten bücken und die Wände bestecken und aufpassen müssen, daß sie nicht reinrutschen. Dabei purzeln ihnen die schönsten Köpfe immer ins Grab. Auf einmal haben sie eine Idee und heben mich einfach in Helmutchens Loch. Ich stehe ganz bequem. Sie reichen mir den Korb runter, und nun mache ich dem Helmutchen ein schönes Muster mit rot und weiß und gelb und weiß-weiß-rot. In die Ecke pieke ich zwei rosane Glöckchen. Bißchen muß ich jetzt aber lockerer stecken, sonst langen mir die Köpfe nicht. Über mir sind der Marta und der Mutti ihre Beine. Die Marta hat einen lilanen Unterrock an und die gleichen Schlüpfer. Zum Schluß habe ich noch eine Überraschung für das Helmutchen. Bevor sie mich wieder rausziehen, schiebe ich schnell heimlich unter ein paar weiße Blumen einen grünen Lutscher mit Trillerpfeife.

*

Jetzt geht es unserer Marta genauso, wie es immer in den großen Traueranzeigen vom »Grünsburger Tageblatt« steht. Nun muß sie auch nach Gottes ewigem Ratschluß, als leidgeprüfte Mutter, Fräulein Marta Wischnewski, hinter ihrem Helmutchen herlaufen, das plötzlich und unerwartet von ihr gegangen ist und nun zur ewigen Ruhe in einem Nasenquetscher liegt, wo der Kleine mit der Nase an den Deckel stößt und vor wenig Platz nicht richtig atmen kann. Wieder ist ein Kind zu »seinem Vater im Himmel« heimgegangen. Wo sich nämlich hier, in diesem Jammertal, kein Vater für ihn gemeldet hat. Zum Glück war dieses Kind streng katholisch, so daß man jetzt weiter keine Sorgen für die Seele haben muß. Jammertal, das ist, wenn wir hier auf der Welt sind, wo wir rein gar nichts dafür können, und wo alles Scheiße ist, und wo wir wissen, daß dort oben, über uns, alles so viel schöner ist, und wir beizeiten flehen müssen, von hier wegzukommen und dorthin. Und eine Seele, das ist ... Jedenfalls sieht sie so ähnlich aus wie ein Hühnermagen.

Dem Helmutchen sein Trauerzug kommt durch die langen Straßen von Grünsburg, wo es viele Fenster mit vielen Leuten gibt, die dem Helmutchen kein Ave Maria sprechen, sondern bloß mit dem Finger zeigen und dumm gucken und zu den Nachbarn tratschen, weil das Helmutchen vollkommen unehelich ist. Ich habe mit einem Entschuldigungszettel von Fräulein Weisse schulfrei bekommen und muß erst zur Rechenstunde wieder dort sein.

Dem Helmutchen sein Leichenzug, das sind in tiefer Trauer unserer sechs. Nämlich der Kaplan Muhn aus der Pfarrkirche, gleich neben der Leichenhalle, der die Gusche aufreißt und gähnt, weil er noch nicht richtig ausgeschlafen ist. Vor ihm gehen die beiden Meßdiener in den weißen Spitzenhemden mit darunter schwarzen

Kleidern. Der eine hat noch kein Frühstück und beißt heimlich von einer dicken Leberwurstschnitte ab, so oft der Kaplan Muhn so tut, als ob er betet. Dann noch die untröstliche Mutter, mit den teuren, schwarzen Handschuhen, der es viel besser gepaßt hätte, das Helmutchen wäre erst nächsten Monat gestorben. Denn gerade diesen Monat ist sie so knapp bei Kasse. Aber die schönen Handschuhe kann sie nach dem Begräbnis noch auf dem Tanzboden abtragen. Für die trauernde Hinterbliebene zur Tröstlichkeit ist noch meine Mutti da, in ihrem schwarzen Ausgehkleid mit weißen Punkten, und ich, die Nate Walter, in ihrem weißen Erstkommunionskleid, die aus einem Körbchen dem Helmutchen Blumen auf seine letzte Straße streut, daß er Spaß hat und wegen der Ablenkung vom Nasenquetscher, daß er vielleicht nichts merkt. Zuerst sollte ich ja vor dem Sarg hergehen und die Blumen schön weit weg werfen. Aber ich bin zu schüchtern. Die Männer von der Sankt Georgen Begräbnisbruderschaft, die dem Helmutchen seinen Sarg zum Friedhof schleppen, gilden nicht, weil sie vor lauter Leichentragen nicht mehr traurig sind. Wegen der Ehrfurcht haben sie sich aber doch prächtig angezogen, mit weiten, schwarzen Umhängen und einen Hut auf dem Kopf, der drei Ecken hat, von wo aus an zwei Seiten schwarze Trauerschleier wehen, als letzten Gruß für das Helmutchen. Jetzt weiß ich auch, daß von den Leichenträgern das Lied kommt: ›Mein Hut der hat drei Ecken.‹

*

Da hat mich doch mein Vati so lange gezwiebelt, bis ich den Brief nach Insterburg geschrieben habe, mit Löschblatt und ohne Kleckse. Der geht so:

Liebe Tante Hedel, Tante Hildchen, Tante Luischen und Omama

Komt wenn ihr gesunt seit dann zu unz. Ich bange mich schon nach euch. Ich gratolire meiner süsen Tante Hedel so lieb. Hofendlich geht es euch sehr gut. Liebe Omama ich freue mich das du gesunt bist. Ich wünsche dir viele Küsse. Bleibe gesunt und grüße die Tanten deine

Nate

Das sind alles alte Schwestern von meinem Vati. Er ist am jüngsten. Trotz dem Brief sind sie aber nicht gekommen. Doch sie haben sich sehr gefreut. Jetzt soll ich in den kleinen Ferien für acht Tage zu denen. Bloß nicht. Nämlich wegen meiner Kusine Josefine. Mit der ihrer Josefine können sie mich ganz schön ramdösig machen. Finachen hinten und Finachen vorn, und Finachen kann alles und kriegt alles.

Von meinem Vati seiner Seite aus wird die Josefine stark bevorteiligt. Ohne Quatsch, da verschenkt doch mein Vati zu Weihnachten einfach mein Sparbuch an die Kusine Josefine. Das ist doch doll, wo er es extra für mich gespart hat, bis ich mal heirate. Überhaupt ist meine Kusine Josefine der Liebling von allen, natürlich nur, was die Insterburger Seite von denen aus angeht. Was die Josefine groß und häßlich ist, mit langer Nase und oben dürr und unten breiten Hintern, dafür läuft sie wie aus dem Ei gepellt herum. Die sieht immer frisch gestärkt aus und neu gebügelt. Das kommt aber bloß davon, weil sie was älter ist als unser Heia und nicht mehr auf der Erde spielt, während ich mich immer wie so ein schmutziges Ferkel da unten rumsiele, sagt die Tante Hedel. Von meinem Vati aus soll ich mir die Kusine Josefine als ein leuchtendes Vorbild nehmen, denn sie ist schon eine ernsthafte Jungmädelführerin, die mit ihren Jungmädelchen in einem alten Insterburger Turm lauter Hitlerlieder übt, mit Klampfe und zweiter Stimme.

Ihre Mutti ist die Tante Hedel, die wie ein Mann aussieht, mit Herrenschnitt und ohne Busen. Weil sie doch für ihren Insterburger Bezirk die Frauenschaft aufbaut, läßt sie zu Hause das Essen anbrennen. Vorläufig ist sie noch allein die ganze Frauenschaft. Aber sie baut sehr fleißig. Ihr Mann ist der Onkel Hansi, der wie Willi Forst aussieht. Für die alle ist unser Herrgott der herrliche, deutsche Wald. Sprechen tut der Herrgott mit ihnen, wenn die Bäume rauschen. Diese Religion heißt Gottgläubig und ist auch die von meinem Vati. Ich denke, die sind alle bloß zu faul, zur Kirche zu gehen.

Ich soll mich in Insterburg mit nichts schämen müssen vor meiner Kusine Josefine. Deshalb will mich die Marta auch besonders gut ausstatten. Lauter Reste von Stoff nimmt sie, und nun rattert die Nähmaschine und rattert, und ich muß nach grüner, grauer, roter und blauer Nähseide laufen, und sie macht mir lauter neue Kleider, oben geblümt und den Rock nur in einer Farbe. Alle im selben Schnitt, aus Zeitungspapier vorgeradelt. Große Säume läßt sie, und ich darf sehr kurz gehen, weil ich so niedliche Beine habe. Ganz verdreht bin ich nun vor Freude, denn ich soll mir noch was kaufen. Nämlich: ein Meter blaue Zopfschleife, ein Meter grüne, ein Meter rote und gleich zwei weiße, wegen schneller Verschmutzung. Zu jedem neuen Kleid passend ein Paar breite Zopfschleifen. Ich darf mir endlich Zöpfe flechten. Da staunt die Mutti mit der Marta. Mein Haar langt schon auf jeder Seite zu drei Flechten. Mutti sagt, jetzt sehe ich genauso dusslig aus wie alle, und sie will es bloß nach Insterburg erlauben, damit ich bei der Tante Hedel als echtes deutsches Mädel ankomme, weil die doch diesen Fimmel hat. Nun freue ich mich aber doch schon auf Insterburg. Dort ziehe ich jeden Tag ein neues Kleid über und flechte mir links und rechts die passende Schleife dazu ins Haar.

Auch mein Vati wollte mich nicht so poplig zu seiner Verwandtschaft losfahren lassen. Was die sonst reden! Er schenkte mir einen schwarzen Lackkoffer aus Pappe, mit stabilen, braunen Ecken. Den darf ich aber nicht so zerkratzen, sonst setzt es was. Jetzt fahre ich also los und habe den dicken Mantel an, aus einem alten Futter von meinem Vati. Der hat so gräßliche lilane Karos. Darunter trage ich aber eins von den süßen, neuen Kleidern. Woran sieht man wohl, daß es am meisten rot ist? An meinen schönen, roten Zopfschleifen aus Seide.

Was soll denn daran nun so schlimm sein, allein zu verreisen? Auf einmal schubst mich die Nonne von gegenüber an und sagt, ich muß die nächste aussteigen. Die Marta hat der Nonne in meinem Abteil Bescheid gesagt, daß sie mich in Insterburg rausschmeißen soll. Die Nonne hat mir sogar unterwegs Leibnitz-Keks geschenkt, und ich habe alles vollgekrümelt. Jetzt will mir die Nonne den Koffer von oben runterheben. Sie schuckelt ein bißchen daran, und er fällt ihr schon so halb entgegen. Mit einem Ruck hält der Zug. Die Nonne, die weiter mitfährt, schiebt mir noch den Koffer vom Trittbrett runter. Gleich hinter dem Koffer komme ich, die Nate Walter mit Zöpfchen und roten Schleifen.

Die Tanten haben es nicht gut abgepaßt. Fünf Wagen weiter stehen sie allesamt mit der Josefine. Wie sie da so schön versammelt sind, freue ich mich sehr. Den dummen Koffer lasse ich bis nachher liegen. Erst mal will ich meine Zöpfe vorführen. Am besten werde ich nichts verraten.

Ich laufe los: »Omama, Tante Luischen, Tante Hedel!« Die Omama hält sich ihren Knoten hinten am Kopf fest, wie ich sie knutsche. Noch sagt sie nichts von den Zöpfen. Nun kommt die Tante Hedel dran. Aber die packt mich gleich bei den Schultern und rüttelt mich und statt Kuß sagt sie: »Heil Hitler, Renate, immer hübsch gerade halten.« Nun stehe ich gerade, den Kopf hoch, weil sie unter mein Kinn ihren Zeigefinger piekt. Na, endlich sieht sie die Zöpfe. Die ist wohl in ihrem Glumskopf nicht ganz richtig! Reißt sie mir doch eins, zwei, fix die roten Schleifen aus den Zöpfen, läßt sie fallen und tritt sie tot mit ihren Latschen, und dann sagt sie, als wenn es gar nichts wäre: »Aber, Renate, ein deutsches Mädel ist schlicht und gerade und putzt sich nicht.«

Nachher, bei denen zu Hause, bekomme ich, statt solchem Tand, erst mal zwei Schnipsgummis für meine Zöpfe, bis wir nächsten Tag einfache Zopfhalter aus Zelluloid kaufen wollen.

Wenn ich noch mal im Leben nach Insterburg fahren soll, bekomme ich die Düfteritis. Noch jetzt erlebe ich im Alptraum ganz schlimme Geschichten. Gerade gestern wieder habe ich aus der Tante Hedel ihrem offenen Bein Sülze gegessen. Und heute backen wir Kuchen. Das ist nun aber in Wirklichkeit.

Bei der Tante Hedel war das ja ein solcher Quatsch mit meinen schönen Haarschleifen. Ein deutsches Mädel tut dies nicht und tut das nicht. Verdammich, ich kann doch auch mit Zopfschleifen den Führer lieben! Aber jetzt ist es ja sowieso alles aus. Mutti ist mit unserer Papierschere gekommen und hat mir die Haare so kurz abgeschnippelt, daß ich wieder wie ein kleines Kind mit Bubikopf und Ponys rumrenne. Finde ich mich eben nicht mehr hübsch. Die Marta hat aber fest versprochen, mir am Wochenende zur Tröstung ein paar Locken zu brennen.

Heute backen wir erst mal mit voller Unfreiwilligkeit einen Kuchen. Wann haben wir denn das letzte Mal für unsereinen einen Kuchen gebacken? Ich kann mich gar nicht mehr daran erinnern, wie Kuchenbacken riecht. In der Küche ist schon der Gasofen angesteckt und gibt eine Bullenhitze. Gleich backen wir den feinen Sonntagskuchen. Den backen wir aber nicht für uns. Den backen wir für die Partei. Mein Vati ist überhaupt kein Mensch mehr, seit er unserem Führer einen Schritt entgegengekommen ist. Keine Ahnung, was er da alles gemacht hat und unermüdlich und weiß der Kuckuck. Jedenfalls hat er jetzt den schönen Stolz vom Zellenwart oder Blockwart. Ich verwechsle das immer. Eins von beidem. Den Vater von der Trautel, den Herrn Kaminski, den hat er auch belatschert. Weil doch nun ärmer gestellte Volksgenossen sich keinen Kuchen leisten können, da sollen die besser gestellten Volksgenossen den ärmer gestellten Volksgenossen einen Kuchen backen, damit Freude einzieht in jede Wohnung von einem Nationalsozialist. Einmal im Monat muß man die NSV-Kuchenspende backen. Heute abend nun will mein Vati den Kuchen, den wir erst noch machen müssen, schön eingewickelt zum Parteidienst mitnehmen und dort abgeben, und da werden die Kuchen alle eingesammelt und eines schönen Tages verteilt.

Das sehen wir ja alles ein. Da müssen wir ja auch mit dem Backen in der ersten Reihe stehen. Für unseren Führer will ich kneten und rühren und Mandeln hacken. Wir haben bloß Sorge dabei, daß mein Vati uns das Geld für das Mehl und Margarine und alles nicht wiedergibt. Denn für den Parteikuchen jeden Monat langt unser popliges Wirtschaftsgeld ja nun doch nicht. Wie man sich denken kann, werden wir in den Parteikuchen, der uns rein gar nichts angeht, außer, daß wir ihn machen müssen, nun nicht so besonders wundervolle Sachen reintun. Meine Mutter ist berühmt dafür, daß sie aus nichts schöne Leckereien zaubert. Wie mit unserer Schlagsahne, die wir Kinder immer sonnabends kriegen.

Erst seit vorichte Woche weiß ich, wie man die macht, und nun schmeckt sie mir natürlich nicht mehr. Wochenende kommt die Marta immer vom Milchmann und sagt, sie hat uns schöne, frische Schlagsahne gekauft. Nun freuen wir uns darauf. Die bekommen wir aber nicht gleich zu schlecken. Damit muß erst noch was angestellt werden, dessentwegen Mutti und Marta in unserer Küche verschwinden und die Tür zuschließen. Bißchen später machen sie wieder auf, und wir lecken uns alle zehn Finger danach ab und putzen anschließend die Schüssel innen ganz blank mit der Hand. Vorichte Woche, da haben sie die Schlagsahne noch vollkommen eingewickelt auf dem Küchentisch liegen lassen, weil ihnen was dazwischen kam. Sind sie beide weggelaufen. Bin ich mit dem Heia in der Küche. Haben wir in das Papier ein Loch gebohrt, den kleinen Finger reingesteckt und mit Schlagsahne vollgeschmaddert wieder rausgezogen. War das doch ganz gewöhnliche Glumse! Die haben sie bloß was aufgemöbelt mit Vanillenzucker und Milch und richtigem Zucker, was man alles ganz deutlich auf dem Küchentisch liegen sah. Mit unserem Schneebesen haben sie dann aus der Glumse die Schlagsahne geschlagen. Aber Glumse bleibt Glumse, auch wenn sie noch so viel damit machen.

Leider kann man ja nun mit einem Kuchen auch rein gar nichts zurechtschummeln. Kuchen muß Kuchen bleiben, sonst wird er nichts. Dessentwegen müssen wir ja auch ehrliches, weißes Mehl nehmen, vom billigsten, ein ganzes Pfund. Auch unser Ei ist echt und das viertel Pfund Margarine ist wirklich Margarine, von der schlechtesten. Als Milch mischen wir Milch mit Molke. Die Marta sitzt auf dem Küchenstuhl und hat die Schüssel zwischen ihre Beine geklemmt. Am Anfang darf ich rühren, aber nachher, wenn es schwer geht, soll ich verschwinden, weil ich bloß aufhalte. Als Zucker dazukommt, muß ich unbedingt mal kosten. Schreit die Marta: »Von dem bißchen!« Soll ich endlich machen, daß ich wegkomme. Setze ich mich auf den Küchentisch und warte wegen der leeren Schüssel, nachher zum Auslecken. Der Heia wartet auf dem Schemel. Wenn er die Schüssel erwischt, bin ich beleidigt. Der Teig läßt sich jetzt reißen, dann ist er fertig. Tüchtig Blasen kann er ruhig schlagen. Nun kleckert die Marta den ganzen Kleister in die Kuchenform. Die haben wir von der Frau Usedom ausgeborgt. Uns gehören nur so große, flache Bleche. Die sind uns aber für die Partei zu schade. Blechkuchen machen sich nämlich teurer, paar Pfennig. Springe ich schnell zu der Schüssel. Der Heia schubst. Ich kratze und kriege von der Marta eins auf die Finger. Die Marta ist streng aber gerecht, weshalb sie mit dem Griff von der Rührkeule genau in der Mitte einen Strich durch die Schüssel zieht, daß man am angeklebten Zeug sehr deutlich sehen kann, wolang er geht. Erst darf der Heia seine Hälfte auslecken, als der Älteste, und dann komme ich.

Mutti und Marta lesen derweile in der Zeitung, ob wer gestorben ist. Sie haben Glück. Ein alter Mann und drei Frauen. Mutti geht mit der Marta nämlich zu jedem Begräbnis, wenn es nicht regnet. Da können sie dann feierlich durch Grünsburg ziehen und sich über den Sarg freuen, denn es ist ja ein fremder. Dann weinen sie so schön und gucken, was die Hinterbliebenen anhaben und was für ein Gesicht sie machen, ob sie denn auch die Leiche genug vermissen. Zum Schluß dürfen sie noch Sand in die Grube schmeißen, und vorher haben sie eine erbauliche Rede gehört, wie schade das Begräbnis ist, von diesem guten Mensch. Daß immer nur gute Menschen sterben, ist auch wirklich ein Jammer. Das alles haben sie für ganz umsonst. Eine Woche ohne Begräbnis kommt uns teuer. Da geht dann die Mutti mit der Marta ins Alhambra-Kino. Letztes Mal zu »Die Leute mit dem Sonnenstich«.

Unser Backofen raucht und stinkt und tropft. Aber das ist in Ordnung. Wenn wir dabeisitzen und ab und zu mal nachgucken, kann dem Kuchen nichts passieren, bloß nicht allzuoft, weil sich der Kuchen sonst erkältet. Die Marta piekt den Kuchen mit einer Stricknadel. Klebt kein Teig mehr dran. Fertig. Hocken wir alle vorm Backofen und ziehen ihn raus. Donnerlittchen! Heiß! Stellen wir ihn erstmal auf die Fliesen, um dem seine Schönheit zu begucken. Kross ist er ja geworden, bloß ein bißchen mager. Er hätte ruhig was mehr ausladen können. Bißchen lassen wir ihn auskühlen und kippen ihn auf ein Brett. Müssen wir mit dem Küchenmesser nachhelfen. Nun polken wir was von den Krümeln ab, die am Blech kleben. Wie so lauwarmer Kuchen eben schmeckt. Was lockerer wäre er noch besser. Die Marta bepinselt ihn mit dick angerührtem Puderzucker, wo wir noch Zitronenaroma reintröpfeln. Den haben wir nun für Deutschland gebacken. Denn Deutschland, das bist du und das bin ich und der kleinste Parteigenosse, der nun unseren Kuchen verputzen wird.

In diesen Kuchen haben wir unsere Ehre reingebacken. Nämlich deshalb, weil mein Vati tagsüber im Büro der Oberste vom Parteigenossen Puschnat ist. Die Frau von dem läuft immer in Bundschuhen rum und weißen Söckchen. Den Kollegen Puschnat kann mein Vati also zurechtstucken. Abends, bei der Partei aber, da ist es nun wieder umgekehrt. Da ist der Puschnat eins höher als mein Vati, und nun kann ihn der Puschnat aus Rache so schön zwiebeln. Und darum darf der Puschnatkuchen auf keinen Fall besser sein als unserer.

Es ist Zeit, daß wir unsern Kuchen, mit Pappe drunter, in Seidenpapier einwickeln und meinem Vati in die Aktentasche stecken. Wie mein Vati nun so schön gemacht mit Haarwasser und Uniform losgeht, pfeift er sich eins.

Zwei Wochen später, wir sind gerade alle mal wieder in der Küche, und Marta will mich eben ins Bett stecken, da helfen keine Faxen. ›Nanun‹, denken wir, als die Haustür knallt. ›Der Vati ist noch gar nicht lange zur Ortsgruppe losgegangen. So schnell kann er doch nicht wieder zurück sein?‹ Da wird auch schon die Küchentür aufgerissen. Das Gesicht von meinem Vati ist blaß wie Glumse. Der Uniformhut ist ihm schief gerutscht. Ruck zuck, marschiert er hin und zurück in der Küche. Muß ich mich in die Ecke ducken, weil er mich sonst womöglich tritt. Jeder Schritt knallt auf den Fliesen.

»Das ist Sabotage«, schreit er, »ich bin entehrt, ruiniert, vernichtet!« Dann wird er untergraben und von gesinnungslosen Pfaffenhuren besudelt, und schon die Kinder sind bis ins Mark vergiftet. Er gibt das Letzte für den Führer und meine Zukunft, und wir sind entartet, und die Marta ist entlassen, von meiner Mutti läßt er sich scheiden. Dafür haben wir gesorgt, seine Karriere ist jetzt im Eimer, und er läuft als Gespött rum von der Partei, und der Puschnat jubiliert, jubiliert, jubiliert, kreischt mein Vati und sagt alles dreifach, und wenn er meine Mutti auch nur bei der leisesten Äußerung erwischt gegen den Führer und gegen das Werk von dem Führer, dann wird er das melden, anzeigen, er wird sie vernichten und gnade uns Gott, wenn wir noch einmal eine Kirche betreten. Wir sind bigottes, ehrloses, vaterlandsloses Gesindel, das ist eigentlich alles, was wir so sind, und er blökt und spuckt dabei wer weiß wie doll, und wir wissen rein gar nicht, was er von uns will. Wir haben doch bis jetzt eben noch heiße Plinsen frisch aus der Pfanne gegessen. Dann atmet er so schnarrend, als ob ihm die Nase verstopft wäre, damit wir ja auch was merken sollen, von der bodenlosen Unzumutbarkeit, daß wir seine Luft zum Atmen mitbenutzen. Vor lauter Staunen haben wir gar nicht gesehen, daß er was in der Hand hält. Mit hartem Knall feuert er uns plötzlich einen Stein auf den Küchentisch. Wie wir hingucken, ist es doch unser Kuchen von vor zwei Wochen.

Jetzt schreit mein Vati wieder los, er ist beruflich und gesellschaftlich erledigt, und wir haben es auf dem Gewissen, daß er wegen der Schande und dem triumphierenden Puschnat ein dickes, nationalsozialistisches Werk bestellen mußte für vierundzwanzig Mark und fünfzig. Dann grabscht er nach dem Kuchen und knallt ihn wieder auf die Linoleumplatte, die meine Berliner Oma mal auf den Tisch genagelt hat. Das macht unserem Kuchen gar nichts. Nur die Linoleumplatte hat jetzt eine Delle. Wie mein Vati schon die Tür zuknallt und die Treppe raufpoltert, schreit er »Frauenzimmer!« und »meine Mutti ist gegen das Reich und den Führer, den Führer, den Führer!« Die ganze Treppe rauf ist meine Mutti gegen den Führer, gegen den sie in Wahrheit gar nichts hat. Sie hat man bloß das Backpulver vergessen.

*

Jetzt bin ich nämlich bei den Märtürern. Morgens, wenn ich aufwache, gucke ich erst mal nach, ob ich noch lebe. Ein Märtürer, das ist, wenn einer durch schlechte Menschen großes Leid erdulden muß, für eine Sache, die er auch sein lassen kann. In dem Fall tut ihm dann keiner was. Außer mir gibt es unter unseren Bekannten keinen Märtürer. Bevor ich einer wurde, habe ich schon ein dickes Buch darüber gelesen, »Die Kinder Gottes«. Das waren alles Kinder mit Buckel und Hinkebein oder einer schwachen Lunge. Alles in Armut und Saufköpfe als Väter, und bei den meisten klopfte die Hungersnot an die Tür. Und wenn sie denen die Luft abschnürten und sonstwas, die Kinder sind zur Kirche gegangen. Ohne weißes Erstkommunionkleid wären sie lieber gestorben. Und die vielen Hiebe und Qualen und wie wehrlos sie waren, und niemals haben sie geweint. Märtürerkinder haben immer große, traurige Augen und blicken stumm. Leider können sie das nicht lange, weil sie bald sterben. Von den Kindern aus dem Buch und mir bin ich das einzigste Märtürerkind, was noch lebt. Wer weiß, wie lange. Aber mein Vati wird es schon schaffen.

Mein Martürium fing bald nach der Kuchengeschichte an. Seit da dürfen wir doch nicht mehr zur Kirche gehen. Bei der Partei ist es inzwischen ganz unmodern geworden, sich in der Kirche trauen zu lassen. Jetzt ist das meinem Vati wer weiß wie peinlich. Damals nämlich war die Partei noch was neuer und wollte sich bei den frommen Leuten bißchen einschmeicheln, damit sie alle von der ihrer Sache begeistert sind. Heute sind ja sowieso alle begeistert. Jedenfalls müssen wir nun kleckerweise zur Messe rennen und heimlich. Einer bleibt immer zu Hause zum Ablenken. Ich sage zu meinem Vati: »Die Mutti ist nicht zur Kirche, die holt bloß bißchen Zucker von Usedoms.« Wenn ich verschwinde, bin ich auf einen Sprung zur Trautel. Vermißt er die Marta, steht sie mal einen Augenblick an der Ecke und verabredet sich für nachmittag mit einem Schatz. Der Heia verschwindet öfter zwischendurch und sieht immer mal wieder ein Stückchen Messe. Mal hat er auch geschwänzt und im Arndtpark Murmeln gespielt.

Vorigen Sonntag bin ich mit Zungeraushängen zur Kirche gepest und kam gerade noch zeitig zum Erzpriester Schulz seiner Predigt, die mir gut gefallen hat und wo ich den Erzpriester nachher sehr verehrte. »Was will uns nun Gott damit sagen?« fragte er uns. Woher sollen wir denn das wissen? Aber der Erzpriester Schulz wußte es. »Was meint denn Gott damit?« fragte er bißchen später uns liebe Gläubige. Sind wir der liebe Gott? Na also! Fragt doch den Erzpriester Schulz. Und dann hat der Erzpriester erzählt, wie der liebe Gott für unsere Welt mal irgendwas nicht so Schönes gemacht hat. Nun gucken wir dumm, weil wir alle denken, daß der liebe Gott uns damit strafen wollte. Sind wir auf dem Holzweg. Der Erzpriester Schulz hat uns genau erklärt, was der liebe Gott sich dabei gedacht hat. Wie wunderbar. Ein Erzpriester hat eben doch ganz andere Einblicke wie unsereiner, der da so im Staube kniet. Der Erzpriester Schulz weiß, wann der Herrgott strahlt und wann er gnaddrich ist.

Anschließend habe ich noch bißchen mitgesungen. Wie dann die Frau, die erst stand, sich neben mich setzte und nach Mottenpulver und Knoblauch stank, war ich aus der Bank raus, knickste, ging schön langsam die paar Schritte, quetschte mich durch die Türspalte und draußen dann aber nichts wie ab.

Wir hatten gerade Sonnenschein, und ich war ganz fröhlich. Links-zwei-drei, rechts-zwei-drei, tanzte ich durch unsere Arndtstraße. Bei Klotschwigs haben sie im Garten Kaninchenställe. Kaninchen essen nur arme Leute, die Läuse haben. Blodauers hatten Besuch von einer alten Tante mit Zähne zum Rausnehmen. Sieh mal einer an, da kam mir mein Vati entgegen. Was der für ein Tempo drauf hatte! Ließ ich vor Schreck das Hopsen sein. Ich wußte nicht recht, was ich nun machen sollte.

Kaum war er ran, hat er mich am Arm gezerrt und mitgeschleift. Bin ich hinterhergeschlittert. In die Haustür hat er mich reingeschubst, daß ich gleich zur Kellertür stolperte. Die war offen. Dann hat er mir Ohrfeigen geschallert und sich damit richtig eingeübt, um mir so die Kirche auszuprügeln. Mußte Spaß machen, auf Kinder loszuballern. Keinen Mucks habe ich von mir gegeben, wegen meinem Martürium. Je mehr er schlägt, um so besser komme ich in den Himmel und von mir werden Bücher geschrieben. Noch war es zum Aushalten. Merkt auf, alle Ihr Gerechten, jetzt ist der Höhepunkt von meinem Martürium, denn mein Vati hat mich soeben die Kellertreppe runtergeschubst, nicht so furchtbar doll, aber ich bin unten mit Willen ganz lang hingeschlagen. Nun hatte er wohl Todesschreck. Vonwegen! Er zerrte mich hoch und damit gut. Vielleicht hatte er mir wo was gebrochen? Zur Sicherheit humpelte ich mal probeweise und zuckte mit einer Schulter. Auch kneistete ich ein Auge zu und hoffte nur, es war doll geschwollen. Wehe dem Vater, der seine Hand auf ein Kinderauge klatscht! Stumm und groß und traurig sah ihn mein offenes Auge an. Tritt nur zu, Verfluchter dieser Erde, tritt nur zu, auf dieses arme Märtürerlein! Aber er schubste mich zum Waschkessel. Meine Nase konnte noch riechen. Hier war was sengerich. Jetzt sah ich auch schon die Bescherung. In dem Feuerloch lag mitten in der Asche mein wertvolles Kreuz aus Elfenbein, das mir die Moenken zum Geburtstag geschenkt hatte, statt was Süßem. Lag da schief und krummgeschmolzen und angekohlt, und trotz der Feuersglut hatte mein Vati es nicht geschafft, den Herrgott zu verbrennen.

Nun wußte ich Bescheid. Da hatte der Vati also unten in meinem Kleiderschrank den heimlichen Altar gefunden, den ich dort mit der Trautel aufgebaut hatte, als es mal regnete. Die Trautel wollte viel lieber Doktor spielen, mit Eicheln in den Po stecken. Hätten wir man!

*

Heiliger Bimbam, am Rathaus soll es draußen mit Reißzwecken an die schwarze Tafel gepiekt sein, daß der Führer mich ruft. Mich und die Trautel! Wie ich sie beim Milchholen treffe, sagt sie mir das. Mich hat sie ganz deutlich gelesen. Ziemlich zum Schluß soll ich kommen, wegen dem W von meinem Walter.

Ich bin schrecklich aufgeregt. Wir rennen mit der Milch schnell zum Rathaus. Bei der Trautel schwubst immerfort Milch über. Was die dumme Gans mit ihrer Kanne auch alles zurechthampelt! Ich stelle die Milch an das Rathaus und springe vor Freude immer abwechselnd auf ein Bein.

»Der Führer ruft auch Dich!« steht über den Namen an der schwarzen Tafel. Die Trautel sucht mit dem Finger alle Namen ab und hat sich gleich. Mich kann sie auf einmal nicht finden. Gott, o Gott, mich ruft er nicht! Womöglich hat die Trautel geflunkert, und von mir hat gar nichts dagestanden, oder ich bin wieder ausradiert worden, weil sie sich erkundigt haben, was ich manchmal für ein dreibarstiges Luder bin. Ich schaller der Trautel eine, wenn sie mich nicht bald findet. Ist das eine bedepperte Liese! Wo sucht die denn? Unter den W's muß sie doch gucken. Heiße ich vielleicht Kernlicht oder Klotschinski? Wagner, Wagner, wo kommen bloß die vielen Wagners her? Jetzt Walter Käthe, Walter Renate, Walter Ruth . . ., ich werd' ja nicht mehr! Jetzt habe ich mich doch fast nicht erkannt. Das war ja eben ich, die Nate Walter!

Ich werde Jungmädel! Großer Gott, daß ich Jungmädel werde! Vor mir rennt die Trautel und stolpert über den Rinnstein und wackelt und fällt und schrammt sich ein Knie kaputt, aber die Milch hält sie dabei hoch, damit ihr nichts passiert. Ich werde Jungmädel! Ich bleibe mal stehen und schlurfe aus der Kanne einen großen Schluck. Am Ärmel wische ich mir den Mund ab und pese der Trautel nach und trample auf lauter verplemperte, weiße Tropfen von der. Vor dem Schmuckgeschäft steht die Frau Usedom. »Huhu, ich werde Jungmädel!« schreie ich, und sie ruft zurück: »Gratuliere!« Muß ich nun einen Knicks machen oder Heil Hitler sagen? Wir laufen am Friedhof entlang. Wenn die Käuzchen dort in den Bäumen »komm mit, komm mit« rufen, schrammt wo einer ab. Aber das ist nicht der Friedhof vom Helmutchen.

Die Trautel rennt über den Damm, ich klingle Sturm bei uns. »Jungmädel, Jungmädel! Ich werde ein Jungmädel!« Die Marta fragt: »Wer sagt denn das?«

»Na, wenn mich der Führer doch ruft!«

»Ich werde dich auch gleich rufen«, sagt sie, »aber das hörst du Bummelliese noch lange, wenn du nicht sofort die Milch in die Küche bringst, und dann nichts wie ab, Hände waschen. Deine Kartoffelpuffer verschmurgeln schon ganz.«

Im Sinne unseres Führers hat mein Vati den Gutenachtkuß abgeschafft. Statt dessen sagen wir jetzt Heil Hitler. Noch am selben Abend gehe ich zu meinem Vati und sage gleich an der Tür, was mir die Marta eingeübt hat: »Heil Hitler, Vati, ich muß dich mal dienstlich sprechen.« Der Vati guckt vielleicht, aber dann nörgelt er, »ich soll den Finger von der Nase nehmen«. Rutschen doch wieder meine Kniestrümpfe. Mit den lappigen Gummis auch immer, von der Omama. Zupf ich dran. »Ich soll nicht immer so rumhampeln und klipp und klar zur Sache kommen.« Er schiebt mir eine halbe Katzenzunge in den Mund. Davon gibt er mir doch nur ab, weil ich bei seinem Lutschen dazugekommen bin. Ich sage, daß mir Deutschland keinen Spaß macht ohne Uniform, und wie soll ich ein anständiges Jungmädel werden mit Strickpullover und roten Socken. Dann erzähle ich ihm vom Rathaus und daß ich ab Sonnabend bei den Garanten der Zukunft bin, wie es in unserem Tageblatt steht. Aber wie ich den Geizknochen kenne, hat er nicht mal für einen Garant eine Uniform übrig. Hauptsache er hat eine. Ohne Uniform bleibe ich lieber bei den Märtürern, denke ich mir, bei denen braucht man keine. Nur Wunden und Schwielen, und die bekomme ich ganz umsonst. Muß ich bloß mal auffällig zur Kirche gehen.

Er zischt mit der Zunge zwischen den goldenen Zähnen wegen den klebrigen Katzenzungen. Nun zieht er mich auf den Schoß, als hätten wir noch früher, wo er das öfter machte und sagt: »Hmhm-hmhm-hmhm, mein Mausezahn, ein Jungmädel von unserem Führer. Aber du wirst doch nicht immer nur Herde bleiben wollen, immer nur eins von vielen Schafen? Du willst doch wie unsere tüchtige Josefine auch mal ganz vorn stehen, mal führen und befehlen, damit ich auf dich genauso stolz sein kann wie auf deine Kusine.«

Davon hätte er nun lieber nicht was sagen sollen, denn jetzt fällt mir mein Sparbuch ein, und ich will nie, nie, nie werden wie die Josefine Dickarsch, die ich auf den Tod nicht ausstehen kann. Schon wegen der bleibe ich lieber das ganz Unterste, was es gibt. Davon sage ich ihm aber nichts und murre nur: »Zu dem allen brauche ich ja nun erst mal eine Uniform, die richtig ›Kluft‹ heißt, das weiß ich von der Ilse Münsterberg, die ein altes Jungmädel ist, von schon ganz zu Anfang.« Denk ich, nun wird er loslegen, aber keine Widerworte und nichts. Ganz einfach sagt er bloß: »Deine Kluft bekommst du, mein Mausezahn. Aber dann gehen wir beide mal stolz in voller Uniform durch die Bahnhofstraße.«

Nur gut, daß ich auf seinen Knien sitze, sonst wäre ich vor Schreck noch umgekippt, daß er mir so einfach eine spendiert, wo doch meine Mutti um jede Schuhsohle betteln muß, für uns Kinder.

Heute schon stiebeln wir späten Nachmittag los zu MOTESIUS ZIEHT DIE GANZE FAMILIE AN. Alle schönen Geschäfte sind in der Bahnhofstraße. Auch die größten Kinos. MOTESIUS ZIEHT DIE GANZE FAMILIE AN, denen gehören eine Menge Schaufenster. Die sehen wir uns aber gar nicht erst an, weil wir ja wissen, was wir wollen.

Mein Vati macht die Tür auf und schiebt mich rein. Über lauter Teppiche gehen wir, wo man kein Schlurfen hört und Absätze klappern. Mein Vati sagt zu dem Fräulein: »Die Kleine hier wird ja nun auch schon ein Jungmädel. Nun wollen wir mal sehen, was wir da bei Ihnen finden, für den großen Tag.« Jetzt müßte sie mich doch anstaunen. Macht sie aber nicht und geht vor, damit wir wissen, wo wir langgehen sollen. Die Uniformen für die deutsche Jugend hängen ganz hinten, wo es nicht mehr weiter geht. Da sind sie. Erst mal so Ständer mit lauter weißen Uniformblusen für uns Mädchen, immer der Größe nach. Und anschließend die braunen Kletterwesten. Es heißt nämlich Kletterwesten statt Jacken. Weiß ich eben. Schlips und Knoten haben sie extra. Davon ist nichts zu sehen. An der längsten Stange hängen die dunkelblauen Röcke mit Quetschfalte vorn. Für die Hitlerjungens gibt es alles auf der anderen Seite. Die schwarzen Berchtesgadener Strickjacken zum Unterziehen, die haben sie in einem Fach gestapelt. Die sind so rot und grün um den Hals gestrickt und mit Trachtenknöpfen. Mein Vati läßt sich von dem Fräulein eine Bluse geben zum Befühlen.

Wenn ich von den allerneusten und kleinsten Jungmädels eins bin, wo müssen dann wohl für mich die Röcke hängen? Doch natürlich an der Stange ganz vorn, denn dort sind sie am kürzesten. Da stehe ich nun und lange nach dem kleinsten Rock und ziehe ihn mir über mein damliches Bleylekleid. Das Bleylekleid guckt kein Fitzelchen vor, und ich kann auch schön atmen, und ganz bequem geht der Rock zuzumachen. Sogar noch mit Saum drin, zum Wachsen. Als stolzer Garant stelle ich mich nun in dem schönen Rock vor. Mein Vati will ihn aber gar nicht ansehen, und auf seinen Befehl zieht mir das Fräulein die Bluse über, die sie gerade in der Hand hält. Ich frage, ob das wohl für uns Jungmädel ein Nachthemd sein soll, denn die Schultern sind mir fast auf den Ellbogen, und um meinen Hals schlabbert alles, und eine Länge hat die Bluse, bis kurz vor die Knie. Mein Vati schimpft los, ich soll die Gusche halten, und er will mir ja nun nicht jeden Monat eine neue anschaffen, so schnell wie ich alles auswachse. Sofort habe ich auch den Rock zurückzuhängen, sonst setzt es was. Aber das macht das Fräulein für mich. Wie sie mir beim Ausziehen hilft, streicht sie mir mit der Hand über den Kopf. Dann muß ich in einen Rock steigen, wo mir die Tränen kommen, weil ich den bis zum Kinn hochziehen kann, und dann ist er mir immer noch zu lang. Breit ist er wie für zwei Garanten. Damit sie nichts von den Tränen merken, ziehe ich den Rock Moment mal über die Augen. Nun ist alles duster wie im Grab. Wo ich mich so gefreut habe. Wo sonst der Bauch hinkommt, flenne ich jetzt alles naß.

Nun ist er ruiniert. Nun müssen wir den schon sowieso nehmen. Das muß man mal wissen: In der Uniform werde ich den Führer und Deutschland hassen. Den Rock soll ich wohl schleppen, bis in meinen Bauch Kinder wachsen. An die Bluse brauche ich bloß ein paar Flügel ranzukleben, und dann kann ich Weihnachten als Engel gehen zu den Kindern, die noch daran glauben, daß der Weihnachtsmann aus dem Himmel kommt. Dabei kommt er aus dem Altersheim. Und ich will überhaupt kein Jungmädel mehr sein und kein Garant, und ich spiele wieder in der Leichenhalle. So! Und essen tu ich auch nichts mehr, und auf einmal ist es wieder hell, weil das Fräulein mir den Rock über dem Kopf wegzieht, und mein Scheißvati, Verfluchter der, läßt die Riesenuniform in einen Karton einpacken und es ist ihm egal, ob ich weine und wie ich unglücklich bin. Schlips und Knoten sind in einer Schublade mit oben Glas, und da soll ich sagen, ob ich einen dunklen oder einen hellen Knoten will, und vor Weinen kann ich überhaupt nichts mehr wollen. Die packen mir einen ein, den ich gar nicht mag. Der ist viel zu weich. Weiße Söckchen, sagt mein Vati, spart er, soll ich die nehmen von der Kommunion. Da sitzt mir aber die Ferse schon unter der Fußsohle. Von mir aus kann Deutschland jetzt untergehen. Beim Bezahlen wird mein Vati ganz bleich. Eine Berchtesgadener Jacke hat er mir auch nicht gekauft, bloß eine Kletterweste, wo ich vor Unglück nicht mehr gesehen habe, ob die wie ein Mantel bis an die Waden hängt.

Zu Hause weiß die Marta gar nicht, was sie mit den Sachen anfangen soll. So große Säume gibt es überhaupt nicht, daß der Rock mir passend wird, sagt sie, und wie sie die Riesenabnäher in der Bluse unterbringen soll, ist ihr ein Rätsel. Wo ich man bloß so ein mageres Hühnerbrustchen habe, ich Spatz. Sie kann auch nicht versprechen, ob sie die Kluft einigermaßen hinkriegen wird. Mir zuliebe will sie sich aber Mühe geben. Mein Vati verlangt auch noch, ich habe mich für die Uniform zu bedanken. Um ihn zu ärgern, werde ich später allerunterste Nonne in einem Kloster.

*

Wir warten alle ganz aufgeregt auf dem Schulhof vom Elisabeth-Gymnasium, den sie uns für unseren ersten Jungmädeldienst nachmittags gepumpt haben. Bißchen ist es zum Genieren, daß von uns neuen Jungmädels nur ganz wenige in Uniform sind. In meiner Nähe muß ich mich für graue Kniestrümpfe, ein Dirndl, paar Faltenröcke und Bleylekleider und sogar eine Schürze schämen. Ich bin in meinem Ehrenkleid erschienen. Die Marta sagt, sie hat sich beim Passendmachen selbst übertroffen. Am liebsten hätte sie das Ding meinem Vati um die Ohren gefegt. Vor Trennen und Heften und Stecken und Sticheln hat sie sich die ganzen Finger ruiniert. Eine nagelneue Uniform hätte sie leichter genäht. So wie jetzt alles geworden ist, bin ich immer noch bißchen zu spack für die Sachen. Ich soll aber trotzdem stolz sein. Wozu, sagt sie, hätte sie sich denn sonst die viele Mühe gemacht.

In der Mitte vom Schulhof stehen paar alte Jungmädels ordentlich nach Größe sortiert, drei Reihen hintereinander. Alle in schöner, sauberer Kluft mit weißen Söckchen. Viele haben Zöpfe. Bloß ich wieder nicht.

Eine Führerin mit dicken Waden und Führerinschnur über dem Busen, mit einem Knüddel statt Zöpfen, weil sie schon älter ist, summt einen Ton. Gleich darauf hebt sie den Arm hoch, und sofort reißen alle alten Jungmädels den Mund auf für das Lied: »Als die gold'ne Abendsonne ...« Weilchen später höre ich nicht mehr richtig hin. Natürlich bin ich traurig über den armen Hitlerkamerad, den sie da zu Grabe tragen. Aber warum sie uns nicht lieber als Willkommensgruß was Lustiges vorsingen, daß wir nicht denken müssen, wenn wir hier eintreten, dann gehen wir womöglich auch alle hops?

Von dem nächsten Lied, das sie singen, wird man ganz anders mitgerissen:

> Vorwärts! Vorwärts! Schmettern die hellen Fanfaren!
> Vorwärts! Vorwärts! Jugend kennt keine Gefahren!

Und dann heißt es auch:

> Deutschland, du sollst leuchtend steh'n,
> Mögen wir auch untergeh'n.

Am besten gefällt es mir, wie sie da singen:

Führer, wir gehören dir, wir Kameraden, dir,
Unsere Fahne flattert uns voran.
In die Zukunft zieh'n wir Mann für Mann.
Wir marschieren für Hitler durch Nacht und durch Not,
Mit der Fahne der Jugend für Freiheit und Brot.

Und dann noch:

Uns're Fahne ist die neue Zeit, und die Fahne führt
uns in die Ewigkeit. Ja die Fahne ist mehr als der Tod.

Mit dem Tod haben sie's aber!

Am Fahnenmast vom Schulhof baumelt über uns eine Fahne. Mit bißchen Wind wäre sie hübscher. Weil mich das Lied so gerührt hat, schaue ich hoch zu ihr und denke, die ist heilig und unser Blut wert zum Vergießen. Nun will ich auch schön Ehrfurcht haben und ihr Vermächtnis in mir tragen. Eine ganze Weile warte ich darauf, aber es kommt mir nichts.

Der Liederschatz von den alten Jungmädels ist unerschöpflich. Singen sie schon wieder. Diesmal: »Nur der Freiheit gehört unser Leben.« Bei dem einen Satz wird mir die Bedeutung sofort klar. Der geht so: »Einer stehet dem anderen daneben. Aufgeboten wir sind.« Nämlich die Trautel und die Ingrid, die Christachen, die Dorchen und ich, wir sind alle aufgeboten und stehen einer dem anderen daneben, was man in unserer Reihe sehr deutlich merken kann, denn wenn einer pupst, pupsen sie alle. Die Trautel hat schon, auch die Dorchen, und ich muß auch gleich.

Nun kommen die alten Jungmädels wie so ein unordentlicher Haufen auf uns zugerannt, drücken uns stürmisch die Hände und rufen im Chor: »Wir gra-tu-lie-ren!«

Dann erst sagt uns die Führerin, mit den dicken Waden, die Hildburg heißt, daß Jungmädel sein im Monat 35 Pfennig Beitrag kostet. Ob mir das fünfunddreißig Gummipuppen oder sieben Lakritzrollen wert ist, muß ich erst mal abwarten.

*

Beim ersten Heimabend hat die Hildburg betont, in unserer Volksgemeinschaft sind alle gleich. Arm und reich. Um das zu verwirklichen, soweit es in unserer Kraft steht, laufe ich jetzt mit der Trautel zum Käuzchenfriedhof, wo die Ungerechtigkeit zum Himmel schreit. Hier wollen wir gleich mal anfangen mit der neuen Zeit, ungeachtet der Furcht, die wir vor den Käuzchen haben. Könnte doch sein, daß sie in der Dämmerung vom Baum runterrufen: »Komm mit, komm mit!«

Wir schieben das große Friedhofstor auf. Das kalte Eisen färbt ab. Das Tor lassen wir angelehnt, falls wir Angst bekommen und lospesen müssen, wenn ein Scheintoter mit seinem Hügel wackelt oder es quängelt wo eine arme Seele.

Auf diesem Friedhof muß alles ganz anders werden. Wo gibt es denn so was! Paar Leichname haben Marmorengel, die sind größer als wir Menschen, und die Flügel breiten sie aus, die reine Platzverschwendung! Einer toten Familie haben sie eine richtige kleine Kapelle am Kopfende erbaut. Was da so für Kreuze und Denkmäler herumstehen aus Marmor und Alabaster. Solche Pracht! Dann aber wieder so armselige Grabchen mit verrosteten Kreuzen, schief und wacklig, und die Schrift hat sich schon ganz verflüchtigt, oder ganz arme Steine, nur mit Namen drauf.

Die erste Frau vom Fleischer Koschminski hat einen Engel an ihrem Grab zu wachen, der auf sie niederlächelt mit ihrem eigenen Gesicht. Wieso wußte denn der Koschminski Bescheid, daß sie ein Engel geworden ist, wie er das beim Steinmetz bestellt hat? Die olle Koschminski war nämlich eine ganz saftige Zwiebel, als sie noch mit der Wurst an die Wiegeschale ging. Das hat die Marta immer zu Hause beim Nachwiegen gemerkt. An der ihrem feinen Engel sind wir mit paar Pfund Wurst beteiligt.

Erbarmen kommt uns bei den eingesunkenen Hügelchen, die ganz nackend daliegen. Nun sind wir als neue Jungmädels noch nicht stark genug, die schweren Steinpuppen umzuschieben und wegzuwälzen, jede Grabreihe bekommt einen großen Engel oder so. Aber für eine gerechte Blumenverteilung werden wir sorgen. Da gibt es paar Gräber, die unter Kränzen und Schleifen ganz und gar verschwinden, und die Leiche nebenan hat vielleicht nicht mal Efeu. Da werden wir für sorgen, daß auf diesem Friedhof ein junger Morgen anbricht.

Rührt uns doch gleich so ein schiefes, bröckliges Kindergrabchen mit Gras drauf und einer kaputten Papierblume. Sofort gehen wir zur Frau Koschminski und zur Frau Kruschkat, die über ihrem herzensguten Mann und den lieben Schwiegereltern ruht, und nehmen uns zwei frische Erikatöpfe und rote Blumen, die wir nicht kennen, und so was ähnliches wie Lilien und ein grünes Mooskreuz, in dem weiße Sterne stecken, von den Hügeln runter und betten alles schön prächtig auf das gottverlassene Kindergrabchen um. Der Familie Schulzendorf tragen wir die Einmachgläser mit Tannengrün weg und stellen sie an ein Fleckchen, von dem wir nicht wissen, ob das noch ein Grab ist oder schon eingeebnet. Die Abromeits haben sich hier aber auch zu breit gemacht, mit einem ganzen Park aus Gräbern und eingezäunten Wegen mit weißen Kieselsteinen, und als Denkmal haben sie ein großes, aufgeschlagenes Buch aus Stein. Sogar ein weißes Bankchen steht dort und zwei rote ewige Lichter haben sie zu flackern. Die Lichter tragen wir fünf Gräber weiter hin, wo eins so verwildert ist, daß es sich um einen Vollwaisen handeln muß. Die Henriette Schuster hat zu viele Rosen in der Konservenbüchse. Wenn wir davon drei wegnehmen für die Leiche von zwei Reihen weiter, sieht der Strauß immer noch nach was aus. Die welken Astern lassen wir liegen. Daneben, die Hertha Labs, hat einen Lebensbaum, was braucht sie noch die gelben Blumentöpfe! Die geben wir mal der Nummer vier am Brunnen. Die Papierchrysanthemen kann der Herr Steppart ruhig behalten. Höchstens, daß wir die kleine Tanne an seinem Holzkreuz ausbuddeln. Haben wir aber keine Schaufel und nichts. Müssen wir das für andermal lassen. Bei den Schlegels können wir ja gut verstehen, daß da ein jeder toter Schlegel sein Blümchen auf dem Hügel haben muß. Aber gnaddrich sind wir über den noch lebenden Schlegel. Hat er doch einfach ein Fleckchen Erde mit hellbraunen Steinchen bekrümelt und für sich selbst eine Schale mit Efeu und einen dicken Asternbusch in der Mitte aufgestellt, bloß weil er später mal hier hin will, wo er doch noch gar nicht an der Reihe ist und Spaß hat an Kino und Essen. Und wenn es noch so dämmrig wird zum Gruseln, die schwere Steinschale vom Schlegel wuchten wir erst noch zu dem armseligen Grabchen, ganz hinten an die Friedhofsmauer, wo sie ohne Priester und Segen von der Kirche die Selbstmörder verscharrt haben. Aber die sind doch wenigstens tot mit Grab und allem. Wohingegen der Schlegel puppenlustig durch Grünsburg wandert. Wozu braucht er hier also die teure Blumenschale?

*

Wie meine Berliner Oma zu Besuch ankam, hat sie erst mal zum Erbarmen auf dem Bahnhof losgeheult, weil ich so häßlich geworden bin. Voriges Mal war ich doch noch so ein allerliebstes Dingelchen, daß sie mich jetzt bald nicht mehr wiedererkannt hätte, so wie mir die Arme langgewachsen sind und die dürren Beine und daß mir auch noch die beiden vordersten Zähne aus dem Mund rausgucken. Auch daß ich jetzt die Ponys zur Seite kämme und mit einer Haarklemme feststecke, das macht mir das Gesichtchen so lang. Nun tut sie ganz mitleidig. Unsere Marta sagt, sie findet mich hübsch. Die Dickmadam soll mal ganz still sein.

Weiße ondulierte Wellen hat sie, und eine dünne, goldene Kette liegt auf dem weichen Hals. Ihren schwarzen Übermantel hat sie sich selbst genäht, mit Lochstickerei an den Umschlägen. Ihr wichtigstes Gut, wo sie sich schrecklich drum hat, ist ihre Briefwaage. Ohne die reist sie nicht. Damit wiegt sie sich Käse und Brot und alles ab, sonst ist es aus mit ihr. Wegen dem Zucker. Noch ist sie aber ganz schön da, hinter ihrem Wabbelbusen. Beim Frühstück wiegt sie sich halb damlich: Stückchen Käse mehr auf die Waage. Stückchen Brot weniger dafür, oder soll sie zwei Karos Schokolade naschen und dann bis nachmittags fasten? Jedenfalls weiß sie nicht, was sie will und legt immer was anderes auf die Briefwaage, während meinem Vati der Honig vom Messer tropft und ich meine Semmel mit Vierfruchtmarmelade anfeuchte, weil der Topf leer ist, bloß noch zum Auskratzen. Halbes Pfund davon muß die Marta nachher holen.

Mein Vati erzählt der Oma, wie er voll innerer Beglückung ist, daß ihm der aufopfernde Parteidienst nicht mal Zeit läßt für seine Kinder, weil er alles von ihm fordert. Er kann auch gar nicht genug sagen, wie froh er ist, daß wir in solch eine schöne Zukunft wachsen, der Heia und ich, in die so ein genialer Mann uns führt wie der Führer, und was werden wir nicht noch alles mit ihm erleben.

Die Berliner Oma heißt bei meinem Vati nur »das Mamachen«. Die hört ihm eine Weile zu und knuspert dabei am Scheibchen Käse, damit sie man bloß recht lange was davon hat, und dann hält sie mal an wegen einem Schluckchen Kaffee und sagt: »Du mußt entschuldigen, Heinz, daß ich mich wundere.«

»Über was denn, Mamachen, wunderst du dich?« fragt er. »Na, über deine Begeisterung für den Herrn Hitler. Gerade du, Heinz, hast doch vor ein paar Jahren immer noch von ihm gesagt: ›Dieser unakademische Malergeselle!‹«

Da schluckt mein Vati seinen Happen runter und glubscht nach dem Gipskopf vom Führer, welcher am Hals abgeschnitten auf unserer Vitrine steht und sagt: »Mamachen, er ist mit seiner Aufgabe gewachsen!«

*

Seit ich so häßlich bin, ist meine Oma schrecklich lieb mit mir, fast so wie mit dem Heia. Als sie hörte, daß ich von den Jungmädels aus eine Tagesfahrt mache und mich halbtot freue, hat sie gesagt, daß sie mir die Freßpakete, die ich mitnehmen soll, spendieren will. »Aber Gott ne doch«, hat sie gemeint, »so ein Hämeken, das reinste Spinnenkind aber auch, und die staksigen Streichholzbeine.«

Mir will sie nun mal ordentlich was Gutes antun. Schon wie sie in der Küche meine Brote schmiert, bin ich ganz jieprig geworden nach all den leckeren Sachen. Klopse hat sie dunkel und knusprig geschmurgelt, ohne viel Semmel drin, das habe ich genau beobachtet. Immer einen Klops hat sie zwischen zwei Scheibchen Butterbrot gelegt, bißchen Mostrich drüber gestrichen, wieder zugeklappt, Klaps drauf, fertig. Hm! Dann hat sie eins mit harten Eischeiben dicht bei dicht belegt, hm! Salz durfte ich selbst draufstreuen und das weiße Eihütchen, das zu viel war, schon mal runterschlucken. Eine dicke Scheibe Sülze hat sie erst mit Essig betropft, dann aufs Brot drauf, zudecken, nächste. Danach wollte sie Schluß machen. Meinte sie doch: »Bei dem kleinen Magen aber auch.« Da bin ich gleich noch mal so schwach geworden, durchsichtige Blutarmut, wie Null-Komma-Nichts wegzupusten und mußte plötzlich auf meinen Streichholzbeinen wackeln, weil ich doch noch eine Menge Wurstpakete auf dem Küchentisch liegen sah. Soll sie mich man ruhig päppeln, denn ich bin ja in keiner Weise zuckerkrank. Eine mit Blutwurst hat sie nun bestrichen. Wollte sie schon wieder Schluß machen. Da ist mir ein zartes Piepsen gekommen: »Leberwurst ist mein liebstes.« Anschließend bin ich vor lauter Elend auf dem Küchenstuhl zusammengesunken. Sofort hat sie ein dickes Stück Leberwurst zerquetscht auf der nächsten Schnitte. Dann habe ich, was ich gut kann, mit den Fingerknöcheln geknackt. Gleich hat sie sich noch eine halbe Tafel Schokolade vom Herzen gerissen. Hm, Butterbrot mit Schokolade drauf, da futtere ich mich halb damlich. Weil sie nun schon so schön schmierte, war das ein Aufwaschen, daß sie mir auch noch ein Schmalzbrot mit Grieben und Äpfeln zurechtmachte. Erst wollte sie nicht, aber dann hat sie doch noch ein Scheibchen Tilsiter auf das Schmalz geklatscht. Mache ich Fettlebe! Wie sie dann jede Schnitte einzeln schön in Butterbrotpapier wickelte, ihren Federhalter eintunkte und immer oben drauf schrieb, was mit dem Päckchen los ist, ob Klops, Blutwurst, Schokolade oder Käse, und alles in meinem neuen, grünen Rucksack verschwunden war, da habe ich ihr einen herzlichen Kuß auf den dicken, weichen Hals gedrückt.

Unsere Fahrt besteht nun schon stundenlang aus Marschieren und Wandern. Warum das »Fahrt« heißt, ist mir ein Rätsel. Wenn ich nicht meinen Rucksack hätte mit den schönsten Schnitten der Welt, dann würde ich wohl schön meutern. Auf der staubigen, langen Chaussee haben wir immerzu an den weichen Waldesboden gedacht. Jetzt im Wald denken wir bloß noch ans Essen. Das steht schon mal fest, zuerst futtere ich Schokolade und dann Käse.

Die Hildburg wackelt beim Gehen wie eine Ente, weil sich mindestens drei von den Jungmädels vor lauter Anhänglichkeit um ihren linken Arm reißen und vier zerren am anderen. Ich bin mit der Hildburg gnaddrich, weil sie uns unterwegs nicht mal was von unseren Broten abbeißen läßt. Ob ich nicht doch lieber vor der Schokolade die Sülze esse und dann erst Käse?

Wegen der Pflanzenwelt mit den Wurzeln und Beeren und Pilzen und der Vogelwelt mit den verschiedenen Viechern dürfen wir zur Beobachtung durcheinanderlaufen und zuckeln und rennen. Hauptsache, wir singen bißchen mit von: »Es blies ein Jäger wohl in sein Horn.« An meiner Hüfte gluckert die Feldflasche vom Heia. Trage ich Tee drin, mit Zucker und Zitrone. Möchte ich mal Schluckchen probieren, weil die Pflanzenwelt mit dem trockenen Waldesboden mich so durstig macht. Soll ich mich aber nicht unterstehen! sagt die Hildburg. Erst am Ziel. Solange müssen wir noch tapfer die Kehle verkommen lassen. Sollen wir gerade beweisen, daß wir was aushalten können, wenn mal Not am Mann ist. Immer mal wieder müssen wir Papierschnipsel fallen lassen, damit die Nachhut unsere Spuren findet. Eine Nachhut gibt es aber bei uns nicht. Also dann sollen wir eben auf dem Rückweg wiedererkennen, daß wir hier schon mal langgestiebelt sind. Auf die Art können wir ganz praktisch die Schnipseljagd üben. Aber so versauen wir den deutschen Wald. Wenn das mein Vati wüßte! Bei ihm darf ich auch nicht das kleinste Fitzelchen Bonbonpapier in keinen deutschen Wald werfen, denn Deutschlands Wälder sind heilig. Wie auch die deutschen Seen. Darf man nicht reinpuschen. Nicht, daß mich der Rucksack zwängt, aber was leichter hätte ich es besser. Jeden Schritt weiter gehe ich den Klopsen entgegen. »Halia-hussassa-tirallalla«, singen sie weiter vorn, und es kommt mir richtig so der zwieblige Klopsgeruch in die Nase, daß ich doch wahrhaftig niesen muß, als wäre ich schon beim Kauen auf dem scharfen Mostrich. Für Lichtungen habe ich eine große Liebe, weil ich jedesmal denke, hier werden wir uns nun gemütlich niederlassen und schmausen. Auf jeder Lichtung habe ich falsch gedacht. Ausgerechnet bei der, wo ich glaube, »ach, die ist es ja doch wieder nicht«, sollen wir nun plötzlich stehenbleiben und uns sammeln.

Die Lage ist so, daß wir uns jetzt alle in einem großen Kreis auf den Waldesboden setzen müssen, und dann können wir endlich die Stullen verputzen. Im Schneidersitz schnüre ich zwischen den Beinen den Rucksack auf. Meine guten Schnitten sind zum Abküssen!

»Halt, halt, halt!« schreit die Hildburg. Bevor es losgeht, sollen wir an unserer Seite erst noch bißchen nach außen rücken wegen der schlechten Eiform des Kreises. Müssen wir ihn erstmal besser runden. Nun ist er prächtig. Grabsche ich mit zusammengekniffenen Augen in den Rucksack. Soll mal lieber das Schicksal entscheiden. Bei dem, was ich rausfische, sagt das Schicksal Käse. Fang ich schon mal an, mit dem Papier zu knistern.

»Halt-halt-halt!« schreit die Hildburg wieder und verkündet, sie hat was anzusagen. Horchen wir alle gespannt auf das. Sagt sie doch, daß die Brote, die die Frau Kaminski für ihre Trautel geschmiert hat und die Brote von meiner Berliner Oma und die von Dorchens Mutter und von all den anderen Mutterhänden, wie sie da so mit schöner Liebe bestrichen worden sind, nicht uns einzelnen gehören sondern allen. Die Schnitten gehören durch die Bank weg uns Deutschen. »Und keiner«, sagt sie, »soll es besser haben als der andere.« Damit die ärmer gestellten Kameradinnen nicht zu kurz kommen, müssen wir allesamt, mit selbstverständlicher Kameradschaft, unsere ganzen Brote auf einen Haufen zusammenlegen in der Mitte von unserem Kreis. Erst dann dürfen wir alle zulangen, und jeder muß mit dem Päckchen zufrieden sein, das er gerade greift. Trifft mich doch der Donner! Habe ich zu tun mit dem Runterschlucken von Tränen, wie ich da meine Sülze, Klopse und alles aus dem Rucksack auf den Gemeinschaftshaufen schütte, und die schöne Schrift obenauf von meiner Oma mehr und mehr unter den fremden Broten versinkt. Selbst mit Hilfe der Muttergottes, die ich schnell anflehe, kann ich meine Brote nicht mehr herausfinden.

Nun hocken wir wieder im Kreis, und die Hildburg sagt anstelle vom Tischgebet einen Spruch auf:

> »Wer jeden Tag nur Kuchen ißt, Pasteten und Kapaunen, der weiß ja nie, wann Sonntag ist, der kennt nur schlechte Launen.«

Dann sollen wir uns alle an den Händen fassen und laut das Wort GUTEN brüllen und dabei unsere angefaßten Hände hochheben, und bei dem Wort HUNGER haben wir sie mit einem Schlag wieder auseinanderzureißen. Damit gut und nun erst dürfen wir immer zu zehn Jungmädels an den Freßberg treten und uns jeder ein Päckchen wegnehmen.

Weil meine Brote verschwunden sind, nehme ich eins, das viel länger aussieht als die anderen. Wer weiß, vielleicht ist da ein knuspriges Hühnerbeinchen drauf. Gehen wir wieder an unsere Plätze zurück, und die nächsten zehn wandern zu dem Berg mit meiner Sülze und allem. Wenigstens unsere Feldflaschen dürfen wir behalten. Die neben mir hat eine Glasflasche mit Himbeersaft. In dem Fall wäre ich ja nun mehr für die Kameradschaft, denn Himbeersaft hätte ich viel lieber als Tee mit Zitrone. Die neben mir wickelt eine Schnitte aus mit einem Stückchen Braten. Und ich, wo ich von meiner guten Oma wegen Blutarmut Fleischbrotchen hatte und alles, habe absolut kein Hühnerbeinchen, bloß eine besonders große Klappschnitte, welche auf einer Seite durchgefeuchtet ist mit Heringsstipp, was salzig schmeckt, und auf der anderen Hälfte ist die Margarine auch aufgeweicht, wo sich noch ein Stückchen eingelegte Zwiebel drauf ringelt. Wenn ich das meiner Berliner Oma erzähle, steigt ihr der Zucker.

Eins ist schon mal sicher: Auf die nächste Fahrt nehme ich nichts weiter mit als eine trockene, alte Semmel, wo wir sonst Reibbrot draus machen zum Panieren.

*

Natürlich hat uns meine Oma auch was mitgebracht. Ihre schönen Geschenke haben meinen Vati aber auf die Palme gebracht. Der Heia hat ganz für sich alleine fünf Mark bekommen. Das viele Geld dürfte er alles auf einmal ausgeben für einen Herzenswunsch, bloß nichts sinnlos verkleckern, mal hier ein Bonbonchen, da ein Lakritz. Sofort ist unser Heia nach dem Gut Sonnenstuhl gegangen. Dort hatten sie nämlich wieder so allerliebste, kleine Katzen bekommen. Wo der Heia so verrückt nach einer mit blauen Augen war, gab es doch tatsächlich auch so eine darunter, und haargenau hat das Katzchen seine fünf Mark gekostet. Das Tierchen war so teuer, weil es eine wertvolle Halbangorakatze ist. Die Katze selbst ist ganz gewöhnlich. Das wertvolle Angora hat sie bloß im Schwanz. Der ist so flauschig und puschlig wie bei einem Eichhörnchen. Die Katze ist ein Kater und hat von meiner Oma den Namen »Maxe« bekommen.

Wie mein Vati den Abend nach Hause kam und unser Maxe auf dem Teppich rumkullerte, schrie er sofort zum Gotterbarmen: Meine Oma hätte sie wohl nicht mehr alle beisammen! Dann sollte sie gefälligst auch das Futter von dem Biest bezahlen und für die Kratzer aufkommen, die der Maxe überall auf den guten Möbeln macht. Dieser häßliche Bastard! So ein widerliches Vieh! Wir scheinen uns nur wohl zu fühlen, wenn wir in Katzenpusche rumwaten können! Für den Katzenmief bedankt er sich. Das Tier muß weg. Punktum! Basta! Da hat unser armer Heia ganz glitzernde Augen bekommen. Der arme Junge hat schon sowieso nichts im Leben als immerfort bloß das Konvikt.

Irgendwie kann mein Vati den Heia nicht verknusen. Immerzu macht er nach, wie der arme Junge krumm sitzt und seine Schulter hängen läßt, wie er manchmal mit offenem Mund rumläuft und wie er vor Angst lispelt. Wenn mein Vati wüßte, daß bei ihm das alles viel, viel häßlicher aussieht als bei unserem Heia, dann würde er das Nachmachen ja wohl sein lassen. Jedenfalls waren wir uns alle einig. Der Maxe bleibt! Den geben wir bloß ein paar Tage zu Kaminskis in Pension, bis mein Vati nach Berlin abreist.

Wegen unserem Beamtentum sind wir nämlich nach dort versetzt worden. Der Beamte muß dem Ruf folgen, egal, ob er will oder nicht. Muß er die Freunde und alles, was ihm teuer ist, auch die lieben Gräber, wenn er welche hat, für immer verlassen. Wir Familie von dem Beamten müssen aber noch so lange allein in Grünsburg zurückbleiben, bis der Beamte in der Fremde eine Wohnung für uns gefunden hat. Dann müssen wir noch alle Möbel einpacken und auf Reisen schicken, und zuletzt setzen wir uns selbst in die Bahn.

Schön, den Maxe brachten wir also angeblich wieder zurück nach dem Gut Sonnenstuhl, damit endlich Ruhe war. Aber nicht bei meinem Vati. Mir hatte meine Oma ein gelbes Buch geschenkt mit dem Namen »Emil und die Detektive« von Erich Kästner. Das ist die Geschichte mit dem süßen Ponyhütchen. Daran habe ich mich schon halb damlich gelesen, so spannend, wie das bis jetzt gewesen ist. Saß ich doch am nächsten Nachmittag gemütlich im Schneidersitz auf dem Teppich unter der Stehlampe und las ganz vertieft in dem neuen Buch, wo ich auch mächtigen Spaß an den ulkigen Bildern hatte. Ich war sehr aufgeregt, denn gerade hatte jemand hundert Mark gestohlen. Ausgerechnet da kam mein Vati ins Zimmer. Ich nun: »Na, Vati?« Seine Antwort: »Na, Renate!« Mehr wollte ich nicht sagen, damit er nicht gleich wieder loslegt, ich soll schön langsam und deutlich sprechen.

Nun freut er sich ja immer, wenn ich lese, weil ich dann wenigstens keine Dummheiten mache. War ja alles in Ordnung, ich las ja gerade. Las ich also weiter, und da sagte er auf einmal: »Zeig' doch mal her, was du da schmökerst.«

»Was von der Oma«, sagte ich und gab ihm das Buch. Wie er es in der Hand hielt, machte er ein gnergliches Gesicht, als ob es ein Liebesroman wäre, wo sie sich küssen. Besah er sich immer wieder den gelben Pappdeckel, und ich wußte gar nicht, was er an der Überschrift »Emil und die Detektive« von Erich Kästner so lange zu lesen hatte. Das dauerte! Wie er mich ansah, merkte ich sofort, mit dem war jetzt nicht gut Kirschen essen. Bloß keinen Mucks. Er blätterte und blätterte und klappte dann das Buch wütend zu, daß es hart klatschte. »Das sieht der Alten wieder mal ähnlich, daß sie dir ein Buch von einem Saujuden schenkt! Aber ich lasse mir die Kinder von diesem semitischen Kruppzeug nicht vergiften!«

Hätte ich aber auch nicht gedacht, daß der Erich Kästner ein Jude ist. Wo das Buch sich so prima liest. Nun sind ja nicht alle Juden gleich zu erkennen, weil sie ja nicht alle krumme Judennasen haben. Was sie minderwertig sind, haben sie oft heimlich im Blut versteckt, wo man das gar nicht sieht. Und der Erich Kästner schreibt einfach ein schönes Buch, wie so ein deutscher Dichter, daß wir alle denken sollen, ja, ja, ein feiner, deutscher Dichter, und dann lesen wir das gern und sind ganz begeistert, und in Wahrheit ist er bloß ein Jude.

Auf der Stelle war es mein Vati seinem Gewissen schuldig, den Erich Kästner, wie mein Elfenbeinkreuz, in der Waschküche zu verbrennen. Ich jaulte, weil mir trotz dem Juden das Buch so gefiel und ich unbedingt wissen mußte, wie das mit dem Hundertmarkschein ausging. Ich wollte es gern noch paarmal lesen und nachher an die Trautel verborgen. Vorher sollte es auch noch der Heia kriegen. Nun war ich mufflig, greinte und machte eine Flappe.

Da kam meinem Vati eine Idee als Erleuchtung, wie er die Schande von dem Juden auslöschen konnte und ich trotzdem das Buch behalten durfte. Sollte ich sofort Skriptoltinte holen, einen Federhalter und Lineal. Folgte ich schnell. Mußte ich mich an den Tisch setzen. Befahl er mir, daß ich ganz dick den Erich Kästner mit Skriptol ausstreichen sollte, und daß es ordentlich wurde, mußte ich das Lineal nehmen. Nun war der Erich Kästner weg. Jetzt ermahnte mich mein Vati zu meiner besten Sonntagsschrift, die ich benutzen mußte, aber er bat sich aus, gestochen sauber, und nun sollte ich unter den Erich Kästner, wo es mal gestanden hatte, das Wort »Volksmund« hinschreiben. Und wehe mir, wenn das nicht erstklassige Druckbuchstaben werden! Dann würde das Ding doch ins Feuer fliegen!

Ich gab mir dolle Mühe, daß es auch gut gelang, weil ich das schöne Buch so gern behalten wollte. Nun war es ja auch nicht mehr von dem Kästner, sondern aus dem Munde des deutschen Volkes, genau wie die Volkslieder. Mein Vati ging dann weg, und ich hörte ihn gleich darauf mit meiner Oma rumschnauzen.

Meine Oma wollte auf der Stelle abreisen. Ich habe sie aber belatschert. Wenn man krank im Bett liegt, ist eine Oma gut zu gebrauchen. Sie hütet mich und paßt auf, daß ich schnell wieder gesund werde und tropft mir das Ohr mit Medizin voll, daß es gar nicht erst richtig schlimm wird. Einen Zitronensaft mit Zucker hat sie mir auch hingestellt. Seit paar Tagen quängele ich mit den Ohren rum. Besonders im linken tut es sehr weh und knackt.

Für diesen Abend haben sie mich nach oben in Heias Zimmer verfrachtet, damit sie mich mit ihrem Krach bei meinem Leiden nicht stören. Wir bekommen nämlich Besuch heute abend. Lauter Parteigenossenehepaare.

Meine Oma legt mir ein nasses Taschentuch auf die Stirn, weil ich leichte Temperatur habe. Für den Besuch ist sie schon im Sonntagskleid, mit dem weißen Häkelkragen. Zu Ehren der Parteigäste hat sie sich zwei Wellen auf den Kopf gebrannt und ihre Korallenkette umgebunden. Sie will erst kurz vor dem Essen runtergehen, damit ich nicht solange allein bin. Ihr Brot und was zum Belegen hat sie sich schon alles mit der Briefwaage vorgewogen und festlich auf einen Teller gelegt, garniert mit Zwiebelchen und Stückchen Gurke.

Plötzlich hören wir von unten aufgeregtes Geschwabber näherkommen. Mutti schluchzt, die Marta jammert, und mein Vati brüllt dazwischen. Der Krach kommt die Treppe rauf. Was ist nun wieder los? Was habe ich jetzt wieder angestellt? Besinne ich mich gar nicht. Mutti jabst hinter dem Vati her und fleht: »Das darfst du nicht! Das kannst du nicht tun! Ich bitte dich!« Auch die Marta stottert was dazwischen. Bekomme ich solches Herzklopfen! Nun wird er mich holen kommen und abmurksen oder zunichte schlagen. Werde ich mich an meine liebe Oma klammern. Jetzt sind sie vor unserer Tür. Er macht sie aber nicht auf und schließt nur zweimal von außen ab. Nochmal Glück gehabt! Jammert die Mutti: »Mein armes Muttchen!« Die Marta stöhnt immerzu: »Nein, aber auch sowas!« Rennen sie alle wieder runter und heulen und schimpfen und fluchen.

Meine Oma zittert und hat die Augen zugeklappt. Sie ist aber nicht tot. Frage ich sie: »Wieso hat er uns denn eingesperrt?« »Weil er vor mir Angst hat«, sagt sie mit geschlossenen Augen. »Aber morgen fahre ich ab. So eine bodenlose Gemeinheit!«

Es stimmt schon, meine Oma mit ihrer losen Zunge wünscht er am liebsten zum Deibel, wenn Besuch da ist. Weil er Angst hat, sie könnte mit dem unakademischen Malergesellen anfangen und dergleichen. Es paßt ihm auch nicht, wenn sie von ihren Ahnen erzählt, weil doch die Urgroßmutter von meiner Urgroßmutter Henny Leiser hieß. Sowie sie davon anfängt, schreit er entrüstet: »Das ist nicht wahr! Alles Lüge! Verleumdung!« Dabei muß es meine Oma doch wissen, und die Ahne kann schließlich heißen, wie sie will.

Der Besuch ist schon gekommen. Nur zweimal hat es geklingelt. Sind die drei Ehepaare wohl gemeinschaftlich eingetrudelt. Bis es mit dem Essen soweit ist, zeigt mein Vati immer gerne das Haus. Jedes Zimmer besichtigt er mit den Gästen. Manchmal zeigt er mich auch im Bett, und ich tue dann immer so, als ob ich schlafe.

Sie sind schon oben bei uns angelangt. Erst Martas Zimmer. Sagt wer: »Einfach, aber doch ausreichend.« Jetzt die Bodentür. Ruft eine Frau aus: »Wie geräumig!« Meine Mutti: »Ach ja doch.« Fragt dieselbe Stimme: »Und hier?« Im Weitergehen erklärt mein Vati: »Das ist das Zimmer von unserem Jungen, wo im Augenblick die kranke Kleine einquartiert ist. Die wollen wir aber nicht stören.« Da sagt meine Mutti etwas verzittert: »In dem Zimmer hat mein Mann meine alte Mutter eingesperrt.«

Den Parteibesuch sind wir nun los. Endgültig. Bei der Verabschiedung haben sie meiner Mutti im Flur zugetuschelt: »Wer so seine alte Schwiegermutter behandelt, mit dem wollen wir nichts zu tun haben.« Meine Oma ist auch weg. Ganz früh mußten wir sie am nächsten Morgen zum Bahnhof bringen, da war nichts zu machen. Und eine Woche später hat mein Vati mit seiner Uniform die Versetzung nach Berlin angetreten. Seitdem machen wir uns alle gut raus.

Das wird mir so leicht keiner glauben, der nicht in Grünsburg wohnt. Dabei könnte ich schwören und auf der Stelle tot umfallen, wenn es nicht wahr ist. Ach du Allgewaltiger, Mannometer, durch unser popliges Grünsburg kommt gleich nachher in seinem Auto der Führer. Der Führer! Unser Führer, bei dem ich bei den Jungmädels bin, den wir alle lieben, weil er uns Brot und Arbeit gibt, und wir haben schulfrei seinetwegen, der auf jeder Illustrierten und Zeitung zu sehen ist, und nun sollen wir ihn richtig beglubschen dürfen, in Fleisch und Blut.

Fräulein Weisse verteilt Hakenkreuzfähnchen aus Papier an die ganze Klasse. Was sie mir gibt, habe ich Glück, sind das aus Versehen gleich paar ineinandergerollte. Wir müssen uns zu dreien anstellen, nicht nur unsere Klasse, alle Klassen, die ganze Schule, und dann werden wir von Fräulein Weisse über den Schulhof und durch die Bahnhofstraße geführt. Schließen sich uns immer mehr Kinder an, reiht euch ein, Kameraden, reiht euch ein, sind wir eine mächtige Volkesschlange. Ist wohl die ganze Welt in Bewegung. Menschen, du Allgewaltiger, Menschen über Menschen, keiner, der diesen großen Tag zu Hause versauert.

Kriegen wir vom Rektor den Befehl, uns gegenüber dem Rathaus aufzustellen. Ordentlich, diszipliniert, Dreierreihen. Ich stehe natürlich mal wieder in der letzten. Sehe ich rein garnuscht, außer ein paar Rücken. Wenn mir der Führer nicht mal was von sich herzeigt, kann er von mir keine Ehre kriegen und keine Feier. In der allerersten Reihe, also schon vom Bürgersteig runter, stehen die alten Jungmädels und fassen sich an den Händen. Als Volkesmenge rechnen die aber nicht. Die sind die Absperrung, daß wir nicht vor lauter Liebe den Führer erstürmen. Weiter unten haben sie als Absperrung die SA-Leute genommen. Die Mädels vor uns sind so große Lulatsche. Hätten sie zum Absperren doch besser uns Kleine nehmen sollen, damit jeder gerecht was sehen kann. Aber nein!

Nun warten wir alle auf den Führer. Halbe Stunde so was, dann soll er kommen. Am Rathausturm hängt eine lange Hakenkreuzfahne runter, an der Fahnenspitze mit dickem Blumenbusch. Könnte ruhig bißchen mehr Wind aufkommen, daß sie ordentlich tanzt und flattert. Ein jeder, wie er da ist, da soll der Führer staunen, hat sich für ihn so viel Mühe gegeben. Nicht nur die vom Rathaus, die das ja sowieso müssen, sonst werden sie rausgeschmissen. Braucht der Führer bloß mal hochzugucken. Mit einem Blick sieht er doch die paar Balkonchen, wie sie da so in ihrem Festtagsschmuck nett hergerichtet sind. Um den Rathausturm haben sie den schönen Spruch gewickelt: FÜHRER BEFIEHL, WIR FOLGEN DIR! Auch über die Straße ist mehrmals ein Transparent gespannt, wo draufsteht: GRÜNSBURG GRÜSST SEINEN FÜHRER! Auch noch: ADOLF HITLER, SIEG HEIL! Die Aussprüche weiter hinten kann ich nicht mehr erkennen.

Die vielen Fahnen machen sich sehr schön festlich. Im Hakenkreuz, als das Fanal und das heilige Zeichen, sind sie sich alle einig. Da wehen die großen und die breiten Fahnen Seite an Seite mit den kleinen und langen. Und dazwischen, hinter den Glasscheiben, die spitzen Wimpel. Was sie zu klein sind, dafür macht es die Menge. An langen Bindfäden sind sie aufgereiht. Aus jedem Fenster glotzen Leute, manchmal so viele, daß sie gar nicht alle in das Fenster reinpassen. Nun schubsen sie und kreischen und jauchzen und finden es so komisch, wie sie sich da alle wegen dem Führer stoßen und drängen. Lauter Verwandte und Bekannte sind von überall zu Besuch gekommen, weil doch in dieser Straße, wo der Führer durchkommt, die Fenster heute so wertvoll sind. Möchte ich lachen, fährt er vom Bahnhof aus anders. Ohne den Führer können sie sich sonst nicht beknusen. Die Frau Domröse ist auch so eine. Gewöhnlich muß sie immer den Herrn anflehen, er soll ihr wegen der Einsamkeit doch wenigstens mal ihre alte Schwester vorbeischicken, daß sie ein Täßchen Plark bei ihr trinken kommt. Denke ich, soll sie es statt der Malzlorke mal lieber mit Bohnenkaffee versuchen. Heute nun kann die Frau Domröse vor lauter Verwandten keinen Platz mehr an ihrem Fenster finden. So hat der Führer sie alle wieder zusammengeführt.

Das Grünsburger Volk ist aufgerufen und hat schön hingehorcht in dem Führer seinem Sinne. Ich stehe schon längst nicht mehr an meinem Platz von vorhin. Man wird weggebufft und verschoben, oder man steht plötzlich ganz vorn, gleich hinter Absperrung, so wie ich jetzt, und ich weiß gar nicht, wie das kommt.

Weil die Straße einknickt, kann ich von hier aus erst so richtig die vielen Menschen bewundern. Links lang, zum Wasserturm, auf dem sich auch eine Fahne bißchen schlängelt, ist die Fahrbahn ganz frei und blitzsauber gekehrt, wie sonst nie. Auch rechts runter, soweit man überhaupt sehen kann, ist die Straße leer. »Die Straße frei, dem Sturmabteilungsmann ...« Hat er ja schließlich auch mal ganz unten angefangen, bei den vielen. Die Bürgersteige sind vollgefüllt mit Menschen, die über die Straße weg »huhu Hertachen!« schreien und »kommt er schon?«.

Noch kann man aber rein garnuscht sehen vom Führer. Unsere vielen kleinen Fähnchen rascheln und knistern, manche knicken, von meinen drei ist bloß noch eine heil geblieben. Wenn sie auch immer so schubsen! Die muß mir aber bleiben, denn die will ich nachher dem Führer entgegenstrecken. Wenn er dann sieht, wie die spake Nate in der großen Uniform auf den dünnen Spinnenbeinen steht und die mageren Armchen nach ihm reckt, wird ihn die Rührung ankommen, und er wird vielleicht aussteigen und mich fragen, wie es wohl kommt, daß ein deutsches Kind so ein durchsichtiges Pusteblumchen ist, und ich will ihm Antwort geben: »Weil ich, du mein Führer, gerade so doll für dich wachse.« Vielleicht hat er dann paar Dittchen übrig für ein bißchen Eis und ein ordentliches Stück Streuselkuchen, weil das nährt und stopft.

Nun ist es ja bald soweit. Halbe Stunde so was, dann soll er kommen. Soviel ich weiß, wollte meine Mutti zu einem Begräbnis gehen. Statt dem sehe ich sie in ihrem gelben Spitzenkleid auf dem Balkon von der Frauenschaft. Die möchten meine Mutti schon wer weiß wie lange gerne bei sich aufnehmen. Meine Mutti läßt sich von der Frauenschaft immer schön gemütlich Kaffee kochen, und wenn sie ausgetrunken hat, muß sie sich das nochmal überlegen und erst mit ihrem Herrgott ins Reine kommen. Wo wir gleich umziehen, denkt sie natürlich nicht mehr im Traum daran. Aber sie wird sich hüten, denen das vom Umzug auf die Nase zu binden, damit die Frauenschaft nicht ohne Hoffnung für sie den Kaffee aufbrüht. Nun hat die Frauenschaft ihre sämtlichen Busen über den Balkon gebaumelt. So warten sie auch dort oben beim Täßchen Kaffee auf den Führer. Halbe Stunde sowas, dann soll er kommen.

Jetzt schrein sie wo. Endlos weit weg. Es wird immer lauter und kommt langsam näher. Bei der Frauenschaft kippen sie bald über den Balkon vor Glück. Die weißen Puffärmel von der Frauenschaft sind dauernd in Bewegung vom vielen Taschentuchwinken und Fähnchenschwenken. Zwei Frauen umarmen sich und kommen durch die Busen nicht recht zusammen. Anschließend rücken sie ihre blonden Knoten wieder zurecht. Als das deutsche Frauentum wollen sie doch nett und adrett aussehen, wenn er vorbeikommt. Jetzt kann ich hören, daß sie ganz weit hinten wie verrückt HEIL schrein. Die HEILS brüllen sich näher und immer näher. Gleich muß er kommen. Als ob sie die HEILS die Straße weitergeben. »HEIL-HEIL-HEIL!« tobt es jetzt los von allen Seiten. Bin ich ganz futsch vor Begeisterung, sind die HEILS endlich bei uns angekommen, bin ich schon selbst ein HEIL, daß ich »HEIL!« aufschrei, »HEIL-HEIILLL-HEIILLL ...« Höre ich ein Auto brummen. Auf der anderen Seite sind sie mal wieder zackiger und rufen im Chor: »Wir grüs-sen un-sern Füh-rer!« Fangen wir an, uns halb totzudrücken und zu trampeln. Haben welche meinen Arm eingequetscht, und sie werden mir noch die Kluft ruinieren. Ausgestreckte Hände hauen mir auf den Kopf, und sie ziepen mich, daß ich denen gleich mal eins auf die Finger schlagen werde. Muß ich aber erst noch HEIL rufen. »HEIL-HITLER-HITLER-LITLER-LITLER, HEIILLL!«

Was ist denn das für ein Führer! Ein schäbiges, schwarzes Auto hat er und weiße Haare mit Poposcheitel, und der Bart ist ab. Geht das doch hier wirklich zu wie beim Deivel auf der Rinn. Ist das doch noch gar nicht der Führer, sondern wer von der Polizei, und hinten im Auto sitzen noch welche vom Rathaus. Haben wir für rein gar nichts unsere HEILS verjubelt. Auch in den anderen Autos sitzen nur ganz gewöhnliche Menschen.

Nach der Fälschung bin ich nun aber stumm. Hinten fangen sie schon wieder ihr damliches HEIL an zu jubeln. Da kann ich bloß lachen. Die von der Frauenschaft mit der guten Aussicht haben auch keine Glubscher im Dassel. Diesmal werden sie wenigstens nicht gleich verrückt, wenn sie bloß ein Auto sehen. Diesmal stehen sie wie paar plumpe Steine und rühren sich nicht. Bis auf eine. Die schluchzt und putzt sich die Nase. Meine Mutti prostet der Straße zu mit ihrem Kaffee. Von dem bißchen Hochgucken bin ich gleich meinen guten Platz losgeworden. Lauter fremde Mädels haben sich einfach vorgedrängelt. Die Ziegen! Die HEILS sind jetzt so mittelmäßig und interessieren mich nicht. Auch die Autos nicht, die ich kommen höre. Bis zum Führer will ich aber wieder in die erste Reihe. Muß ich anfangen zu schubsen. Noch ist ja Zeit. Diesmal sind die Hornochsen auf unserer Seite. Wie verdreht rufen sie: »Wir grüs-sen un-sern Füh-rer!« Auch die von der Frauenschaft fangen jetzt an zu jubeln: »HEIL, HEIL, HEIL!« Ich kann nichts sehen außer einer Potsche, die HEIL HITLER grüßt und einem Stückchen Mütze mit einem breiten Schirm vorne dran. Vor mir kreischt die Dorchen: »Das ist er, das ist er, heil-heil-heil, mein Führer!« Die anderen Autos, die hinterher kommen, die sehe ich besser. Auch du Allgewaltiger, Stückchen Hand, Stückchen Mütze, das war nun der ganze Führer!

Wie wir uns dann alle auflösen und zum Nachhausegehen die Straße verstopfen, da stehe ich plötzlich neben meiner Mutti. Sie hat sich beim HEIL-Schrein mit Kaffee bekleckert. Die hat ja nun durch das Fernrohr von der Frauenschaft den Führer ganz deutlich gesehen. Behauptet sie doch: »Der war gepudert!«

*

Nun haben wir einen neuen Heimatboden, der uns heilig ist und wo wir den Ruf von vernehmen, nämlich die größte Stadt der Mark Brandenburg, Berlin. Die auch gleichzeitig der Wohnort vom Führer ist. Er wohnt aber nicht bei uns um die Ecke, sondern Stückchen weiter. Die gute Heimaterde, der wir geweiht sind und die wir mit unserem Leben zudecken müssen bis zum letzten Atemzug, will sie uns ein Feind frech entreißen, die ist hier mehr aus Pflastersteinen und großen Straßen.

In Berlin ist mein Vati nicht damlich sondern doof, und auf die Schnitten schmieren wir nicht Glumse sondern Quark, was weißer Käse ist. Auch dürfen wir hier nicht mehr glubschen, bloß noch kieken und keinen Schmand naschen, sondern Sahne. Weil uns sonst alle Kinder in der Schule auslachen.

Ich bin jetzt auch auf der höheren Schule. Der Heia ja schon lange. Weil ich so schrecklich verträumt bin, ist es noch nicht raus, ob ich auf der guten Schule überhaupt bleiben darf. Mich wollen sie erst mal bißchen beobachten. Dann sollen sie eben die Beamten nicht versetzen, weil doch die Kinder von den Beamten sich in der neuen Stadt erst mal eingewöhnen müssen. Ich muß schließlich wissen, wo man hier baden gehen kann, weil sie ja in Berlin nicht so einen schönen Fluß haben wie unsere Passarge. Bloß die Spree und paar Seen. Das Frische Haff kennen sie hier auch nicht, und daß wir in Ostpreußen immer zur Ostsee sind, wollen mir die Kinder in Berlin nicht glauben. Und dann muß ich mir auch noch eine neue Freundin anschaffen und die alte erst mal im Schmerz vergessen. Ich weiß nicht, ob ich so eine Freundin wie die Trautel jemals wiederfinde!

Abgesehen davon, daß es hier keine Trautel gibt, die unser Klo benutzen kommt, bin ich mit Berlin ganz zufrieden. Besonders mit unserem Badezimmer. So ein schönes hatten wir in Grünsburg nicht. Da waren die Wände bloß beige mit Ölfarbe bepinselt, und hier sind sie bis ganz oben beige gekachelt. Auch kommt mir die Wanne viel größer vor, und der Gasbadeofen glänzt ganz golden.

Wie in Grünsburg dürfen wir sonnabends immer baden. Für alle Tage kommt meiner Mutti das warme Wasser zu teuer. Allerdings muß ich mit dem Heia in ein Badewasser. Wir können uns aussuchen, wollen wir hintereinander oder wollen wir zusammen. Weil wir noch neu in dem Haus sind, wollen wir lieber zusammen, damit wir uns nicht so fremd fühlen.

Wie die Marta dem Heia den Rücken rubbelt, sagt sie doch, daß bald Schluß ist mit dem Zusammenhocken in einer Wanne. Mich stört der Heia nicht. Nun läßt die Marta bißchen heißes Wasser nach und es dampft so schön. Der Heia ist ja so gemein und spritzt mir das Haar naß, und die Marta sitzt auf dem zugeklappten Klo.

Die Gegend, wo wir hier in Berlin wohnen, heißt Zehlendorf, und besitzen tun wir hier auch so ein Reihenhaus wie in Grünsburg, mit Treppe. Auf der kommt mein Vati hochgestolpert. Ich sage zum Heia: »Paß auf, gleich wird er fluchen.« Und richtig, da hören wir schon »Scheißdreck!« Hat mein Vati Glück, daß er nicht katholisch ist. Sonst hätte er gleich wieder zur Beichte müssen. Jetzt macht er die Tür auf. »Na, ihr Seehunde?« sagt er. Dann beschwert er sich bei der Marta über die lose Läuferstange, siebente Stufe vorm Badezimmer. Die Marta sagt, sie hat die Stange schon x-mal reingeschoben und weiß auch nicht, warum das dämliche Ding immer wieder rausrutscht. Sie will sich aber nochmal drum kümmern. Das kann sie sich ruhig schenken. Die Läuferstange ist nämlich ganz in Ordnung. Kurz bevor mein Vati kommt, ziehe ich sie manchmal mit Willen raus, damit der Läufer an der Stelle rutschig wird und mein Vati sich blau ärgert und »Scheißdreck« flucht, was Sünde ist, denn er soll in die Hölle.

*

Der Heia sagt von meinem Vati jetzt nur noch »der Alte«. Ich nenne ihn aus Gewohnheit zwar noch »mein Vati«, aber es ist dasselbe, als ob ich »der Alte« sagen würde. Für uns ist er nicht mehr unser Vati.

Der Heia ist ja nicht gerade ein schöner Bruder, aber deshalb lasse ich ihn mir doch nicht so behandeln. Wenn wir wem erzählen, was da passiert ist, dann glaubt der uns das nicht. Erstmal tut mein Vati immer wer weiß wie großartig, daß wir alle dem Führer nacheifern sollen mit unserem ganzen Herzen, und was macht er? Was besieht er sich denn da immer in den Illustrierten und Zeitschriften, und dann zeigt er es mir? Doch wohl den Führer, wie er gerade Tierfreund ist, indem er ein Rehkitz krault, ihm zulächelt und sich liebevoll runterbeugt. Und ist der rassige, deutsche Schäferhund, wo der Führer immer so gütig die Hand auf den Kopf legt, wohl kein schönes, deutsches Tier? Und mein Vati, he, wo ist der Tierfreund?

Wie kann er sich denn so benehmen, zu dem ganzen Glück vom Heia, dem reinrassigen, ostpreußischen, deutschen Halbangorakater Maxe? Mein Vati tut ja, als ob das eine persische Katze wäre oder sonst was für eine ausländische. Für seine eigenen fünf Mark hat der Heia sich den Maxe angeschafft, und was futtert er denn schon groß? Fischlappen. Auch das bißchen Milch, das er braucht, bekommt er ab von unserer. Kaufen tun wir das Katzenfutter von den Dittchen, die hier Groschen heißen und die wir unserer Mutti heimlich aus dem Portemonnaie wegnehmen. Auch wenn wir in Vatis Anzügen mal was lose finden, holen wir dem Maxe davon Kuheuter. Also kostet meinen Vati doch der Maxe gar nichts. Was ist er da so gemein? Muß mein Vati doch auch mal denken, wie sehr das Tierchen unserem Heia ans Herz gewachsen ist.

Was hat er da mit dem Katzchen in der Einkaufstasche im Zug gesessen und ist vor Angst ganz elend gewesen, wie die polnischen Zollbeamten von Bank zu Bank gegangen sind und überall schwarz auf weiß sehen wollten, wer da so im Zug sitzt, mit Namen und allen Angaben.

In Berlin, in dem neuen Haus, haben wir den Maxe erst mal bei der Marta oben in der Mansarde abgestellt. Aber am nächsten Morgen war der Teufel los. Du lieber Gott! Als ob wir einen Löwen mitgebracht hätten. Tot sollten wir den Maxe machen lassen.

Schon aus Prinzip verlangte das mein Vati. Wenn wir versprechen, den Maxe nach dem Sonnenstuhl zurückzubringen, dann haben wir das auch gefälligst zu tun. »Erbarmung!« hat da unsere Marta gerufen, »aber doch nicht vom Heia das geliebte Katzchen! Wollen Sie denn das Jungchen unglücklich machen? Wo Sie doch Ostpreußen auch so lieben, Herr Walter! Der Maxe ist doch für das Jungchen man noch so ein Stückchen Ostpreußen. Mit dem Maxe kann er sich hier ganz anders eingewöhnen.« So sprach unsere Marta! Wie mein Vati vom ostpreußischen Heimatboden hörte und daß der Maxe auch davon ist, hat er sich erweichen lassen. »Na, meinetwegen. Aber er darf nicht stinken.« Nun mußten wir geloben, daß wir den Maxe, sobald er ein halbes Jahr alt ist, vom Doktor kastrieren lassen. Die Marta hat uns gesagt, das ist nicht weiter schlimm. Fünf Mark müssen wir dafür aus der Sparbüchse opfern. Nun hätte doch alles gut sein können. Aber wer das glaubt, der kennt nicht meinen Vati.

Saßen wir doch vierzehn Tage später beim Frühstück, der Heia mit ganz verweinten Augen und Rotznase. Da sollte der Junge, verdammt nochmal, nicht immer so hochziehen, so mein Vati. Natürlich fand der Heia bei sich kein Taschentuch. Mein Vati hatte morgens verschlafen und ging als erster vom Tisch weg. Die Marta kam und sagte: »Laß man, Jungchen, der Maxe wird schon wiederkommen.« Dem Heia liefen bald die Augen fort und die Nase. Denn seit dem Abend vorher hatte keiner mehr den Maxe gesehen. Wegen Regen hatte ihn auch niemand in den Garten gejagt. Gerade titschte ich mit einem Stückchen Semmel den Honigklecks von Vatis Teller, ich lasse nie was umkommen, da hörte ich doch ganz leise etwas scharren und knuspern. Als wenn wir Mäuse hätten. Ich sofort zum Heia: »Horch mal!« Nun lauschte auch die Marta. Sie hörte nichts. Aber da piepste doch was! Ganz deutlich: »Mimimimimi ...« Das kam von der Vitrine. Nicht von oben, wo der Gipskopf vom Führer steht, den die Marta mal wieder Staub putzen muß, auch nicht vom Glasaufsatz, wo zwischen den guten chinesischen Sammeltassen die krüpplige, nackte Frau aus Porzellan auf einem Baumstumpf sitzt, der sie von Kunst wegen die Unterarme abgehackt haben, wie auch die Unterbeine. Das Gejammer kam von ganz unten, wo die zwei Holztüren mit dem Schlüssel sind.

Schon kniete der Heia davor, schloß zweimal und stieß die Türen auseinander. Hoch über den weißen, von der Marta sauber geordneten Tischdecken lag unser Maxe platt wie eine Pflunder, weil zwischen dem Stoß Tischdecken und dem Holzbrett über sich kaum noch Platz war.

Da hatte doch dieser Satansvater — verbrennen soll er in der Hölle — aus Gemeinheit Heias Maxe eingeschlossen. Seitdem betrachten wir uns als Halbwaisen, mit nur noch einer Mutter.

Die Marta denkt, ich Damlack weiß nicht Bescheid. Vonwegen! Daß nämlich mein Vati plötzlich mit seinen sämtlichen Bettsachen aus dem eigenen Ehebett ausgezogen ist, das er mal wegen Altersschwäche dunkelgrün überpinselt hat und in dem schon mein ostpreußischer Opa schön gemütlich gestorben ist. Da zieht mein Vati nur aus, so flunkert die Marta, aus Rücksichtnahme für meine Mutti. Erklärt sie mir doch, es ist für meine Mutti nicht gesund, wenn der Vati spät nachts nach Hause kommt und sie stört, und das tut er jetzt immer öfter. Er will ja bloß ihre Nerven nicht ruinieren, und zeitiger kommen geht nicht, weil er jetzt in Berlin so einen aufreibenden Posten hat mit Überstunden und Projekten und allem. Bei so viel Verantwortung muß er erst mal Herr darüber werden. So die Marta.

Was meint sie wohl, was ich glaube, weswegen in den Elternschlafzimmern die Ehebetten immer so eng zusammengerückt sind, gleich zum Rüberkullern auf das andere Bett? Werde ich ihr doch nicht auf die Nase binden, daß ich mir schon mal aus Muttis Regal den Roman »Primaner« geholt habe, der ganz oben stand, daß ich erst einen Schemel holen mußte. Überhaupt alle interessanten Bücher, so wie das mit den aufgeschnittenen Männern und Frauen, wo man die Gedärme und Eingeweide und Magenwülste alle besehen kann, die sind nach oben gestellt. Seit ich den Roman »Primaner« erwischt habe, weiß ich alles. Bin ich sofort im Vorgarten unter der Treppe verschwunden, wo man schrecklich unbequem nur ganz krumm hocken kann. Dort habe ich den Roman heimlich gelesen. Meine Lieblingsstelle gleich paarmal, wo da der Herr Richter, nachdem schon längst der Selbstmord passiert ist, den einen Primaner fragt: »Haben Sie mit Irma Dingsbums Geschlechtsverkehr getrieben?« Und die Irma war doch die unglückliche Liebe von der Leiche. Und so was alles. Nach so viel Unkeuschheiten habe ich gleich anschließend als Buße das katholische Buch »Das Licht der Berge« gelesen und so über den Heini geweint, der gerade, als er nun endlich den rechten Weg wußte und Priester werden wollte, vom Berg abstürzte, weil er aus Ehre zu dem großen Entschluß ein Edelweiß pflücken wollte.

Jedenfalls weiß ich genau, was meine Eltern in dem Ehebett nun nicht mehr machen. Sonst wäre mein Vati nicht mit Sack und Pack einfach ausgezogen. Eigentlich hätte er sein Bett mit ins Arbeitszimmer rübernehmen können, wo er ab jetzt immer schläft. Aber das war ihm viel zu sperrig. Der als feiner Pinkel hat sich lieber ein neues Bett gekauft, hochmodern, und wo die Rohre das Fuß- und Kopfende bilden, sind sie ganz bronzen.

Mein Kinderbett ist mir schon lange viel zu klein. Das macht mir aber nichts, weil ich ja immer mit angezogenen Beinen liege. Anders kann ich gar nicht. Aber plötzlich haben sie wohl Angst, daß mir die Beine womöglich auf die Dauer o-ig wachsen, und deshalb soll ich jetzt abends in dem verlassenen Ehebett von meinem Vati schlafen. Kann natürlich sein, daß sich meine Mutti so allein auch bloß grault.

Für die erste Nacht im großen Ehebett ziehe ich mir ganz frisch mein batistenes Prunknachthemd über mit den Rüschenärmeln und mit Erlaubnis von der Marta, denn es ist ja noch nicht Sonnabend. Bis Sonnabend muß ein Nachthemd immer reichen.

Heute will meine Mutti auch mal früh in die Falle und schrubbt sich noch über der Badewanne. Ich habe vorhin nur das Wasser rauschen lassen und so dabei gestanden, ohne mich zu waschen. Damit es nicht auffällt, mußte ich natürlich bißchen Zeit abwarten. Andermal wäscht mich ja wieder die Marta gründlich. Ich bin schon rein ins fremde Bett. Da liege ich ganz eingesunken. Muß ich mich richtig darin suchen. Weich ist es und die Sprungfedern quietschen, wenn ich so mit dem Podex schuckle. Tobe ich immer mehr rum, und das ganze Ehebett knarrt so schön mit vor Wonne, daß die Nate Walter ab jetzt immer hier schlafen kommt. Wo die Betten zusammenstoßen, rubbelt das Holz ordentlich laut aneinander. Bei dem Krach habe ich meine Mutti gar nicht gehört.

Plötzlich steht sie über mir, reißt mir das Plumeau runter und ballert mir welche. Die sitzen! Meine Backen sind wie Feuer. Dann heult sie los: Ich bin eine Strafe Gottes, eine eklige Jöre, an die Wand zu kleistern, und mir gehört das Fell strammgezogen, und ich darf nie und nimmermehr so mit den Betten ruckeln, das kann sie nicht vertragen. Schnell dreht sie sich weg und geht ins Badezimmer. Dort höre ich sie puschen. Die kann aber lange! Nun zieht sie. Ich bin beleidigt und will am liebsten wieder zurück ins Kinderzimmer. Ich verkrieche mich unter dem Plumeau und lasse nur für Augen und Nasenlöcher ein kleines Luftloch. Kommt sie wieder rein mit Türknallen. Von mir wird sie nichts mehr merken, weil ich ja schlafe. Höchstens kann sie hören, wie ich schniefe. Jetzt ist sie am dreispiegligen Toilettentisch und schiebt ihr linkes Knie auf den Polsterhocker. Lachsrosa Schlüpfer hat sie an und ein lachsrosa Hemd mit einem rutschenden Träger, der ist verkrumpelt. Nun geht sie weiter und ist nur noch ein Riesenpopo. Das Loch im Plumeau muß ich etwas verrutschen. Popos von Müttern sind aber auch wirklich groß. Ob das den Vätern gefällt? Mir nicht die Bohne. Der mächtige Dups schwebt jetzt zum Bett. Muß ich das Loch wieder verschieben. Komme ich ganz schön in Hitze. Leise fällt das Nachthemd über den großen Hintern. Er wuchtet auf das Laken. Federbett drüber. Sehe ich, wie der Federberg sich verruschelt. Mache ich mir mein Luftloch größer. Aus dem Plumeau wächst ein Rücken mit Volants und Rosenknospen, und darüber wuscheln sich braune Locken. Die zittern so komisch. Auch der Rücken bibbert. Auf einmal tut mir meine Mutti so leid in der Seele. Meine Hand krabbelt sich durch die Zudecke unter ihre vorsichtig weiter, bis es nicht mehr geht und ich meine Mutti antippe.

*

Die Straße, in der wir wohnen, heißt Tannenallee. Ein schöner Name, aber es wachsen keine Tannen, ist sie also ganz unnütz so genannt worden. Das siebzehnte Haus ist unseres, wo gleich anschließend die Nummer neunzehn steht. Hier gibt es auch Häuser, da sind sogar vier, fünf zusammengebaut, dann auch bloß mal wieder zwei, wie bei uns. Gehören tut die Siedlung dem Beamtenwohnungsverein. Die haben einen schlanken, schielenden Kassierer, der die Mieten holen kommt von den Bummelanten.

Dieser hat einen großen, blonden SS-Mann als Busenfreund, und der hat sich vom Sehen in unsere Marta verliebt.

Durch den Kassierer schickt er ihr Kinokarten fürs »Zeli«. Letztes Mal zu »Truxa« mit La Jana und Hannes Stelzer. Unsere Marta sagt, die kann er sich gefälligst an seinen SS-Deckel stecken. Dumme Gans, anstatt mir die Karten zu geben oder dem Heia. Aber SS-Karten nimmt sie nicht. Dann hat er dem Kassierer auch schon mal ein Briefchen für die Marta mitgegeben, denn er denkt immer an ihre goldenen Naturlocken, und darum will er mit ihr zur Machnowerchaussee und im berühmten SS-Café »Dorette« das Tanzbein schwingen. Die Marta sagt, diese Sorte kennt sie. Der will ganz was anderes schwingen. Was sie ausschlägt, das soll sie aber mal bedenken. Die schöne Torte und Spritzkuchen und den Blätterteig und richtige Schlagsahne, was man ja alles im Schaufenster vom Café »Dorette« besehen kann. Na und wo doch unsere Marta für ihr Leben gern tanzt. Aber sie ist absolut nicht in das feine Tanzcafé zu kriegen. Der SS-Mann hat ihr sogar schon mal ein Sträußchen Zitterkraut mit zwei Vergißmeinnichtstrünken durch den Kassierer vorbeigeschickt. Alles umsonst.

Unsere Marta hat nämlich was gegen die SS wegen den dicken Bäuchen, die die SS-Männer bei den Mädchen immer wollen. Und dann betteln sie und haben so eine Art, da nicht nachzugeben mit: »Mädel, hast du noch kein Bäuchsken, muß du eins für den Führer kriegen« und lassen dem armen Mädel keine Ruhe, und nachher ist der Bauch dann wirklich dick. Da haben wir hier in der Gegend eine Masse Fälle. Und geheiratet werden die armen Dinger nicht, weil ja die SS-Männer immer neue Bäuche sammeln. Die sollen sogar Geld, Ehre, Abzeichen und was nicht noch alles für jeden Bauch bekommen, den sie nachweisen können. Je mehr Mädchen sie mit dicken Bäuchen haben, um so besser. Können sie gar nicht genug davon auftreiben.

Daß wir nun keinen SS-Mann abbekommen, habe ich seit der vorigen Woche bißchen verschmerzt. Da haben wir uns nämlich ziemlich happig in einen Zwölfender verliebt. Ich und die Marta. Auch wenn ich erst zu dem Zwölfender dreibarstig war, kommt doch hoffentlich bald wieder alles in Ordnung.

Ein Zwölfender, das ist einer, der muß zwölf Jahre hintereinander bei den Soldaten marschieren, egal ob Krieg ist oder nicht. Bekommt er eine schmucke Uniform mit Säbel und Lametta. Aber nach zwölf Jahren schmeißen sie ihn raus bei den Soldaten. Haben sie die Nase voll von ihm. Nehmen sie ihm die Uniform weg, nebst dem Säbel, und er muß zu den Beamten gehen oder sonst was arbeiten. Und aus ist es mit den hübschen Mädchen, die ihm nachgucken und die Fenster und die Türen öffnen, wenn die Soldaten durch die Stadt marschieren. Noch aber ist unser Zwölfender mitten dabei. Geholt haben wir ihn uns aus der »Anneliese«-Eisdiele.

An dem Abend hatte die Marta ihren großzügigen Tag und sagte: »Hak' mal unter, Natelein, gehn wir noch ein Stückchen ums Karree.« Damit meint sie immer, wir wollen nochmal Luft schnappen. Bin ich ganz übermütig an ihrem Arm rumgehampelt. Na, wir denn so die Berlepschstraße runter. Schön milde war das Wetter. Hat sie bei festgestellt, mein Faltenrock muß länger. Der grüne. Mein roter ist besser. Na, denn fragte sie mich so nach der Schule. Hopste ich mal wieder bißchen vor, wie das so ist, weiß der Kuckuck, nicht daß ich den Weg bestimmt hätte, es war so gekommen, daß wir plötzlich, wo ich mich richtig wunderte, vor der »Anneliese«-Eisdiele standen. Na so was! Mußte ich mal, wenn ich schon da war, hinter der Scheibe die Speisekarte besehen, ob die denn heute auch Blaubeer hatten. Ulkig, hatten sie. Und seit neuestem war das doch mein Liebstes. Na, nun die Marta. Wenn ich dann so lieb gucke, das kann sie nicht haben.

»Also schön«, sagte sie, »Blaubeer-Vanille.« Nicht etwa bloß eine Waffel. An dem Tisch gleich beim Eingang saß aber auch ein zu hübscher Soldat und schleckte Schokolade-Zitrone. Die Portion im Glas. Aber Augen hatte er nur für die Marta. Auch der Marta gefiel er. Ich wußte noch nicht so recht. Wo nun setzen? War ja alles ganz schön voll. Ich sollte eine Portion zu fünfzig im Glas kriegen, weil ich im letzten Aufsatz null Fehler hatte und eine Belobigung von Inhalts wegen. Aber den hatte der Heia mir geschrieben, weil ich nichts anzufangen gewußt habe, mit dem aufregendsten Tag in meinem Leben. Den hatte der Heia mir einfach zusammengefaselt. Zum Schluß wurde ich da in Frosteskälte gerettet von einem Bernhardiner.

Nun suchten wir uns einen Platz und fragten den Soldaten, der die Marta noch immer anstarrte, ob wir wohl bitte, wenn es gestattet ist, bei ihm Platz nehmen dürften? War er hocherfreut Wir hätten natürlich auch an einen anderen Tisch gehen können. Aber wie hätte da die Marta den Soldaten kennenlernen sollen? Ich weiß ja, mich nimmt sie immer so gern als Anstandswauwau mit. Allein sieht es ihr zu sehr aus nach wie wenn sie wen kennenlernen wollte, weil sie das in Wahrheit ja auch will. Aber mit Kind kann das keiner von ihr denken. Mit einem Kind muß sie abends nochmal raus an die Luft, Verdauungsspaziergang machen. Mit einem Kind kann sie überall stehenbleiben und gucken und sich begucken lassen und sich hinsetzen, zu wem sie will, was sie sich allein nicht so traut.

Nun saßen wir gemütlich. Ich neben dem Soldaten. Weil es so lange dauerte mit dem Fräulein, das alle Hände voll zu tun hatte, holte die Marta sich unser Eis selber. Brachte sie es an. Kam mir so vor, als ob voriges Mal die Kugeln größer waren. Die Marta trank bloß ein Täßchen Kaffee zum Aufmuntern. Abends ist sie immer so ab. Der Soldat hatte auf seinem Eis noch einen Klecks Schlagsahne. Wie das erst schmecken mußte! Ich leckte Kaltes, Blaues vom Löffel. Immerfort mußte ich zu dem Soldaten sehen, wie er so eine Schlagsahne auf die Zunge tat. Er merkte es und lachte mich an. Lachte ich wieder zurück. Mindestens General war er, weil er an der Seite einen schönen, langen Säbel hängen hatte, der ihn beim Sitzen störte. Den legte er wohl nicht ab, um anzugeben. Mit Säbel sah er aber auch nach was aus. Immer, wenn er sich bewegte, kratzte der Säbel auf dem Boden. Fragte doch der Soldat die Marta, ob ich ihre Kleine wäre. Die schüttelte den Kopf und lachte. Die Doofe! Sollte er's doch denken. Mich fragte er, ob ich mir so viel aus Schlagsahne mache, weil ich dauernd drauf gucke. »Doch, sehr«, sagte ich, »und wie, und manchmal bekomme ich auch welche. Bloß nicht immer.« Lachte er wieder so niedlich und schnipste das Fräulein mit der weißen Schürze zu sich ran. Hatte er Glück, daß sie gleich hörte. Flüsterte er was. Kam sie schnell wieder angeschuchtelt mit einem Schälchen Schlagsahne. Kleinste Portion, die sie hatten. Sagte der Soldat zu mir: »Guten Appetit, kleines Fräulein.« War ich so genierlich, daß ich kein »Danke« fertigbrachte, obwohl ich es gern wollte. Die Marta ärgerte sich: »Hast du Frösche verschluckt? Kannst du nicht mehr den Mund aufmachen?« Wo ich mich gerade in den Soldaten verliebte, tat sie mit mir, als ob ich drei Jahre alt wäre. Das mit der Schlagsahne gefiel mir und wie er lachte und auch die Aufschläge an den Ärmeln unten, die so schön silbern waren. »Dumme Guste«, hörte ich die Marta, und dann sprach sie nur noch mit dem Soldaten und alberte in einem fort und tat sich wichtig. War nett von dem Soldaten, bloß zu sagen: »Na, Hauptsache es schmeckt.«

General war er nun nicht, wie ich hörte. Aber Zwölfender. Alfi Bischoff hieß er und kam aus Wuppertal. Bißchen sprach er auch so wie nicht von hier. »Bald müssen wir nun aber abschieben«, drängelte die Marta, »du mußt in die Falle.« Gerade jetzt, wo ich mich verliebte. Schäkerte der Zwölfender mit mir, indem er sich meine Klemme aus dem Haar klaubte. Sagte ich: »Die können Sie zum ewigen Andenken an mich behalten.« Hätte er nicht gedacht, freute er sich, daß er sich in der »Anneliese«-Eisdiele heute abend noch so eine niedliche, kleine Braut anschaffen würde! Da nahm ich ihn sofort als meine große Liebe.

Weil es nun wirklich Zeit war und wir losmußten, fragte er schnell, ob es denn Sonnabend um acht passen würde. Sagte die Marta zu, aber sie wollte Sonnabend lieber ins Kino und nicht tanzen. Kino gefiel mir auch besser. Nahm ich meine Zunge aus dem sauber geschleckten Eisglas und fragte ihn, ob es nicht Stündchen früher ginge, sonst müßte ich so schnell wieder nach Hause, daß ich gar nicht recht was von hätte, Kino wäre zu spät für mich und womöglich nicht jugendfrei. Schlug ich vor, daß wir lieber Eis essen gehen wollten, und um sieben rum paßt es uns besser. Der Alfi pulte sich am Ohr, rollte es zusammen und sah zur Marta.

Die sprach: »Nun mach' aber mal halblang, Fräulein Nate! Um die Zeit tanzt du doch schon beim Federball.« Das sagte sie zu mir, wo ich uns eigentlich den Alfi angeschafft hatte! Wollte sie ihn einfach für sich allein behalten. Wenn jemand so unkameradschaftlich ist, kommt mir die Wut hoch. Kann ich ganz schön gnietschig werden. Ich prustete über den Tisch, daß es naß sprühte. Gab sie mir einen Katzenkopf. Und was für einen! Brüllte ich: »Soll man wohl fremde Kinder auf den Kopf schlagen? Und du schon gar nicht, wo du bloß unser Dienstmädchen bist! Blöde Ziege! Und bilde dir bloß nicht ein, daß ich nochmal deine ollen

Mostricheier esse! Daß du es man weißt!« Teilte sie mir Katzenköpfe aus, daß ich vielleicht bald davon Kopfschmerzen hatte. Bis die kamen, stützte ich mir schon mal den Kopf. Der war ja völlig wacklig! Hatte sie ihn mir locker geprügelt. Mußte ich mal probieren, ob es noch ging mit Jaulen, oder war schon alles kaputtgeschmettert? Gleich gab sie mir wieder eins auf den Mund und sagte, sie muß sich wer weiß wie wegen mir großem Mädel schämen. »Und das ist der Dank für das Eis. Damit ist es jetzt aber aus. Ein für allemal!« Als ob ich der ihres brauche! Und ganz deutlich merkte ich, daß der Alfi zu ihr hielt, weshalb ich ihn nicht mehr liebte.

*

Wie ich gerade mit meinem alten Fahrrad zum Konsum lospresche wegen Kunsthonig, damit wir beim Frühstück nicht immer so meckern, und wegen Backpflaumen für eine Puddingsuppe, ruft mir doch am Weißen Steg meine zehlendorfsche Jungmädelführerin nach: »Bist du nicht die Nate Walter?« Und ich soll mal halten. Sage ich, daß ich sie bin und weiß auch schon, was sie will. »Warum kommst du denn nicht mehr zum Dienst?« fragt sie, und ich gebe als Antwort: »War ja krank.« »In der Schule haben sie dich aber gesehen«, sagt sie. »Da habe ich mich ja unter fiebriger Lebensgefahr hingeschleppt. Nachmittags bin ich immer in voller Schwäche zusammengebrochen.«

»Da mußt du aber zum nächsten Heimabend einen Entschuldigungszettel mitbringen«, meint sie prompt. »Kann ich. Weil's ja stimmt.« Habe ich keine Angst deswegen. Den schreibt mir wieder die Marta als meine Mutti. Muß ich mich aber erst mit ihr vertragen und um Verzeihung bitten, wegen dem Zwölfender, und gute Taten vollbringen, daß sie auch die Reue sieht, wie ich so abwasche oder die Kellertreppe fege und mich ohne Murren zum Einholen schicken lasse.

Meine zehlendorfsche Jungmädelführerin heißt Urte. Diese Urte sagt nun zu mir, ich soll aber ja nicht wieder wie letztes Mal den Beitrag vergessen. Und für nächsten Monat kann ich auch schon welchen mitbringen, der ist ja gleich fällig. »Hmhm, wenn ich dann ohne Ansteckung mal wieder gesund bin und komme.« Nun habe ich es eilig. Schnell steige ich auf das Rad und sage:

»Jetzt muß ich aber pesen. Mir wird nämlich schon wieder ganz schwindlig.« Ich fahre los und sie ruft mir noch hinterher: »Aber den Beitrag nicht vergessen!«

Die Urte darf ich nun nie mehr treffen. Muß ich aufpassen. Keiner kann von mir sagen, ich will dem Führer nicht dienen. Bloß habe ich, wie ich das letzte Mal zum Dienst ging und die 35 Pfennig Beitrag mithatte, denselben als fünf Nappos zu fünf und zwanzig rote Zuckerlutschkirschen mit grünem Stiel, das Stück zu einem Pfennig, aufgegessen.

Wie wir dann beim Heimabend im Umkleideraum der Volksschulenturnhalle alle als Kameraden im Kreis gesessen haben und eine Gemeinschaft waren, tief in unserem Herzen, und »Nach Ostland wollen wir reiten« lernen mußten und dann das Lied »Aus grauer Städte Mauern« schön laut herausgebrüllt haben, weil es so'n Bart hat, und uns dann noch »Es zittern die morschen Knochen« eingeübt wurde und als letztes »Der Himmel grau und die Erde braun, da schritten die Männer zum Sturme«, und wir danach wie aus der Pistole geschossen beantworten mußten, wann der Führer geboren ist und wo, und wie lange er in Landsberg gesessen hat, und was hat er denn dort auf der Festung Schönes geschrieben? und all so'n Käse, und wie dann allmählich die Zeit vergangen ist und der Heimabend aus war, da hat die Urte sich ihre Liste vorgenommen, wo ich schon so gehofft hatte, sie wird es vergessen, und hat nach dem Alphabet unsere ganzen Namen einzeln aufgerufen, und jedes Jungmädel mußte den Beitrag genau vorgezählt in Urtes Blechschachtel legen. Als sie mit dem Bleistift bei mir angekommen war, habe ich ganz doll in meiner Rocktasche gesucht, mit Umkrempeln, dann in der Blusentasche, au wei, hatte ich doch meinen Beitrag vergessen. Hinter alle Namen hat die Urte einen Haken gemacht. Bloß bei mir blieb nach dem Walter Luft, wo das nächste Mal die 35 Pfennig hinkommen sollten. Wenn ich sie bringe.

Seitdem bin ich aus lauter Angst nicht mehr zum Dienst gewesen, denn auch den nächsten Beitrag habe ich schon verputzt als Streuselschnecken und Punschschnitten, wo sie alle Reste drin vermantschen, obendrauf mit Puderzucker. Wenn nicht mal Geld vom Himmel fällt, gehe ich solange lieber zum Heliandbund nach dem Pfarrhaus von der Herz Jesu Kirche. Das ist ein Verein für die katholischen höheren Schüler. Vom Kaplan weiß ich: Heliand ist das altdeutsche Wort für Heiland. Angemeldet hat mich meine Mutti bei denen. Erst habe ich gemault und wollte nicht hin. Aber weil ich jetzt nicht mehr zu den Jungmädels kann, gehe ich. Den Jungmädelbeitrag lasse ich mir von zu Hause aber trotzdem ruhig weitergeben.

*

Erst liest uns der Kaplan Schrulder immer ein Kapitel aus seinem Lieblingsbuch »Peer« vor, und dann will er, daß wir uns alle den »Peer« zu Weihnachten oder zum Geburtstag wünschen sollen. Nicht etwa von ihm. Von zu Hause. Aber wir sind doch nicht plemplem! Er liest ihn uns ja immer vor, jedesmal Stückchen weiter, bis wir alles kennen.

Dann nimmt er seine Klampfe mit den bunten Bändern auf den Schoß und macht die Augen zu, wenn er drauf rumklimpert. Wir üben nämlich für den Elternabend ein Schattenspiel, das gesungen wird. Direkt die Hauptrolle habe ich ja nun nicht, aber ich bin das Lieschen. Das ist am allerwichtigsten, weil in dem Schattenspiel bloß ein einziges Mädel vorkommt. Die anderen Figuren sind alle Männer, wo die Mädels dann so tun müssen, als ob sie welche wären.

Hier im Heliandbund stellt der Kaplan Schrulder so was vor wie bei den Jungmädels die Führerin. Meine Rolle hat eine ganze Strophe. Muß man sich vorstellen. Wiese oder was, jedenfalls ganz hübsche Gegend, in der das Lieschen steht, wenn es so singt: »Dein Faltrock der ist ja verschnitten ganz«, vollkommen allein muß ich das singen, müssen sie alle auf mich horchen, muß ich mit dem Finger drohen und den Kopf schütteln und auf den Faltenrock zeigen, wenn ich weitersinge: ». . . der hat ja da unten«, müssen die anderen Mädels mir wie doof nachplärren: ». . . der hat ja da unten«, aber die bloß alle zusammen, und ich dann wieder extra: ». . . und oben ein Schwanz.« Die wieder: ». . . und oben ein Schwanz.« Weiter geht meine Rolle nicht, und was ich nicht so gut singen kann, bin ich als Lieschen so niedlich. Nachher zur Aufführung wollen sie mir ganz hoch am Kopf Rattenschwänze machen und zusehen, daß sie drei, vier Flechten rauskriegen mit Draht drin, damit sie so komisch abstehen, wenn ich dann als Schattenriß gehe.

Der dicken Heide Kabler wird jetzt vom Kaplan ihre Rolle eingeübt. Ihre Stimme soll ja so was sein, sagen sie alle. Nun tut sie sich wer weiß wie beim Singen und wird ganz rot im Gesicht. Wie die kann ich allemal. Bei ihrem Hustenanfall hat der Kaplan Schrulder Zeit anzusagen, daß er im Namen der Kirche und von uns Gemeindekindern so glücklich ist und wir von Herzen dankbar sind, daß da eine unter uns ist, die nicht genannt werden will, und er dankt nochmal dafür, denn dem Vater von der, die nicht genannt werden will, haben wir es zu verdanken, daß wir unser kleines Spiel mit schönem Kreppapier für Kostüme und Bühnenbilder ausstatten können, daß wir Sägen haben und Klebe und Pappe und alles. Dieser Vater hat dem Heliandbund natürlich nur das Material spendiert. Basteln müssen wir uns alles selbst, wir fleißigen, katholischen Mädels, die wir mit soviel Liebe und Eifer unsere ganze Freizeit opfern und üben, lernen, schnippeln, kleben und den ganzen Kram einholen. Alles von der saftigen Geldspende des stinkreichen, unbekannten Vaters. Die Litanei kennen wir schon im Schlaf.

Wenn der Kaplan Schrulder so beim Danken ist und uns alle dauernd dabei anguckt, nur die eine absolut nicht, dann sehen wir auf Kommando bloß immer zu der Tochter von dem unbekannten, reichen Vater. Ilsedore Kleibel heißt sie und wird von ihrem Dienstmädchen, das sie »unsere Haushälterin« nennt, zum Heliandbund hingebracht und wieder abgeholt. Und jedesmal hat die Ilsedore ein anderes Kleid an. Am besten gefällt mir das von heute, mit dem rosa Dirndlträgerrock, der blauen Bluse drin und der gleichen Dirndlschürze drüber.

Es ist aber vom Kaplan Schrulder sehr ungerecht, daß er die Ilsedore immer so herausstreicht, hach die, so ein braves, bescheidenes, katholisches Mädel, das ja so einfach ist, daß man von dem Geld gar nichts merkt. Möchte man meinen, sie hat gar keins. Beste Rolle kriegt sie, reichen Vater hat sie, Geld gibt er, dankbar sind wir, und wissen tun wir von nichts. Wo bleibt denn da die Volksgemeinschaft!

Ich will auch mal auffallen und melde mich ganz dringend. »Wie heißt du noch rasch?« fragt mich der Kaplan Schrulder. Bescheiden sage ich: »Nate Walter.«

»Was hast du denn auf dem Herzen, Nate?«

»Ich muß mal raus.«

»Da brauchst du doch bei uns nicht erst zu fragen«, meint er, und alle sehen mir nach, wie ich zur Tür gehe. Haben sie wohl noch keinen Menschen gesehen, der mal muß.

Im Flur ist das Licht an als Verschwendung. An der Wand, wo der Gang zur Toilette abgeht, sind lauter verzierte Eisenhaken angebracht für unsere Garderobe. Dort quellen die Mäntel bald über. Ich habe immer noch meinen karierten. Den hat die Marta unten mit Kaninchenfell angestückelt. Ganz obenauf hängt er, weil ich zu spät gekommen bin. Daneben entdecke ich von der Ilsedore den dunkelblauen Wollmantel mit goldenen Ankerknöpfen und großem, weißem Schillerkragen. Muß ich mir direkt mal das Futter ansehen. Ganz seidig glänzend mit Steppungen bis hoch in die Ärmel. Möchte ich auch gern reicher Leute Kind sein, mit solchem Mantel. Ich muß mal schnauben. Fasse ich in meine Manteltasche nach dem Taschentuch. Aber auch nie habe ich eins! Hochziehen oder Toilettenpapier nehmen. Die Ilsedore hat bestimmt eins aus Spitze. Bin ich neugierig. Wie ich der ihres aus der Manteltasche ziehe, ist es bloß ganz weiß mit gar nichts. Aber schön sauber. Muß ich es wieder zurückstopfen. Will ich auch, höre aber etwas in der Manteltasche klimpern. Wer weiß, was sie da hat? Fasse ich spaßeshalber mal rein. Solche tiefen Taschen aber auch! Sind's wohl Dittchen? Mal rausholen. Keine Dittchen. Märker sind's. Gleich drei. Lege ich sie in die andere Hand und grabsche wieder in die Tasche. Noch mehr Märker? Muß ich mal ans Licht holen. Sind's keine Märker mehr, bloß noch Dittchen. Mindestens sechs. Bekomme ich solchen Schreck, weil die Tür knackt. Ich muß jetzt aber auch zu nötig. Die Tür klappert schon wieder. Traue ich mich einfach nicht, das Geld zurückzustecken. Falls jemand kommt, könnte er noch denken, ich will der Ilsedore was stehlen. Das Geld nehme ich solange mit zum Puschen. Nachher tue ich es dann wieder in die Tasche.

Auf dem Klo ist es mit mir gar nicht so nötig. Den Geldhaufen lege ich vor meine Füße. Wenn sie nun aber so reich ist, daß sie nicht weiß, wieviel sie bei sich hat? Fix klaube ich das Geld auf und gehe zurück in den Flur. Die Tür vom Zimmer wird aufgestoßen, und die Hannelore rennt zum Klo. Als Schlußlied singen sie gerade »Jesus, dir leb' ich, Jesus, dir sterb' ich«, und dazu klimpert der Kaplan Schrulder mit seiner Klampfe. Nun muß ich aber das Geld zurücktun, sonst kommen sie noch alle. Mit dem Lied sind sie gleich fertig. Ich lasse jetzt das Geld schnell in die Manteltasche rutschen, aber aus Versehen in meine. Mache ich auch nie wieder, und gehe ich nächstens zur Beichte. Sehe ich, wie sie hintereinander vor dem Kaplan knicksen, »grüß Gott, Ilsedore, Reginchen, grüß Gott, Beate, grüß Gott, grüß Gott . . .«

Die Ilsedore und die Beate Hanau kommen als erste raus. »Sind wir schon fertig?« frage ich. Flapst die Ilsedore: »Hast du Tomaten auf den Augen?« Dann langt sie sich ihren Mantel vom Haken und zieht ihn an. Meinen nehme ich über den Arm, schnell zum Wegrennen. Knöpft sie sich die Ankerknöpfe zu. Einen läßt sie offen. Streicht sie den Schillerkragen glatt und steckt beide Hände in die Tasche, daß ich solchen Bammel kriege. Fluchtbereit stehe ich schon mit dem Diebesgut am Ausgang. Sie kommt aber ganz friedlich näher, und einträchtig gehen wir an der Kirche vorbei. Auf den Stufen des Gotteshauses soll sie warten, wenn sich ihre Haushälterin verspätet. Die Ilsedore klaubt einen Fünfziger aus der Tasche, den ich übersehen habe. Den will sie schnell in die Opferbüchse stecken, weil sie täglich eine gute Tat vollbringt. Geld wie Heu hat sie. Sonst würde sie doch was merken. Ich muß weiter zu dem Baum, an dem ich mein Rad angeschlossen habe.

Wenn ich tüchtig losspurte, schaffe ich es noch ins »Rio« zur ersten Abendvorstellung. Dort in der Nähe gibt es auch noch das »Rex«. Das ist aber teurer. Und mein Geld soll für recht viele Filme reichen. Nun trample ich auf Deivel komm raus. Das zieht ganz schön in den Waden.

Aufs Kino freue ich mich mächtig. Ich schwärme für Shirley Temple. Der sollen sie Spritzen gegeben haben, daß sie immer so klein bleibt, weil sie ewig die Kinderrollen spielen muß. Bloß damit die Großen an ihr verdienen. So sind die amerikanischen Zustände. Die Traudl Stark ist dagegen ganz natürlich. Sie ist ein gesundes, deutsches Kind, und das lassen sie wachsen. In Wien wohnt sie. Wenn das auch Österreich ist, rechnet es eigentlich zu Deutschland, denn dort sprechen sie bayrisch. Das sind da die geknechteten Volksdeutschen im Ausland. Für die sollen wir in der Schule immer blaue Kerzen kaufen, und mit dem Geld, was da einkommt, geht es denen dann besser. Trotzdem mag ich die Shirley Temple lieber.

Neben der Post ist das »Rio«. Mein Rad muß ich abschließen, daß sie mir die olle Karre nicht klauen. Weil es schon spät ist, muß ich mich sputen. Das »Rio« ist ein Flohkino auf dem Hof. Von außen geht eine Eisenleiter hoch zum Vorführer. An der Kasse überlege ich, was ich schnell nehmen soll. Ich gebe eine Mark hin und verlange eine Karte für jetzt, zu sechzig. Vier Groschen bekomme ich zurück. Für einen spendiere ich mir noch eine rotgeflammte Pfefferminzstange. Plötzlich steht das Kassenfräulein auf und kommt aus ihrem Kabuff zu mir nach vorn. Habe ich Angst, sie will mich verhaften. Aber sie ist gleichzeitig das Abreißfräulein, das mir mit der Taschenlampe leuchten muß. Schimmert sie matt vor mir her, damit ich nicht stolpere. Dann bleibt sie stehen und sagt: »Bis vierte Reihe.« Ich setze mich genau in die Mitte von der ersten.

Obwohl es dunkel ist, kann ich im Kino alles erkennen. Ich habe den besten Platz. Denn erste Reihe Mitte sitze nur ich und sonst keiner. Gucke ich wieder nach oben. Da steht ein schönes Haus, und ein Mann, den wir nicht sehen können, schreit uns an: »Was ist Sauna? Das Heißluft- und Dampfbad, das ein ganzes Volk jung erhält!« Lobt er noch die ganzen Vorteile von der Sauna, und dann befiehlt er uns energisch: »Baden Sie regelmäßig in der Sauna, Berlin, Fischerhüttenstraße Nummer hundertfünfundachtzig a, gegenüber dem U-Bahnhof.« Gleich darauf sehen wir zwei Kinder mit einer Mutter ganz glücklich auf großen Schnitten kauen, und dazu können wir auch noch ein leckeres, knuspriges Brot bewundern, zu dem wieder ein Mann spricht: »Brot verdient den Ehrentitel, wichtigstes der Nahrungsmittel. Darum WITTLER VOLLKORNBROT!« Dann erscheint ein buntes Bild von einem Haus, wo die Fenster hell erleuchtet sind, und eine Männerstimme schwärmt: »Der Freischütz Lichterfelde ist ein entzückendes Lokal.«

Die Wochenschau ist immer doof. Zwar kommt der Führer drin vor, aber der steht auch bloß da in seiner Uniform, ohne Mütze, und guckt ernst, mit der vollen Verantwortung, auf zig Papphäuschen, die sie vor ihm aufgebaut haben. Einen ganzen Tisch voll. Noch andere Würdenträger und Zivilpersonen stehen ehrfürchtig dabei und gucken auf die Puppenhäuser, die der Führer alle mal richtig bauen lassen will als unser genialer Baumeister des Reiches. Dann kommen lauter Sachen, auf die ich nicht achte, weil mir plötzlich einfällt, daß ich vor Aufregung über das fremde Geld gar nicht nachgesehen habe, was heute gespielt wird.

Nun fängt der Hauptfilm an. So eine schöne Musik! Ganz groß haben sie jetzt vor mich hingeschrieben: »EVA, ein Lustspiel nach der Operette ›Eva‹ von Franz Lehár.« Wenn die Schrift so schnell wechselt, kann ich mit dem Lesen überhaupt nicht nachkommen. Die Magda Schneider spielt mit, die nächsten Namen kenne ich nicht, die Sandrock ja und den Moser. Alles für sechzig Pfennig. Kino ist schön. Dafür klau ich mal öfter. Jetzt geht es los. Die Magda Schneider ist ein tüchtiges Fabrikmädel mit Zöpfen, und der Moser ist ihr Onkel. Die Fabrik gehört der Adele Sandrock, und erben soll sie mal ihr Enkel. Der Enkel sieht aber süß aus! Wie der Filmschauspieler vom Enkel heißt, weiß ich nicht. Im Film nennt er sich Georg von Hochheim. So sieht er aber auch mindestens aus. Und wie er das »R« gerollt kriegt, nicht jedes, aber ungefähr jedes dritte! Mit der Magda Schneider möchte ich jetzt tauschen. Sie ist die Eva. Wie ihm so das »Eva« auf der Zunge zerschmilzt, das ist, als ob ich mir was verbrühe, so doll ist das. Und beseelte Augen kann er machen, viel verführerischer als damals unser Freddi. Den Enkel könnte ich stundenlang »Eva« sagen hören. Dieser Georg von Hochheim ist jetzt mein Schwarm und nicht mehr Shirley Temple. Als er singt »Wäre es nichts als ein Traum vom Glück«, rutsche ich fast vom Klappstuhl. Ich bin so begeistert, daß ich auf meiner Pfefferminzstange sitze, die unter mir zerbröckelt. Muß ich die Pobacke anheben und mit der Hand alles vorkehren. Nachdem die Eva ein Schwein zum zwanzigsten Geburtstag geschenkt bekommt und sie sich kriegen, ist es aus.

Langsam wird es hell, und die Leute gehen nach Hause. Ganz hinten steht eine alte Frau einfach nicht auf. Wenn sie zu spät gekommen ist, darf sie das. Aber nur bis zu der Stelle darf sie in der nächsten Vorstellung sitzenbleiben, an der sie reingekommen ist. Bei mir war es ja auch schon dunkel, und ich habe überhaupt nicht gelesen, wie der dolle Filmschauspieler heißt. Wegen dem Namen muß ich bis zum nächsten Anfang bleiben. Die neuen Leute kommen schon und müssen von den vorigen dieselbe Luft einatmen. Es wird auch voller. Sogar bis nach vorn zu den guten Plätzen kommen sie angestiebelt. Bloß in meine erste Reihe traut sich keiner.

Mit dem Dunkelwerden fangen sie an. Und wieder kaut die Mutter mit den Kindern auf dem »Wittler Vollkornbrot«. Das zweite Mal kann ich die ganze Reklame schon auswendig. Die Wochenschau kommt mir länger vor. Dann endlich: EVA. Zu der vielen Schrift spielt der schöne Walzer. Hans Söhnker heißt er. Goldig! Nun aber nach Hause. Oder soll ich schnell noch bis zu der Stelle bleiben, wo sie in einem Apparat das Porzellan zerkleinern? Kann man lernen, wie das geht, mit der Porzellangewinnung. Will ich bloß noch mal auf den Hans Söhnker warten, damit er »Eva« sagt. Aber stur sagt er was anderes. Und so sehe ich den Hans Moser und die Adele Sandrock und wie die Magda Schneider immer so innig ist und sich dabei dauernd ganz unnütz an den Hals faßt. Hat sie so die Angewohnheit. Habe ich Spaß, wie sie tanzen und sich anbrüllen und sich ansingen, und auf einmal, herrjeh, herrjeh, ist es schon aus. Nun boxe ich mich aber nach draußen. Mein Rad haben sie ehrlich stehenlassen. Aufschließen, Dynamo an und nichts wie los.

Die Düsternis ist mir graulich. Meine Lampe beschimmert bloß ganz bißchen von der Straße. Und die großen Straßenlatüchten sind viel zu hoch. – Muß ich gegen den Wind anfahren. Was mir das Trampeln kostet! Wie verrückt trete ich, und mein liebes Zehlendorf ist so weit, so fern. Sag, wann werd' ich dich wiedersehen?

Wäre alles halb so schlimm, wenn mir mein Vati nicht eins mit der Axt über die Rübe ballern würde, wie ich den kenne, und wenn nicht zu Hause ein Mutterherz wäre, das vor Sorge gebricht. Allmählich habe ich solchen Bammel. In mitleidsloser Nacht radele ich durch die Potsdamer Chaussee und trau mich nicht mehr nach Hause. So ein armes Ding, allein in der fremden Gegend aber auch! Und im Dunkeln sieht schon sowieso immer alles ganz anders aus. Als ob das gar nicht mehr Berlin wäre. Vielleicht bin ich schon angezeigt und in Schande, weil sie zu Hause längst alles von dem Geld wissen.

Schließlich komme ich doch noch mal zu Hause an, werfe das Rad in den Vorgarten und klingle zaghaft. Vielleicht lassen sie mich zur Strafe draußen schlafen. Aber drin haben sie mich sofort gehört. Die Tür geht auf, und alle drei, Marta, Mutti, Heia, stehen da und kommen mir nicht ganz geheuer vor. Wollen sie mich wohl verprügeln. Deshalb haben sie schon im Flur auf mich gewartet. Mit hängendem Kopf gehe ich rein. Zuerst nimmt mich Mutti in den Arm: »Daß du man bloß wieder da bist!« So vermißt hat sie mich. Dann werde ich zur Marta abgeschoben, die meinen Kopf unter ihren Busen schiebt. »Vor lauter Angst haben wir dich schon von der Polizei suchen lassen. Was du auch immer machst!« Dann überläßt sie mich dem Heia, der mich gar nicht will. Mit der Faust boxt er mir in den Magen und sagt: »Die Marta hat dir noch einen halben Schokoladenpudding aufgehoben.«

Und nun kommt das große Glück, welchem ich es zu verdanken habe, daß ich noch lebe. Mein Vati ist bis jetzt nicht nach Hause gekommen, und wie es so aussieht, wird er wohl auch die ganze Nacht über auswärts bleiben.

*

Beim Staubwischen müssen wir jetzt immer eine große Demütigung erleiden. Am liebsten möchten wir das Zimmer, in dem mein Vati wohnt und wo auch das bronzene Bett steht, verdrecken lassen. Aber dann das Theater! Hilft nichts, wir müssen uns so erniedrigen und mit Wutesköpfen und Schamestränen aber auch das kleinste Fitzelchen Staub wegputzen. Gegen das Bett, den Papierkorb, den Schreibtisch und Bücherschrank haben wir ja nichts. Aber was da an der Wand neben dem Tischchen mit dem Volksempfänger hängt, diese Gemeinheit weigern wir uns Staub zu wischen. Da gehen wir nicht mal ran mit dem Wedel. Da möchten wir drauf spucken. Dürfen wir aber nicht, weil sich sonst alles wellt und mein Vati was merkt. Wir haben schon überlegt, am besten tun wir so, als ob uns das gar nichts weiter ausmacht. Und wenn er zu Hause ist, drehen wir uns nicht mal weg, gucken wir ruhig hin, wie auf jedes andere. Daß er sich die Platze ärgert. Wozu hat er sich denn dann die Mühe gemacht? Der Satansbraten!

Hat er sich ein großes Holzbrett gebastelt und mit schwarzer Farbe angestrichen. Da habe ich mich schon so gefreut und gedacht, das ist eine schöne Tafel, auf der ich malen kann. Die Marta habe ich sofort um Stückchen Kreide angebettelt. Gut, daß sie nicht gleich zu gekommen ist, mir eine Schachtel voll mitzubringen. Denn am nächsten Tag, als er das Ding an der Wand aufgehängt hat, da haben wir gemerkt, das ist gar keine schwarze Tafel, sondern ein Schwarzes Brett. Ein Schwarzes Brett ist was Amtliches, wo immer wichtige, neue Nachrichten angepinnt werden für die Untergebenen. So was haben wir jetzt also auch bei uns zu Hause, im Arbeitszimmer von meinem Vati.

Da gehen wir nun also ahnungslos rein, mit dem Staublappen, weil wir bißchen putzen und aufräumen wollen. Von weitem glauben wir erst noch, ha, ha, da hat wohl mein Vati uns Witze aus der Zeitung rausgeschnitten und mit Reißzwecken an das Brett gepiekt, daß wir Spaß haben. Ohne Brille kann ja die Marta nicht richtig kieken. Hat sie die aber gleich aus der Schürzentasche genommen und aufgesetzt. Wie wir nun näher ran sind, kriegen wir solche Wut im Bauch über die Witze, die uns mein Vati da vor die Nase gehängt hat. Die eine Zeichnung stellt einen fetten Priester dar mit einem Vorstehbauch, der nimmt überhaupt kein Ende, richtig mit Sutane und den vielen Knöpfen und noch einer Warze auf der dicken Nase und riesengroßen Latschen. Darunter steht was Spaßiges, worüber man lachen soll, was ich aber nicht verstehe. Jedenfalls heißt es in der Unterschrift: »Auch so einer von den fetten, geilen Pfaffen«, und so was alles. Daneben ist von meinem Vati ein Zeitungsausschnitt angemacht, den er wegen seiner Bedeutung auch noch mit rotem Buntstift ummalt hat. Da kann man erfahren, daß sie wo ein Konvikt haben schließen müssen wegen den homosexuellen Ausschreitungen der Geistlichen an den ihnen anvertrauten Zöglingen. Und das Konvikt war in kürzester Zeit schon das soundsovielste. Was das heißt, weiß ich vom Heia. Damit ist gemeint, daß die Priester bei den kleinen Jungs unten wo angefaßt haben. An unserem Schwarzen Brett kann man noch mehr so saftige Geschichten lesen.

So was will mein Vati wohl jetzt immer dort anmachen, daß wir auf dem neuesten Stand sind und uns grün und blau ärgern. Plötzlich schluchzt doch unsere Marta los: »Daß der Alte aber auch rein gar nicht an die Kinder denkt!« Darauf kniet sie vorm Papierkorb und wühlt wie besessen darin rum. Lauter geknüllte, zerschnipselte Zeitungsblätter schmeißt sie auf den Teppich, und dann puhlt sie sich jedes bißchen auseinander und streicht es glatt, weil sie, verdammt noch mal, sehen will, sagt sie, was für Schmierfinken das sind, die so was zusammenklieren. Sind es gleich mehrere. »Der Stürmer« und »Das schwarze Korps«.

Bei uns geht es in letzter Zeit wirklich zu wie in Dalldorf, wo sie in Ostpreußen immer die Idioten einsammeln. Was ist denn das noch für ein Vati, der manchmal überhaupt nicht nach Hause kommt, ohne uns nachher zu sagen, wo er abgeblieben war. Ist er einfach verschwunden und gut. Könnten wir uns doch vielleicht um sein Wohlergehen ängstigen, denn da weiß er ja nichts von, daß wir für sein Auswärtsbleiben von Herzen dankbar sind. Könnte auch sein, daß wir nachts vor Sorge wachen und die vaterlosen Kinder nach ihm jammern. Da fragt er nicht nach, und er verkehrt mit uns Familie überhaupt nur noch dienstlich. Außer mit mir, weil ich als sein einziges Mädel so putzige Rehaugen habe. Aber sonst redet er bloß von Geld, das wir nicht ausgeben dürfen, und wieso die Schuhsohlen schon wieder durch sind. Ob wir die aus Schikane so schnell kaputtlatschen? Und er will mit uns Bagage nicht mehr zu tun haben, als er unbedingt muß. Oft sehen wir ihn tagelang nicht. Wenn wir dann gerade frohlocken, daß er nicht da ist, kommt er bestimmt.

Diesen Abend liege ich nun schon im großen Ehebett neben meiner Mutti, wo ich inzwischen ganz gern bin, weil ich in dem Bett immer genauso lange lesen darf wie sie. Meistens mache ich aber freiwillig früher Schluß, wenn mir die Augen blinzlig werden und ich die Buchstaben nur noch von weitem sehe und ganz wacklig.

Mutti liest schon lange an dem dicken Roman »Anna«. Muß ganz wundervoll sein, was sie da so der Marta von erzählt. Ich lese gerade über die Therese von Konnersreuth, wie sie jeden Freitag an Händen und Füßen und am Kopf blutet, was sie dem Sohne Gottes einfach nachmacht und wo sie ganz erfüllt von ist mit Fasten und Beten, und wie sie vorher schon immer danach jiepert, bis es endlich soweit mit ihr ist, weil sie doch auserwählt ist zu den Stigmatisierten. Was ich dem Herrgott aber übelnehme, das ist der Hamburger Kaufmann, der das gleiche hat. Aber in der Zeitung stand, daß er das Bluten nicht will und sich immer geniert deswegen. Weil die Leute mit dem Finger nach ihm zeigen und die Kunden wegbleiben, und er weiß gar nicht, wieso er das hat und ist todunglücklich. Was nimmt der Herrgott den Hamburger Kaufmann auch als Stigmatisierten, wenn er gar keinen Spaß hat an seinem blutigen Freitag?

Gerade will ich mich so schön weit wegträumen, da hören wir Trampeln auf der Treppe. Du Himmel, ist mein Vati also mal wieder nach Hause gekommen! Sofort setze ich mich hoch. Nachher habe ich dann wieder dem Heia was zu erzählen.

Tür auf, wütig, kein »Guten Abend«, das ist mein Vati. Wie besengt rast er an mir vorbei, rum ums Ehebett, wo wir so friedlich drinliegen. Er ist ein ganz aufgeregter Kunde. Denkt er, endlich hat er uns bei seinem plötzlichen Nachhausekommen erwischt, und nun wissen wir so schnell nicht, wohin mit unseren Geheimnissen. Ach, wenn wir doch man welche hätten! Beim ums Bett flitzen stößt er sich am Knie. Und dann baut er sich entsetzlich groß vor meiner Mutti auf, die wie so ein ängstliches Hühnchen den Hals hochreckt. Vor Schreck ist ihr das dicke »Anna«-Buch auf den Läufer runtergerutscht. Anstatt daß der feine Herr sich danach bückt, verpaßt er der armen Anna einen Fußtritt, daß sie wie nichts unter das Bett schlittert. Schimpft er: »Saustall!« Warum, weiß ich. Seit ich heute mittag der Marta zuliebe die drei Evangelisten über dem Bett abgestaubt habe, die schon zur Zeit von meinem Vati dort hingen und die da heißen: Jakobus, Johannes, und den dritten habe ich vergessen, seitdem hängen sie schief an der Wand, und Schiefes kann mein Vati auf den Tod nicht leiden. Giftig schubst er die Evangelisten wieder gerade. Dann wütet er mit Muttis Bettdecke, reißt und zieht und schüttelt, und meine Mutti verkrallt sich in den Federn und will ihm die Zudecke absolut nicht lassen. Soll sie ihm doch das Ding geben, um so schneller sind wir ihn los. Das geht aber nicht, weil sie eine Ehre hat, und meine Mutti läßt sich ihre Ehre als Frau nicht beleidigen. Jedenfalls muß sie zugedeckt bleiben. Darum will meine Mutti unbedingt das Plumeau behalten, wie er auch daran zerrt und immer doller. Mit ihren zarten Handgelenken kann sie nichts ausrichten und beißt ins Federbett, als hätte sie vor sich eine Gänsekeule. Lange ist das nicht durchzuhalten, und sie muß schließlich doch von ihrer Ehre lassen, weil er ihr das Plumeau mit solchem Ruck wegzieht, daß er fast mit nach hinten überkippt. Nun liegt sie da in ihrer beleidigten Ehre mit nichts als einem lachsrosa Hemd, das mein Vati nicht bewundern will, sondern unter dem Plumeau wollte er nur nachsehen, ob sie darunter einen Priester versteckt hält oder einen Pussierstengel, den sie sich heimlich angeschafft hat zum Schmusen, weil sie nicht erwarten konnte, daß er ausgerechnet an diesem Abend noch so spät nach Hause kommt. Nun stutzt er, daß unter der Zudecke kein Pussierstengel zittert und auch kein Priesterlein schwitzt, so ein fettes wie von seinem Schwarzen Brett. Muß es unter dem Bett liegen. Mein Vati bückt sich auch gleich, kraucht auf allen vieren und steckt den Kopf unter das Ehebett. Da kann er aber höchstens Staubflocken vom Sonnabend sehen, die ich nicht weggekehrt habe. Er rappelt sich hoch und reißt die Schranktüren auseinander. Große Kleider, Kinderkleider, Mäntel, nichts als Klamotten, die er mitsamt den Bügeln zur Seite ratscht, stinkiges Mottenpulver, aber kein Pussierstengel, kein Priesterlein fällt ihm entgegen, bloß die olle Russenkappe, mit der die Mutti im Winter immer so doof aussieht. Rücksichtslos haut er die Türen wieder zu und verschwindet. Ich tröste meine Mutti: »Wir wollen mal denken, daß wir gerade was Idiotisches träumen von solchem Blödmann, der sich wegen Null-Komma nichts so aufführt.« Aber Rache ist süß! Mir kommt auch schon eine Idee, wie ich es ihm in den nächsten Tagen heimzahle. Und wenn es mir das Leben kostet!

Erstmal möchte ich aber zu gerne wissen, was mein Vati jetzt gerade macht. Mit der Notlüge, ich muß mal austreten, mogele ich mich in den Flur. Die Tür des Arbeitszimmers steht einen Spalt breit offen. Vorsichtig schleiche ich zur Ritze. Wie er sich so besinnlich auf dem Bett die Lackschuhe auszieht, merkt man gar nichts von seiner Gemeinheit. Sofort entdeckt er mich. Vor Schreck wird mir ganz zittrig. Er faucht aber nicht mit mir und ist richtig froh, daß seine Nate mal nach ihm sehen kommt. Daß ich ja gar nicht mehr seine Nate bin, weiß er nicht. Lache ich ihn an in all meiner Falschheit. Rührungsvoll sagt er: »Na komm mal her, meine Kleine.« Gehe ich schüchtern hin. Ich darf mich neben ihm auf das teure Bett setzen. So eine harte Matratze! In seiner grauen Socke ist ein Bolle, die ihm die Marta morgen unbedingt stopfen soll. Zum grauen Anzug braucht er die Socken ganz dringend. Ich darf nicht vergessen, es der Marta zu bestellen. Das ist ein Auftrag, und ich bin verantwortlich. »Gut«, sage ich, und daß ich die Verantwortung übernehme. Wie ich sie nun habe, sehe ich ihn an und weiß nicht recht, was ich mit ihm machen soll. Hauptsache muß ich aufpassen, daß er nicht von der Schule anfängt. Werde ich ihn anbetteln, damit ich wenigstens nicht ganz umsonst hier sitze. Lache ich wieder so nett, daß ich Grübchen kriege und zum Anbeißen bin. Das Kinn auf die Brust gesenkt, frage ich leise: »Hast du vielleicht ein Stück Schokolade für mich, Vati?«

»Na, wollen mal sehen«, sagt er und greift auch schon mit der Hand in die Jackentasche und zieht ein weißes Tütchen raus. So ein Leckerfritze wie der findet immer was Süßes. Ich darf sogar die Tüte behalten. Die knistert mehr als drin ist. Hat er mir bloß drei Stückchen Konfekt übriggelassen. Besser als gar nichts. Aber die kleine Tüte kann ich gut gebrauchen. Die Größe wollte ich schon immer haben. Die ist genau richtig zum Verkäuferin spielen. Mir wird jetzt schläfrig. Ich stehe auf und gähne. »Gute Nacht und Heil Hitler, Vati.« »Heil Hitler, Renate. Schlaf gut.«

Um sechs Uhr abends sitze ich in der Küche und mische unsere Butter. Die ist aber heute ein zähes Luder und soviel gelber als die Margarine. Von der Straße kommt der Heia angerannt, knallt die Tür zu und schreit: »Achtung, der Alte kommt!« Das machen wir immer so. Wer ihn zufällig auf der Straße ankommen sieht, der muß nach Hause rasen und die anderen warnen, damit wir zu arbeiten anfangen, weil wir ja bis spät nachts noch eine schwergeprüfte Familie sind, die keinerlei Freude kennt und gar nichts.

Die Marta sitzt gerade auf dem Küchentisch und liest »Das falsche Herz vom Semmlerhof«. Dazu trinkt sie Täßchen Buttermilch. Schnell steckt sie das Heft hinter den Kartoffelkorb unter der Spüle und läuft an mir vorbei, Treppe höher, zur Nähmaschine. Sofort fängt sie an zu rattern. Das wird ein Schlafanzug für den Heia. Mutti stürzt in den Keller, Kartoffeln aussortieren. Der Heia schlägt sein Französischbuch auf und spricht laut die Vokabeln rauf und runter.

Die noch nicht fertig geknetete Butter habe ich in die Speisekammer gestellt, und nun warte ich an der untersten Stufe der Bodentreppe in Habtacht-Stellung, als Racheengel. Im Ehebett, unter meinem Kopfkissen, liegt mein eigenhändiges Testament, in dem ich alles einem ostpreußischen Waisenkind vermache, falls ich bei dem Racheakt verende. Viel haben sie zwar nicht von mir hinzuschicken, aber wenn es man nur recht von Herzen kommt, das dann aufgehört hat zu schlagen. Und meine Güte währet noch über das Grab hinaus, wie beim Herrn von Ribbeck auf Ribbeck im Havelland.

An der Tür unten poltert schon mein Vati. Jetzt ist er drin, räuspert sich und geht auf das kleine Klo zum Ausspucken. Kurzes Ziehen, Bügelklappern, und keine Familie empfängt ihn, weil wir vom Tagwerk so erfüllt sind.

Immer noch stehe ich an der Bodentreppe. Sowie ich ihn gleichmäßig raufkommen höre, fange ich an, mit mir selber zu tuscheln. »Pst-psssst, schschsch«, zischle ich aufgeregt und dann lauter »nein nicht doch, bloß nicht, rauf jetzt! Schnell doch!« Dabei schleiche ich mich mit schön lautem Treppenknacken und Ausrutschen und Auf-der-Stelle-trampeln die Stufen hoch zum Boden. Nicht allzu leise mache ich die Bodentür auf und sage hastig: »Los, hier rein, dalli, dalli!«

Mein Vati fängt plötzlich an, die Treppe hochzuwetzen. Auf dem zugigen Boden mache ich weiter. Vorsichtshalber ziehe ich mich zu dem Klamottenschrank zurück. Daneben steht der große Wäschekorb von meiner Oma mit Deckel und kleinen Bolzen, die man in Schlaufen stecken muß. Der uralte Korb knackt aus sich heraus. Ich höre meinen Vati schon an der Bodentür und rufe mit schwerer Heiserkeit: »Zumachen, still, gleich kommt er!«

Wie der Leibhaftige stürzt er durch die offene Bodentür zum Schrank. Hechte ich zur Seite. Verbiestert rüttelt er an den klemmenden Türen, bis sie knarrend aufgehen. Könnte die alte Klapperkiste doch jetzt zusammenfallen! Von innen stinkt es muffig, sonst ist gar nichts. Gallig bückt er sich zum Korb runter, zieht die Bolzen raus, wühlt das Mottenzeug durcheinander, nichts von einem Pussierstengel, kein Priesterlein, bloß alte Tücher und Lumpen. Verbissen marschiert er zur Ecke mit den Spinnweben, wo unsere alte Stehlampe abgestellt ist. So dünn machen kann sich höchstens ein Regenwurm, um dahinter zu passen. Doch mein Vati wittert Menschenfleisch. O du heilige Rache, ist er mir auf den Leim gegangen! Den ganzen Boden keucht er ab, links lang, rechts, rüttelt an unseren hochgestapelten Pappkartons, daß sie zusammenstürzen. Fußtritt für meinen Schlitten, die altmodische Puppenküche, noch von meiner Mutti, verschont er, aber selbst die verbeulte Blechwanne kippt er um, in der mein Marienkäferkleid aus Kreppapier vom letzten Fasching, Heias Indianeruniform mit Federhelm und Pappebeil und meine Mondlaterne von einem Kinderfest, als ich noch klein war, und lauter so Zeug vergammelt. Ein Priesterlein hat er ja nun nicht gefunden auf unserem Boden, und da hält er sich an mich, der Teufel, und klebt mir welche, links und rechts und batsch. Mein armer Hinterkopf schlägt immerzu an die Schrankkante und wird mir ganz schön zur Beule schwellen. Und dann kreischt mein Vati völlig übergeschnappt: »Mit wem hast du Lausejöre vorhin gesprochen?« Unter Kopfbrummen antworte ich: »Mit einer adligen Prinzessin, doch sonst keinem.« Knallt er mir schon wieder eine. Immer auf den Kopf! Ich merke schon, daß mir gleich Tränen kommen und werde fuchtig. Während ich langsam immer weiter von ihm abrücke, rufe ich aus: »Was tust du mit mir, Satansvater, der dich ein Kindermund eben verfluchte! Ich habe doch bloß auf dem Boden so schön für mich ›Räuber und Prinzessin‹ gespielt, und da mußte ich als Hofdame die Prinzessin erretten vor den schrecklichen Schergen. Aber du kannst immer nur Kinder verprügeln, denn DEN kennst du nicht, der da sagte: ›Lasset die Kindlein zu mir kommen und wehret ihnen nicht. Denn ihrer ist das Himmelreich.‹«

Nun ist alles raus und die Rache vollendet, und ich kann in Frieden sterben. Mein Mörder kommt ganz nah, daß ich ihn atmen höre. Mit roher Gewalt packt er mich bei den Haaren, was furchtbar ziept, zerrt mich nach der Bodentür und schubst mich, nicht sehr kräftig, aber des Hasses voll, zur Treppe, die ich gleich, wo mir die Gefahr auf jeder Stufe lauert, runterstolpere und ich direkt an der Badezimmertür lande, vor der ich auf die Knie stürze und im Schmerz zusammengesackt tot liegenbleibe. Unten aus der Küche ruft die Marta: »Natelein, deine Milchsuppe mit Klunkern ist fertig!«

*

Als ich früher noch ein winziges Baby war und in einer dunkelblauen Kinderkutsche gelegen habe mit riesigen Rädern, von der noch ein schönes Bild in unserem Album klebt, da hat mich unsere damalige Lisbeth mal wegen Sonnenschein in den Vorgarten geschoben, daß ich auch recht viel Wärme haben sollte. Ab und zu mußte sie nach mir sehen. Als sie gerade wieder rauskamen, standen da noch zwei alte Krankenschwestern an meinem Wagen, und die eine wollte mich so gern hochnehmen, weil sie mich zu allerliebst fand mit dem dunklen Hahnenkamm auf dem Wackelköpfchen. Unter Lisbeths strengem Blick mußten sie mich aber sein lassen. Bevor sie weitergingen, schuckelten sie mich noch Momentchen mit dem Wagen und fragten die Lisbeth: »Ist Ihre Herrschaft jüdisch?« Weil ich doch so ein schwarzer Deivel war. Da hat die Lisbeth gesagt, ihre Herrschaft ist evangelisch und sonst gar nichts. Denn damals waren wir ja noch nicht teilweise katholisch. Das weiß ich alles von meiner Oma.

Wohl ist unsere Schande, die von Omas Seite her über uns gekommen ist, schon ewig und drei Tage alt. Doch noch heute haben wir deshalb Ärger mit meinem Vati. Aber wen soll ich fragen, wenn bei uns zu Hause alle weghören, sobald ich davon anfange? Und mein Vati wird hochrot und schreit: »Ob es uns paßt oder nicht, wir sind bis ins letzte Glied arisch!« Aber in letzter Zeit sieht er manchmal beim Frühstück den Heia und mich so komisch an.

Meine Oma, die das alles aufgebracht hat, darf nicht mehr kommen. Deshalb fahre ich extra mit dem T-er Autobus vom Teltower Damm bis Endstation, nach Moabit runter, zu meiner Oma. Ich muß einen Schüler verlangen, was mich fünfzehn Pfennig kostet und zurück dasselbe. Hoffentlich gibt mir meine Oma alles wieder, denn ich muß allmählich mit dem Geld von der Ilsedore haushalten. Ich meine, ich habe das nicht genommen, um in der Gegend rumzugondeln. Von der Waldstraße muß ich noch Stückchen zu Fuß laufen bis zur Wilsnacker sechsunddreißig. Dann vier Treppen hoch, wie sie eben so sind in den ollen Berliner Häusern. Das von meiner Oma ist im Treppenflur an den Wänden bemalt wie Marmor, und die Flurfenster sind aus bunten Scheiben mit Engelsköpfen drauf, welche die Zungen rausstrecken. Das Geländer ist eingewachst und kostbar verschnörkelt, und eine Treppe hoch kommt man am Hauswirt vorbei, der Blaske heißt und so alt ist wie seine Frau, daß man nicht weiß, er wird früher sterben. Kinder kann er nicht leiden und dulden, auch nicht Hunde und Katzen. Am besten ist man alt und still, dann hat man es gut bei ihm und kann, bis man eingeht, bleiben. Bin ich hoch, und da freue ich mich wieder so über die schöne Klingel von meiner Oma. Alle im Haus haben die gleiche. Neben der Tür ist auf einem schwarzen Holzbrett ein Löwenkopf aus Messing angeschraubt mit aufgerissenem Maul und vielen Locken. Er fletscht die Zähne, zwischen denen er einen großen, goldenen Ring hält, der nach unten hängt, so lange, bis ihn jemand etwas anhebt, damit es klingelt. Der Löwe wird oft blind, und meine Oma putzt ihn jede Woche. Ich ziehe den Ring soweit es geht nach oben, daß es Sturm läutet, dann weiß sie gleich, wer ich bin.

Ehe meine Oma so vom Sofa hochkommt, das dauert! Wenn man sie erst im Flur rumoren hört, ist die Tür auch gleich auf. Aber nur einen Spalt breit, mit innen vorgemachter Kette. Die rasselt nun runter und meine Oma freut sich, denn ich bin eine große Überraschung. Lacht sie mit ihren dicken Backen und fragt: »Wo kommst du denn her? Das ist aber mal schön!«

Gleich brüht sie uns auf dem Gaskocher eine anständige Tasse Blümchen auf. Denn solchen netten Besuch bekommt sie nicht alle Tage. Den Blümchen macht sie mir mit viel Milch und einer Marmeladenschrippe dazu. Für sich läßt sie ihn schwarz und ohne Schrippe, weil sie sich wegen dem Zucker erst wieder abends etwas abwiegen darf. Mit unserem Kram setzen wir uns auf ihr rotes Plüschsofa, das durch die bombastische Holzwand mit dem eingebauten Spiegel ein mächtiges Monstrum ist.

Ich sage gleich, daß ich gekommen bin wegen der Ahnen. Ich muß endlich Bescheid wissen. Auch verspreche ich, von der Schande zu Hause nichts zu sagen. Na, da meine Oma! Wie sie so ihre giftigen Augen kriegt und wer weiß wie mit dem breiten Po auf dem Sofa rumschuckelt und sich künstlich aufregt, daß ihr der Zucker steigt, und ich nachher noch Schuld habe an ihrem Ableben, da denke ich mir, das wird sie von ihrer Urgroßmutter haben.

»Was Ihr bloß immer mit unserer Judschen wollt! Die sollen dich zu Hause nicht so verrückt damit machen!« Da sage ich: »Bei den Jungmädels sagen sie, daß der Führer gesagt hat . . .« »Blablabla, der Führer! Ich bin deine Oma, und auf die hörst du! Und ich will dir mal erzählen, wie das mit unserer Judschen war. Nämlich weiter gar nichts, als daß mein Urgroßvater als Lokomotivführer mit seinem Zug nach der polnisch-russischen Grenze gedampft ist. Das war so seine Tour.« Wie er einmal auf dem letzten Grenzbahnhof ankommt, erzählt mir meine Oma, da hat er doch auf dem Bahnsteig einen Anblick! Steht da eine stramme Schwarze mit richtig blutigen Augen. Denkt er, Donnerwetter und ruft aus: »Magst du einen Lokomotivführer? Dann steig ein. Ich will dich heiraten.« Die klettert hoch und will. Das war die Urgroßmutter von meiner Oma. Weil es damals noch nicht so modern war wie heute, auf das Judenblut zu achten, hat er natürlich vergessen, sie danach zu fragen und sich ohne Ahnung eine Judsche zur Frau genommen, wo wir heute noch solche Schande davon haben. Aber hübsch soll sie gewesen sein, wie so ein Bild, und beliebt und tüchtig und alles. Und die Judsche konnte später ihre eigene Tochter nicht richtig leiden, weil die ihr viel zu jüdisch aussah.

Nett kann ja meine Oma sein. Statt dreißig Pfennig Fahrgeld schenkt sie mir fünfzig. An der Tür fragt sie mich noch nach der Schule. Ich gebe meine Sechs zu, meine Fünf und die beiden guten Dreier. Lacht sie: »Das bißchen Grips, das wir in der Familie haben, kommt von der Judschen. Aber wenn ich mir deine Zeugnisse so ansehe, dann hast du kaum noch was von der abbekommen.« Gott sei Dank, denke ich, nichts von der Judschen und gebe ihr noch einen Kuß, bevor ich runterlaufe.

Wenn wir zu Heia sagen »Du siehst haargenau aus wie Johannes Heesters«, dann ist der arme Junge selig. Weil wir ihn liebhaben, sagen wir ihm das andauernd. Auch wenn er Schweinsäuglein hat, Fächerohren und eckige Knie und manchmal Zuckungen, so ist das doch nur die oberflächliche Schale, nach der man nicht gehen soll, denn innen ist er voll Gemüt und Tierliebe wie auch Schönheitssinn, welcher sich darin äußert, daß er wie Johannes Heesters aussehen will.

Wieso wir trotz der guten Eigenschaften vom Heia die Verbrecherlaufbahn einschlagen, weiß ich nicht. Verantwortungsvoll dafür muß aber der Heia sein als der Älteste. Ich mache bloß mit aus Geschwisterliebe, zu der ich als guter Christ verpflichtet bin. Denn so geht das nicht weiter!

Was haben die Jungs hier in der Straße für eine Flotte von Wikingmodellen! Diese Bleischiffchen, von denen es in den Spielwarenläden sämtliche Typen gibt. Der Kurti besitzt mindestens sechs, sieben U-Boote, auch Zerstörer, Kreuzer und Schlachtschiffe und was nicht noch alles für Sorten aus dem Weltkrieg, wo wir noch einen Kaiser hatten als schmachvollen Verlierer. Na, und dann noch eine Menge solcher Fregatten, englische und amerikanische. Und unser Heia mit seinen murkligen anderthalb Schiffen kann da gar nicht mitreden. Wie soll er mit den paar Abfällen gegen Kurtchens reiche Flotte Krieg führen? Ganze Nachmittage lang ist unser Teppich das Weltmeer. Nirgends kann man treten, wenn die Jungs ihre Geleitzüge verschieben und durch die Blutlachen fahren von den Gefechten. Die anderen Jungs machen sich auf unserem Teppich breit mit ihren Riesenflotten und kämpfen auch noch für England und Amerika und solche Ausländer, und der Heia steht mit seinen anderthalb Schiffchen für unser Deutschland und muß die Schmach erdulden, daß ihm die Ausländer als deutschem Admiral Schiffe pumpen wollen. Aber Heias Matrosen sollen nur auf eigenem Schiffsboden ihr deutsches Blut verfließen lassen, wenn sie den Sieg an unsere Fahnen heften und die Weltmeere beherrschen.

Und darum gehen wir heute nachmittag Schiffe klauen. Am S-Bahnhof, zu Wodretzky, Spielwaren und Geschenke. Da geh'n wir also rein wie so nette Kinder, die »Guten Tag« sagen, die schön leise die Tür zumachen und sich für ihr bißchen Geld was holen kommen. Ich bin nur mit. Reden tut mein großer Bruder Heia. Ich will weiter gar nichts. Die alte Frau Wodretzky fragt den Heia gleich: »Was soll es denn sein, junger Mann?« Spricht er voll Wahrheit: »Ich brauche noch ein Schiff für meine Flotte. Eins von den kleinen.«

»Was hast du denn schon alles?« will sie wissen. Also wie da unser Heia ohne rot zu werden angibt, mit den Flotten vom Kurti und vom Achim! »Dann brauche ich dir die ja nicht mehr zu zeigen«, meint sie, und der Heia sagt schnell, er will sie alle sehen, denn er muß doch welche doppelt haben, zum Vertauschen, zum Verschenken und versenken und auch als Schwesternschiffe. »Na, meinethalben«, sagt sie zum Glück und fummelt gebückt unter dem Verkaufstisch rum und zieht Tabletts vor, die mit schwarzem Samt bezogen sind, eins nach dem anderen, auf denen geordnet nach Größe, Klasse, Sorte und was sie kosten, die Bleischiffchen nebeneinander liegen. Nun schiebt die Frau Wodretzky die Tabletts auf dem Tisch dicht zusammen. Am anderen Ende, weit weg von mir, besieht sich der Heia Unterseeboote, deutsche und englische, und läßt sie in der Luft untertauchen. Dann verweilt er bei den Kreuzern, die er einzeln hochhebt zum Licht der Schaufensterscheibe, um die Masten, Kanonen und Rettungsboote besser zu zählen. Die alte Wodretzky hält ihm noch ein Geleitboot hin. Das ist billiger. Zu mir sagt sie: »Dir ist wohl langweilig?« Nicke ich und mache auf dem Tablett, das vor mir liegt, eine Faust, in der ich gerade drei U-Boote gekapert habe. Als die Frau Wodretzky im Flottenbuch nach dem Preis vom »Prinz Eugen« sucht, verschwinden sie in meiner Manteltasche. Was hat sie auch die Preise nicht im Kopf! Wird sie noch zwei Schiffe los. Ganz unbedarft besehe ich mir nun das Regal mit den Affen, Löwen und Giraffen, die man sich für einen Zoo anschaffen kann. Die Käfige stehen woanders. Die Wodretzky schimpft mit dem

Heia, er soll nicht alles so durcheinanderbringen. Rutsche ich an den Jungen ran und helfe, wieder Ordnung zu schaffen. Auf dem zweiten Tablett rückt die Wodretzky die Schiffe gerade. Hat sie viel zu dicke Wurstfinger für. Der Heia weiß nicht, will er lieber den Tender oder das Torpedoboot? Währenddessen räume ich auf, schubse zwei, drei ordentlich in die Reihe und eins wracke ich ab in meine Faust. Da gehen noch eine Menge rein von den handlichen Schiffchen. Die Wodretzky freut sich, daß ich helfe. In Reih und Glied schiebe ich die Schiffe, ausrichten, keine vorstehenden Nasenspitzen, eins abwracken. Ordnung im Saustall, alles kerzengerade, abwracken, stehenlassen, stehenlassen, abwracken. Aus den Augenwinkeln beobachte ich die Wodretzky, die dem Heia gerade ein Minensuchboot zeigt. Das will er aber nicht. Meine Faust ist das reinste Schiffshebewerk Niederfino und jetzt wegen Überfüllung geschlossen. Muß ich die Beute erstmal unauffällig runterlassen in die Manteltasche. Bevor die Wodretzky das letzte Tablett wieder unter den Ladentisch stellt, kann ich noch zwei abwracken. Der Heia sagt, der Zerstörer gefällt ihm am allerbesten. Wieder muß sich die Wodretzky den Preis raussuchen. Bei der Gelegenheit erwische ich noch ein U-Boot. Zweimarkfünfundreißig verlangt sie vom Heia. Dreineunzig besitzt er. Den Zerstörer will er nun kaufen. Weil er Geld übrigbehält, überlegt er, ob er vielleicht noch ein U-Boot dazunehmen soll. Ich trete ihm auf die Botten und sage: »Das brauchst du nicht zu kaufen. Davon hast du doch genug zu Hause!« Nein, nein, bockt er, davon hat er keine und daß ich das mit Achims Schiffen verwechsle. Ich knuffe und sage nochmal, das kann er mir glauben, solche U-Boote hat er zu Hause! Da schlägt die alte Wodretzky vor, er soll erst den Zerstörer mitnehmen und zu Hause nach den U-Booten sehen, und dann kann er ja wiederkommen. Denn die schwimmen ihm von hier nicht weg. Darüber müssen wir lachen, und endlich hört der Glumskopf auf mich und bezahlt ein Schiff, wie wir es verabredet haben. Denn so anständig müssen wir schon sein, daß wir ihr eins ehrlich abkaufen.

Man sollte es nicht für möglich halten, was für ein Theater mein Vati noch bis zum letzten Herbst aufgeführt hat, wenn wir Obstkuchen backen wollten. Blechkuchen gelingt meiner Mutti besonders gut. Sie kennt da so allerhand Kniffe, daß er schön hochgeht. Weil wir im Garten selbst Äpfel und Pflaumen haben, wäre es doch Verschwendung, wenn sie das Obst nicht in kleinen Scheiben auf den Kuchen legen und bei gleichmäßiger Hitze langsam durchschmoren lassen würde. Was das immer lecker duftet! Durch die Obstfeuchtigkeit kann sie sich Butterflöckchen und Cremefüllung sparen. Zuckerguß mit Butteraroma nimmt sie nur, wenn wir kein Obst haben. Besonders im Sommer jiepert man doch als Mensch nach was Frischem. Aber nicht mein Vati. Obstkuchen kann er nicht haben. Kuchen darf kein feuchter Matsch sein, verlangt er, sondern was Handfestes. Geschmortes Obst ist Kompott und nichts zum Nachmittagskaffee. Trockenen Hefekuchen läßt er sich da schon noch eher gefallen, und Mürbeteig will er auch nicht verachten. Also backen wir für uns immer ein halbes Blech frischen Obstkuchen und für ihn die andere Hälfte mit dickgekrümelten Streusel. Seiner kommt uns teurer. Unser bißchen dürfen wir nicht mal vor ihm essen. Das Zeug kann er nicht sehen und riechen.

Aber auf einmal dürfen wir Obstkuchen backen, soviel wir wollen. Mein Vati hat nämlich erkannt, daß es nicht die schlechtesten sind, die Obstkuchen essen, und das verdanken wir unserem Führer.

Mein Vati hatte unverhofft den Auftrag bekommen, auf dem Obersalzberg beim Führer persönlich Vortrag zu halten, wie die schwere Arbeit in seinem Büro geschafft wird, zum Wohle von Deutschland. Weshalb gerade mein Vati? Die Frage hat er sich gewissenhaft gestellt und sich die Antwort gegeben: Weil die höheren Ortes so viel von ihm halten. Beim Führer auf dem Obersalzberg ist meinem Vati dann ganz historisch ums Herz geworden. Damit auch ich der großen Stunde teilhaftig werden sollte, schickte er mir jene denkwürdige Ansichtskarte mit dem Obersalzberg drauf, adressiert an das Jungmädel Renate Walter:

> Mein liebes Kind Renate!
> Tiefbewegt grüße ich Dich vom Obersalzberg.
> Ich habe beim Führer Pflaumenkuchen gegessen
> und in seine herrlichen, blauen Augen geblickt.
> Mit Heil Hitler bin ich Dein Vati, Heinrich Walter.

Wer vor dem Heer herzog, ward' Herzog genannt.
Herzog des Volkes, wie wir es meinen,
bist Du schon lange, im Herzen der Deinen.

Das ist eine Belobigung für unseren Führer, und das ist auch alles, was ich noch davon behalten habe. Lerne ich nun erstmal das Gedicht für die Deutschstunde morgen, oder spiele ich lieber noch Weilchen Verkäuferin? Genug kleine Tüten hätte ich. Pauken kann ich nachher immer noch.

Aus dem Papierkorb habe ich schon lange alle Güldenring-Schachteln zusammengesucht. Nun sind sie meine Plunderstückchen und Napoleonschnitten. Die kleinen Tüten von meinem Vati, die ich mit der Zeit gesammelt habe, hole ich schön glattgepreßt aus dem Atlas. Muß ich mal zählen, siebzehn, achtzehn, neunzehn. Mein Vati ist ganz schön vernascht. Wenn ich auch nicht allzu gut mit ihm stehe, habe ich ihn doch immer wieder um Schokolade angebettelt, schon weil ich die Tüten haben wollte, und jedesmal hat er mir sein Restchen Konfekt rausgerückt. Viel war nie drin. Da kann man mal sehen, was mein Vati sich für ein Wohlleben macht, ohne an uns arme Kinder zu denken.

Ich nenne meinen Laden genauso, wie es auf den Tüten steht:

Süßwaren Friedel Grollmann
Berlin Lichterfelde-West
Querwaldstraße 17, nahe S-Bahn.

Muß ich direkt mal nachsehen, ob die Tüten einheitlich von der Friedel Grollmann sind. Tatsächlich! Da stutze ich aber. Mir fällt plötzlich was auf. Wo arbeitet denn mein Vati? Wo haben wir ihn denn früher ein paarmal abgeholt, wenn ich einen neuen Mantel kriegen mußte und der Heia Trainingshosen? Doch wohl in der Friedrichstraße, wo um die Ecke das Haus von seiner Dienststelle ist. Und wie kommt er nun so regelmäßig, Tütchen für Tütchen, nach Lichterfelde-West? Da muß er extra aussteigen und vom Bahnhof runter. Querwaldstraße, nahe S-Bahn, neunzehn Tüten, neunzehnmal viertel Pfund Süßes, neunzehnmal dort aussteigen.

Mißtrauisch besehe ich mir meine Tüten, rieche dran, schichte sie übereinander und nehme sie mit zum Schlafzimmer, in dem meine Mutti Stündchen ruht und nicht gestört werden will, sonst setzt es was. Beim Reinkommen verstecke ich die Tüten hinter dem Rücken. Meine Mutti brummt, gerade ist sie so schön beim Einschlafen. Dann wälzt sie sich ärgerlich und stöhnt: »Was willst du Nervensäge denn schon wieder?« Wegen der Wichtigkeit des Augenblicks muß ich Abstand halten und bleibe an der Tür stehen. »Mutti, dein Mann betrügt dich!« Gluckst sie albern und will mich auslachen. »Also Nate, du bist wirklich übergeschnappt!«

»Es ist nicht so wie mit der Anna Zietmann und den anderen.«

»So, so, wie ist es denn dann?« fragt sie.

»Es ist eine, die ist uns gefährlich. Die können wir nämlich nicht einfach entlassen, weil sie nicht unser Dienstmädchen ist.« Nun guckt sie aber! Feierlich trete ich an ihr Bett und blättere laut zählend neunzehnmal Lichterfelde-West, Lichterfelde-West nacheinander aufs Plumeau.

Nach diesem furchtbaren Schicksalsschlag kommt es noch viel schlimmer. Wir sind gerade unten in der Waschküche bei der großen Wäsche und stehen alle am Kessel, der uns ganz volldampft. Die Marta schwenkt die große Holzkeule, über der ein tropfnasser Schlüpfer hängt, zur Spülwanne rüber. Der seifige Schlüpfer platscht ins klare Spülwasser, und die Marta, die die ganze Zeit über schon immer so rumgedruckst hat, rückt nun raus mit ihrer Bombe.

Es fällt ihr schwer, aber sie will nächsten Monat mit dem Alfi weg, nach Kloster Zinna bei Jüterborg, zwecks baldiger Heirat. Wir sind ganz perplex. Fassungslos steht meine Mutti im Dunst. Die Marta ist bisher unsere Allerbeste, zu der wir Vertrauen haben, und Mutti braucht sich um nichts groß zu kümmern. Darum macht sie auch jetzt ein ganz unglückliches Gesicht und versucht, die Marta rumzukriegen. Das kann sie uns nicht antun! Das hat doch noch Zeit. So eilig ist es doch noch nicht mit so einer jungen, hübschen Person! Meint die Marta, ganz neu ist sie auch nicht mehr. Ob sie sich denn das auch gut überlegt hat. Weiß man denn, was unter einer glänzenden Uniform wirklich steckt? Ich weiß es. Als mein Vati mal wieder außerhalb war und Mutti mit

Heia im »Zeli«, in »Menschen, Tiere, Sensationen«, da habe ich gesehen, wie der Alfi nur in der Unterhose aus Martas Stube kam und ins Badezimmer stolzierte. Aber was meine Mutti auch vorbringt, es fruchtet nichts bei der Marta. Muß ich als Kind aus einer zerrütteten Ehe sie erweichen. Solch armes Würmchen aber auch! Jaule ich: »Was werden wir nur ohne dich anfangen? Wir haben doch nur noch dich auf der Welt. Wenn du uns im Stich läßt, ist alles aus.« Dabei drücke ich sie halb dämlich. Wir sollen es ihr nicht so schwer machen, jammert sie, sie hat weiß Gott ihr Päckchen zu tragen. Sie haben auch schon eine Stube mit Küchenbenutzung im Kloster Zinna bei Jüterbog. Denn nach der Jüterboger Kaserne ist der Zwölfender Alfi versetzt worden, und verheiratet sein will er mit der Marta ganz in der Nähe, in Kloster Zinna. Für das Standesamt hat sie sich schon ein dunkelblaues Schneiderkostüm angeschafft mit schön wattierten Schultern und Perlmuttknöpfen. Dazu will sie sich einen dunkelblauen Hut schief aufsetzen, mit Schleier bis über die Nase. Zur Hochzeit wird sie sich auch noch ihren braunen Fuchs um den Hals legen, der Glasaugen und spitze Zähne hat und damit er nicht rutscht, muß er ins Revers der Kostümjacke beißen, wofür er an der Unterseite vom Kopf eine Klemme hat. Hoffentlich hört der Fuchs bis dahin auf zu haaren. Als Brautschmuck trägt sie natürlich die Aquamarine, die der Alfi ihr geschenkt hat. Einen Sonnabend die Ohrringe und vier Wochen drauf das Armband. Später soll nochmal eine Kette dazukommen. Die werden wir nun nicht mehr kennenlernen. Wie anschaulich uns die Marta auch ihre Hochzeit schildert, kann ich es trotzdem noch nicht ganz glauben und frage: »Aber du hast doch gar keinen Bauch?« »Doch, Natelein, ich habe einen.« Drum! Sonst würde sie uns auch nicht verlassen, wo sie in mich und den Heia so vernarrt ist.

Nun sind sie schon eine ganze Zeit weg. Noch am letzten Tag hat die Marta uns gebeichtet, daß es erst gar nicht so rosig aussah mit ihr und dem Alfi. Uns hat sie alles verheimlicht. Obwohl sie immer wegen ihrer schlanken Linie fasten mußte, ist ihr der Rock plötzlich eine ganze Nummer zu knapp gewesen. Na, da wußte sie ja, daß es wieder ein Bauch wird. Das geht nun nicht in einer Woche. Das schwillt ganz langsam. Das dauert Monate, bis man es sieht. Der Alfi hat sich zu dem Bauch einigermaßen anständig benommen und wollte ihn auch anerkennen. Aber da mußte der

Pudding erst noch einen Brief nach Wuppertal an die Familie schicken und den Vater fragen, der in der Vorstadt ein schlecht gehendes, altmodisches Gasthaus hat. Und daß keiner mal was Vernünftiges bekommt, dafür sorgen schon die vielen Erben, von denen einer auch der Alfi ist. Aus Wuppertal haben sie sofort wieder geschrieben, er soll niemals vergessen, aus was für einem alten Gasthaus er stammt und ein Kindermädchen deshalb nicht in Frage kommt. Hatte doch dieser Waschlappen die Marta im Brief zum Kindermädchen gemacht, weil ihm Dienstmädchen zu poplig war. Was ich nicht richtig finde. Sind wir doch alle Volksgenossen. Der Alfi hat sich entscheiden müssen, ist er nun Volksgenosse oder läßt er es bleiben? Eine ganze Woche hat das gedauert. Die Zeit über, erzählte die Marta, war sie in der Hölle.

Einen Abend sollte die Marta schnell noch die Miete zum Verwalter rüberbringen, da hat der Alfi sie auf der Straße abgefangen mit den Aquamarinen für die Ohren und dem eigenhändig zerrissenen Brief aus Wuppertal. Vier Wochen später hat sie noch das Armband dazubekommen.

Nun sind sie zusammen weg. Er nach Jüterbog und sie nach Kloster Zinna. Mir hat sie schon ihr Hochzeitsbild geschickt. Die glückliche Braut sieht darauf noch viel hübscher aus als sie sich uns in der Waschküche geschildert hat, und das Buch, das sie mit dem Nelkenstrauß in der Hand hielt, ist MEIN KAMPF, das Hochzeitsgeschenk des Führers, das er an alle jungen Brautleute von den Standesämtern verteilen läßt.

Unsere Neue heißt auch Martha. Aber Martha Deister. Sie ist aus Schlesien. Da hat's halt wenig Schönes gehabt, und darum ist sie fortgemacht nach Berlin. Gegen Kinder hat sie nichts. Der Heia ist ja schon vernünftig, und mit mir macht sie keine langen Faxen. Und sonnabends braucht sie Ausgang, denn da hat's halt überall soviel Tanz, und da will sie hin.

Erst mußten wir uns ja sehr an die Martha Deister gewöhnen. Aber eigentlich ist sie ganz tüchtig. Die läßt sich wegen nichts aus der Ruhe bringen. Essen tut sie uns die Haare vom Kopf. Der schmeckt es immer. Da sehen wir erstmal, was wir an unserer alten

Marta gespart haben. Aber das Doppelkinn hat sie nicht daher, sondern von ihrer Mutter. Die Martha Deister hat es auch nicht mit der schlanken Linie. Da hat's halt überall bißchen Speck, und um es uns zu zeigen, klatscht sie mit den Händen auf die Schenkel, daß sie bibbern. Dem Heia gefällt das prima. Manchmal sagt er, sie soll das wieder machen, und er möchte auch mal. Dann lacht sie gedehnt: »Nicht, laß ock, Heia!«

Ob wir es der Martha glauben oder nicht, mit ihrer Haut macht sie gar nichts. Die ist von Natur aus so prall und weiß. Sagt sie, das kommt von den rotblonden Haaren, die sie auch unter den Armen hat, wo sie immer aus dem Armloch der Kittelschürze raushängen. Von daher riecht sie bißchen nach Knoblauch, und je mehr sie sich bückt und aufwischt, um so doller. Lieber soll sie aber wischen. Wir können ja lüften. Sie ist einundzwanzig. Und in Schlesien hat's halt noch keinen Bräutigam gehabt, und zu Stuhle kommen will sie nun in Berlin deswegen.

Den ersten Sonnabendnachmittag, den sie bei uns war, sollte ich ihr am Teltower Damm die Fischhandlung Nordsee zeigen, wo wir freitags immer den Fisch kaufen. Mußten wir auch am SS-Café »Dorette« vorbei. Also da war die Martha gar nicht von wegzubringen, so tanzwütig wie sie gleich wurde, als sie die SS-Männer reingehen sah, und alle in Begleitung. Hinter der Gardine sind dann die Pärchen aneinandergeschmiegt rumgewalzt nach »Rosemarie, Rosemarie, sieben Jahre mein Herz nach dir schrie«. Da konnte ich die Martha bald nicht loseisen. Am liebsten tanzt sie Schieber, dann langsamen Walzer. Vorm »Dorette«, sagte sie, läßt sie sich die Woche über mal ansprechen für nächsten Sonnabend.

Den Sonnabend haben wir nun heute. Natürlich ist mein Vati mal wieder nicht nach Hause gekommen, Lichterfelde-West, Lichterfelde-West, und meine Mutti hat von Moabit aus telefoniert, sie will die Nacht über bei der Oma bleiben. Morgen früh ist sie zeitig zurück, zur Messe. Ob sie den Leib des Herrn nimmt, muß sie erst mal sehen, wie ihr morgen so ist. Vielleicht frühstückt sie auch mit uns. Wir haben der Martha Deister zu folgen, und wenn sie nachmittags ihren Ausgang nimmt, sollen wir nicht wieder alles auf den Kopf stellen. Und wir haben auch keinesfalls wieder Scheiben von der Dauerwurst abzusäbeln und in der Pfanne zu braten. Das riecht sie. Schlagen wir uns eben Zuckereier. Die sind sowieso im Kühlhaus und liegen ewig, und die vergißt sie immer zu zählen.

Zum Glück kann man noch bei uns anrufen. Aber von hier aus nach woanders hintelefonieren, das geht nicht, weil mein Vati die Wählscheibe mit Bindfaden fest angebunden hat, hunderttausendmal verknüppert. So raffiniert bekommen wir das gar nicht wieder hin. Deshalb können wir nie von zu Hause aus telefonieren. Wenn Besuch da ist, legen wir eine Zeitung drüber. Die Martha Deister wundert sich über nichts. Sie sagt bloß: »Da hat's halt einen Bindfaden«, und damit fertig. Nicht, daß sie doof ist, aber sie ist so gutmütig.

Schade, daß wir im »Dorette« nicht dabeisein können, wenn sie tanzt. Sie hat uns erzählt, vorm »Dorette« wartet auf sie ein SS-Mann. Zum Ausgehen kommt bei ihr nur einer mit Uniform in Frage. Aus Neugier bleibe ich extra mühsam bis 11 Uhr nachts wach und der Heia sogar noch länger. Aber keine Martha Deister erscheint auf der Bildfläche.

Am Morgen, gar nicht mehr so früh, kommen wir mit der Mutti aus der Messe. Im Schlafzimmer zieht sich meine Mutti zum Schonen ihr elegantes Kleid aus. Ich soll gefälligst eine Schürze umbinden oder raus aus den guten Sachen. Mutti macht den Schrank auf und ärgert sich über die Schlampigkeit, wie da ihre kurzärmlige, hellgrüne Taftbluse hängt. Ganz liederlich, nur auf einer Achsel, und die Schleifenbänder sind nicht ordentlich aufgemacht. Sofort bin ich das gewesen, tut sie mir unrecht, weil ich manchmal ihre Kleider anziehe und vorm Spiegel so tue wie eine Filmschauspielerin. Aber ich bin ja nicht immer alles! Sie glaubt, ich lüge und will mir die Taftbluse, wie ich es verdiene, um die Ohren schlagen, da entdeckt sie etwas an der Bluse und beriecht es. Dann zeigt sie mir die Bescherung. Wo die Ärmel eingenäht sind, hat die Bluse auf jeder Seite große, verlaufene Ränder. Mich läßt meine Mutti auch mal riechen. Das kommt mir doch so bekannt vor. »Knoblauch!«

Empört ruft sie nach der Martha Deister. Die kommt aus der Küche und will den Falschen Hasen nicht anbrennen lassen, denn da hat's halt eine ganz schön scharfe Flamme drunter. Meine Mutti glüht, und die verschwitzte Taftbluse in ihren Händen zittert, wie sie zur Martha Deister sagt: »Martha, ich frage Sie, was ist mit der Bluse?« Die weiß gar nicht, was meine Mutti hat und freut sich richtig, als sie die hübsche Taftbluse wiedersieht. »In der Bluse, da hat's halt Tanz gehabt. Die ganze Nacht.« Und Jesus Maria, rasch muß sie wieder Obacht geben auf den Falschen Hasen.

*

Meine Mutti sagt, was wir da machen, kann sie eigentlich nicht verantworten. Auch hört sie schon ihr Gewissen anpochen, daß sie uns Kinder da mitreinzieht, so schwach und hilflos wie sie nun mal ist. Das muß sie eines Tages alles mit ihrem Herrgott ausmachen. Wieso hilft er uns aber nicht und ist so eine weiche Pflaume, wenn es um unsere Ehe geht! Was habe ich schon gebetet, daß mein Vati reinfällt. Falls wir nämlich eines Tages zuschlagen müssen, brauchen wir Beweise. Zum Glück haben wir ja mich, sonst wüßten wir von gar nichts. Weil es nun mit meinem Vati immer verrückter wird, müssen wir mal die volle Gewißheit haben, mit was für einer er da pussiert.

Daß sie in Lichterfelde-West wohnt, ist schon mal sicher. Zuerst haben sie meine Tüten nicht für voll genommen. Konnte ich ihnen aber die Freude machen und so um dreimal die Woche neue Tüten vorlegen — Lichterfelde-West, Lichterfelde-West. Das hat Laune gemacht, besonders weil meine Mutti endlich nachgab und uns in den Kriminalfall verwickelte.

Heia, Mutti und ich, wir sind nun mit unseren Korpusdeliktis rein in die Untergrundbahn. Eine nach Wittenbergplatz mußten wir wieder aussteigen und noch Stückchen laufen, dann drei Treppen hochasten und wir standen vor der blankgeputzten Klingel vom Edgar von Plüss. Das ist der untergebutterte Ehemann von Tante Elfi, einer Jugendfreundin meiner Mutti, noch vom Lyzeum her. Die Tante Elfi ist meiner Mutti zuliebe mal aus Kameradschaft sitzengeblieben, weil sie nicht auseinanderkommen wollten. Mußte sich die Tante Elfi genauso doof anstellen wie meine Mutti.

Der Edgar von Plüss ist überhaupt nur halbwegs was geworden, weil Tante Elfi für ihn studiert hat. Ist sie an Edgars Stelle immer hin zu den Professoren, die den Studenten alles beibringen und hat wie ein Luchs aufgepaßt und mitgeschrieben. Dann hat sie dem Edgar alles vorgekaut und eingepaukt, denn von allein war er zu dusslig. Und die schriftlichen Aufsätze hat sie alle für ihn gemacht. Brauchte er nicht ein Komma von zu wissen. Zum Dank für ihre Güte hat der Edgar sie kurz vor dem Examen heiraten müssen, sonst hätte sie die Prüfungsarbeiten nicht herausgerückt.

Gleich nach dem Klingeln werden wir mitfühlend an Tante Elfis Herz gedrückt. Auch der Edgar ist ergriffen. Dann kriegen wir Kaffee, daß wir erst mal zu uns kommen. Wenn es uns lieber ist, sollen wir zu Anfang schweigen. Solange tun wir der Tante Elfi schon mal schrecklich leid und sie sagt: »Nein, Lilo, daß gerade dir das passieren muß! Das ist ja wie bei der Dela.« Die Dela ist noch eine Schulfreundin von den beiden mit Schicksalsschlag in der gleichen Richtung. Dann bekommt die Tante Elfi Zweifel, ob wir uns das mit der anderen nicht bloß einbilden. Meine Mutti stößt mich: »Na los, Nate!« Darf ich also meine Tüten vorzeigen, die ich wortlos und einzeln, mit der Anschrift von der Friedel Grollmann nach oben, auf den Tisch blättere. Der Heia guckt ganz neidisch, daß sie mich alle so bewundern.

Durch die Tüten ist der Edgar restlos auf unserer Seite. Und hier, an diesem Tisch, will er sich im Angesicht der armen Kinder verpflichten, alles aufzudecken. Meine Mutti bringt das mit ihren schwachen Nerven nicht fertig. Aber uns Kinder kann er, wenn wir meinen Vati auf Schritt und Tritt verfolgen, gut gebrauchen. Der Heia ist ein ganz gewiefter, und bei mir kommt mein Vati nicht auf die Idee, daß ich ihm nachspioniere. Der Zeitpunkt paßt dem Edgar prächtig, denn er ist gerade krank geschrieben. Als kleine Gegenleistung müssen wir ihn während der Verfolgungsjagd ernähren und das Fahrgeld ersetzen. Wir sollen ordentlich Stullen schmieren, am reellsten ist unterwegs immer Schinken. Ab Punkt sechs Uhr morgens will der Edgar schon in unserer Straße Wache schieben. Wie gut, daß mein Vati ihn nicht kennt, bloß die Tante Elfi. Die hat mal bei uns Karten gespielt. Wenn mein Vati das Haus verläßt, haben wir uns schon fix und fertig bereitzustellen, und sobald mein Vati die Berlepschstraße einbiegt, wird er vom Edgar von Plüss verfolgt, der bleibt ihm auf der Fährte bis zum S-Bahnhof. Wir müssen unterdessen andersrum über die Machnower pesen und uns beim Zigarettenhäuschen am Bahnhof Zehlendorf-Mitte unauffällig mit dem Edgar vereinigen. Unsere kleine Truppe wird dann den Zug besteigen, in dem mein Vati in einem anderen Abteil in sein Verderben fährt.

*

Wenn meine Mutti nicht da ist, gehört das Regiment der Martha Deister. Der ist es aber zu anstrengend mit uns. Sie kann nicht hundertmal dasselbe sagen. Lieber legt sie sich nachmittags ein Stündchen aufs Ohr. Mit der machen wir, was wir wollen, und sie wird nie petzen. Deshalb mögen wir sie gut leiden.

Von Vater und Mutter verlassen, was sollen wir da anfangen? Der Heia ist nun schon gleich fünfzehn und kann nicht ewig mit den Flottenverbänden spielen. Ich bin ja erst gute zehn und mache mir nicht mal was draus. Darum schleichen wir die Treppe hoch zur Martha Deister.

Vor ihrer Tür kichern wir wegen nichts. Ruft sie gleich: »Laß ock, Heia!« Dann husten wir ihr einen Raucherkatarrh vor. Nölt sie, da hat's bei ihr soviel Müdigkeit. Sie weiß ja auch nicht. Wir sollen uns fortmachen. Das Bett knackt, wie sie sich umdreht. Der Heia kommt nun richtig in Fahrt und haut in einem fort mit der Faust auf die Klinke. Jedesmal, wenn die Faust abrutscht, quietscht die Klinke erbärmlich. Davon hochgescheucht, springt die Martha Deister aus dem Bett und will zuschließen. Der Schlüssel steckt aber außen. Wir drücken die Klinke runter. »Laß ock, Heia«, bettelt die Martha Deister und stemmt sich gegen die Tür. Der Heia drückt sie Stückchen auf, die Martha knallt sie wieder zu. Auf, zu, auf, zu bumsen sie mit der Tür um die Wette, daß sie gegen die Fassung schlägt und die Wand leicht wackelt und Kalk vom Türrahmen runterrieselt. Endlich hat er einen Fuß in der Türspalte. Die Martha fuhrwerkt zwar immer noch mit der Tür rum, aber nicht mehr so richtig. Ein Ruck, und wir stolpern rein. Die Tür klappt gegen die Kommode.

Als Sieger führen wir einen Indianertanz auf. Aber der Heia ist nicht richtig bei der Sache. Immer wieder äugt er zur Martha Deister. Ganz scheele Blicke macht er. Im dunkelgrünen Makohemd mit breiten Trägern sitzt sie auf dem Bettrand und hat sich ganz rosig geärgert. Die Hosenbeine ihrer Makoschlüpfer zwängen ihr die Schenkel ein. Denn die dicksten Schenkel aller Dienstmädchen hat sie auf alle Fälle. Die Makogarnitur stammt noch aus dem Schlesierland und ist innen angerauht, und frisch nach der Wäsche hat's halt davon überall solches Kitzeln. Von ihrem großen Busen ist das Hemd richtig ausgeleiert. Auf den Wabbelkram ist sie auch noch stolz, denn da hat's halt ordentlich was in der Bluse. Komische Fingernägel, sagt sie, hat sie. Da kann sie zusehen, wie die knicken. Wollen wir mal sehen? Die drei hier sind ihr weggeknackst wie nichts. Der Heia will mal einen abgebrochenen Nagel befühlen. Ganz rissige Kante. »Aber das hier ist, wie es sein muß.« Sie kneift und zupft und knetet sich den Magen. »Da hat's halt überall ein schönes Speckpolster. Faß mal an, Nate.« Ich pieke mit dem Zeigefinger in das Weiche. Sowie ich ihn wegnehme, schwillt das Loch wieder zu. Der Heia sagt, das sieht er gern. Haut sie sich wieder so herzhaft auf die Schenkel, daß sie wabbern. Wie Grießbrei beim Überschwabben. Ohne zu fragen, beklatscht jetzt der Heia mit kurzen Schlägen ihre Schenkel. Ermahnt sie ihn: »Laß ock, Heia.« Dann hebt sie die Zudecke hoch und rollt sich runter, wobei Knoblauch verduftet. Nun sollen wir aber schleunigst wegmachen. Der Heia sagt, er friert ganz gemein. Er setzt sich auf das Bett, drängelt sich an die Martha Deister und versucht, mit unter die Decke zu kriechen. Wenn der friert, friere ich schon lange! »Du hast ja Löcher in den Ohren«, staune ich. Die hat sie schon von Kindheit an. Da trug sie Ohrringe aus Koralle. Wie ein Wilder buddelt sich der Heia unter die Decke. Schimpfe ich, er soll sich über sie wegrollen, zur Wand hin, daß ich hier vorn auch noch etwas Platz kriege. Er kugelt sich auf die Martha Deister und preßt sich an sie und will da einfach liegenbleiben, bis in die Puppen. Stoße ich ihn aber runter, daß er zur Wand rutscht. Sagt sie: »Du bist mir aber auch einer, Heia!« Nun liegt sie friedlich in unserer Mitte. Eine Kleinigkeit mehr muß sie mich aber unter die Decke lassen, sonst werde ich noch auf den Vorleger runterrutschen. An der Martha Deister ruht es sich weich und mollig. Außer nach Knoblauch riecht sie auch noch nach Buttermilch, bißchen. Was kaspert der Armleuchter jetzt unter der Decke rum? Ganz verschwunden ist er. Will er die Martha wohl kitzeln? Ist er bloß noch eine Deckenbeule mit Riesenbuckel. Macht er uns mit dem

Rumgewackel noch kalte Luftzufuhr um die Beine. Unsere Ruhe wollen wir haben! Aber die Martha ist gar nicht kitzlig. Sie lacht nicht. Ganz im Gegenteil, denn sie quält sich mächtig beim Durchatmen und kann nur schwer Luft einschlürfen. Qualvoll japst sie immer lauter, schneller, doller. Zu guter Letzt bekommt sie es auch noch epileptisch, atmet von Mal zu Mal immer kürzer und schluchzt gegen die Zudecke: »Ach laß ock, Heia!« Und dabei zuckt sie paarmal regelrecht wie so ein frisch geschlachteter Aal, ohne Kopf, auf den Küchenfliesen.

*

Frisch gewaschen, im Ehrenkleid der Nation, das mich langsam zwängt vor Enge — sind schon alle Nähte rausgelassen — bin ich angetreten mit der Sammelbüchse vom Parteigenossen Heinrich Walter, meinem Vati. Mir zur Seite steht im Kampf gegen den grausamen Winter, für ein neues Morgen, der Hitlerjunge Heia mit Fahrtenmesser und Koppel. Mußten wir wegen der Saukälte unsere Mäntel über die Uniformen ziehen. Ich soll mich bis obenhin zuknöpfen. Aber sobald ich an der Berlepschstraße war, habe ich zwei Knöpfe wieder aufgemacht, damit man wenigstens etwas sieht von Schlips und Knoten. Der Heia trägt die Sammelbüchse. Aber noch klappert sie kaum, und es ist unsere ehrenvolle Aufgabe, für das Volk, dem wir in großem Stolze angehören, die Leute anzubetteln.

Eigentlich hat das deutsche Volk meinem Vati die Büchse vertrauensvoll in die Hand gedrückt, und er hatte sich dann auch schon vor dem Frühstück, in voller Uniform, ohne Mantel, die Kiste mit den Winterhilfspüppchen unter den Arm geklemmt. Ziemlich verbibbert ist er los, um in sämtlichen Häusern der Gegend die Leute rauszuklingeln. Nach zwei Stunden hatten sie ihm die ganze Kiste mit den kleinen Figuren abgekauft. Womit er dann seinen Einsatz beendete und wir die Büchse übernehmen mußten.

Nun sollten wir zusehen, daß sie voll wird. Denn so ein jämmerliches Klappern hören sie bei der Ortsgruppe nicht gern. Das fällt zurück auf die Gesinnung. Eine anständige Büchse darf wegen Überfüllung so gut wie überhaupt nicht mehr klappern. Das ist nämlich erst die wahre Kunst, von Leuten Geld loszueisen, ohne ihnen etwas dafür zu geben, wie die kleinen Männchen, die sie nachher an den Weihnachtsbaum bammeln können. Müssen wir in die offenen Herzen dringen. Mit der S-Bahn wollen wir von Zehlendorf-Mitte die Strecke runter bis Nikolassee fahren und wieder zurück nach Mitte, und solange hin und her, bis wir eine knackevolle Büchse haben, daß wir meinen stinkstiebligen Vati als Drückeberger beschämen können.

Der Heia ist viel zu lahmarschig. Noch nicht einmal hat er am S-Bahnschalter, wo wir anstehen, mit der Büchse geklappert. Ich reiße sie ihm einfach aus der Hand und taxiere die Leute. Wenn der Dicke vor mir seine Karte hat, werde ich ihn anklappern. Für wen ich genau das Geld sammle, weiß ich nicht. Denn wir haben ja längst alle Arbeit und Brot. Der Dicke bekommt seine Karte und ramscht das Wechselgeld zusammen. Ehrensache, daß es in die Büchse kommt! Ich muß schnell noch unsere beiden Karten lösen. Der Dicke wabbert die Treppe hoch zu den Bahnsteigen. Langsam, aber festen Schrittes folge ich ihm. Jetzt schon loszuklappern, ist Quatsch. Die Büchse muß man fordernd dem Spender hinhalten und ihn nicht aus den Augen lassen. Für den kalten Winter, der unsere deutsche Heimat bedroht! Nur einen Moment drehe ich mich nach dem Heia um, weil ich seine Karte habe, da geht der Dicke auch schon durch die Sperre. Weg ist er.

Der Heia hat überhaupt keinen Mumm, so lauwarm, wie der die Treppe hochpetert. Vom Bahnsteig hören wir das Gerassel der S-Bahn. Ein Zug fährt raus und unserer kommt rein. Nun aber rasch! Der Schaffner muß mal besser Karten knipsen üben! Gestohlen haben wir unsere Zeit auch nicht. Einladend wartet die S-Bahn mit lauter offenen Türen. Wir, zack, durch die Tür in den letzten Wagen, zuknallen, ein Ruck und wir fahren. Ich knöpfe mir den Mantel auf. Jetzt können sie mich erst so richtig erkennen. Ran an die Bänke! »Heil Hitler! Für das Winterhilfswerk eine kleine Spende!« Das Rausgeklaube von den Kleingeldern dauert viel zu lange. Umständlich fingern sie in den Portemonnaies rum, bis sie die kleinste Münze finden. Der vom Fensterplatz sagt auch noch, er hat heute schon so oft gegeben. Keine Müdigkeit vorschützen! Vorwärts mit der Jugend! Für die Minderbemittelten! Falls wir wo noch welche finden. »Für das WHW eine kleine Spende!« Unerbittlich schüttle ich die Büchse, bis sie sich dem vom Fensterplatz ins Hirn einhämmert und er gegen seinen inneren Schweinehund spendet. Er hat das Geld sogar lose in der Tasche. Warum nicht gleich so! Die Büchse scheppert, macht unaufhaltsam ihre Runde und klappert den Leuten ins Gewissen. Sie lassen ihre Sechser reinplumpsen, ihre Groschen und Fünfziger. Manchmal kann ich nicht sehen, ob sie einen Pfennig reinstecken oder einen falschen Fuffziger, weil sie den Schlitz so geschickt verdecken. »Für den Führer! Gegen den Winter! Für das WHW eine kleine Spende!« Eine geschminkte Vogelscheuche sieht krampfhaft zum Fenster raus auf die eintönigen Siedlungsdächer und stellt sich schwerhörig. Die deutsche Frau schminkt sich nicht! Auch noch nichts von gehört, was? Die Büchse rasselt ihr in den Ohren. »Für das WHW! Das WHW! WHW!« Glasig sieht sie unentwegt nach draußen. Stoße ich sie aus der Volksgemeinschaft eben aus.

In Zehlendorf-West stürzen wir raus. Bis auf den Tuschkasten habe ich erfolgreich den ganzen Wagen mit der Büchse abgeklappert. Jetzt übernimmt sie der Heia. Im nächsten Abteil wartet der Blödmann, bis der Zug anfährt. Solche Zeitverschwendung! Wenn ich nicht mit dem offenen Mantel dabeistehen würde, wäre er überall abgeblitzt. Durch mein zackiges Auftreten werden sie zur Hilfeleistung angefeuert, und es klimpert sogar noch mehr Geld als vorhin in meinem Wagen. Aber hier ist es auch bedeutend voller. Der Heia ist viel zu trantutig. Wie ein Zivilist geht er zu den Plätzen und fragt höflich: »Heil Hitler, möchten Sie bitte etwas spenden? Heil Hitler, geben Sie was? Eine kleine Spende bitte!«

Stundenlang sind wir so von Wagen zu Wagen auf Achse, hin und her, Nikolassee, Zehlendorf-Mitte. Zwischendurch lassen wir auch mal einen Zug sausen und löchern die Leute auf dem Bahnsteig. Hartnäckig stehen wir neben den Wartenden und klappern wie wahnsinnig, bis Geld in die Büchse fällt. Ohne einen Happen Warmes im Magen stehen wir im Dienst der Winterhilfe. So gegen drei läßt sich die Büchse nicht mehr klappern und ist so schwer geworden, daß ich sie mit beiden Händen halten muß. Jetzt fahren wir zurück. Wir sind auch schon ganz schön gnietschig. Erschöpft sitzen wir in der Polsterklasse, auf der weichen Bank und haben nicht einmal Angst vor der Kontrolle.

In Zehlendorf-Mitte möchten wir am liebsten sitzenbleiben, so müde sind wir. Zum Glück finde ich beim Aussteigen einen Eukalyptusbonbon in der Manteltasche. Mit den Zähnen knacke ich die Hälfte ab für den Heia. Es dauert ewig, bis wir über den Bahnsteig zur Treppe kommen. An der Sperre geben wir die Karten hin, und der Schaffner merkt gar nicht, daß wir für zwanzig Pfennig stundenlang unterwegs waren. Die Treppe runter, über den Damm, und nun latschen wir an den Geschäften vorbei rum in die Berlepschstraße, ich immer ein müdes Stückchen hinter dem Heia. Der geht ganz krumm vor Erschlaffung.

Ich rufe, er soll nicht so gemein sein und auf mich warten. Wir wollen zusammen die volle Büchse abliefern und die Belohnung einstecken. Aber stur läuft der Heia seine Naht weiter. Kreische ich: »Das ist genauso meine Büchse!« Brüllt er wieder: »Behalte sie doch! Die Scheißbüchse!« Er hat nur Hunger und will nichts weiter als eine Stulle mit Harzer. Aber das ist typisch der Heia. Versteckt er die Büchse einfach unter dem Mantel. Ich raffe meine letzten Kräfte zusammen und renne ihm nach. »Du altes Arschloch! Das brauche ich mir nämlich nicht gefallen zu lassen! Ich will die Büchse jetzt haben! Jeder soll sie mal tragen!« Wütend trample ich mit den Füßen auf der Stelle. Wie das reinste Unschuldslamm dreht der Heia sich nach mir um und sagt, ich soll keinen Quatsch machen, er hat sie nicht. Wirklich! Weil ich sie habe. Frage ich: »Wo denn? Wo soll ich sie denn haben?« Da werden wir doch nicht etwa die wertvolle Büchse mit dem Volksvermögen in der Polsterklasse von der S-Bahn stehen gelassen haben?

Wie wir ganz erschossen zu Hause ankommen, können wir es immer noch nicht fassen, daß sich unsere Büchse verdünnisiert hat. Der Vati radiert gerade seelenruhig mit einer Rasierklinge einen Buchstaben aus einem Brief. Nach langer Zeit ist er endlich mal wieder stolz auf uns. Das möchte er ausdrücklich betonen.

Tauet Himmel den Gerechten, Wolken regnet SIE herab, die Büchse ... Wenn wir sie wiederkriegen, möchte ich dafür auch

Läuse haben oder Krätze! Was er jetzt als Belohnung für uns locker macht, sollen wir nicht gleich alles auf einmal verjubeln, sagt mein Vati. Wir sind ja noch so jung, der Heia und ich, und möchten ganz gern noch das nächste Wochenende erleben. Wird aber wohl nichts werden. Wieso bleiben wir denn da wie zwei Duckmäuser an der Tür kleben, will mein Vati wissen. Auf die volle Büchse sollen wir stolz sein und die Köpfe hochtragen. Brust raus, Bauch rein, Schultern zurück! Daß wir jetzt müde sind, kann er sich lebhaft vorstellen. Aber nun sollen wir uns zusammenreißen und die Büchse auf den Schreibtisch stellen.

Der Heia hat schon sein Gesichtszucken. Ich warte, daß er endlich mal den Mund aufmacht. Er hat doch sonst so eine große Klappe! Nun haben wir es aber spannend genug gemacht, findet der Vati. Her mit der Wunderbüchse! Daß sie bis obenhin voll ist, hat er gar nicht anders erwartet. Es wird höchste Zeit, daß er sie abliefert. Wenn ich mir so vorstelle, daß jetzt vielleicht gerade ein fremder Volksgenosse auf unserer vollen Büchse rumhämmert, um sie aufzuknacken, statt sie abzuliefern, habe ich nur noch die halbe Angst, weil ich mich die andere Hälfte wurme. Wie es nun mal so gekommen ist, hätte ich mir die Büchse lieber mit dem Heia teilen sollen. Dann wäre uns der ganze Ärger noch was wert gewesen. Schließlich haben wir auch dafür geschuftet. Ungeduldig fordert der Vati: »Jetzt ist aber Schluß mit dem Theater. Her damit! Wer hat sie? Na, wird's bald!«

Verzweifelt sieht der Heia zurück, als ob ich sie hätte. »Renate!« sagt mein Vati. »Ja, hier!« antworte ich. Gibt er keine Ruhe. »Könnt ihr kein Deutsch verstehen? Ich will wissen, wer von euch hat die Büchse?« »Keiner.« »Was heißt keiner?« »Na eben von uns keiner.« »Wer hat sie denn dann?« läßt er nicht locker. »Ein Volksgenosse«, kläre ich ihn auf. »Was für ein Volksgenosse? Wer hat euch erlaubt, die Büchse einfach irgend jemandem mitzugeben? Gnade euch Gott, der hat kein Telefon! Aber ich kann ja schon froh sein, wenn ihr wenigstens den Namen wißt. Oder habt ihr vielleicht eurem katholischen Popen die Büchse auf den fetten Bauch gestellt? Das ginge ja noch. Dann wüßten wir wenigstens, wer sie hat. Die Nummer!« brüllt er und schüttelt mich. »Aber ich werde sie schon noch aus dir herausprügeln!«

Schluchze ich: »Ich weiß nicht, ob er Telefon hat. Und ich bin nicht mal sicher, ob es auch ein anständiger Volksgenosse ist. Wenn nicht, wird er nämlich die Büchse gar nicht abgeben, die wir vor Hunger in der S-Bahn stehen gelassen haben. Mit Willen bestimmt nicht.«

Jetzt bekomme ich Backpfeifen verpaßt, für jeden Groschen, der in der Büchse war, eine. Mein Vati packt mich grob und schüttelt mir bald den Verstand raus und stößt mich haßerfüllt von sich weg, daß ich stolpere und mit dem Kopf gegen den Schreibtisch haue. Dann bekommt der Heia sein Fett. Sein Zucken hat mein Vati auf dem Gewissen. Kann jeder, der will, mal unseren Arzt fragen. Der Heia duckt sich und hält die Arme vors Gesicht. »Dir werde ich es schon beibringen«, verspricht ihm mein Vati und wird in seiner Wut immer wilder. Der arme Junge piepst bloß matt wie ein Mäuschen. Dabei ist er eigentlich schon stark genug, dem eine wiederzukleben.

Als der Vati den Heia zu einem Haufen Sülze geprügelt hat, fällt der Rohling laut atmend in unseren modernen Stahlrohrsessel, der immer leicht zittert. Wir sollen auch ja nicht vergessen, beim Papst und beim Bischof zu melden, daß wir es geschafft haben, schnauft der Unmensch, und der Stahlrohrsessel zittert immer stärker. Höheren Ortes stinkt es denen noch vom steinharten Kuchen. Die Akten sind nach Berlin mitgegangen. Und nun verliert der Parteigenosse Walter seine Sammelbüchse! Jetzt hat er abgewirtschaftet, und all die Nichtskönner werden ihn hohnlachend überflügeln. Er stößt sich vom Sessel hoch, stampft durch das Zimmer und knallt die Tür zu. Soll er sich doch seinen Dreck allein machen! Dann kracht die Haustür.

Heute paßt es dem Edgar von Plüss am besten. Wir müssen alle ran. Wenn wir zu wenig Leute sind, können wir keinen Stoßtrupp bilden. Weiß man denn, was kommt? Selbstlos stelle ich mich dem Unternehmen von Plüss zur Verfügung. Wir sollen aber immer im Auge behalten, daß die Befehlsgewalt einzig und allein der Edgar hat. Sonst will er uns nicht mitnehmen.

Bis zum Bahnhof sind wir dem Vati schon hinterhergeschlichen. Wir Kinder gehen vorsichtshalber erst durch die Sperre, wenn der

Zug einläuft. Er kommt schon angedonnert, kaum daß wir drei Minuten da sind. Wir drücken uns an dem Wagen lang. Der Edgar gibt uns Zeichen, wo wir einsteigen sollen. Zwei Waggons vor uns fährt der Vati im Raucher.

Auf jedem Bahnhof muß der Edgar raus und nachsehen, ob der Vati aussteigt. In Lichterfelde-West halten wir uns schon bereit. Aber Lichterfelde-West erweist sich als Niete. In Steglitz werden wir unruhig, weil der Edgar solange draußen bleibt. Da hat er doch unseren Vati von weitem mit jemandem verwechselt und kommt im letzten Moment ganz bleich ins Abteil reingekeucht. Auf jeder Station bin ich in freudiger Erwartung, daß mein Vati sich durch sein Aussteigen entlarvt, und dann immer die Enttäuschung! Das strapaziert die Nerven. Mit der Zeit glauben wir nicht mehr daran, daß sich was tut. In Pflichterfüllung fährt unser Vati zu seiner verantwortungsvollen Stellung nach der Friedrichstraße, davon sind wir von Station zu Station mehr überzeugt. Aber der Edgar geht lieber auf Nummer sicher. Könnte ja sein, daß der Vati sich krankgemeldet hat, und nun trifft er sich mit DERJENIGEN zum Schluckchen Kaffee mit Schlagsahne. Bahnhof Friedrichstraße sollen wir schon an der Tür stehen und uns nicht erst durchboxen. Der Edgar muß sich um den Vati kümmern. Er denkt immer noch, DIEJENIGE wartet da irgendwo vor dem Büro und wirft ihm Kußhändchen zu, und nach Dienstschluß kommt sie ihn mit einem Blümchen abholen. Ob sie in der Zwischenzeit nach Lichterfelde-West fährt, weiß der Edgar nicht. Vielleicht geht sie konditorn, auf Kosten von unserem Vati. Über DIEJENIGE haben wir allmählich so viel zusammengefaselt, daß wir sie schon kennen, ohne sie je gesehen zu haben. Der Heia nennt sie bereits »seine zukünftige Stiefmutter«. Das soll er mal ja nicht die Mutti hören lassen! Ich werde DIEJENIGE auch schon noch irgendwie nennen, wenn ich ihr erstmal die Visage verbläut habe.

Friedrichstraße stürmen wir raus und da vorn, da ist er. Stelzt er als ob er wunder was wäre, der olle Krauter! Und die Knie dreht er beim Gehen nach innen. Ist mir noch nie aufgefallen, daß er X-Beine hat. Komisch, der Mann dort ist mein Vati. Zwischen uns und ihm sind so viele fremde Menschen. Wieso ich ihn aber auch dauernd verwechsle! Der Heia latscht mir ununterbrochen vor den Beinen. Wenn mein Vati, Gott behüte, seinen Kopf mal bewegt, er kann ja nicht die Genickstarre kriegen, dann duckt sich unser Heia und schleicht als Buckliger ohne Hals weiter. Mich verlieren sie noch beinahe auf dem Bahnsteig. Nun die Treppe runter. Von den grauen Hüten gibt es aber auch so viele. Graue Hüte, breite Krempen, graue Hüte. Überall weite, schlabbernde Hosenbeine unter den Mänteln. Auch den Pfeffer- und-Salz-Mantel von meinem Vati sehe ich dutzendweise.

Auf der Straße müssen wir mehr zurückbleiben. Jetzt wird es gefährlich. Hinter der Frau mit dem schwarzen, langen Pelz gehe ich in Deckung. Wie mein Vati endlich rechts abbiegt und im dritten Haus durch die klotzige Tür verschwindet, können wir Pause machen. Die Tür hat er aufgelassen, langsam fällt sie von allein zu und passiert ist noch immer nichts Gescheites. Eierhäckerle als Wegzehrung, wie ich mir gewünscht habe, ist für unterwegs Käse. Harzer auf Schmalz, wie es der Heia mithat, eignet sich besser. Edgars Brote sind belegt mit teurem Schinken.

Unser Hauptquartier ist der Hausflur schräg gegenüber von Vatis Dienststelle. Wenn einer kommt und sich wundert, was wir hier zu suchen haben, lesen wir eifrig den stillen Portier von oben nach unten, als ob wir dringend eine Adresse wissen müssen. Meistens operieren wir aber draußen. Um die Mittagszeit wird es spannend. Es könnte sein, daß mein Vati mit Kollegen oder mit DERJENIGEN in seinem Stammlokal was Warmes zu sich nimmt. Aber er fastet. Möglich, daß DIEJENIGE ihm mit einem heimlichen Kurier ein Stullenpäckchen zugeschickt hat. Soviel wir wissen, hat er von zu Hause keines gefordert. Weil noch immer nichts passiert, werde ich langsam maulig. Ganz umsonst will ich hier auch nicht gaffen und die Zeit vertrödeln.

Am späten Nachmittag hat sich unsere Gruppe im Hausflur eingeigelt. Wir trauen uns nicht mehr auf die Straße, weil mein Vati schon seit fünfzehn Minuten weg sein müßte. Wir werden ihn doch nicht verpaßt haben, und er pussiert schon längst irgendwo gemütlich?

Ohne zu fragen, flutsche ich am Edgar vorbei zur Tür raus. Ecke Friedrichstraße ist es nicht so langweilig. Als Verkleidung habe ich mir meine Libelle aus den zur Seite gesteckten Ponys genommen. Der ganze Fusselkram fliegt mir nun über die Augen, und ich bin gar nicht mehr zu erkennen. Meine beiden großen oberen Raffzähne klappe ich zur Tarnung über die Unterlippe. Ein Auge kneife ich zu, und das andere ist mir auch bloß knappe Spalte. Die eine Schulter ist ans Ohr hochgezogen, und die andere hängt ganz unglücklich. Bißchen hinken tue ich auch noch. Ein armes Krüppelchen, das keiner mag, so stehe ich verlassen an der Friedrichstraße.

Plötzlich kriege ich Angst und will schnell wieder zurück zu den anderen. Ich drehe mich um, und da geht es auf einmal nicht mehr, weil gerade ein Schock Männer aus der Tür strömt, unter ihnen mein Vati mit praller Aktentasche. Bestimmt hat er in der Tasche für DIEJENIGE eine Überraschung. Schief und krumm und häßlich humpelt eine armselige Kleine um die Ecke und drückt sich halbverhungert an die Schaufensterscheibe. Zum Glück kommt mein Vati nicht über den Damm. Er geht nach der anderen Richtung zur S-Bahn runter. Stückchen hinter ihm zieht der Edgar mit einem buckligen Heia durch die Straße. Ich hinke ihnen nach. Wütend sagt der Edgar, wir sollen das lassen. Der hat gut reden. Der braucht keine Maske!

Weiß der Kuckuck, wo jetzt die ganzen Leute herkommen. Fehlt noch, daß wir meinen Vati verlieren. Wie er, wechseln wir die Straßenseite. Vor Menschheit schaffen wir es kaum mit dem Nachkommen. Das Licht ist hier auch nicht gerade das beste. Die Menschen können anhaben, was sie wollen, sie sind alle grau. Und mein Vati ist am grausten. Als ob es der Edgar bezahlt bekommt, so eisern ist er. Ich habe es schon reichlich satt. Wie es jetzt weitergeht, wissen wir auswendig. S-Bahn, am Knipserhäuschen Karte zeigen, unser Vati stiebelt rein in den dritten Wagen von vorne, wir zwei dahinter. Im vollen Wagen dürfen wir uns auf keinen Fall von der Tür wegdrängeln lassen, sonst können wir, wenn es brenzlig wird, nicht rechtzeitig aussteigen. Der Edgar klammert sich an die Türgriffe, und wir hängen am Edgar. Auf jeder Station muß er sich raus- und reinkämpfen. Falls er mal nicht mehr zurückkommt, sollen wir auf eigene Faust sehen, wo wir bleiben. Der Heia zappelt nervös. Er denkt immer, gleich passiert was. Ich bin die Ruhe selber. Für mich kommt nur Lichterfelde-West in Frage oder Zehlendorf-Mitte. Bei unserer Mission trampeln uns die Leute dauernd auf die Füße. Alle Knöpfe sind an meinem Mantel schon aufgegangen. Behandelt wird man, als ob man vom Spielplatz käme. Ich versuche, einen harten Ellbogen von meinem Kopf zu schütteln. Der Mann, der seine Knochen auf fremden Köpfen ablegt, stinkt auch noch ordinär nach Mottenpulver. Mit der Zeit wird es leerer. Dadurch hat es der Edgar leichter. »Nächste Lichterfelde-West. Weitersagen!« flüstert er mir zu. Ich zum Heia: »Lichterfelde-West. Weitersagen!« Der Zug hält. Na und? Was wird schon groß sein, als daß der Edgar wieder raus- und reinturnt. Hinter ihm drängen noch drei Figuren auf den Bahnsteig. Als alle raus sind, kommt der Edgar aber nicht wieder zurück. Die Türen gehen schon zu, ich schreie: »Wo bleibt der Edgar?« und zerre am Heia, der die Türen mit Gewalt wieder aufreißt. Wir springen raus und ein Blödmann fragt uns, ob wir träumen.

Zum ersten Mal stehen wir nun in dem Lichterfelde-West von meinen Tüten. Die Gegend ist feindselig. Schon wie der S-Bahner aus dem Diensthäuschen uns ansieht! An der Treppe unten entdecken wir den Edgar, der hinter einem Pfeiler steht und unserem Vati nachspioniert. In aller Gemütlichkeit schlendert mein Vati die Stufen hoch, in bester Laune, nichts von Hetzen, Gewissen hat er ja keins, nicht mal ein schlechtes.

Wir stoßen zum Edgar vor. Er verbietet uns den Mund und verlangt, daß wir nur noch mit den Augen sprechen sollen. Lichterfelde-West ist aber nicht besonders für eine Verfolgungsjagd geeignet, viel zu wenig Leute sind unterwegs. Ist der Vati jetzt links oder rechts abgebogen? Keins von beidem. Vor uns taucht er wieder auf. Nun ist er wirklich links lang. Wir müssen nachsetzen und, bis wir ihn wiederhaben, eng zusammenbleiben. Wenn mein Vati sich umsieht, sind wir drei zittrige Bettler. An der vorigen Ecke hieß es auf dem Schild QUERWALDSTRASSE. Was ich gesagt habe! Meine Tüten! Alles sehr verdächtig! Die Häuser sind mir unheimlich. Möglich, daß DIEJENIGE zwei, drei Stockwerke über uns thront und ungeduldig hinter einer Fensterscheibe nach dem Ehebrecher schmachtet. Wahrscheinlich dort links, wo gerade die Jalousie runterballert. Vielleicht steht sie auch hinter der weißen Gardine von der Loggia. Ich soll nicht über meine eigenen Füße stolpern, sagt der Edgar. Das fehlt ihm noch, daß ich hinschmiere. Wir sind nämlich nicht zum Spaß hier! Denkt er, für mich ist es Zuckerlecken? Solche Verwandtschaft!

Vor dem großen Eckhaus stand doch gerade noch mein Vati. In der Sekunde hat er sich aufgelöst. Wir wetzen hinterher. So schnell kann ich nicht mit. Aber auf mich wartet keiner. Die beiden verschwinden im Eckhaus. Rechts neben der Tür sehe ich einen kleinen Laden, das Schaufenster bäurisch blaukariert ausgeschlagen. Darin erhebt sich als Dekoration ein Berg Sahnebonbons. Zwei Haufen Borkenschokolade, in Milch und Butter, fallen sofort ins Auge. In einer aufgemachten Konfektschachtel sitzen in Gold- und Silberhütchen Nougatstückchen. Körbchenweise gibt es Marzipanbrote, Krokant und Cognac-Kirschen. Der Mittelpunkt ist eine blaue Keramikschale mit Kaffeebohnen, außen glasierte Schokolade, innen Zuckerwasser. Die esse ich am allerliebsten. Verblüfft und auch wieder nicht, lese ich über dem Laden die steifen, schwarzen Buchstaben auf der grünen Holztafel: SÜSSWAREN FRIEDEL GROLLMANN.

Im Hausflur kommt es noch viel besser. An der Hintertür, wo es zum Hof rausgeht, hängen hingebungsvoll der Edgar und der Heia. Die obere Hälfte der Tür ist aus Glas mit breitem Holzrahmen. Die beiden rücken kein bißchen zur Seite. Ich wühle mich vor den Edgar, bis ich mir ein genügendes Stückchen Glas erobert habe, durch das ich den Hof gut überblicken kann. Vor dem Hinterhaus, gleich neben den Müllkästen, steht ein gewisser Heinz Walter aus Zehlendorf-Mitte, spuckt sich kreuzfidel in die Hand und nimmt die Spucke als Pomade für seine blonde Welle, daß sie besser anklatscht. Mit der Lauseharke schiebt er nochmal die Fasson zurecht.

Dann zückt er aus der Manteltasche ein Spiegelchen, über dem er den Mund aufreißt, zupft lässig am kleinkarierten Schal und pult sich mit dem Daumennagel zwei, drei Fingernägel sauber. Fertig, Aktentasche hochgenommen, Hut unter den Arm geklemmt, so geht er beschwingt zu dem blankgeschrubbten Fensterblech, Hinterhaus, rechtes Parterrefenster.

Rosa Schwummerlicht schimmert durch die zugezogene Gardine. Mit dem Fingerknöchel pocht er an das Fensterblech. Wir sehen es mehr, als wir es hören können. Er bummert nochmal kräftiger. Eine Idee später geht die rosa Schwummergardine leicht zur Seite und fällt gleich wieder zurück. Das macht DIEJENIGE wohl als Zeichen. Schnell stößt der Vati die Tür vom Hinterhaus auf, sieht sich hastig, wie ein Dieb, nach allen Seiten um. Wir müssen uns ducken, kommen vorsichtig wieder hoch und da ist er weg. Vor uns haben wir nur noch einen leeren, grauen Hof.

Der Heia bekommt den Auftrag, sich anzuschleichen und an der rechten Parterrewohnung nach dem Namen zu forschen. Das kann der Edgar von ihm nicht verlangen, sagt der Heia. Er ist schon halbtot vor Angst. Seinetwegen soll sie heißen, wie sie will. Für den Feigling melde ich mich freiwillig und verpflichte mich auch noch feierlich, an das Schwummerfenster zu klopfen, um sie beim Pussieren zu erschrecken. Wenn ich mich vom Fleck wegrühre, kann ich den Edgar aber kennenlernen! Er geht jetzt! Schnell kommt er zurück und hat ausgekundschaftet, daß Parterre rechts nur ein Schild hängt, auf dem Friedel Grollmann steht, was neunundneunzigprozentig DIEJENIGE ist. Vermutlich gehört ihr vorn auch der süße Laden.

Da hat doch mein Vati sich immer von seiner eigenen Pussöse die Schokolade gekauft, oder noch viel schlimmer, für das Pussieren schenken lassen. Und ich habe das Zeug auch noch gelutscht! Pfui Deivel!

Heute wird es mit spielen nichts werden, weil ich schon wieder nach dem scheiß Lichterfelde-West fahren muß. Am besten können wir da gleich hinziehen und unser Leben verbringen. Die Friedel Grollmann läßt meiner Mutti keine Ruhe mehr. Dieser Name zerfrißt sie. Will sie als harmlose Mutter mit niedlicher Tochter gehen, die durch reinen Zufall am Süßwarenladen vorbeikommt. Das ist unser Inkognito. Mit eigenen Augen muß sich meine Mutti überzeugen, was an der Friedel Grollmann dran ist, die sie bis jetzt nur als Tüte kennt. Weil sich meine Mutti allein nicht traut, soll ich mit. Der Edgar hat noch ein paarmal das Haus in der Querwaldstraße belauert und hat sogar meinen Vati untergehakt mit DERJENIGEN rauskommen sehen. Er weiß auch, daß vormittags eine Hilfe mit Krampfadern im Laden steht und nachmittags die Friedel Grollmann selber bedient. Meinte doch der Edgar, schätzungsweise könnte sie knappe zehn Jahre jünger sein als meine Mutti, die ja schon vierzig ist.

In der S-Bahn besehe ich mir erst mal so richtig, wie hübsch sich meine Mutti heute aufgedonnert hat. Ganz weiß verpudert und die Augenbrauen sind hauchdünne Striche. Der Madonnenscheitel ist frisch nachgefärbt, und über den Ohren kruschelt sich ein Kranz krauser Löckchen. Vor acht Wochen, so was, war sie noch Kastanie. Jetzt ist sie goldig. Kleines, schwarzes Filzkäppchen hat sie schief aufgesetzt und ihren guten Fohlenmantel angezogen. Der Schal ist extra zu Hause geblieben, daß der geriffelte Crêpe de Chine-Kragen zur Geltung kommt.

Weil sie in Lichterfelde-West fremd ist, übernehme ich die Führung. Von meinem Vati droht uns keine Gefahr, denn es ist noch zu zeitig. In dieser Gegend möchte sie nicht für geschenkt wohnen. Denkt sie, ich? Fragt sie, ob sie nett aussieht. Sage ich, ja sehr! Aber das hat sie umsonst. DIEJENIGE kennt uns ja nicht. Meint sie, das gute Aussehen braucht sie für sich selbst. Ich soll mal ehrlich nachdenken, für wie alt ich sie schätze, wenn ich sie nicht kennen würde. Für überhaupt kein Alter würde ich sie schätzen, weil sie meine Mutti ist. Vor dem Laden angekommen, wundert sie sich »huch, nein so was!« Das Schaufenster hat sie sich viel größer vorgestellt. Für verwöhnte Ansprüche, findet sie, gibt es gar nichts. Alles Pfennigkram, Kleinerleutegeschmack. Angestrengt versucht sie durch das Schaufenster in den Laden zu sehen. Ich mache einfach die Tür auf und ziehe sie mit. Kümmerliches Klingeling und wir sind drin. Im Laden schlägt sie den Mantelkragen hoch, und draußen hat sie gebibbert. Es riecht mir hier alles sehr nach minderwertiger Schokolade.

Der grüne Vorhang, hinter dem das Private ist, bewegt sich und eine vierschrötige Frau tritt heraus. Das ist sie! Meine Mutti, eben noch Lilo Walter, wird zur überkandidelten Gnädigen, der vor Verdrehtheit die Nerven zittern, der Crêpe de Chine-Kragen und die Stimme. »Gelt ja doch«, tätschelt sie mich, »Mückelein, du kannst dir was Schönes aussuchen. Nun mach, mach.« Wenn ich dabei ernst bleiben soll, muß ich ab und zu in meinen Kaninchenkragen husten. Dann schreitet meine Mutti die Regale ab, als ob sie wunder was für ein dickes Portemonnaie hätte. »Was hast du am liebsten?« fragt mich die Friedel Grollmann. Mit der Schlunse spreche ich aber nicht. Wo die hübsch ist, möchte ich wissen! Nicht mal Locken dreht sie sich wie meine Mutti, und ihr Poposcheitel ist auch schief. Ziemlich tief im Nacken hat sie sich einen deutschen Knoten gezwiebelt, der in einem groben Netz liegt. Unter der gestärkten weißen Schürze sieht man ihr ochsenblutrotes Winterdirndl, das mit Edelweiß übersät ist, der Lieblingsblume des Führers. »Das schönste Blümlein auf der Alm, das ist das Edelweiß«, ist sein Lieblingslied. Entweder sind ihr die Beine so geschwollen, oder sie hat solche Stampen. Ihre rissigen Bundschuhe müssen uralte Treter sein. Busen hat sie mehr als üblich. Daß sie schon über dreißig ist, paßt zu ihr. Für jünger ist sie zu fleischig. Ob ich mir schon was überlegt habe, will sie wissen. Ich sage, seit meiner Mittelohrentzündung bin ich noch schwerhörig und verstehe chronisch nur ganz selten. Meine Mutti wird jetzt knarrig: »Mückelein, kannst du dich nicht anständig benehmen? Was soll denn die junge Frau von dir denken?«

»Ihre Sache!«

»Wirst du wohl! Die junge Frau meint es doch nett!«

Das ist mir ja das Neuste! Seufzt meine Mutti: »Schatzelchen, jetzt reicht es! Willst du ein Marzipanbrot?« Will ich nicht! Da, am Mittelregal hängen meine Tüten. Versucht sie es nochmal in aller Güte: »Oder vielleicht von den kleinen Tafeln? Herzelchen, nun sag schon!«

»Die können innen grau sein. Der Laden hier geht nicht.« Und da wagt es die Buhlin meines Vatis, von mir zu sagen, ich bin in einem schwierigen Alter!

Meine Mutti hat es jetzt satt und kauft für sich ein halbes Pfund Knickebeinbruch. Doppelt wird er eingetütet. Die wohlbekannten Tüten knistern. Wenn ich nicht weiß, was ich will, bekomme ich eine Puppenflasche voll mit Liebesperlen und damit hat sich's. Einen losen Riegel Milchschokolade kann ich noch dazukriegen. Aber von der Grollmann lutsche ich nicht eine Liebesperle. Die zertrete ich und scharre sie in den Gulli. »Das wär's dann?« fragt die Grollmann. Denkt sie, wir wollen ihren Laden leerkaufen!

»Schönen guten Tag auch«, lispelt meine Mutti. Ich herrsche die Friedel Grollmann an mit einem barschen »Heil Hitler!« Und aus dem Laden entschwebt eine vornehme Unbekannte mit frecher Göre. »Paß auf, Mückelein, Stufe!«

Zum Bahnhof runter futtert sie Knickebeinbruch. Auf einmal ist sie gar nicht mehr so hübsch wie vorhin in der S-Bahn. Von dem Knickebein ist ihr im Magen ganz elend. Trotzdem beißt sie noch eine Ecke ab und jammert mit vollgestopftem Mund: »Da haben wir uns jahrelang eingeschränkt und rumgeärgert, und dann kommt es noch soweit, daß DIE sich später die schöne Pension einsteckt. Die zweite Frau hat immer einen goldenen Hintern.«

*

Wie mir Fräulein Wilski hochnäsig verkündete, daß ich als einzige aus der Klasse Ostern kleben bleibe, war ich gar nicht so erschrocken, wie ich erst gedacht hatte. Draufhin ist meine Mutti zu Fräulein Wilski gegangen und hat ihr unsere zerrüttete Ehe geschildert, in der ich mich mit den Schularbeiten nicht so auf den Hosenboden setzen kann wie andere Kinder. Denn ich bin ja nicht dusslig und an sich willig und fleißig. Aber bei meinen vielen Fünfen und Sechsen war nichts zu machen. Da hat mich meine Mutter kurzerhand abgemeldet und in die Dahlemer Gertraudenschule gegeben. Dort hat sie denen vorgejammert, daß ich aus Zehlendorf weg soll, weil es schon stadtbekannt ist mit meinem Vati. Meine schlechten Zensuren sind kein Wunder. Durch diese Notlüge bin ich anstandslos in der strengen Gertraudenschule aufgenommen worden.

Meine Klassenlehrerin, Fräulein Vorreiter, ist nun in tiefer Sorge, ob ich mich die paar Wochen vor der Versetzung noch eingewöhnen werde und endlich Leistungen vorweise. Aber das ist ja gerade der Trick, den wir beim Heia auch immer angewendet haben. Wenn es mit der Versetzung wackelt, muß man kurz vor den Zeugnissen umgeschult werden. In der neuen Schule denken sie dann, das Kind ist noch fremd, mit der Zeit wird es sich schon machen. Das hat es bloß so schwer mit dem Eingewöhnen. Hier sind sie vielleicht schon in Englisch drei Lektionen weiter, und in der alten Schule waren sie in Chemie ganz woanders. Nun bin ich ja gut zu leiden, aber so schrecklich schüchtern, daß ich mich nie melde, auch wenn ich was wüßte. Fräulein Vorreiter hat das schon spitz bekommen und nimmt mich automatisch dran. Weil ich noch neu bin, weiß ich aber nie etwas.

Zweiundzwanzigster, dritter, neununddreißig! Das ist nicht einfach nur so ein Datum, an dem es ganz gewöhnlich nieselt, windig ist, olles Frauenbegräbnis in Ostpreußen durch die Straßen kraucht, oder meiner Oma der Zucker steigt. Es ist ein Tag, an dem unsere Herzen höher schlagen. Uns allemann, denen sie seinerzeit Stückchen Deutschland abgehackt und an die Litauer verschachert haben. Aber die Sehnsucht ist immer geblieben.

Wie wir nämlich seinerzeit zu Besuch in Tilsit waren, die Insterburger Omama, die Tanten, ich und die Josefine, und auf dem fernen, memelländischen Heimatboden, der da in der Fremde lag, mal ein besonders preiswertes, saftiges Würstchen essen wollten, ordentlich mit Mostrich drauf, mußten wir extra umständlich in Tilsit über eine große Brücke gehen und uns drüben mit ausländischen Zollbeamten abgeben, ehe wir uns den Bauch vollschlagen konnten. Wo es doch rechtmäßig deutscher Boden war, auf dem wir standen! Die Tilsiter sind immer so gern über die Brücke nach Litauen gegangen, weil es drüben billiger zu essen gab als bei uns. Man mußte bloß alles an Ort und Stelle verdrücken. Dazu sagten die Tilsiter: Wir gehen nach Übermemel.

Wenn wir nun jeder mit fünf dicken Würstchen im Bauch scheiden mußten vom Liebheimatland, Memelland, deutsches du, hat es uns jedesmal tief geschmerzt. Mich so fürchterlich, daß ich Bauchkneifen bekam und ganz nötig hinter den nächsten Baum mußte. Ade, haben wir uns immer getröstet, bis wir uns wiedersehen, ade, ade, ade! Aber wer hätte geglaubt, daß wir dank dem Führer so schnell wieder die Herren sind über die dortigen Würstchen, Äcker und Wälder! Er hat uns das Würstchenland zurückgefordert, obwohl er Vegetarier ist und nur rohe, geschabte Mohrrüben futtert und geraspelten Rettich und all solchen Kohl.

Mein Vati hat das Geschenk des Führers mit dankbaren Händen entgegengenommen und gleich bei uns antelefoniert, daß er am späten Nachmittag pünktlich erscheint, damit wir die Rückgliederung des Memellandes in einer Weihestunde würdigen können. Die Martha Deister soll ihm schon die Parteiuniform aufs Bett legen, aber ausgebürstet, ich kann derweile in die Kluft reinspringen, und der Heia hat als Hitlerjunge anzutreten.

Wie mein Vati schmissig die Tür aufschließt und beflügelt die Treppe hochstelzt, nehmen wir unwillkürlich Haltung an. Wir sind längst alle im Flur oben versammelt. Einen Augenblick müssen wir uns noch gedulden, bis mein Vati in die Uniform gestiegen ist. Die Mutti wartet in ihrer strengen, braunen Bluse mit gleichfarbenem Rock. Alles Sachen, die sie nicht kleiden und die sie bloß noch für die Waschküche nimmt. Sonst hat sie den ganzen Kleiderschrank voll Gerüschtem, viel Plissee, Schleifen und Ponpons, das meiste getupft oder blumig. Heute will sie aber beim Vati nicht anecken. Wenn sie sich schon absolut nicht für den deutschen Nackenknoten erwärmen kann, sondern sich dickfällig weiter geschmacklose Firlefanzlöckchen brennt — so mein Vati —, hat sie heute wenigstens was Schlichtes, Braunes angezogen, wenn auch mächtig gestopft unter den Achseln. Bei der Martha Deister hat's halt solche Hitze, daß sie in die weiße Kittelschürze geschlüpft ist, mit nichts drunter, wie mir der Heia begeistert zuflüstert.

Ich warte schon so darauf, daß mein Vati mich noch vor der Weihestunde zum Bäcker Schwilkowski Kuchen holen schickt. Wir müssen doch der Bedeutung des Tages gerecht werden und nicht wie gewöhnlich Graubrot essen oder getrocknete Semmeln von gestern. Ich möchte auch auf das Memelland mit einem Schluckchen Himbeerwasser anstoßen. Wenn kein Saft mehr da ist, geht genauso Vierfruchtmarmelade, verdünnt mit Wasser. Jetzt hören wir Vatis Koppel einklicken. Tiefbewegt erscheint er bei uns im Flur. Seinem Auftreten nach hat er persönlich das Memelland eingegliedert. Vorerst befiehlt er nichts von Kuchenholen.

Aus Geiz haben wir noch von Grünsburg her eine recht kümmerliche Fahne. Dauernd meckert mein Vati deshalb. Aber der und eine neue anschaffen! Nähen sollen wir uns gefälligst eine würdigere. Als ob wir den Stoff dafür geschenkt kriegen. Der Heia soll die Fahne jetzt vom Boden holen. In einem anständig organisierten Haushalt hätte sie schon bereit gestanden. Der Heia trampelt hoch und bringt sie runter. Heilig, wie sie ist, nimmt sie mein Vati und rollt sie aus, wobei Staub durch die Gegend fliegt. Macht nichts, daß sie zerknüllt ist vom schiefen Zusammenwickeln.

Ob ich ein Lied weiß, das jetzt paßt, fragt mein Vati. Na, dann mal los! Ich beginne:

»Grüßet die Fahnen, grüßet die Zeichen ...«

Der Heia darf nicht mitsingen, weil er sich die Stimme gebrochen hat. Aber allein will ich auch nicht. Dann sage ich den Inhalt lieber als Gedicht weiter auf:

»Grüßet den Führer, der sie schuf.«

Meine Mutti kneift die Martha Deister, wodurch ich ganz aus dem Konzept komme.

»Grüßet alle, die für sie starben,
folget getreulich ihrem Ruf.«

Mein Vati ist geistesabwesend in seiner wiedergewonnenen Heimat und der Heia döst. Die Fahne ist uns nicht nur ein Fetzen Stoff. Sie ist uns Mahnung, Ansporn und Verpflichtung. Weil mir keiner richtig zuhört, leiere ich die zweite Strophe schnell runter:

»Tag und Nacht gen alle Feinde,
laßt uns der Fahne Hüter sein.
Ob wir siegen, ob wir fallen,
unsre Fahne bleibe rein.«

Dann ist mein Vati dran mit der Ausgestaltung der Weihestunde. Ergriffen schultert er sich die Fahne und marschiert uns voran, als Fahnenträger. Die Fahne hoch, die Reihen fest geschlossen. Für Zweierreihen ist unsere Gefolgschaft zu klein. Wir formieren uns im Gänsemarsch, Mann für Mann. Über den Flurläufer knallen die Hacken nicht so zackig wie darußen auf dem Pflaster. Rechts schwenkt, ins Arbeitszimmer. Im Bakelitkasten vom Volksempfänger ist der Führer wegen des Memellandes schon ganz heiser. Die Fahne schwankt meinem Vati in den Händen, so ist er überwältigt. Am Arbeitstisch vorbei ziehen wir zum offenen Fenster. An der Wand draußen hängt eine kurze Eisenröhre, in die man die Fahne stecken muß, soll sie nach der Straße hin flattern. Kraftvoll rammt sie mein Vati rein, blickt sinnend ihrem stolzen Wehen nach, reißt sich los mit halber Kehrtwendung und sieht über uns weg, die wir im Halbkreis vor ihm stehen. Sein rechter Arm schnellt hoch zum deutschen Gruß. Staune ich ja, wie ich auf dem Schreibtisch eine große Flasche roten Sekt sehe, und was wir an Personen zählen, so viele Gläser, einschließlich der Martha Deister. Da werden wir wohl nachher mit einem Schluck Sekt auf den Führer anstoßen. Seine Stimme ist jetzt verstummt, und aus dem Volksempfänger schmettern schöne Märsche, die uns im Blut liegen. Der ausgestreckte Arm von meinem Vati wird nicht müde. Das muß an der Heimattreue liegen, die er hält. Weil ihm nämlich beim Memelland immer so die Erinnerung ankommt, wie er da geboren wurde. »Du Land meiner Väter, in dem ich geboren ...« Eisern strafft sich seine Grußhand, überspannt sich und sieghaft ruft er aus, als ob wir auf dem Reichsparteitagsgelände in Nürnberg wären und nicht in der kleinen Stube: »Ich melde — den Eintritt — meiner heißgeliebten Heimat — in das Reich!«

In der Deutschstunde nehmen wir heute bei Fräulein Vorreiter alles über unser kostbares Blut durch. Natürlich wissen wir längst vom Jungmädeldienst, das nordische, deutsche Blut ist das allerbeste auf der ganzen Welt. Eine jungsche Mädelführerin kann uns natürlich nicht so anschaulich das Blut erläutern wie eine studierte Lehrerin.

Fräulein Vorreiter erzählt uns von den großen, berühmten, deutschen Blutsträgern, die einst unser Blut verwalteten und das wir nun, als ihr Vermächtnis, in uns weitertragen, und wir müssen im Chor ehrfürchtig ihre Namen nachsprechen, die da unter vielen anderen hießen: Bismarck — der große Bismarck und voll Blut wie meins —, auch Widukind, in dem es einst genauso floß, wie in Hermann dem Cherusker, im alten Barbarossa, im ollen Fritz — eine jede Kugel die trifft ja nicht —, und wie sie alle hießen. Die

Adern voll davon hatten auch Hindenburg, den sie nach dem Ableben im Tannenbergdenkmal einbalsamiert haben, damit er sich ewig hält, und Horst Wessel – Tod den Kommunisten –, die sein kostbares Blut feige auf den Pflastersteinen vergossen haben. Auch Richard Wagner war genauso durchblutet und von gleicher Qualität, auch Andreas Hofer und der Erfinder der Nürnberger Eieruhr. In der Neuzeit fließt es im Führer, in Mackensen und Robert Ley, in Arno Breker und Schirach, überhaupt in allen deutschen Volksgenossen, und ich könnte mir denken, auch Zarah Leander. Bei der bin ich aber nicht ganz sicher. Die ist schwedisch und verdient bei uns ein Schweinegeld. Nach dem deutschen kommt aber schon das schwedische und höchstens das englische noch.

Nun teilt uns Fräulein Vorreiter in Rassen ein. Ein paar von unserer Klasse sind die rein nordischen. Dafür nimmt sie mich nicht, weil ich nicht blond und kleinpopoig bin mit langen Beinen. Mehrere Mädchen müssen zu den Dinarischen. All die häßlichen mit den großen Zinknasen und eckigen Gesichtern. Die bin ich auch nicht. Zu keiner Rasse will ich recht passen. Nicht mal zu den vielen Mischlingen, die ein bißchen was von dem haben und ein bißchen das. Meine Güte, was es nicht alles für vermuschelte Sorten Menschen gibt, mit denen wir uns abfinden müssen, bis der Führer mal Zeit hat, die ganze Blase richtig hinzuzüchten. Nach seinem Willen soll es dann später nur noch lauter schöne, große Blonde geben, und die anderen werden als Hilfsarbeiter, Müllmänner oder Knechte verbraucht.

Ich bin ganz traurig, denn alle aus der Klasse hat Fräulein Vorreiter schon einer Rasse zugeteilt. Bloß ich gehöre zu nichts. Wie dann aber Fräulein Vorreiter sagt »komm doch mal an die Tafel, Renate!«, da bin ich sehr stolz auf mich. Denn nun stehe ich vor der Klasse als was Besonderes. Freundschaftlich legt sie ihren Arm um mich und sagt, ich darf jetzt aber nicht gekränkt sein, das muß ich ihr versprechen. Ich werde ja wohl wissen, wie sehr sie mich alle mögen. Das hat aber nichts damit zu tun, daß ich ein einmalig reines Beispiel bin für die westische Rasse. Will sie nochmal betonen, daß sie privat nichts gegen mich hat, aber jetzt muß sie ihre privaten Gefühle mal beiseite lassen. Für den Rest der Stunde bin ich nur noch anschauliches Lehrmaterial in Rassenkunde und habe die typisch kurzen Beine von meiner schlechten Rasse und den unverkennbar rundlichen, westischen Stehpo. Ich muß der Klasse den Rücken zudrehen und meinen Po vorzeigen. Da kichern sie alle los. Wenn ich die Augen groß genug aufreiße, brauche ich nicht zu weinen. Viel zu feingliedrig bin ich, fast schwächlich. Nehmen wir bloß mal meine schmalen, abfallenden Schultern. Wie soll ich damit eine aufrechte Haltung zustande bekommen? Es hilft nichts, ich muß immer duckmäuserisch bleiben. Mein wenig ausgeprägter Hinterkopf ist für mich bezeichnend. Interessant ist auch die typisch zu niedrige Stirn, die nach den Augenbrauen hin leicht wulstig vorsteht. Blut hin, Blut her! Was nutzt mir denn nun mein gutes, deutsches Blut, auf das ich stolz sein soll, wenn ich es in der falschen Rasse zu fließen habe? Mehrmals muß ich nun der Klasse mein Profil herzeigen wegen der Nase, sowie die Vorderansicht und immer wieder den Hintern. Stückchenweise werde ich mit dem Zentimetermaß vermessen und mit den nordischen Maßen von der Ulrike Donath verglichen. Danach darf ich mich endlich wieder setzen.

Während es schon klingelt, erklärt uns Fräulein Vorreiter schnell noch unsere Hausaufgabe. Ganz groß, über zwei Heftseiten weg, sollen wir einen bunten Stammbaum malen mit Blättern, Ästen und Wurzeln, die sich ordentlich in unserer guten Muttererde verkrallen. Dahinein sollen wir mit dem Lineal viele kleine Kästchen zirkeln für all unsere Ahnen, bis zu den letzten Gliedern der Familie von heute. In jedem Kästchen haben wir gewissenhaft aufzuführen, wann der einzelne geboren ist, mit Namen, Heimatort, Glauben, Beruf und dem Todesdatum. Als letztes gehört immer das Wort arisch dahinter. Für den besten Stammbaum spendiert Fräulein Vorreiter ein Buch über den Werdegang des Führers.

Schnell feure ich den Federkasten in die Schultasche und pese, ohne mich umzudrehen, aus der Klasse. Auf der Straße flenne ich aber nicht los, weil ich ja nur als Lehrmaterial in Rassenkunde nichts tauge und nicht als Nate Walter. Ich gehe mir heute auch kein Nappo kaufen. Ich will nur schnell zu meiner Mutti und zur Martha Deister.

An dem Staummbaum habe ich bis zum späten Abend gesessen. Wenn man bedenkt, daß man die knorrigen Äste nicht einfach braun ausmalen kann und gut! Es müssen lauter weiße Stellen bleiben für die Ahnenkästchen. Und trotzdem sitzen die Äste noch voll brauner Borke, wer weiß wie hubblig, und haben massenhaft grüne Blätter. Das Besondere an meinem Stammbaum ist, daß er voll rotbackiger Äpfel hängt. Der Stamm ist aber mehr wie von einer dicken alten Dorfeiche, wo die BDM-Mädel immer Volkslieder vor einüben. Meine Wurzeln sind kräftig und weit verwuchert, weil sie die toten Generationen tragen müssen.

Der Opa von meinem Vati war ein Suffkopf und soll an die zwei Zentner gewogen haben. Aber Hauptsache, er war arisch. Deshalb habe ich ihn auch hingeschrieben. Dafür findet man von unserer Judschen nicht eine Silbe. In ihr Kästchen habe ich einfach »unbekannt gelebt und verschollen« reingesetzt. Aber sonst sind sie alle säuberlich eingetragen, die Andreasse, die Hu- und Alberte, die Clementinen, Annen und Carolinen, bis zur Renate Walter. Als Vorlage habe ich vom Vati den Ahnenpaß verlangt, den er sich mühevoll erforscht hat. Mit unserer Judschen, meint die Mutti, hat er da was gefummelt.

Das Malen hat mir Spaß gemacht. Bloß nachher das Reinschreiben von dem ganzen Kram, wer, wie, wo, was, das war langweilig. Habe ich mir ein praktisches Rezept ausgedacht. Erst kamen sämtliche Namen in die Kästchen. Schnell waren sie alle durch. Anschließend die Geburtstage, danach die kleinen Kreuze mit den Sterbedaten, dann die Heimatorte und Landwirt, Landwirt, Postverwalter, Telegrafeninspektor, Schmied, Lokomotivführer, wieder Landwirt, Brandmeister, daß es nur so flutschte, zum Schluß noch als Bandwurm katholisch, katholisch, katholisch, arisch, arisch, arisch.

Die Nacht über hat mein Vati mal wieder zu Hause geschlafen. Wie ich jetzt morgens ins Eßzimmer reinkomme, verstecke ich meinen Stammbaum hinter dem Rücken und sage: »Heil Hitler, Vati!« Er ist schon mit dem Frühstück fertig und polkt sich Schinken aus den Zähnen. Friedlich gelaunt fragt er mich gleich, was ich denn da Schönes hinter dem Rücken verstecke. Lange hätte ich es sowieso nicht mehr ausgehalten. Hoffentlich hat er so früh am Morgen schon sein Portemonnaie am Leibe. Richtig aufgeschlagen überreiche ich ihm das Heft. So sehr gefällt ihm mein Stammbaum, daß er losbrummt: »Hmhm – hmhm – hmhm, mein Mauseschwanz, mein Mauseschwanz ...« Vorerst noch ohne Geld folgt meine Belobigung: »Hätte ich dir gar nicht zugetraut. Aber wann wirst du bloß sauber radieren lernen?« »War sie nicht fleißig? Hat sie doch wirklich hübsch gemacht!« schwärmt nun auch meine Mutti. Sie weiß ja, wie viele Stunden ich mir damit Mühe gegeben habe. Die Martha Deister kommt und stellt mir meinen Milchtopf mit den Vierklees auf den Platz. Den Henkel hat sie angeschlagen und jetzt lügt sie, ich war es. Der Heia paukt beim Kauen noch schnell Vokabeln.

Mein Vati besieht sich die Ahnen noch immer. Dann stutzt er und schreit: »Das schlägt doch dem Faß den Boden aus!« Ganz aufgebracht klatscht er meinen guten Stammbaum auf den Tisch, direkt neben die Sirupschale, daß ich Angst habe, vom drübergelegten Löffel wird noch Sirup auf den Stammbaum kleckern. Wild wummert er mit der Faust drauf rum und brüllt: »So eine bodenlose Gemeinheit! Unverschämtheit!« Und noch was von erdreisten und zischt und spuckt und erhebt sich wie ein Ungewitter, daß ich mich schnell zum Fenster verziehe. Der Heia geht zehn Minuten zu früh zur Schule. »Da hat's halt dicke Luft«, und die Martha Deister verkrümelt sich mit dem Teewärmer in die Küche.

Meine Mutti angelt sich das Heft. Jetzt stehen sie sich gegenüber, er voll Wut, sie mit Heft und der Tisch dazwischen. Ratlos sieht sie immer wieder auf den Stammbaum und versteht nicht, was los ist. Denn sie findet nichts außer meiner prima Zeichnung, für die ich noch immer die Belohnung zu kriegen habe. Erstaunt sagt sie: »Aber da war das Mädel doch gewissenhaft bei der Sache!« Wenn der Adamsapfel bei meinem Vati so hin und herspringt, dann wird es gefährlich. »Gewissenhaft! Gewissenhaft!« kreischt er. »Mit deinem hirnverbrannten Kirchenwahn hast du die Kinder moralisch versaut und zur Urkundenfälschung angestiftet. Du hast wohl mit Gebetbuch, Rosenkranz und Peitsche hinter dem Mädel gestanden, damit das arme Ding deinen Pfaffen zuliebe überall hinter unsere evangelischen Vorfahren ›katholisch‹ schreibt?«

Du meine Fresse! Habe ich völlig verschusselt, daß unsere Ahnen alle evangelisch waren. In der Rage habe ich sogar meinen Vati katholisch gemacht. Sofort stelle ich mich vor meine Mutti und sage, daß sie gar nichts dafür kann. Ich verpflichte mich, alles evangelisch zu übermalen. Und wenn ich zu spät zur Schule komme! Da aber meine Mutti: »Das kommt überhaupt nicht in Frage! Dafür hast du nicht stundenlang gearbeitet. Der Lehrerin ist es schnuppe, ob dort katholisch steht oder evangelisch. Den Vati kannst du ja schnell noch umtaufen. Aber die andern wissen von nichts, und die Toten läßt du ruhn. Wollen wir doch mal die Kirche im Dorf lassen. Hier wird schließlich keine Urkunde eingereicht sondern eine Kinderzeichnung.«

Wahrscheinlich denkt mein Vati, daß unsere evangelischen Vorfahren durch diesen Stammbaum in ihrer Grabesruhe gestört werden. Bedrohlich steht er vor uns, im Rücken seine lange, evangelische Ahnenreihe, die er von dem katholischen Makel befreien will. Und das schwört er, das schändliche Heft wird er in Fetzen reißen! Erschrocken nimmt meine Mutti den Stammbaum schnell hinter den Rücken. Aber der Mensch muß besessen sein von seinen Ahnen. Als ob sie ihn treiben und peitschen, hetzt er meine Mutti immer um den Tisch herum. Verängstigt drückt sie das Heft gegen den Magen. Er scheucht sie eine halbe Tischrunde weiter. Das Frühstücksgeschirr tettert, die Tischdecke verrutscht. Wenn sie so weitermachen, können sie noch durch Sirup waten. Ich habe mich zur Tür verdrückt, weil ich im Weg bin. Die Teller und Tassen stehen schon bedenklich an der Tischkante. Passiert was, können wir aus dem Blechnapf essen, wie ich den kenne. Bitterböse spielen sie um den Biedermeiertisch Greifzeck. Unverhofft schert der Vati aus, daß ich schon denke, das Heft ist gerettet, und stürzt zum Buffet. Er reißt die Türen auf, zieht die oberste Schublade ein Stück heraus, kramt, Gott im Himmel, seine Pistole! Nachher sind noch vom großen Weltkrieg Kugeln drin! Am Tisch zittert meine Mutti. Ich lege sie mit dem Stammbaum in Gottes Hand und schleiche aus dem Zimmer. Bloß schnell nach draußen! Der Heia hat bei seiner Flucht die Haustür aufgelassen. Die Straße ist wie ausgestorben. »Zu Hilfe, Leute! Wegen Mord zu Hilfe!« Und keiner von den ganzen Scheißern, die hier wohnen, hört mich. Vielleicht bin ich schon mutterlos und habe nur noch einen Bruder mit kastriertem Kater.

Plötzlich ist Krach im Flur. Ich sehe nach. Da klammert sich meine Mutti an das Treppengeländer, und der Vati fuchtelt noch immer rum mit seiner erbeuteten, französischen Pistole. Wie einen Flitzbogen biegt er jetzt meine zerbrechliche Mutti nach hinten, daß sie ins Rutschen kommt und sich fallen läßt. Der schwere Brocken kniet sich auf ihre Beine. An ihre Brust preßt sie meinen Stammbaum. Der Vati versucht, ihr das Heft aus den Fingern zu reißen. Weil sie aber den Stammbaum um ihr Leben nicht hergibt, packt er sie hart am rechten Handgelenk und dreht es so lange um, bis man es deutlich zweimal knacken hört. Sofort steht er auf, erstaunt, daß sie nicht aus Gummi ist. Mutti stöhnt. In dem Moment kommt die Martha Deister aus der Waschküche. Vor ihr ist er auf das Heft nicht mehr wild und tut großkotzig, als ob meine unglückliche Mutti nur ihre Launen auf der Erde austobt, und damit will er nichts zu tun haben.

Vom geschnitzten Ordensritter, der auf dem Flurtischchen steht, nimmt er seinen Hut runter, den er aus Gewohnheit immer drüber stülpt. Neben der Besuchstoilette greift er nach Aktentasche und Mantel und knallt die Tür zu. Schönes Wetter heute! Die Martha Deister rennt ihm nach bis in den Vorgarten und ruft: Er soll ihr Geld dalassen für eine Taxe, weil sie mit der gnädigen Frau zum Arzt muß. Da hat's halt am Arm was. Ohne sich umzudrehen meint er: Von ihm aus kann sie verrecken!

*

Das Strandbad Wannsee ist der Trost dafür, daß Berlin nicht an der Ostsee liegt. Statt Dünen gibt es hier nur ganz gewöhnlichen Sand. Bloß die Strandkörbe sind echt.

Hier in Wannsee will mein Vati den letzten Versuch machen, unser zerrüttetes Familienleben zu retten. Schon uns Kindern zuliebe. Wortkarg liegt meine Mutti halb auf ihrer Handtasche, in der sie ständig das versiegelte Kuvert von ihrem behandelnden Arzt bei sich hat. Der bescheinigt ihr, daß der Vati unsere Mutti verrückt macht und ihr die Speiche gebrochen hat. Beim Speichenbruch waren die Martha Deister und ich die einzigen Zeugen. Jederzeit würden wir aussagen.

Der Heia schmatzt seine Veilchenpastillen. Die neue Badehose hat ihm unsere Oma spendiert. An meinem Badeanzug hat die Sonne das ganze Schwarze verschossen. Wo der mich kneift, darüber schweige ich lieber! Ich ziehe schon ewig an den Hosenbeinen, daß sie sich ausleiern. Selbstherrlich sitzt mein Vati auf seinem neuen, blauen Bademantel und beschmaddert sich die Beine mit Nivea. Die Berliner Oma hat meiner Mutti einen ganzteiligen, kleingeblümten Luftanzug genäht nach dem allerneusten Schnitt, mit kurzen, weiten Hosenbeinen. Wenn sie so wie jetzt daliegt, kann man den ganzen Urwald sehen. Nur ich habe nichts Neues. Beleidigt klettere ich in den frisch ausgeleerten Papierkorb. Hinter den Drahtmaschen stehe ich schön luftig. Von mir aus können sie mich alle mit Papier und Müll bedecken! Das Schild, das neben dem Papierkorb an einem Holzpfahl hängt, lautet: FÜR ABFÄLLE.

Mein Vati kann mich nicht für dumm verkaufen. Schon zweimal ist er unauffällig eine Zeitlang verschwunden. Wenn ich Geld hätte, würde ich mit dem Heia wetten, daß der Vati in den steinernen Wandelgängen an einem Verkaufsstand heimlich Bockwurst mit Kartoffelsalat verdrückt. Bei dem schönen Wetter rutscht das am besten. Bestimmt trinkt er dazu eine Weiße mit Waldmeisterschuß. Ich rufe zur Mutti: »Wir haben vergessen, ihm guten Appetit zu wünschen!« Tröstet sie mich: »Laß man, Nate, zu Hause gibt es nachher Blutwurst mit Sauerkohl.« Wo mir die Schulterblätter so spitz vorstehen, kriege ich mittags nicht mal einen Pfannkuchen. In Wannsee kann man nämlich alles kaufen. Hier kommt auch immer ein Humpelfritze vorbei, der einen Papierhelm auf dem Kopf hat, aus dem »Völkischen Beobachter« gefaltet. Dazu ruft er: »Lübbener Gurken! Lübbener Gurken!« Schon für einen Sechser fischt er mit der Holzzange eine knubblige Gurke aus seinem Blecheimer. Nach einer saftigen Lübbener wäre ich nicht mehr so durstig.

Kinder, die im Strandbad ihre Mütter verlieren, kommen in einen Drahtkäfig, damit sie nicht weglaufen. Ein nackter, kleiner Junge wird gerade ausgerufen, der seinen Namen vergessen hat. Nun warten wir alle darauf, daß sich seine Mutter ehrlich meldet. In Wannsee gibt es eine Menge armer Frauen. Die haben nicht mal Geld, sich einen Badeanzug zu kaufen. Notdürftig sonnen sie sich in Unterröcken. Frauen in Unterröcken sind aber zum Abschießen häßlich. Wie wir im Dritten Reich zu den armen Frauen kommen, ist mir ein Rätsel. Denn der Führer sorgt für alle. Diese Frauen könnten doch wenigstens alte Wolle aufräufeln und sich einen Badeanzug stricken. Es braucht ja nicht gleich so ein toller Ganzteiler zu sein wie der von der braungebrannten Nudel, die ein Stück entfernt von uns liegt und sich den Kopf verrenkt nach dem Gipsarm von meiner Mutti. Glotzt sie aufdringlich, daß ihr bloß nichts entgeht. Vor Neugierde kniet sie und robbt durch den Sand zum nächsten Strandkorb, an den sie sich seitlich lehnt, als hätte sie ihn gemietet. Gehören tut er aber einer Dickmadame mit Sonnenhut, die kalte Klopse ißt. In meinem Papierkorb sehe ich alles. Freche Leute haben mir Bücklingsköpfe und zerknautschte Pappbecher auf die Füße geschmissen. Die braune Nudel glänzt schmalzig und hat ein weißes Stirnband um. Auf Anhieb sieht man, daß sie sich den gelben Badeanzug selbst gestrickt hat. Das glatte Mittelteil ist kein Kunststück. Aber die Seiten sind kniffig linksverdreht gestrickt, Faden drübergelegt. Auf das rechte Hosenbein hat sie sich einen rotweißen Wasserball gestickt. Die Nudel kommt mir so bekannt vor! Die Maria Andergast ist sie nicht. Vielleicht die Hansi Knotek? Dafür hat sie aber zu dicke Beine. Richtige Keulen, Stampen, Füße wie Klötze, barfuß im Sand, sonst in schweren Botten, abgeschabtes Leder, Tüten, Schokoladenplätzchen, grünes Marzipan, viel zu bitter, Liebesperlen, jetzt fällt der Groschen, das ist keine vom Film, das ist die Liebesperle von meinem Vati. Also da sitzt uns tatsächlich DIEJENIGE in Wannsee gegenüber! Die hat mein Vati herbestellt, daß sie in aller Ruhe seine Familie begaffen kann. Sie erinnert sich wohl nicht mehr an uns, eingemummelt bei kaltem Wetter? Mich erkennt sie nicht, weil ich im Papierkorb stehe. Ein Bengel schmeißt Apfelgriebsche zu mir über das Drahtgitter. Vor Hitze juckt mir die Kopfhaut. Beim Schubbern komme ich mir plötzlich vor wie ein Affe im Käfig, den DIEJENIGE für ein bißchen Eintrittsgeld bestaunt.

Heute ist Freitag. An Freitagen passiert auf der Welt immer alles Schlimme, wie Kreuzigung, schwarzer Freitag und Fischessen. Seit einiger Zeit verschwindet die Martha mindestens dreimal in der Woche mit prallgefüllten Pappkoffern. Jeden Morgen, sobald der Vati aus dem Haus ist, macht sich die Mutti mit der Martha über das Tafelsilber her, die Bettwäsche, Handtuchstapel und Kochtöpfe, das gute Meißner Porzellan, das grüne Geschirr mit dem Fehlbrand, die Kuchenbleche, die großen Chinatassen, Vasen und was nicht noch alles. Viele Kofferladungen voll hat die Martha Deister schon weggeschleppt. Manchen Tag sogar vor- und nachmittags. Wohin, das war ein Geheimnis. Mal hat sie gelacht und gesagt, sie geht alles verkaufen, weil wir so pleite sind.

Damit mein Vati, der jetzt immer seltener kommt, nichts merkt, haben wir einige Sachen als Potemkinsche Dörfer hiergelassen. Von zwölf echten Silberbestecken hat er noch zwei zum vornehm Speisen. Auch sein Bett geht noch frisch zu beziehen. Die Schmutzwäsche muß bloß schnell gewaschen werden. Die Teppiche können wir nur noch mit dem Handfeger kehren. Auch der Einmachkessel ist verschwunden, Muttis Schmuck und die Damasttischtücher, ebenso das Fotoalbum aus der Grünsburger Zeit, wo ich auf dem einen Bild bei der Fronleichnamsprozession noch so niedlich aussehe mit meinem Körbchen, aus dem ich gerade Margaritenköpfchen auf die Straße werfe, damit der dicke Erzpriester Schulz sie zertreten kann, zu Gottes Ehre. In unserem komischen Haushalt gibt es nicht mehr eine Wolldecke. Und wo sind die silbernen Kommunionsbecher von uns Kindern geblieben, die Serviettenringe mit Hammermustern, Geflügelzange, Säge und Hackbeil? Ich hatte ja noch nie groß was anzuziehen, aber jetzt besitze ich gar nichts mehr. Die eingemotteteten Wintersachen haben sich genauso verflüchtigt wie die Sofakissen und Gardinen. Die jetzt vor den Fenstern hängen, dürfen nicht schmutzig werden.

Heute, am Freitag, sind wir endlich in alles eingeweiht worden. Wir hauen ab! Jetzt gleich! Nach Moabit, zur Oma, wo all unser Hab und Gut schon auf uns wartet. Wir verlassen bösartig den Vati und heben damit die eheliche Gemeinschaft auf. Als Grund nehmen wir den Gipsarm, und daß die Friedel Grollmann uns im gelben Einteiler wie im Zoo begafft hat.

Ohne eine Träne scheide ich von meinem Vaterhaus. Lebt wohl, ihr leeren Kisten und Schübe! Nicht der kleinste Wurstzipfel liegt mehr in der Speisekammer. Meine Kompanie Puppen ist längst nach Moabit runter. Meinen grauen Hut hatten wir vergessen einzupacken. Bei dem guten Wetter muß ich ihn jetzt aufsetzen, wie im Winter. Mit nackter Matratze sieht das Ehebett ganz unwirtlich aus. Selbst die benutzte Bettwäsche haben wir schnell noch in Muttis Einkaufstasche gestopft. Nicht mal die schon ziemlich abgewaschene Fliederseife gönne ich meinem Vati. Lieber mache ich mir die Manteltasche seifig. Nur meinen Nachttopf lasse ich hier. Leider gehen wir auch unserer schönen Nähmaschine verlustig. Aber meine Oma hat auch eine Singer. Von unten schreit die Martha Deister, ich soll machen! Die Mutti sitzt schon in der Taxe mit dem Heia. Der Heia hat die Kiste Katzenspreu auf dem Schoß und den Korb mit dem Maxe. Ich schleppe meine ganze Schultasche voll Krimskrams und noch zwei Netze. Der Mutti mit ihrem Gipsarm können wir nichts aufhalsen.

Die Martha Deister hat zu dicke Schenkel, als daß wir zu dritt hinten in der Taxe bequem Platz hätten. Grinsend lehnt sich der Heia bei ihr an und der Maxe mauzt. Zehlendorf-Mitte werde ich nicht viel nachtrauern. Moabit ist wenigstens eine richtige Großstadt. Ohne Hut auf dem Kopf wäre ich puppenlustig. Durch ganz schöne Berliner Ortschaften fahren wir, mit Zahnärzten, Milchhandlungen und Konditoreien. Das Taxameter klettert, gar nicht zum Hinsehen. Eine traurige Fuhre Flüchtlingsleid gondelt nach Moabit. Die Oma wird sich halbtot freuen, daß wir für immer bei ihr bleiben. Einsam sein ist das Schlimmste. So ein alter Mensch stirbt auf dem Abstellgleis. Wo sollen wir denn auch hin? Bleibe haben wir nicht mehr, Geld schon lange keins, und für drei, vier Mann hoch bekommen wir nicht so ohne weiteres eine Wohnung, wo der Wirt Kinder im Flegelalter mag und Kater, und keine Miete will.

Ab heute gehört uns die Martha Deister nur noch an, in unbezahlter Freundschaft. Das tüchtige Mädel können wir uns nun nicht mehr leisten. Eine neue Stellung hier in Berlin will sie nicht annehmen. So verrückt wie bei uns trifft sie es nirgends. Und eine gnädige Frau wie meine Mutti bekommt sie nie mehr zur Freundin. Deshalb will sie Anfang der Woche nach Schlesien zurückmachen. Das letzte Wochenende in der Fremde kann sie sich kein Hotelzimmer leisten. Sie ist auch so schrecklich anhänglich. Zum Dank für ihre Treue nehmen wir sie nach Moabit mit. Und wenn wir in der kleinen Witwenwohnung im Stehen schlafen müßten.

Unverlobt verläßt die Martha Deister die Reichshauptstadt und kehrt in den schlesischen Schoß zurück. Daheim will sie vor ihren Leuten aufschneiden, sie wäre mit einem verlobt von der Leibstandarte Adolf Hitler. Bei Kepa hat sie sich extra für fünfzig Pfennig einen Verlobungsring gekauft. Den will sie in Schlesien als echt Gold ausgeben. Ihre Verwandtschaft hat nämlich immer geunkt, die Martha wird in der Großstadt noch unter den Omnibus kommen. Und nun sollen die Schlesier staunen!

Moabit ist in Ordnung. Straßenbahnen bimmeln, zwei- und einstöckige Busse verkehren, und inmitten der hohen Häuser liegen viele Parkanlagen, die Moabiter Lungen. Hier sind wir endlich Großstadtkinder, die verschickt werden müssen, sollen sie in der miesen Luft nicht eingehen. Die Häuser haben durchweg vier Stockwerke und Balkons mit Fette Henne. Ist sie saftig dunkelgrün, wird sie mit Pusche gedüngt, mickert sie matt hellgelb, bekommt sie nur Wasser aus der Leitung. In Zehlendorf waren die Hausfrauen Damen, die an Krückstöcken mit zwei Rädern ihre vollen Einkaufstaschen durch die Straßen karrten. Im Moabit dagegen sind sie gewöhnliche Frauen, die ihre Netze selbst schleppen. Das berühmteste von Moabit ist die große Arminiusmarkthalle. Am Stand von den alten Knobschwestern, die gestrickte Pudelmützen aufhaben und käsedurchtränkt sind, daß man neben ihnen nicht im Kino sitzen mag, gibt es den am meisten stinkenden Steinbuscher Käse, der jetzt auch die Küche und den Flur von meiner Oma verpestet. Das kann ich gleich durchs Schlüsselloch merken. Die anderen bezahlen unten die Taxe, und mich haben sie zur Vorwarnung schon die Treppe hochgeschickt.

Zum ersten Mal stehe ich vor dieser Tür als Flüchtling, mit Beuteln voller Habseligkeiten und Manteltaschen voll Schicksal und Seife. Meine Oma öffnet ernst, wie es die Stunde gebietet. Aber die Freude steigt ihr hochrot in den Kopf. Zu sagen braucht sie nichts. Die Flurtür lassen wir angelehnt für die Bummelanten. Ganz nebenbei frage ich: »Hast du Kaukau gekocht?« Doch meine Oma ist taub und tippelt wie aufgezogen durch die Küche, in den Flur zurück, von dort in die beiden Stuben und mümmelt vor sich hin »ach Gott, o Gott«, und daß sie sich in ihrer eigenen Wohnung nicht mehr zurechtfindet. Ich muß ehrlich zugeben, bißchen vollgestellt ist ja alles. Besonders im Schlafzimmer kann man kaum treten. Orakelt sie: »Wir werden uns noch die Gräten brechen!« Zu ihrem Bett muß sie über zusammengerollte Läufer, zwei Waschkörbe und viele Kartons turnen. Der ganze Fußboden ist bedeckt mit Ärmelbrett, Plätteisen, Verlängerungsschnüren, Pfeifkessel ohne Flöte, Büchern und Geschirr. In einem Kartondeckel sehe ich Muttis Brennschere, meine Schlittschuhe und Gardinenringe. Auf den beiden Schränken stapeln sich unsere Koffer. Das Witwenbett ist unter Kleiderbergen verschwunden. Erfreut stelle ich fest, daß wir unser Waffeleisen gerettet haben. Sofort mache ich den Vorschlag: »Wollen wir zum Kaffee Herzen backen?« Wie ich nur die Eisenpfanne anrühre, kommen meiner Oma gleich Tränen und sie greint, daß sie auf der Stelle verrückt wird, wenn ich mich nicht auf das Sofa setze. Ich brauche bloß aus den Sofafransen Zöpfchen zu flechten und sie schnappt über.

Die anderen machen Lärm auf der Treppe für zwanzig. Welcher Hornochse klingelt Sturm bei der offenen Tür? Mutti jubiliert: »Huhu, Muttchen, da sind wir!« Da hat's halt Treppen, das kann die Martha Deister uns flüstern! Aber da hat sie sich halt ganz schön gewöhnt dran, beim Kofferschleppen. Vom Sofa aus sehe ich, wie die Martha Deister meiner Oma herzlich die Hand drückt. Und sie dankt auch schön für die Unterkunft übers Wochenende. Entgeistert ruft meine Oma: »Was, die Martha auch noch?« Mit der Martha Deister haben wir sie überrumpelt. »Muttchen, paß auf, daß du nicht über die Taschen stolperst!« mahnt die Mutti. Im Flur kann man sich jetzt auch nicht mehr richtig bewegen. Der Heia meckert: »Das ist hier aber auch eine miese Funzel!« Der Maxe faucht und kommt halb von Sinnen an mir vorbeigehumpelt. In dem engen Flur muß ihn jemand getreten haben. Er verschwindet unter dem Sofa. Verstört tapert meine Oma zwischen den Möbeln rum und faselt immerfort was von Katzenhaaren und dem guten Plüschsofa und Kratzern, und daß sie die Möbel von ihrer Mutters Mutter gehütet hat wie ihren

Augapfel. Der Heia gibt bekannt, ohne den Maxe geht er. Wo wir eben erst gekommen sind, bummern sie von unten schon gegen die Decke. Meine Oma sagt, sie werden ihr noch kündigen als wehrlose Witwe. »Na, na, na«, beruhigt sie meine Mutti, »wird schon alles, wird schon noch. Jetzt wollen wir erst mal gemütlich Kaffee trinken.«

Nun stürzen wir alle in die Küche. Die Martha Deister klappert schon mit dem Geschirr. »Das Gas!« zetert die Oma. »Wir werden noch in die Luft fliegen!« Dabei hat die Martha nur das Gas überschlagen lassen und pustet es wieder richtig. Von der Heimkehr ihrer einzigen Tochter ist meine Oma ganz aus dem Häuschen. Daß sie das noch erleben muß!

Die Martha Deister ist wirklich anstellig, aber der Oma kann sie nichts recht machen. Erst nimmt die Martha die falsche Kanne. »Wo gibt es denn so was, freitags die gute?« Dann soll die Martha das Tablett bringen. »Doch nicht das kleine. So eine Schnapsidee!« Das große, hinter dem Schrank steht es. Wenn sie es vorzieht, muß sie auf den Klopfer achten, daß er nicht hinterrutscht. Das ist ja noch schöner! Die Küche von meiner Oma und zu klein? Wo sie sich das Linoleum eigenhändig auf den Küchentisch genagelt hat, um zu sparen, weil sie uns einkleiden muß. Für eine Alleinstehende reicht sie. Sie hat uns nicht hergebeten. Wenn es uns nicht paßt, bitte! Überhaupt sollen wir alle machen, daß wir rauskommen. Sie kennt ihre Küche am besten. Nur die Martha Deister soll ihr zur Hand gehen. Irgend jemand wird ihr schließlich helfen müssen bei dem Trubel, den sie nicht gewöhnt ist. Nicht gewöhnt ist! Verdammt nochmal, so ist ihr die Mutti keine Hilfe. Hier muß sie sich an Ordnung und Sauberkeit gewöhnen. Die Schrippen werden über dem Aufguß aufgeschnitten, daß drin nicht der Teppich vollgekrümelt wird. Hier kann nicht jeder machen, was er lustig ist.

Zu dritt warten wir in der Stube auf den Kaffee. Wie meine Mutti das aushalten soll, weiß sie nicht. Aber wehe, wir zeigen uns nicht von der besten Seite. Es ist alles schon schwer genug. Meine Oma stößt die Zimmertür auf, hinter ihr kommt mit dem Tablett die Martha Deister. Kaffee und Abendbrot gibt es zusammen.

Die Zeit ist auch ran. Zu unserem Empfang hat sich meine Oma ganz schön angestrengt. Drei Bratheringe zähle ich. Das läßt sich meine Oma nicht nehmen, die Heringe schmurgelt sie selber. Nur wer eine Ahnung davon hat, wie das nachher noch stundenlang durch die Wohnung stinkt, kann das schätzen. Auf der Untertasse liegen zwei glänzende Rollmöpse. Ich mag nur die Gurke innen. Ein fischiger Freitag. Auch einen Rest italienischen Salat hat sie für uns aufgespart. Noch eine Rolle Harzer, reifen Limburger, achtel Tilsiter, dünne Scheiben, Butter gibt es nicht, dafür Schweineschmalz reichlich. Die Ölsardinen hat sie erst mal zugelassen. Den Korb mit den aufgeschnittenen Brötchen müssen wir noch aus der Küche holen. Ich habe mit Mutti und Heia auf dem Plüschsofa die besten Plätze. Bequem können wir an den Tisch reichen. In dem altmodischen Sessel sieht die Martha Deister ganz klein aus, so tief sitzt sie. Das Schlesiermädel hält die Eieruhr in der Hand. Sieben Minuten, so was, dann muß sie raus, Häckerle zurechtmachen, aus harten Eiern, Öl, Zwiebeln, nicht zu salzig. Jetzt pfeift auch der Kessel. Anständigen Kaffeedurst haben wir mitgebracht.

Bisher war die kleine Witwenwohnung von meiner Oma weltentrückt und still. Nur alle viertel Stunde schlug die Wanduhr mit den Gewichten. Gut, daß wir gekommen sind. Jetzt haben wir die kleine Wohnung mit Leben erfüllt.

Begeistert entdeckt der Heia auf der Erde unseren Volksempfänger. Sofort will er die Schnur in die Dose stecken. Die ist aber so konfus angebracht, daß er das Buffet ein Stückchen wegschieben müßte. Er will es mal versuchen. Schwerfällig stöhnt sich die Oma aus dem Sessel und watschelt mit ausgebreiteten Armen vor das Buffet. Da steht sie eisern, und wenn der Heia das wagt, kann er sie gleich zum Friedhof tragen. Maulig verschwindet er ins Schlafzimmer, buddelt unter dem Kram nach seinem Grammophon und vermißt die Platte »Ist sie nicht süß, ist sie nicht lieb, ist sie nicht nett, das Fräulein Gerda?« Mutti kramt in ihrer Handtasche. Weil die kleine Silberhülse leer ist, schüttelt sie den ganzen Krempel auf die Tischdecke und sucht den heiligen Antonius für die verwickelten Angelegenheiten. Ihren Schutzpatron braucht sie, und nun steckt er nicht mehr in der Silberhülse. Dabei geht die dicke Puderschachtel auf und pfirsichrosa Puder bestaubt die Plüschdecke, die zum Sofa paßt. Ich verlange energisch nach meinen hundertdreizehn Filmkurieren. Allgemeines Schweigen, nur die Oma brabbelt und wedelt mit dem Taschentuch den Puderfleck von der Tischdecke. Noch in der Taxe hat mir die Martha Deister geschworen, daß meine Filmkuriere schon längst in Moabit lagern. Momentan komme ich von ab, weil ich mir eine Blockflöte wünsche. »Wollen wir mal sehen«, verspricht meine Mutti, »was da zu machen ist.« Dann teile ich die Schlafplätze ein und opfere mich, auf der Erde zu liegen. Ich bekomme aber vom Boden das Ziehharmonikabett und darf nicht mal auf dem Balkon schlafen. Endlich pfeift der Kessel. Die Martha Deister will aus dem Sessel hoch und schlägt lang hin, daß die Briefwaage vor Omas Nase von alleine schaukelt. Heias Beine waren der Martha im Weg. Ausgestreckt, halb unter dem Tisch, lümmelt sich der Junge auf dem Teppich und lockt den Maxe. »Maxe kschkschksch!« Der Heia erwischt den Maxe am Bein und hält ihn fest. Das verängstigte Tier schlägt mit der Tatze nach ihm. Ob die Oma Milch hat, will der Heia wissen. Von der Büchsenmilch bekommt der Kater jedenfalls nichts! Mit dem Maxe hat sie weiß Gott nicht gerechnet. Mir gefällt es hier bombig. Behaglich schlage ich die Beine übereinander und fühle plötzlich am Klapperlatschen etwas Feuchtes. Vom Sofa her fließt was. Die Teppichkante saugt den Bach langsam auf wie Löschpapier. Der Maxe entwischt dem Heia und springt an die weiße Spitzengardine, die Omas ganzer Stolz ist, durch Hoffmanns Stärke. Ein Segen, daß sie mit dem Rücken zur Balkontür sitzt und zehn Gramm stinkenden Limburger von der Briefwaage wieder abnimmt, die zuviel sind. So eine Fettlebe kann sich meine Oma heute abend nicht leisten. Tagsüber hat sie schon so gesündigt. Da merke ich, wie in ihrer Hand das Messer zittert. Sicher steigt ihr gerade wieder der Zucker.

*

Wären wir doch schon früher nach Moabit gezogen, wo ich endlich wieder eine Freundin habe und reich bin. Ohne Freundin, wie in Zehlendorf, ist das auf die Dauer nichts. In der neuen Klasse von der Sophienschule habe ich mir sofort eine angeschafft. Am besten hätte die Ruth Schwumme zu mir gepaßt, weil sie so schlecht in der Schule ist, daß ich neben ihr immer noch gescheit wirke. Zudem könnte ich von ihrem Vater schwärmen, der Blutsfahnenträger ist. So einer hat schon zu Anfang bei der Partei mitgemacht, als der Führer noch ein kleiner Krauter war, den meine Oma nicht für voll nahm und als braunen Landstreicher beschimpfte, wenn er sich mit seinen Getreuen auf der Straße herumbalgte, für den Heia und mich. Um sich geschart nur ein Häuflein Braunhemden, über ihnen die rote Fahne der ersten Stunde. Wie oft haben sie sorgenvoll nach ihr hochgesehen, wenn sie so in die Zukunft wehte. Immer wurde sie mitgeschleppt, wo sie auch gingen und standen oder lagen, meuchlings niedergemetzelt von den Feinden der Bewegung. Mußten sie so lange daliegen bis zum »Deutschland erwache!« Das schadete aber nichts, weil bald immer mehr Stiefel vorwärtsstampften, Hunderte, Tausende, Millionen, alle, alle, alle! Nicht mal vom neunten November ließen sie sich aufhalten. Hitlerkameraden marschierten an der Feldherrnhalle vorbei, in der Hauptstadt der Bewegung, München. Kommunisten, Polizisten, Kaisertreue und Sozis ballerten auf die Braunhemden, peng, peng, peng, ihrer neun lagen im Staub, blutrot gefärbt, wie über ihnen die Fahne. Seit dem historischen Marsch auf die Feldherrnhalle hat sie vom Führer den Spitznamen weg »Blutsfahne«. Außer heilig ist sie auch noch praktisch. Jede x-beliebige Hakenkreuzfahne, die man an die Blutsfahne hält, ist automatisch geweiht. Ganze Fahnenwälder können wir so veredeln. Jeder Parteigenosse kann Fahnenträger werden und alle Fahnen tragen, außer der berühmten Blutsfahne. Diese dürfen nur jene Helden schultern, über denen sie damals, vor der Feldherrnhalle, geweht hat. Die Blutsfahnenträger! Es sind nur wenige, Auserwählte, und einer von ihnen ist der Herr Schwumme, dessen Ruth mich nicht zur Freundin nimmt, weil sie schon eine hat. Was der Vater der Bewegung verschworen ist, bleibt die Tochter der Edeltraut Knacke treu, von der Kohlenhandlung, Ecke Wilhelmshavener Straße. Nicht mal für Zweimarkfünfzig will sie abtrünnig werden.

Aus Rache fange ich eine dicke Freundschaft an mit der Kommunistenbrut Evi Dombalski. Vor der Welt geben sich ihre Eltern als Nationalsozialisten aus, und zu Hause, wenn sie unter sich sind, sagen sie statt »Heil Hitler« nur »Heil Moskau« und ballen die Faust.

Eine Schönheit ist die Evi nicht gerade. Etwas polnisch sieht sie aus und lispeln tut sie auch. Sie hat immer wenig Zeit und muß Strümpfe stopfen, Bollen wie Fäuste. Als sie mir von ihrem Kommunismus erzählte, habe ich ihr versichert, ich nehme sie auch kommunistisch. Wir brauchen es ja nicht an die große Glocke zu hängen. Aber anstatt sich zu freuen, war sie erst kiesätig: So beliebt wie sie ist, könnte sie mit jeder. Da habe ich einfach gesagt, sie soll mal raten, wie reich wir sind. Kam sie gleich damit an: »Ich denke, du hast keinen Vater?«

»Aber meine Oma ist eine reiche Witwe, und ich werde mit dem Heia mal alles erben. Was die noch für Goldstücke hat aus der Kaiserzeit!« Na, da staunte die Evi aber! Habe ich die Geschichte weiter ausgeschmückt: Wenn sie denkt, wir wohnen vier Treppen hoch, in so einem ollen Berliner Mietshaus, dann ist das nur von außen so grau und schäbig. Hinter unserer Tür haben wir Säle. Jeden Sonnabend veranstalten wir Tanzvergnügen. Ein Ziehharmonikaspieler und ein Zigeunergeiger bilden die Kapelle. Das sind welche, die sonst beim Rundfunk spielen. Neidisch sagte die Evi, daß sie daran keinen Spaß hat. Sie kann ja nicht tanzen. »Denkste ich?« habe ich sie getröstet. Für die Nichttänzer gibt es eine goldene Barockgondel, innen mit rotgepolsterten Sitzen, in die müssen wir reinsteigen, und mein Bruder Heia zieht uns an einer seidenen Wäscheleine hoch bis unter die Decke. Von dort oben können wir leicht schaukelnd das Fest genießen. Natürlich müssen wir uns roten Sekt und Kuchentüten als Verpflegung mitnehmen. Zum Austreten wird die Gondel kurz runtergelassen, und die Tanzenden entweichen ein Stückchen. Unseren echten Schäferhund Rolf haben wir derweile auf den Balkon gesperrt. Als ausgebildeter Wachhund hat er so seine Mucken. Seinetwegen darf die Evi nie zu mir raufkommen, das muß sie mir versprechen. Denn bei Fremden ist der Rolfi tückisch.

Nun sieht mich die Evi mit ganz anderen Augen, und wir bringen uns immer gegenseitig von der Schule nach Hause. Erst zu ihrem Haus, die wohnt gleich neben der Kneipe, in der Putlitzstraße, dann zu mir und von da wieder zurück zu ihr, und immer so hin und her, manchmal zwei Stunden lang. Meine Oma gibt mir dann nichts mehr zum Mittag, und die Evi bekommt es mit ihrem ältesten Bruder Ewald zu tun, der, den häuslichen Kommunismus vor Augen, bei der Reichsjugendführung ist.

Meine Mutti arbeitet jetzt in einem Amt und hat in Omas Wohnung nichts mehr zu melden. Unsere Oma regentert mit uns rum und besteht nur noch aus Zucker, weil wir ihr das Leben so versüßen. Bleibe ich zu Hause, steigt der Zucker, denn sie kann nicht mitansehen, wie ich alles auf den Kopf stelle. Bin ich mit der Evi verabredet, steigt er, weil sie sich während meiner Abwesenheit solche Sorgen um mich macht. Gehe ich mit dem Heia in den Keller Holz hacken, sieht sie uns schon mit einer abgehackten Hand raufkommen. Stehen wir auf dem Balkon und kämmen den Maxe, fliegt sie am ganzen Körper, wir könnten runterstürzen.

In Moabit, wo die Mutti keine gnädige Frau mehr ist sondern berufstätig, ohne Martha, geht es mir so blendend, daß ich dreimal in der Woche ins Kino kann. Letzten Montag zu Sybille Schmitz in »Fährmann Maria«. Seit die Mutti verdient, bekomme ich im Monat fünf Mark Taschengeld. In Zehlendorf, halb auf dem Lande, wäre ich damit prima ausgekommen. Aber die Großstadt mit ihren Verlockungen ist teuer. Andauernd ist Rummel im kleinen Tiergarten. In Zehlendorf hatten wir bloß das Zelt. Hier gibt es gut ein Dutzend Kinos, so in Alt-Moabit das Weltkino, eins in der Wicleff, in der Waldstraße eins und in der Beußel, drei allein in der Turmstraße, dann noch das Sternkino, das Hansa und so weiter. Bei fünf Mark komme ich da natürlich nicht aus.

Die Idee, wie ich zu größerem Reichtum gelange, kam mir in der Erdkundestunde, als die Uschi Fältzer mit ihrem dicken Weltatlas angab. Wir anderen haben entweder, wie ich, gar keinen oder einen dünnen. In dem von der Uschi Fältzer war Berlin so groß wie im dünnen Holland. Während der Pause habe ich so lange an Uschis Kameradschaft appelliert, bis sie mir den Atlas für einen Tag geborgt hat. Zu Hause habe ich ihn dann meiner Mutti vorgelegt und gesagt, es ist unglaublich, daß ich zwar den Stiefel vom Duce kenne, weil ich für ihn schwärme, aber nicht mal weiß, ob Bukarest die Hauptstadt von den Ardennen ist, geschweige denn, wo die Inseln liegen, oder ob in Afrika die größte Stadt so heißt. Deshalb empfiehlt mir meine Klassenlehrerin, Fräulein Meyer, dringend den Großen Weltatlas. Erst hat die Mutti gemeckert, warum wir hier in der ordinären Gegend so einen wertvollen Atlas brauchen. Und in Zehlendorf, wo es den Leuten nicht so drauf ankommt, hat der kleine Schulatlas gereicht. Da habe ich ihr die Freude gemacht und behauptet, ich kann ihn gebraucht bekommen. Dadurch ist er um die Hälfte billiger als im Laden. War sie ganz glücklich. Eher geht die Welt unter, als daß meine Mutti sich später nochmal nach einem Schulbuch erkundigt. Das Bezahlen reicht ihr. Bald war ich aber wieder verarmt und mußte mich nach neuen Büchern umsehen.

Heute erkläre ich nun meiner Mutti, daß wir uns »Die Sterne über mir« anschaffen müssen. Denn das Firmament reitet meine Klassenlehrerin als Steckenpferd. Mutti will mit den Dreimarkfünfundachtzig nicht recht rausrücken. »Alle haben sie das Buch schon, außer mir«, quengele ich. Das einzige Kind ohne »Die Sterne über mir« soll ich auch nicht sein. Gebraucht darf ich sie mir kaufen. Zum Vorzeigen muß ich mir »Die Sterne« noch von der Christa Patschke holen. Bei dem Geschäft komme ich mir gar nicht schlecht vor, weil ja meine Mutti kein Geld verliert. Sie pumpt sich nämlich doch immer alles von der Oma, die nie einen Pfennig wiedersieht. Für meine Umsicht, daß ich die Bücher gebraucht besorge, bekomme ich zur Belohnung pro Stück eine Mark Prozente.

*

Zum ersten Mal in meinem Leben sehe ich einen Kommunisten im Bett. Zerwühlte Zudecke, verkrumpeltes Kopfkissen, Laken verruschelt, alles echt kommunistisch. Aus dem Wurschtelsalat guckt ein zusammengeschnurrter Glatzkopf. Der Schmorapfel hat als Augen Kalmückenschlitze. Kalmücken sind von den Bolschewisten die schlimmsten. Kommunisten haben Wohn- und Schlafzimmer in einem. Bloß Ehebett, Tisch, Stühle, Lampe, Käfig mit Wellensittich Peter und fertig. Der Kommunist hat tiefe Backenlöcher und ist Evis Vater. Ihm fehlt was an den Mandeln. Vorher war er zwölf Jahre arbeitslos, und statt jetzt in die Fabrik zu gehen, ist er krankgeschrieben. Im reaktionären Deutschland damals haben sie ihn nicht atmen lassen, noch wachsen, so ist er spack geblieben und bei den Kommunisten gelandet, bis ein junges, deutsches Volk aufgestanden ist zu neuen Taten. Aber da war er schon verstockt und bockig und wollte sich nicht mehr umgewöhnen zu seinem Besten und liegt nun mit vereiterten Mandeln im Bett. Stänkert er mich gleich an: »Hau bloß ab, Zigeunersche! Wirst der Evi noch Dummheiten beibringen!«

Dabei ist es gerade umgekehrt. Die Evi schläft auf einer schmalen Chaise neben dem Ehebett ihrer Eltern. Kurz nach acht muß sie schon in der Falle liegen, und trotzdem ist die Evi oft übernächtigt. Das kommt davon, weil sie immer so tut, als ob sie schläft, und in Wahrheit hält sie Wache. Sie will nämlich immer abwarten, bis die Eltern sich hinlegen und einschlafen. Wenn dann die Mutter im Traum rechtschaffend seufzt, so müde ist sie, bufft sie der Vater oft aus heiterem Himmel an und fragt: »Klara, schläfst du?« Dabei hört er sie regelmäßig pusten! Dann traut sich die Evi nicht mehr zu atmen, denn der Herr Dombalski strampelt, wühlt und ächzt und wälzt sich, und die arme Frau wird dadurch aus dem ersten Schlaf gerissen. Wer tagsüber so viel um die Ohren hat wie diese deutsche Mutter von fünf ausgewachsenen Söhnen und einem Nachkömmling, der Evi, will nachts seine wohlverdiente Ruhe haben. Ist sie erst mal wach, machen sie Krach für drei und pumpeln da was zurecht, daß die Evi sich kugeln könnte. So schildert sie mir ihre Nächte und verdirbt mich.

Kommt sie doch letztens im Ottopark auf mich zu und sagt, wenn ich mal allein zu Hause bin, soll ich unbedingt den Handspiegel von meiner Mutter nehmen und auf die Erde legen, mit dem Spiegelglas nach oben. Nun muß ich mich breitbeinig, ohne Schlüpfer, drüberhocken und mir alles genau betrachten, was sich da spiegelt. An dem kleinen Ding, welches vorn bei mir rausguckt, soll ich dann mit dem Finger rubbeln. Erst sachte, sagt sie, darauf doller und so schnell, wie es bloß geht, bis mir schön wird. Das erforscht sich die Evi alles eigenhändig. Nachdem sie das nun entdeckt hat, wollen wir später, bis zu unserem Ableben, in Treue zusammenbleiben, weil wir dank ihrer Erfindung auf Männer verzichten können.

Trotzdem gehen wir jetzt mit zwei Boys. Heini Reitze und Günter Schander. Wir sind elf, und die müssen so knappe vierzehn sein. Meiner ist der Günter Schander. Vater hat er keinen, aber seiner Mutter gehört ein Zigarettenladen. Auf der Straße hat er mich angekäst: »Hallo Kleine, deine linke Wade eiert!« Die Evi nahm sich den Heini Reitze. Direkt schlecht war er auch nicht, aber pickliger und kleiner.

Die Boys wollten durchaus mit uns in den kleinen Tiergarten. Dort setzten wir uns auf eine Bank hinter dicken Sträuchern. Evi und ich saßen in der Mitte, neben mir der Günter und der Heini bei der Evi.

Der Günter war schrecklich verliebt in mich. Erst legte er den Arm auf meine Schulter, und sofort legte auch der Heini seine Hand auf die Armkugel von der Evi. Günters Flosse rutschte langsam ab in meine Taille. Da gibt es bei den Mädchen einen Punkt, wo es kitzelt. Den suchen sich die Jungs, damit die Mädchen quieken. Den Punkt konnte der Günter bei mir nicht finden. Wieder schielte der Heini nach uns und piekte der Evi in die Seite, daß sie losgickerte. Nun kraulte mich der Günter am Oberschenkel. Der Heini kraulte bei der Evi. Unverhofft tippte der Günter mir mit dem spitzen Zeigefinger zwischen die Schenkel, daß mein Blümchenrock eingeklemmt wurde. Sofort klemmte der Heini Evis Schottenkaros ein. Küssen ließen wir uns nicht, dazu kannten wir uns noch zu wenig.

Wir wollten lieber ins Kino, ins Stern, zu »Blumen aus Nizza«. Wir mußten uns aber beeilen, denn die Wochenschau lief schon. Unterwegs fragte mich die Evi, ob wir selber bezahlen müssen. Sie weiß nicht, ob sie genug Geld hat. Habe ich sie beruhigt: »Doch nicht bei Kavalieren, die uns lieben.«

An der Kasse verlangte der Günter zweimal zu sechzig. Aber anstatt er mir die eine Karte gab, bekam sie der Heini. Standen wir da. Solche Enttäuschung! Ich hatte ja so um acht Groschen bei mir. Aber die Knauser wollten der Evi keine fünf Pfennig pumpen, die ihr fehlten. Mußte ich das machen. Nach dem Kino haben sie uns nicht mal nach Hause gebracht, nur bis zum Zigarettenladen vom Günter Schander. Erst haben wir überlegt, ob wir mit den Boys Schluß machen sollten. Dann wollten wir sie aber doch lieber behalten, bis wir was Besseres fänden.

Unseren Sieg feiern wir bei einer Träne Eierlikör. Ich habe entscheidend mitgeholfen, daß wir die Scheidung so haushoch gewinnen konnten. Ein ganz gewieftes Mädel bin ich, sagt meine Oma, aber mit dem Herz auf dem rechten Fleck. Unser Rechtsanwalt hat seine Sache ordentlich gemacht, gar nicht dran zu tippen. Er war alt und teuer. Leider konnte unser Kronzeuge, die Martha Deister, nicht persönlich aussagen, da sie im schönen Schlesienland war. Gut leserlich haben wir der Martha im Brief ihre Aussage lang und breit vorgekaut, daß sie bloß alles wörtlich abzuschreiben brauchte. So hat sie per Post gewissenhaft Zeugnis abgelegt von dem Speichenbruch. Außer dem schlesischen Dokument hatten wir auch noch meine verschreckten Kinderaugen, die alles mitansahen, in die Waagschale zu werfen.

Wie ich mir schon eine prima Zeugenaussage zurechtgetüftelt hatte, das Heft voll von Notizen und die rot unterstrichenen Untaten der Gegenseite auswendig gelernt, und ich mich so richtig schön eingeweint hatte in mein schweres Los, mit Stunde und Datum, da wurde wegen der gefährdeten Seelen auf die Aussage von uns Kindern verzichtet, die weiß Gott genug durchgemacht hatten.

Wenn ich nun schon nicht vor den Richter durfte, dann wollte ich wenigstens, wie die Martha Deister, dem Gericht meine Zeugenaussage brieflich schicken. Fünfmal habe ich unser Schicksal ins Unreine aufgesetzt. Dabei bin ich mit den Zets und Tezets überhaupt nicht zu Rande gekommen und habe dauernd meine Oma fragen müssen, bis ich dann lieber eine Tuschzeichnung von dem Speichenbruch anfertigen wollte.

Unser Zehlendorfer Reihenhaus malte ich schön mit Lineal. An meinem Himmel dräute mausgrau ein Ungewitter. Böse Wolken saßen mitten im Bild. Jeden Augenblick mußten sie platzen. Den grauen Wolken hatte ich Deckweiß beigemischt und mit dem Daumen alles vermuschelt. Die Dachziegel waren vom Sturm schiefgerüttelt. Gleich konnten sie runterfallen und auf dem Kopf von dem Kind zertöppern, welches gottverlassen auf Streichholzbeinen im Vorgarten stand. Eine arme Kreatur, die nicht satt zu futtern kriegte und die Hände rang nach dem Schöpfer, der so schwerhörig war wie ein tapriger Opa aus dem Siechenhaus. Damit man gut in den Flur sehen konnte, stand die bedauernswerte Kleine etwas seitlich. Der Eingang war fast so groß wie das ganze Haus. Eine Frau mit Puffärmeln und Lockenkopf lag in der Tür. Aus ihrem Arm ragte anklagend die zerbrochene Speiche, auf die ein dicker, roter Pfeil hinwies, und das Knochenstück war namentlich bezeichnet. Ein großer Mann kniete der Frau auf dem Bauch und hielt eine Pistole in der Hand. Unter der Zeichnung stand geschrieben: SO WAR ES!

Diese Urkunde kam, dreimal sorgsam gefaltet, ins Kuvert, das ich postwendend an unseren Anwalt schickte. Bei der Verhandlung sind dem Richter Tränen gekommen, erzählte die Mutti, so war er von der Zeichnung erschüttert. Mein Bild hat dem Vati kolossal geschadet.

Auch unser Heia hat sein Scherflein zur gewonnenen Scheidung beigetragen. Als Baby ist der Heia nach dem Vati Heinrich getauft worden. Den Montag werden wir nie vergessen, an dem mit der Mittagspost ein parfümiertes, hellblaues Kuvert durch den Briefschlitz gesteckt wurde. An Herrn Heinrich Walter. Für den Heia also. Wie wir es schriftlich bei der Post beantragt hatten, wurden sämtliche Briefe an uns, die noch zur alten Adresse gingen, nach Moabit umgeleitet, ohne daß der Vati sie in die Finger bekam. Der Heia kriegte selten Briefe. Und wenn, steht fast immer auf dem Kuvert Heia Walter, selten Herr, meistens Schüler, höchstens noch Heinz, aber niemals Heinrich. So alt wird er nicht angeredet. Von Kindheit an ist Heia sein Künstlername.

Der Brief an HERRN HEINRICH konnte nur von einer neuen Flamme kommen. Ausgesprochener Liebesbrief. Das vornehme Leinenkuvert sprach von hellblauer Treue. Absender keiner. Der Heia beroch den Brief und sagte, wir sollen ihm von der Pelle rücken, er pocht auf das Briefgeheimnis. Dann verzog er sich mit der Liebesbotschaft ins Schlafzimmer. Kurze Zeit später hörten wir die Sprungfedern quietschen und den Heia kreischen.

Ich war mit der Oma sofort bei ihm. Der Heia sielte sich auf dem Bett und strampelte mit den Beinen. Gewöhnlich duldet die Oma solche Lotterwirtschaft nicht, daß wir uns tagsüber auf das gemachte Bett setzen. Aber jetzt plazierte sie sich neben den Heia. Der Wichtigtuer gab uns erst mal das leere Kuvert. Eine weite Reise hatte der Brief hinter sich. Von Berlin war er nach Ostpreußen gegangen, an die Adresse der Insterburger Tanten, die mir gestohlen bleiben können. Dachte wohl die Absenderin, der Heia verlebt dort schöne Stunden bei der Verwandtschaft. In Insterburg war der Brief durchgestrichen, frisch gestempelt und wieder zurück nach Berlin geschickt worden zur Zehlendorfer Wohnung, wo er aber nicht ankam, weil er vorschriftsmäßig an unsere jetzige Adresse nachgeschickt worden war. »Die Post ist ein Saftladen« jauchzte der Heia. »Das müßt ihr lesen! Der Brief ist gar nicht für mich. Er ist für Vati!« Trotz ihrer schlechten Augen konnte meine Oma plötzlich ohne Brille fließend vorlesen:

halb zehn Uhr

Mein geliebter Heinzelmann!
Wie wünsche ich mir für Dich, daß Du in dem jetzt befreiten Land, in dem Du in Deiner Jugend gespielt hast, spazierengehst, die gute Heimaterde riechst und sehen kannst, wie alles zu neuem Leben erwacht. Muß das herrlich sein! Denkst Du dabei auch ein wenig an mich? Wie ich hier in meinem einsamen Stübchen sitze? Ohne Dich gehe ich lieber gar nicht aus. Nichts wie Häuser, und dazwischen das armselige Geschöpf der Natur, der Mensch, der sich einbildet, die Krone der Schöpfung zu sein. Ich möchte jetzt an Deiner Seite Hand in Hand mit Dir an der Memel stehen und kein Wort sagen. Lieber, guter Heinzelmann, ich bin schon ganz blaß vor lauter Sehnsucht nach Dir. Du wirst jetzt vor Dich hinlachen, seufzen und sagen: Ach Flohchen! Es ist aber wirklich so, ich sehe gar nicht gut aus. Aber Du kommst ja bald zu Deiner Friedel. In meiner Einsamkeit habe ich Dir, bis auf die Ärmel, Deinen Pullover fertiggestrickt. Rauchst Du auch nicht zuviel? Vielleicht hörst Du jetzt im Radio dieselbe Melodie wie ich, aus Berlin? Ich möchte am liebsten den ganzen Tag an Dich schreiben und Dir alle meine Gedanken mitteilen, die ich so habe. Ach ja, ich mache mir mein Samtkleid in Ordnung, und an dem Tag, an dem Du kommst, ziehe ich es für Dich an, ja? Schlafe recht gut und träume ein klein wenig von Deinem Flohchen. Gute Nacht, mein lieber Heinzelmann. Jetzt sind es nicht einmal mehr ganze sechzig Stunden, bis Du wieder bei mir bist. Nur zweimal

brauche ich noch aufzuwachen. Beim zweiten Mal kann ich mir schon sagen: Heute kommt mein Heinz wieder. Wird das schön sein! Hoffentlich bekommst Du den Brief noch rechtzeitig. Ich werfe ihn gleich nachher in den Briefkasten, damit er noch ankommt. Ich habe Dich am liebsten auf der ganzen Welt. Sei herzlich gegrüßt und geküßt von Deinem Flohchen.

Damit hatten wir die Scheidung in der Tasche. Die gegnerischen Anwälte schüttelten sich nach bestandenem Kampf die Hände. Kameraden sind Kameraden. Neben ihnen standen ganz erschöpft die Klienten, unser Vati und unsere Mutti. Bevor die Kampfhähne nun als schlichte Volksgenossen auseinandergingen, wollte unser Vati noch einmal der feine Maxe sein und hielt dem feindlichen Anwalt großzügig die Hand hin. Unser alter Doktor aber ließ Heinzelmanns Pranke in der Luft hängen und grüßte mit erhobener Hand »Heil Hitler!«

Nicht genug, daß wir unser Vaterhaus verloren haben und nicht mehr geborgen im grünen Garten aufwachsen können, sondern in der Moabiter Steinwüste müssen wir jetzt auch noch unseren Maxe abschaffen, das letzte bißchen Natur, das uns geblieben war.

Der Hauswirt Blaske hat das Halten von Tieren streng verboten. Danach haben wir uns auch immer gerichtet, und wenn es klingelte den Maxe auf der Toilette eingesperrt. Auch als der Herr Blaske seine eindreiviertel Zentner schweren zweiundsiebzig Jahre die Treppe hochschleppte, um persönlich bei uns die Miete zu kassieren, saß der Maxe sicher hinter der Toilettentür. Der Herr Blaske wollte bei der Gelegenheit der geschätzten Frau Tochter von meiner Oma auch mal guten Tag sagen, weil man sie ja überhaupt nicht mehr zu Gesicht bekommt, seit sie berufstätig ist. Bedauerlicherweise war die Frau Tochter nicht zu Hause. Er erkundigte sich, wo denn die Frau Tochter arbeitet und wie sie zurechtkommt. Da sprang im Flur etwas an die Türklinke. Leise knarrend öffnete sich die Tür ein Stück, und langgedehnt schnurrte sich Kater Maxe durch den Spalt, mauzt freundlich und wetzt seine Krallen an der Teppichstelle, die er schon auf dem Gewissen hatte. Unsere Oma blieb fast weg, wie im Zuckerkoma. Ganz unsinnig fragte sie: »Wo kommt denn der her?«

Alte Leute wie der Blaske sind dem Himmel schon so nah und doch nicht gütiger. Außer sich drohte der Blaske, wenn die Katze nicht innerhalb von drei Tagen aus dem Haus ist, wird er uns auf die Straße setzen. Wir sind hier nur geduldet und sollen nicht vergessen, daß er die Wohnung an eine alleinstehende Dame vermietet hat. Sein Entgegenkommen haben wir mißbraucht. Das enttäuscht ihn.

Vom Grünkramkeller in der Birkenstraße haben wir uns eine stabile Apfelsinenkiste organisiert. Nun präparieren wir sie auf dem Balkon. Paar Hände voll Holzwolle schichten wir flach auf den Boden. Damit sich der Maxe nicht sticht, kommt ein Stück Wachstuch darüber. Ein zugeschraubtes Pillengläschen voll Milch legen wir rein. Wenn ein Tierfreund unterwegs die Kiste öffnet, braucht er bloß den Niveadeckel voll zu gießen und sofort fängt der halbtote Maxe an zu schlabbern. Für siebzig Pfennig haben wir noch ein schönes Stück Kuheuter gargekocht und dabei voll Wehmut in die Brühe geflennt. Auf einem großen Brett schnipple ich den wabbligen Batzen in handliche Stückchen, die der Heia als Wegzehrung für den Maxe in der Kiste verstreut. Die eiserne Ration ist die Ölsardine, die wir an die Innenwand nageln. Zwei zerfallen, ehe eine hängenbleibt. Der Heia hebt den vollgefressenen Maxe hoch, drückt ihn an sich und setzt ihn in die Kiste. Vorher hatte der Heia noch Luftlöcher in den Deckel gebohrt, und jetzt ist er nicht mehr fähig, ihn zuzunageln. Mit dem Hammer rückt die Oma an und hämmert auf zwanzig Nägeln rum und ihrem Daumennagel. Aus der Kiste kommt kein Mauz. Nur Pipi tropft durch die Bretterritzen.

Heias Busenfreund Hannes Pemmchen schielt zutraulich auf einem Auge und ist ein Riese von einmeterneunzig. Er will dem Heia helfen, die Kiste zum Güterbahnhof zu bringen. Als ob die beiden einen Kindersarg aus der Wohnung tragen. Gott befohlen, Maxe!

Ich tröste mich damit, daß der Maxe nicht im Tierheim abgespritzt werden muß, sondern in seine schöne Heimat zurückgeschickt wird, in die ostpreußischen Weiten, die Sümpfe und Felder, das Land seiner Väter. Wenn es auch nicht nach dem Gut

Sonnenstuhl geht, kommt der Maxe doch ganz in die Nähe zu Fräulein Moenke, deren Flocki jetzt im Garten nur noch ein kleines Grabchen ist unter dem Küchenfenster. Der blinde Flocki hatte Rattengift gefuttert. Dort wird der Maxe es gut haben. Und wenn er alt ist, kaut ihm Fräulein Moenke das Fressen vor. Falls sie mal eingeht, in den ewigen Frieden, wird der Maxe mit ihrer ganzen Habe der katholischen Kirche vermacht, so daß er niemals wilder Streuner werden muß, den sie einfangen und ersäufen.

Damit die Eisenbahner den Maxe nicht schmeißen oder auf den Kopf stellen, habe ich mit roter Tusche dick auf alle Kistenseiten geschrieben: VORSICHT, LEBENDE FRACHT! KASTRIERTER HALBANGORAKATER.

*

Seit der letzten Woche ist zum ersten Mal in meinem Leben Krieg. Ich bin mit der Evi schon mächtig gespannt darauf. Endlich mal was anderes. Sogar Marmelade muß man auf Lebensmittelkarten holen. Es gibt auch Trantuten, die heulen. Von denen aus sollen wir wohl die Volksdeutschen im Ausland massakrieren lassen und besudeln. Den Polaken werden wir schon einheizen! Für meine Oma ist es bereits der dritte Krieg. Aufholen kann ich Das natürlich nicht mehr. Höchstens wenn sie mal tot ist. Selbstverständlich müssen wir den Sieg an unsere Fahne heften. Deswegen braucht uns aber nicht bange zu sein, denn der deutsche Soldat ist der beste von der Welt. Die Helden warten bloß auf einen Wink vom Führer.

Wie er persönlich im Radio den Krieg erklärt hat, bin ich mit der Evi ganz verdreht durch die Straßen gehopst. »Krieg! Krieg!« haben wir überall ausposaunt. Wir waren nur sehr enttäuscht, daß sich der Krieg durch nichts zeigte. Ab jetzt müssen wir als Kriegskinder aufwachsen, mit denen die Welt Mitleid hat. Vielleicht bekommen wir Liebesgabenpakete geschickt. Aber es muß ja erst mal alles richtig anlaufen.

Kurz nach Kriegsbeginn konnte ich mich um das Scheidungsurteil einfach nicht mehr rumdrücken. Es besagt, daß die Geschwister

Walter jeden zweiten Sonntag ihren Vater besuchen müssen. Eine ganze Zeit habe ich mich krank gestellt und immer neue Ausreden erfunden, so daß der Heia treu und brav allein nach Zehlendorf runterfahren mußte. Nun hat der Vati sich beschwert und mich zu sich hinbeordert, oder er wird Schritte unternehmen. Der Heia hat sich bei seiner neuen Stiefmutter – und das ist sie jetzt richtig, die Hochzeit war noch im Frieden, mit Ring und Anzeige – so eingeschmeichelt, daß sie ihm einen olivgrünen Pullover strickt. Wenn man doch eine echte Mutter hat, wird man wegen paar Links- und Rechtsmaschen nicht abtrünnig.

Heute nachmittag sitze ich nun zum ersten Mal neben dem Heia im T-er Autobus. Der Heia benimmt sich gar nicht mehr wie ein Bruder. Seit der Maxe fort ist, krebst er nur noch rum und geht mit Mädchen. Seine Flamme heißt Nanni Schultze und ist aus unserer Straße. Für die Nanni will er immer weltmännisch riechen und gießt sich literweise Muttis teures Parfüm unter die Achseln. Und ich komme in Verdacht deswegen! Nachts bindet er sich ein schwarzes Haarnetz um für seine geknifftc Tolle.

Als wir in Zehlendorf aussteigen, ist mir die Gegend völlig entfremdet. Hier sollen wir mal gewohnt haben? Die Straßen sind geschrumpft, besonders die Berlepsch. Unsere Straße ist nicht mehr wiederzuerkennen. Entsinne ich mich ganz anders. Auch der Vorgarten war seinerzeit viel bunter. Wenn das schöne Blumen sein sollen, na, ich weiß nicht! Nur das Namensschild ist das alte. Beim Klingeln wird der Heia ganz kribblig. Die Tür geht auf, und da ist sie! Weiße Schürze, bestickt mit Blütenkränzchen. Kreuzstich kann jeder. Sabbelt sie: »Das ist also unsere Nate!« und will mir die Hand geben. Aber ich nehme die Arme schnell auf den Rücken. Knicks kann sie kriegen. Heia, der Verräter, nennt sie Tante Friedel. Bei mir heißt sie gar nicht. Im Flur steht wie früher der holzgeschnitzte Ordensritter, der aus Stein in Ostpreußen an der Marienburg als Kunstwerk zu sehen ist. Da wohnt also die Friedel Grollmann einfach in unseren Sachen und heißt auch noch frech Frau Walter, wie unsere Mutti.

Der Vati kommt aus dem Biedermeierzimmer und beschmatzt uns mit Küssen. Zusammen gehen wir rein. Der Kaffeetisch ist schon gedeckt mit fremden, weißen Tassen auf einer fremden

Decke. Dünnen Bohnenkaffee nehme ich an. Doch dem selbstgebackenen Streuselkuchen, auf den die Friedel Grollmann so stolz ist, will ich mich verweigern. Nachdem das aber keiner weiter beachtet und mich keiner bettelt und mir Stückchen aufdrängelt, lange ich eben doch zu. Der Vati lobt mich, daß ich so gerade sitze. Dabei reiße ich die Schulterblätter nur so zusammen, weil ich mich hier nicht wohl fühle. Ich hebe die Tasse an die Nase und blinzele über den Rand zur Friedel Grollmann, die sich in unserer Wohnung ganz schön eingenistet hat. Dem Heia gefällt sie bloß wegen ihrem Schlabberbusen. Der ist ja schlimmer als von der Martha Deister. Das Samtkleid macht die Grollmann älter.

Affig stelzt sie jetzt mit der brühheißen Kanne um den Tisch rum. Zum Selbereinschenken haben wir wohl keine Pfoten! Da sehe ich was, was du nicht siehst. Dreimal darfst du raten ... Ich bin ganz verdutzt und verbrühe mir beim Trinken die Zunge. Mit dem roten Kleid, das die Friedel Grollmann mir stricken will, wenn sie für den Heia den Pullover fertig hat, imponiert sie mir gar nicht. Noch dazu aus aufgeräufelter Wolle. Für das Kleid hat sie mir den Vater entrissen. Wenn ich ihn auch nicht besonders ausstehen konnte, Vater bleibt Vater. In einem ordentlichen Haushalt muß man einen haben. Soll mal keiner denken, daß es ein Pappenstiel ist, wenn die Leute immer lachen, so wie letzten Freitag Fräulein Meyer und die ganze Klasse, als sie mich fragte »Hast du denn noch einen Vater?« und ich antworten mußte: »Wir sind geschieden.«

Im Garten kriegen wir Würmeräpfel, und der Friedel Grollmann wird einen Augenblick schwindlig von der Sonne. Leicht benebelt setzt sie sich auf die Wiese. Es ist ein Jammer um uns, daß wir in der staubigen Moabiter Luft aufwachsen müssen, sagt mein Vati. Wenn wir möchten, dürfen wir auch öfter kommen, als wir sollen. Da kann er bei mir lange warten. Überhaupt habe ich nächstes Mal Darmverschlingung. Dann reicht uns der Garten, und wir setzen uns wieder ins Biedermeierzimmer. Die neue Martha heißt Hertha und bringt roten Sekt. Natürlich führt die Friedel Grollmann mal wieder das große Wort und schlägt vor, daß wir irgendwelche Spiele spielen sollen. Rommee, Halma oder Viereckenraten. Ich darf wählen. Zu dem Sekt gibt es kleingeschnittene Stüllechen mit Ei, Käse, bißchen Rettich. Unter dem Mostrich entdecke ich auch mal ein Stückchen Karbonade von gestern. Die quaddlige Weincreme schmeckt nach Spucke.

Als Spiel wünsche ich mir aus ganz bestimmten Gründen »Ich sehe was, was du nicht siehst«. Der Heia fängt an und meint den Lampenschirm, der grün, rund und weich ist und gefaltet. Wenn man mit dem Raten noch weit vom Ziel ab ist, heißt es Wasser, Wasser, danebengeraten. Der Vati denkt, es ist das Sofakissen. Das ist schon ziemlich nah, also Kohle, Kohle. Ich habe sofort das heiße Feuer am Schlafittchen, nämlich die Lampe. Die stellen sich alle so belämmert an, weil sie mich gewinnen lassen wollen. Auf welche Weise ich siege, ist mir schnuppe, Hauptsache, daß ich nicht verliere. Mit seiner Schlipsnadel spannt uns der Vati ganz schön auf die Folter, denn aus Silber gibt es im Zimmer vieles. Die Friedel Grollmann macht sich wichtig mit der nackten Eva auf der Kommode, die den Paradiesapfel stemmt wie beim Kugelstoßen. Die Porzellanfigur ist am Bein schon mal gebrannt und gekleistert. Die Eva kann doch jedes Baby raten.

Das Rätsel, das ich aufgebe, besteht aus dreierlei Sachen. Die unterste Schicht ist weich und fleischfarben. Doch unsichtbar. Die nächste Schicht ist auch weich, aber schwarz, fusslig und glänzend, bißchen fellähnlich. Die drauffolgende ist weiß und ab und zu mal mit was Buntem. Alles zusammen ist wie ein verschluckter Fußball. Innen drin bewegt sich was.

Schätzen sie, es ist die schwarze, bauchige Vase mit weißen Sternenblumen im Wasser. Kohle, Kohle. Dann vielleicht Vatis Lederbeutel mit dem Rauchzeug? Wasser, Wasser. Die Friedel Grollmann meint, doch nicht etwa ihr Kleid mit der Schürze drüber? Feuer! Feuer! Feuer! Weil ich so verdächtig zu dem dicken Brummer hinschiele, der auf dem Schniepel vom Milchkännchen sitzt, das vor ihr steht, fragt sie: »Die Fliege?« Wenn es keiner rät, sage ich es nur über meine Leiche. Wie immer ist der Heia Spielverderber und hat keine Lust mehr. Wir müssen auch machen. Morgen ist wieder Schule. Ködert mich der Schlaumeier. Ich soll es doch sagen, bei dem Spiel bleibe ich ohnehin Kaiser. Aber ich bin dickköpfig.

Im Flur bekommt der Heia vom Vati zehn Mark zugesteckt, und ich soll mich über lächerliche fünf freuen. Wie sie uns die Straße runter nachwinken, bohrt der Heia wieder, ich soll ihm doch sagen, was ich gemeint habe. »Ich sehe was, was du nicht siehst. Dreimal darfst du Damlack raten, daß deiner Stiefmutter unterm Samtkleid ein dicker Bauch wächst.«

*

Als vaterloses Kriegskind, das in Moabit aufwächst, mußte es ja soweit mit mir kommen. Weil meiner Mutti die Handgelenke so leicht wegknacken, erlaubt sie dem Heia, an ihrer Stelle und als Ersatz für den fehlenden Vater, mich mit den rohen Brudersfäusten zu zermantschen, wenn ich mal was ausgefressen habe. Der Heia hat aber noch lange nicht die Hand gegen mich zu erheben wie ein Vater. Außerhalb des Bruders, der er mir ist, darf er sich nicht mausig machen. Denn der Heia ist auch nur Kind in unserer Familie und sonst gar nichts. Als Bruder kann er mich meinethalben verprügeln, aber doch nicht als Vater! Seit er mich verbläuen darf, hat er Vaterallüren.

Nur weil sie mich dreimal aus Filmen rausgeholt haben, die über achtzehn waren, soll ich nun in die Erziehungsanstalt und nationalsozialistisch erzogen werden. Ich weiß nicht, ob mir meine Oma da was vorgeflunkert hat, als sie mir erzählte, sie hätten die Mutti zur Fürsorge hinbestellt, und da wäre sie für ihr Fleisch und Blut vor denen auf die Knie gefallen, Erbarmung, Erbarmung, ein Kind ohne Vater, und die Mutter muß sich für das tägliche Brot halb zu Tode schuften! Dabei bekommt sie den nötigen Lebensunterhalt für uns von meinem Vati, wie es das Gericht festgesetzt hat. Nur wenn meine Mutti mich in ein Pensionat steckt, damit ich von der Straße wegkomme, muß ich nicht in die Erziehungsanstalt. Aber damit wollen sie mir das Pensionat bloß schmackhaft machen. Jetzt warten wir stündlich auf den Bescheid aus Schlesien, ob im Glatzer Pensionat von den Armen Schulschwestern, in der Adolf-Hitler-Straße, ein Platz für mich frei ist. Es ist das billigste Pensionat auf der Welt. Wenn ich den Brief in die Finger kriege, spüle ich ihn im Klo runter.

Solange ich noch in Berlin bin, soll ich absolut nicht mehr ins Kino gehen. Heute haben sie mich deshalb eingeschlossen. Ohne Kino kann ich aber nicht leben. Meine falsche Oma sitzt in der Stube und rät Kreuzworträtsel mit einem Bleistiftstummel. Den Schlüssel von der Wohnungstür hat sie in der Schürzentasche. Von der Evi weiß ich, im Beußelkino wird ein Film mit Hans Söhnker gespielt. Ich schwöre meiner Oma, daß ich heute zum letzten Mal ins Kino gehe, dann entsage ich. Mit mir spricht sie aber nur noch, wenn ich die Nase in die Schulbücher stecke. Und ich war doch mal so gut zu leiden. In mir ist eben eine Menge vom Vater. Hätten sie mich dem doch lassen sollen, so verrückt wie der nach mir war. Von mir aus sollen sie mich verschachern. Aber jetzt muß ich ins Kino. Die Liebe zu Hans Söhnker treibt mich. Ich stelle meiner Oma ein Ultimatum: »Entweder schließt du mir auf, oder du hast Schuld, wenn mir was passiert.« Tut sie, als ob ich Luft bin. Schwerhörig kann sie bei mir nichts werden. Dann äußere ich mich eben noch deutlicher: »Läßt du mich nicht aus der Tür, Oma, gehe ich durchs Fenster. Bei vier Treppen hoch hast du dann die Verantwortung.« Wenn sie auch scheinheilig wie trallalla tut und zum Balkon nach dem Wetter guckt, weiß ich doch, sie stirbt gleich vor Angst. Langsam, damit sie Zeit hat, mich zurückzuhalten, gehe ich in die Schlafstube und schnurstracks zum Fenster. Beim Aufmachen klappre ich laut mit den Fensterflügeln und rufe: »Guck mal, Oma, wie ich jetzt wirklich aus dem Fenster steige. Komm mal, wenn du es nicht glaubst.« Kommt sie und sieht, wie ich mit dem Po auf dem Fensterbrett sitze, das eine Bein hängt ins Zimmer und das andere lasse ich lebensgefährlich rausbaumeln. Vier Treppen hoch hängt es über der Straße, und meiner Oma steigt der Zucker. Blaß und tattrig fummelt sie den Schlüssel aus der Schürzentasche und fleht mich an: »Kind, Mädel, laß das! Gott im Himmel! Komm zurück. Nimm bloß den Schlüssel und verschwinde.« Auf Wunsch von Mutti ist sie noch als Greisin erst Täufling und dann Kommunionkind geworden. Nun kann sie katholisch beten und gleich sehen, wie sie erhört wird, denn von meinem Platz, wo ich eben noch mit dem Tod auf Du und Du gestanden habe, weiche ich augenblicklich. Ein Wunder ist geschehen, im letzten Moment bin ich gerettet, und ein versteinertes Herz ist erweicht, das sehe ich am Schlüssel.

Der Film war gar nicht mit Hans Söhnker. Als ich zurückkomme und Sturm klingele, stürzt der Heia gleich zur Tür und schleift mich in die Stube. Mutti und Oma stehen feige ganz hinten vor dem Herrgottswinkel. Ich fliege gegen die Vitrine. Mein Kopf zerplatzt, den Mund spüre ich plötzlich, wo ich früher die Ponys hatte, die Augen rutschen mir nach den Grübchen runter, und die Nase verklumpt sich. Heias Nagelbotten zerstampfen mir den Hintern, und der gespaltene Ausklopfer meiner Oma zerfetzt mich. Erbarmungslos knüppelt er auf mich los. Als der Klopfer zerkracht, drischt der Heia mit den Fäusten weiter. In rasendem Schmerz verkrümmt sich die Wirbelsäule, und mir wird ein Hohlkreuz gefoltert. Kein Schluchzer mehr, noch Klagelaut kommt aus dem zugeschwollenen Rachen. Eins nach dem anderen erstirbt mir. Das verbricht kein Vater, sondern ein Bruder, den die Mutter dazu ermächtigt hat. Wahrlich, den gottverdammten Bruder wird man dereinst nicht fragen: »Kain, wo ist dein Bruder Abel?« sondern: »Heia, wo ist deine Schwester Nate?«

*

Dem schönen Schlesierland guckt die Armut aus allen Knopflöchern. Das habe ich gleich gemerkt, als ich mit der Mutti im Zug saß und aus dem Fenster sah. Von der Schule her weiß ich: Die Schlesier sind lungenkranke Glasbläser, Weber und Bergleute. Ihr wertvollster Besitz ist die schlesische Kohle, der sie ihre Staublungen zu verdanken haben. Und in diese Armut werde ich jetzt verfrachtet.

Wahrscheinlich bleibe ich in Glatz, bis ich aus der Schule bin, und dann gehe ich gleich zum Film. Nur in den großen Ferien besuche ich die Moabiter. In den kleinen Ferien wird es uns zu teuer. Ich bekomme ja auch kein Heimweh nach denen. Da müßten sie mich schon anders behandelt haben. Als Waise fühle ich mich ganz prächtig. Muß ich wenigstens keinem Dankeschön sagen. Neue Sachen brauche ich auch nicht groß, denn ich habe von der Friedel Grollmann lauter Stricksachen bekommen, die mitwachsen. Bezahlt habe ich sie mit meinem Vati.

Die Stadt heißt Glatz, weil sie im Glatzer Bergland liegt. Was wir in der Taxe von Glatz sehen, kommt mir alles sehr altertümlich vor, verwinkelt und dunkel. Die zwei Kinos, an denen wir vorbeifahren, sind wohl schon alles. Alte, dicke Bäume machen die Adolf-Hitler-Straße schön schattig. Vor dem Pensionat wird mir erst mal schlecht. So ein altmodischer Kasten! Daß die Villa das Pensionat sein soll, muß man riechen. Kein Schild kündet davon.

Meine Mutti bringt wirklich die Gemeinheit fertig, mich zu verstoßen. Wo ich immer zu ihr gehalten habe. Das Gartentor ist aus Schmiedeeisen, mit gedrechselten, langen Spießen. Am liebsten möchte ich weglaufen. Gleich hinter der Haustür ist im Flur ein niedriges Fenster angebracht, wie eine Kinokasse. Dahinter sitzt die Schwester Pförtnerin mit weißem Schleier. Nach dem »Grüß Gott« schickt sie uns zum Büro, eine Treppe höher. Im Flur erklärt mir meine Mutti, das war eben nur eine Laienschwester, die ohne Abitur ist und nicht studiert hat. Alle weißen Schwestern sind Aufwartenonnen. Die mit den schwarzen Schleiern sind die richtigen, feinen, die Lehrerin gelernt haben und mehrere Sprachen sprechen. Wenn wir jetzt zur Schwester Oberin kommen, soll ich einen anständigen Knicks machen und nicht wieder so einen halben Kratzfuß.

Und dann knickse ich vor einer verknöcherten, alten Schleiereule, die ich ehrwürdige Schwester Amabilis oder ehrwürdige Schwester Oberin nennen muß. Das ist eine ganz Scharfe! Mit der pickligen Kaktusnase konnte sie nur Klosterfrau werden. Unter dem bauschigen Ordensgewand versteckt sie ihr Klappergerippe. Auch die Finger sind so knorplig. Sicher gibt es hier nichts Gescheites zu essen. Na, ich danke, wo ich in der Entwicklung stecke!

Die Musterordnung im Büro haben die weißen Schwestern besorgt, die von den schwarzen in Knechtschaft gehalten werden. Die Schwester Oberin sieht bei mir weiter keine Schwierigkeiten und klingelt mit einer verzierten Handglocke. Sofort erscheint eine junge, hübsche Nonne, auch eine schwarze, gebildete, aber eine flotte. Das ist die ehrwürdige Schwester Fidelis. Sie gefällt mir gleich, denn sie hat kein bißchen Ehrwürde am Leibe. Sie geht mit uns in einen großen, menschenleeren Schlafsaal. Hier lerne ich mein Bett kennen, das nicht mal an der Wand steht. Und ich brauche eine Wand zum Ankuscheln. Nichts als Nachttische, Betten, Schränke. Mein Nachttisch ist überall abgeblättert. Witze kann man hier auch nicht reißen, denn eine Aufsichtsnonne schläft mit im Saal. Sonst hätte ich den anderen Mädels mal schweinische Liebesfilme erzählt.

Die ehrwürdige Schwester Aufsicht bekommt natürlich in ihrer Ecke eine Extrawurst gebraten. Um ihr Bett herum hängt an einer Schiene ein faltiger, weißer, ganz steif gestärkter Leinenvorhang, der bis zum Boden reicht. Hinter diesem Vorhang kann die Nonne ungeniert den Schleier lüften von ihrer Glatze, die sie sich dem Herrn Jesus zu Ehren ratzekahl hat scheren müssen. Ihren schönsten Schmuck muß die Braut Christi für ihn opfern. Was der für einen Geschmack hat! An jedem Bett steht noch ein einfacher Stuhl. Darauf wuchte ich meinen Koffer, den ich bekommen habe, als ich damals zu den Tanten gefahren bin. Mann, haben die mich hier vielleicht verladen!

Meine Mutti soll mir das Herz nicht unnötig schwer machen. Ich darf sie noch durch den Garten bringen, und dann wird es auch gleich zum Abendbrot klingeln.

Vor dem Büro treffen wir die ehrwürdige Schwester Amabilis. Wenn ich sie immer so rufen muß, werde ich dauernd Zungensalat machen. Meine Mutti ist ja überglücklich, daß ich so fein bei den armen Schulschwestern aufgehoben bin, schwärmt sie. Dann kommen die »Grüß Gott'« und »Gott vergelt's«, und lieber einmal mehr als weniger knickse ich und frage die ehrwürdige Schwester Amabilis: »Haben Sie was dagegen, wenn ich statt ›Grüß Gott‹ ›Heil Hitler‹ sage?«

Noch bis Schlesien streckt meine Mutti ihre Fühler nach mir aus. Sie hat der Oberin auf einer Karte geschrieben: Wenn die Schulschwestern mich nicht eigenhändig abschrubben, bin und bleibe ich ein Ferkel. Heute, am Sonnabend, muß ich mich deshalb im Trainingsanzug in der Waschküche einfinden. Die Schwester Fidelis erwartet mich schon. Mitbringen soll ich einen Waschlappen für oben, einen für unten, Seife und Handtuch.

Die meisten Mädels baden an den Wochenenden in ihren schlesischen Heimatorten. Außer mir sind sie alle von hier. Für mich ist die geliebte Heimat wegen der großen Entfernung unerreichbar. Den Schlesiern geht es da besser. Leider fährt auch die Annemie Rust, die das Bett neben mir hat und ganz in Ordnung ist, übers Wochenende nach Alteheide-Bad zu ihren Eltern. Schade, denn die Annemie ist in Schlesien meine neue Freundin.

In ihrer Armut besitzen die armen Schulschwestern keine Badewanne, und ich muß in den Wäschebottich steigen. Unter dem Waschkessel haben die weißen Schwestern ordentlich eingebullert. Verschwenderisch blubbert so viel Wasser ganz für mich allein. Mit Eimern müssen wir es in den Trog schöpfen, in dem ich baden soll. Ohne großes Überschwabben sind wir bald fertig, und ich springe schnell aus dem Trainingsanzug. »Vom Sommer her bin ich noch ein ganz schön brauner Neger, nicht ehrwürdige Schwester?« Aber mit keinem Wimpernschlag guckt sie. Im Stehen geht mir das Wasser gut über die halben Schenkel. Die Schwester krempelt sich die weiten Ärmel auf und kommt mit der harten Wäschebürste zu mir an den Bottich. Die breite Nonnenhand kreist mir mit der eingeseiften Bürste um Hals und Schultern, rubbelt den Bauch, wetzt am Rückgrat rauf und runter. Ihren geröteten, weißumrahmten Kopf dreht sie dabei krampfhaft zur Seite und stiert an die graue Wand. Während sie mich nackte Fleischeslust zwischen den Fingern walkt, sieht sie hilfesuchend auf die kahle Mauer, als ob sie von da Lilien der Unschuld und Engelsflügel erwartet. Blind ertastet sie mich und schrubbt und plantscht. Ihr Rettungsanker ist das Handtuch, nach dem sie greift. Auge in Auge mit mir, sagt sie ganz beichtväterlich: »Da unten sieht man am besten gar nicht erst hin. Man muß sich auch vor den eigenen, unkeuschen Blicken schützen. Denn die Unkeuschheit kann man begehen in Gedanken, Worten und Werken.« Damit ich mich gar nicht erst in Versuchung führe, soll ich mir das Handtuch um die Hüften knüppern, wie ein Tennisröckchen. »Wollen wir wohl beim Baden eine Modenschau veranstalten, was, ehrwürdige Schwester?« Oben rum hat sie nichts gegen mich. Unbekümmert glitschen da ihre Seifenfinger drüber weg, und sie merkt gar nicht, was ich dort schon sachte verkünde. Bei den Jungmädels haben sie uns eingeschärft, wir sollen immer das Bewußtsein in uns tragen, daß wir die deutschen Mütter sind von morgen. Ich geniere mich aber schrecklich, weil es sich schon heute bei mir abzeichnet. Trotzdem sind wir oben rum heilig, denn die Gegend wird besungen. Meine neue Mädelführerin Anna-Lena hat uns schon das Ehrenlied der deutschen Mutterschaft beigebracht, von dem eine Strophe so heißt:

Wenn eine Mutter ihr Kindlein tut nähren,
fallen Blüten ins Fenster hinein.
Nelken, Narzissen, Gelbfeiglein und Ähren,
Nährt eine Mutter ihr Kindelein.

Dagegen kündet vom deutschen Mutterschoß kein Lied noch Vers. Allmählich hat mir die Fidelis die ganze Haut abgerubbelt. Nur nicht unter dem Handtuch. Ich will mal richtig eintauchen. Dazu öffne ich das Tennisröckchen und werfe es auf den Schemel, wo es gezielt landet. Kaum sitze ich im Wasser, hat sich die Fidelis fix das Handtuch gegriffen und es quer von einer Bottichwand zur anderen gespannt, daß von mir nur noch unschuldsvoll Kopf und Schulter rausgucken. Nachdem ich nun keine Gefahr mehr für mich bin, darf ich reinen Herzens weichen, bis mir die Finger krisslig werden.

Beim Abtrocknen verrenken wir uns. So die Welt ist ja nun die Größe von dem Handtuch auch nicht. Unten soll ich alles damit zudecken, und oben will sie mich damit abtrocknen. Das soll mir erst mal einer vormachen. In meinem Sinn fürs Praktische klemme ich mir mit überkreuzten Beinen den Handtuchzipfel ein. Daraufhin schüttelt sie mich derart kräftig, daß ich in der feuchten Luft ganz ramdösig werde. Wenn ich wegen der Sauberkeit so viel Theater machen muß, bin und bleibe ich lieber ein Ferkel.

Hier im Glatzer Bergland bekommt mir die Luft nicht. Oder liegt es daran, daß ich immer nach Evis Erfindung unten bei mir spiele? Das soll ganz schlecht sein für die Wirbelsäule und mit Rückenmarksschwindsucht enden. Jedenfalls war ich schwer leidend. Wachte ich doch letztens schon vor dem Wecken auf, da klebte mir was zwischen den Beinen. Das wurde immer unangenehmer und feuchter, und ich konnte nicht mehr liegenbleiben.

Ich warf die Zudecke ans Fußende und kullerte mich aus dem Bett. Ich wollte mir mal ansehen, was ich denn da unter meinem Podex zermantscht hatte. Das kam mir böhmisch vor. Das frische Laken von den armen Schulschwestern sah aus wie nach einer Mordnacht, so blutig war es. Vielleicht kam das von einem geplatzten Geschwür. Wenn, dann war das aber ein sehr unanständiges, denn wo saß das! Und von dort her mußte ich vielleicht als Zwölfjährige verbluten, und die ganze, saubere Bettwäsche war beschmaddert. Diese Schande! Falls das noch lange mit mir andauerte, war ich bald ausgetrocknet von allen Lebenssäften. Nur der Herrgott wußte, wieviel Angst ich um mich hatte. Mir war auch bange, auf die Art könne noch rauskommen, was ich immer mit mir mache. Außer der Evi weiß das bisher keiner. Und ich will es auch mit ins Grab nehmen. In meiner Verzweiflung griff ich mir vom Nachttisch die gute Handarbeitsschere und ratschte aus dem Laken das schmutzige Stück heraus. Ein unegales, großes Viereck fehlte nun in der Mitte. Da klingelte es zum Aufstehen, und ich packte schnell die Decke drüber. Den dreckigen Lumpen stopfte ich im Nachttisch hinter den Puschtopf.

Waschen müssen wir uns jede in einer Emailleschüssel auf dem Stuhl. Das ist ganz praktisch. Morgens kommt die Schwester Fidelis immer mit einer großen Blechkanne und verteilt kaltes Wasser. Während die Mädels plätscherten, kam die Amabilis und klatschte in die Hände. Wir sollten uns wegen der Frühmesse beeilen. Ohne Messe gibt es kein Frühstück, schlesische Semmeln, mit Marmelade befeuchtet und Kakao dazu.

Die Amabilis hat in den Augen so was Verdammtes! Ich kann mir nicht helfen. Verschlagen, wie eine böse Heilige, bevor sie geläutert ist, schlich sie um die Betten, tief im Gebet, die Hände gefaltet. Denn jede Minute, in der sie nicht was Notwendiges redet, muß eine Schwester beten. Weil ich nicht aus noch ein wußte, habe ich sie in ihrer Zwiesprache mit Gott gestört: »Ehrwürdige Schwester, ich möchte nur melden, mir hat jemand aus Gemeinheit mein Laken zerschnitten. Ich weiß ja auch nicht ...« Dann lüftete ich die Decke von dem Verbrechen. Die schwarzen Schuhe der Amabilis knackten unheimlich. Wie ich war, im Schlüpfer, drehte sie mich zum Fenster, und ich mußte meines geheimnisvollen Leidens wegen die Beine zusammenkneifen. Ihre dunklen Hexenaugen geisterten über mein Gesicht. »Du weißt doch, Renate, Lügen ist eine schwere Sünde. Schon am frühen Morgen kränkst du den Herrgott. Schäme dich!«

Danach hat sie niemals mehr ein Sterbenswort in der Angelegenheit zu mir gesagt. Aber meiner Mutter hat sie die Rechnung von dem neuen Laken geschickt, woraufhin mir diese Rabenmutter für zwei Monate das Taschengeld gestrichen hat. Mußte ich wieder klauen und komme auf keinen grünen Zweig mit dem Unterlassen von Todsünden.

Im großen ganzen war ich aber noch glücklich dran. Denn wie durch ein Wunder hatte es zwei Tage später ganz von allein aufgehört zu bluten, und ich war dem Leben wiedergeschenkt.

Jetzt hamstere ich Gebete für mein ganzes Leben. Wenn ich später mal hier weggehe, zehre ich davon. Bei der Frühmesse beugen wir die Knie, damit wir jeder aus der himmlischen Heerschar einen Schutzengel abbekommen. Mit dem stehen wir dann hungrig vor den zusammengeklappten Frühstückssemmeln und lassen sie vom Himmel segnen. Für die Marmelade brauchen wir keinen Segen, denn die haben die Küchenschwestern uns nur symbolisch draufgestrichen. Müssen sie knapp mit sein. Wenn wir die beiden Semmeln verputzt haben, bedanken wir uns für die Gaben. Mittags beschert uns der Himmlische Vater Hefeklöße mit Marmeladentunke und Schälchen Pflaumenkompott, woraufhin wir seine milde Hand lobpreisen. Nach dem Essen kommt wieder die Danksagung.

Die Mädels vom Strafdienst, die was ausgefressen haben und deshalb in der Küche den weißen Schwestern abwaschen helfen müssen, singen beim Topfkratzen »Tantum ergo, sacramento ...« Und wenn was hinfällt, nicht fluchen, sondern beten und das Kaputte bezahlen. Denn die armen Schulschwestern heißen so wegen ihrer tiefen Armut. All ihren Reichtum von dereinst haben sie dem Orden vermacht, daß sie da eintreten und darben dürfen. Aber nur die schwarzen Schwestern müssen Vermögen mitbringen, die weißen Scheuernonnen können auch ohne das schrubben. Die schwarzen, wie auch die weißen, müssen höllisch Obacht geben, daß sie sich nicht in Sünde verstricken lassen durch einen aufgeribbelten Wollfaden, der länger als von den Fingerspitzen bis zum Ellbogen reicht. Wenn sie so einen finden und aus Bequemlichkeit wegschmeißen, begehen sie die Sünde der Verschwendungssucht. Ist der Faden aber kürzer, können sie ihn getrost in den Papierkorb tun. Daß die Schwestern alle Nase lang die Heilige Beichte ablegen müssen, ist kein Wunder. Wenn sie schon mit jedem vergeudeten Zwirnsrest ihre Seele beflecken.

Zum Nachmittagskaffee gibt es einen Topf voll Ersatzlorke und so eine schlesische Doppelsemmel wie morgens. Wieder ist das Weiche innen feucht und rosa von der Marmelade. Nachmittagskaffee heißt hier Vesper, wegen der wir auch den Herrn lobpreisen, aber kürzer. Bis zur nächsten Mahlzeit kommt erst noch ein Gebet dazwischen, das wir sprechen müssen, ohne jede Ernährung. Und zwar erinnert uns Punkt sechs die kleine Glocke von der Klosterkapelle daran. Wenn sie losbimmelt, müssen wir alles stehen- und liegenlassen, ob wir rechnen, Tom Shark schmökern, auf dem Klo sitzen oder Kastanienmännchen basteln. Erst wird »Der Engel des Herrn« gebetet, und dann darf man weitermachen.

Zum Abendbrot empfangen wir wieder die Gaben von oben, für die aber meine Mutti bezahlt und auch meine ganzen Lebensmittelkarten abgeliefert hat. Am allerdankbarsten bin ich immer für heiße Buchteln mit Vanillesoße. Sind wir fertig, ist uns mit den Buchteln eine Gnade widerfahren. Geschlossen müssen wir dann alle freiwillig in die Abendandacht zum Nachtgebet gehen.

*

Manchen Eltern ist das Pensionat zu katholisch. Darum geht es auch nicht so ausgezeichnet, wie es gern möchte. Und wenn die armen Schulschwestern noch so sehr die Mädels für die beiden untersten Klassen zusammenkratzen, wir lohnen uns nicht, wir müssen in die weltliche Schule. Im Kloster sind sie aber auch wirklich zu altmodisch. Kein Führerbild ist zu finden. Nichts als Kruzifixe und Gottesmütter mit Jesuleins.

Als Jugend des Führers werde ich im Pensionat nicht anerkannt, und so bin ich eigentlich hier fehl am Platze. Denn damit seine Jugend es mal besser hat als die Alten, macht der Führer ja den Krieg. Aber das soll ich von den Schwestern aus alles draußen vorm Gittertor auf der Straße lassen und am Schmutzabtreter. Deshalb ist mir nun die Seele gespalten. Denn meine neue Lehrerin, Frau von Hagen, hat ein besonderes Auge auf die Pensionatler geworfen. Verlangt sie, mit jeder Faser haben wir dem Führer zu dienen. Wenn mich die armen Schulschwestern daran hindern, soll ich ihr Bescheid geben. Meint sie, trotz des Krieges können wir ruhig schlafen, weil wir vertrauensvoll unser junges Leben in die starken Hände des Führers gelegt haben. Noch vor meinem Namen wollte die Frau von Hagen wissen, ob ich denn schon bei den Glatzer Jungmädels tüchtig Dienst gemacht habe. Uns Katholiken traut sie nicht über den Weg. Hat sie ihre Vertrauensschülerin Heidrun Lorenz angestiftet, sie soll aufpassen, ob ich auch hingehe und es ihr melden. Eigentlich wollte ich noch bißchen Ferien machen von den Jungmädels und statt dessen ins Kino gehen. Nun hat mir das die Frau von Hagen vermasselt. Sonst ist sie aber große Klasse. Wir haben überhaupt noch nichts bei ihr gelernt, weil wir dauernd feiern müssen.

Die meisten SIEG HEILS jubeln wir im Unterricht für den Kapitänleutnant Prien. Unsere tapferen blauen Jungs versenken eine Bruttoregistertonne nach der anderen von den Feindesflotten. Die Schiffe der Welt werden alle vernichtet. Eines Tages sind die Weltmeere unser. Wie auch die ganze Welt, wenn die Feinde sich weiter so mit dem Führer anlegen.

Jede Sondermeldung von den Bruttoregistertonnen besprechen wir ausführlich, die ganze Stunde über, die dann schön schnell vergeht. An der Stelle, wo der Kampf stattgefunden hat und wo auf dem Meeresgrund die zerbeulten Bleche von den zerschmetterten, feindlichen Schiffen liegen, suchen wir uns auf der Landkarte. Aus Stolz darüber und zur Ehre unserer tapferen Kriegsmarine müssen wir uns feierlich, wie in der Kirche, von den Plätzen erheben. Dann fassen wir uns an den Händen, als verschworene Gemeinschaft, und singen aus unseren jungen, frischen Kehlen »Deutschland, Deutschland über alles« zwei, drei, »Die Fahne hoch«. Auch die nächste Stunde muß noch dran glauben, weil wir

Fragen haben. Dann dürfen wir von unseren Erlebnissen berichten, die wir je im Leben mit Matrosen hatten. Und wer schon mal am Meer war, kann sich melden. Als Aufsatzthema, für zu Hause, bekommen wir auf: »Das Meer im Frieden und im Krieg.« Zum Schluß der Siegesfeier dürfen wir noch was Lustiges singen: »Blaue Jungs, blaue Jungs von der Waterkant, ahoi, ahoi, ahoi ...«

Das Blut auf dem Laken hat mich nicht mehr losgelassen. Weil ich mich keiner Menschenseele eröffnen kann, will ich nun doch Dichterin werden und der Menschheit mein Schicksal dichten. Natürlich packe ich es in interessantere Leute, als ich es bin. Wenn das Buch fertig ist, taufe ich es »Die blutroten Nächte der wilden Gräfin«.

In meinem Roman, von dem ich erst den Anfang fertig habe, ist es eine Gräfin von Fichtenau, die blutet. Gerade ist ihr das Unglück passiert, als der Geliebte fortmachen will, weil der Chauffeur das elegante Auto vor dem Herrenhaus schon anläßt. Entsetzt sieht sie auf die rotbefleckte Ottomane, das ist ein vornehmes Sofa. Muß man sich mal vorstellen, schon nach Mitternacht und alles aufs Feinste eingerichtet, mit Lüstern, Flügeltüren und Portieren. Nun der Achim von Sterz! Mitten im Aufbruch sieht er die Bescherung. Kann man sich denken, wie ihr das peinlich ist. Als der Achim von Sterz auf die Knie fällt, vor der Ottomane, setzt meine Dichtung ein: Schluchzend verkrampft Achim von Sterz die Fäuste im weichen, goldgelben Plüsch der Ottomane. Sein schmaler, edler Kopf fällt auf die Blutkleckse der Gräfin. »Dein Blut, Gloria, dein kostbares, heißgeliebtes, edles Blut!« stammelt er und küßt jeden vergeudeten Tropfen. »Rätselhaft, wie alles an dir«, murmelt er, denn er weiß ja, sie hat sich weder geschnitten noch was aufgerissen. Dann rufen Achim von Sterz die Geschäfte. Tief erschüttert und besorgt eilt er vondannen. Gloria von Fichtenau wankt mit letzter Kraft zum Fenster. Wie lange wird sie noch Lebenssäfte zu verfließen haben? Die Frage quält sie, denn davon hängt es ab, ob ein Wiedersehen mit Achim von Sterz noch einmal möglich sein wird. Tränenumflort sieht sie dem davoneilenden Wagen nach.

Weiter bin ich noch nicht. Bloß der Annemie habe ich den Anfang gezeigt und sie war hellbegeistert. Darauf legte ich das Heft in meine Nachttischschiebe, noch unter die Taschentücher. Am Sonntag vormittag mußte ich nach der Frühmesse machen, daß ich zum Jungmädeldienst kam. In Wahrheit verschwand ich im Kino, wo sie als Matinée »Rosemarie« spielten, »ein Soldatenschicksal«. Schön geweint habe ich, und bei den Jungmädels entschuldigte ich mich später mit fiebrigem Durchmarsch, alle zwei Minuten. Der Film war reichlich lang, daß ich man gerade noch pünktlich zum Mittagessen kam. Ich ging schnell austreten, und dann wurde auch schon zu Tisch geklingelt. Zur Burgel Glogau, die neben mir saß, sagte ich: »Du hast ja heute so wenig Zopfflechten. Mit den offenen Wellen willst du wohl angeben?« Aber als ob ich zu einer Scheintoten redete. Auch die Trudchen Flesser, bei der ich eine ganz gute Nummer habe, stellte sich auf meine Frage nach ihrem selbstgestrickten, neuen Spenzer taubstumm. Ein Benehmen hatten die plötzlich alle! Dann wollte ich mich bei der Margarete Miedel einschmeicheln und bot ihr mein Kompott an. Sie brauchte mir bloß einen Kloß dafür zu geben. Aber die platzte auf einmal vor Hochnäsigkeit. Die Mädels schwabbelten untereinander wie immer, bloß mit mir nicht.

Am hohen Extratisch, vor dem Kruzifix, saß die Amabilis mit ihren untergebenen Nonnen. Während der Mahlzeit schweigen sie ja immer. Aber als ich sie nett anlachte, taten sie wächsern. Nach der Danksagung wollte ich in den Schlafsaal gehen und mir meine Freizeit gestalten. Aber da fing mich die Schwester Hermengildis ab. Damit ich die anderen Mädchen nicht verderben sollte, dürfte ich nicht mehr mit ihnen zusammenkommen und müßte Küchendienst machen. Vielleicht waren mir die Schwestern dahintergekommen mit dem Kino? Möglicherweise hatte meine Mädelführerin Anna-Lena eine Abordnung ins Pensionat geschickt, und ich war entlarvt worden.

Der Befehl stammte von der Amabilis. Die sollte sich besser darauf besinnen, daß ihr lateinischer Name auf deutsch heißt: Die Liebende. Prost Mahlzeit! Die weißen Küchenschwestern waren mit mir auch nicht so drollig wie sonst immer. Beim Aufwaschen sangen sie: »Maria zu lieben ist allzeit mein Sinn.« Ich kräftig mit. Aber die Schwester Habythia, die die schmutzigen Kochtöpfe unter sich hat, gebot mir Stillschweigen. Ich wäre nicht würdig, die Gottesmutter mit der unbefleckten Empfängnis in den Mund zu nehmen. Zum Rosenkranzbeten verdrückten sich dann die weißen Küchenschwestern, und mir ließen sie die ganze Dreckarbeit. Mit zweimal frischem Wasser sollte ich die Küche sauberschrubben, besonders die Ecken, und nachher nicht vergessen, den Wischhader gründlich auszuspülen, sonst stinkt er. In die Ecken bin ich nun gerade nicht reingekrochen und war schnell fertig.

Zum Weinen zog es mich hin auf mein einzig geliebtes Bett. Da war das auf einmal gar nicht mehr meins. Die Matratze hatten sie aufgestellt und die Bettwäsche abgezogen. Ich hatte keine Ahnung, wo meine paar Habseligkeiten geblieben waren. Da zerrte mich auch schon die Schwester Fidelis aus dem gemeinschaftlichen Schlafsaal.

Schweigend stiegen wir eine Treppe höher, wo die Schul- und Handarbeitsräume liegen. Die Schulräume im Dachgeschoß sind mir leer immer unheimlich. In der Dunkelheit knacken die armen Seelen von den friedlos umherirrenden Toten in dem Holz der alten Schulbänke. Dann muß man die Seelen mutig fragen: »Womit kann ich helfen?« Wegen der Erlösung. Aber an sich sind sie harmlos.

Die Tür, durch die wir jetzt gingen, hielten die Schwestern für gewöhnlich verriegelt. Das anschließende Stückchen Flur war mir neu, mit dem Gebälk. Nach wenigen Schritten wurde ich von der Fidelis in eine miese Kammer verfrachtet, die durch einen weißen, steifen Vorhang geteilt war. Dem Vorhang nach zu urteilen war dahinter ein Nonnenbett. Von dorther hörte ich röchelndes Schnarchen. Da schlief zum Glück noch jemand, mußte aber knapp bei Luft sein. An das Schnarchen konnte ich mich gewöhnen. Hauptsache ich war nicht allein. Die Fidelis steckte kurz ihren Kopf durch den Vorhang, um mal nach dem Rechten zu sehen. Dann verschwand sie, und ich wußte nicht, ob ich hier überhaupt das Klingeln für die Mahlzeit hören konnte.

In dieser Einsamkeit wollte ich Zuflucht suchen bei meiner Dichtkunst. Vorsichtig, um die schnarchende Nonne nicht zu wecken, öffnete ich die Nachttischschublade, in die mir die Schwestern nach dem Umzug alles penibel wieder eingeräumt hatten. Vor

Kummer wollte ich weiter an meinem schweren Schicksal dichten. Da kannte ich mich nicht mehr als Nate Walter, so war ich biestig, weil ich absolut meinen Roman nicht mehr finden konnte. Und es dämmerte mir: Als ich im Kino gewesen war, haben mir die ehrwürdigen Arschlöcher alles nachgeschnöckert, meinen Roman entdeckt, gelesen und zu Asche vernichtet. Und daß ich die anderen Mädels mit dem unanständigen Inhalt nicht verderben sollte, wurde im ganzen Pensionat die Parole ausgestreut: Die Nate Walter wird geächtet und zu Tode geschwiegen.

Die erste Nacht in der Kammer bin ich statt zu schlafen nur am Wandern. Mir reicht es! Meine Füße werden überhaupt nicht mehr warm im Bett. Es ist mir auch ungewohnt, daß ich nun wieder an der Wand liege. Wie es sich gehört, will ich nachts schlafen. Bevor ich die Augen schließe, bete ich immer für die sieben Leichen, die ich kenne. Mein Glatzer Musiklehrer, Herr Preuß, der mir, als ich mal zu spät gekommen war, vor der versammelten Mannschaft von Mädels eine Ohrfeige verpaßt hatte, ist seit einer Woche die achte. Ich muß mich ganz gehörig überwinden, ihn in die Bittgebete mit reinzunehmen. Drei Halbwaisen hat er hinterlassen. Ich bin schon fast hinübergeduselt und tanze gerade mit Hans Söhnker den Eva-Walzer, da reißt mich unverhofft die Schnarchsäge raus, die hinter dem Vorhang liegt. »Ist noch jemand hier? Es zieht so! Einer muß die Bodentür zumachen!« Halte ich ihr aber gleich den Irrtum unter die Nase: »Die Türen sind alle dicht.« Meinetwegen soll sie ruhig phantasieren. Ich bin schon heilfroh, wenn überhaupt jemand mit mir spricht. Ich war ja schon ganz einsilbig. Die schnarchende Schwester ist ein Geschenk des Himmels. Seit nachmittags schnarcht sie, aber nun ist sie kregel geworden. Immer hat sie brav gearbeitet, wimmert sie, niemand will es ihr glauben, und nun liegt sie da und es zieht so. »Jeder läßt die Bodentür auf. Urselchen, geh' sie doch zumachen!« Stelle ich sofort richtig: »Aber ich bin doch Renate.« Derart durcheinander kann nur die Schwester Adelgundis sein, die mir schon lange nicht mehr unter die Augen gekommen ist. Aber Fehlanzeige. Hinter dem Vorhang liegt eine Schwester Reinfrida, von der ich noch nie etwas gehört habe. Um sie vom Zugwind abzulenken, ziehe ich sie ins Vertrauen. »Wissen Sie schon das Dollste, Schwester Reinfrida, daß ich aus Ungerechtigkeit hierher verschlagen worden bin?« Weil sie vorhin was von Arbeit gefaselt hat, ahne ich schon, es ist eine weiße Schwester, bei der ich mir das EHRWÜRDIGE sparen kann. Ich muß sie mir aber warmhalten, denn ohne sie würde ich hier vor Angst umkommen. Zum Glück scheint sie bettlägerig zu sein. Um sie zu beweihräuchern, schicke ich ihr ein »Gott segne Sie« durch den Vorhang. Mir kostet es nichts, und der Schwester ist es wohlgefällig. Aber die Reinfrida seiert hartleibig: »Es zieht so, Kindchen, mach' doch hin nach der Bodentür.« Beschwere ich mich bei der Nervensäge: »Beinahe wäre ich schon eingeschlafen, Schwester Reinfrida.« Möchte ich mich hüten, wo ich den grusligen Weg kenne. Aber die Reinfrida läßt nicht locker: »Es zieht so. Mach die Bodentür zu!« Unentwegt quält mich die Reinfrida, fleht und bettelt. Direkt lieblos bin ich ja nun auch nicht. Nachher behauptet sie noch, ich bin ungefällig. Womöglich hat sie Alterserscheinungen. »Was du dem ärmsten deiner Brüder tust, das hast du mir getan.« Der das sagte, dem folge ich. Notgedrungen. Aber es ist eine Gemeinheit. Wie ich hoch will, stoße ich mit dem Detz an das Weihwasserschälchen, das runterplumst, zum Glück auf die weiche Zudecke. Sonst wäre ich wieder drangewesen. Ärgerlich stecke ich die Zehen in die Pampuschen und drehe das Licht an. Bloß eine poplige fünfundzwanziger Birne erglüht, zum Augenverderben. Ich soll nämlich nachts nicht schmökern. Das ginge ja schon gar nicht wegen der Reinfrida. Nachdem ich die Tür von unserer Kammer aufgeschubst habe, husche ich über den kleinen Flur mit dem Gebälk, wo mir vielleicht Fledermäuse begegnen könnten, die sich noch in den Haaren verkrallen. Und dann habe ich erst mal Furcht vor Ratten, bis ich den Lichtschalter vom Schulraum finde. Ich tapse und taste und das Biest ist am falschen Ende. Ein Segen, daß die Lampe mir noch das nächste Zimmer mitbeschimmert. Muß ich mich wenigstens da nicht auch noch um die Beleuchtung kümmern. Ich komme an den Schulbänken vorbei. Vor Angst halte ich mir die Ohren zu, damit ich das Knacken von den Armen Seelen nicht höre. Wenn ich eine Seele treffe, falle ich in Ohnmacht. Alle Türen muß ich aufstoßen. Im Flur, ohne Bänke, ist mir wohler. Auf Zehenspitzen schleiche ich zur Bodentür. Aber wie ich auch rüttle, sie ist fest zu und der Schlüssel abgezogen. Zurück renne ich und knalle die Türen. Im kleinen Flur höre ich schon das Schnarchen. Sowie ich die Kammer betrete und das Licht ausknipse, verstummt es. »Nun zieht es nicht mehr«, nölt die Reinfrida. »Schlaf schön.«

Am nächsten Abend erwarte ich todmüde die seligen Traumgespinste, da seiert die Reinfrida zum Gotterbarmen: »Die Bodentür! Hörst du, Urselchen, es zieht mir so im Kreuz. Mach auch hin, mit dem Zuschlagen.« Ich reagiere nicht und erzähle ihr allerhand von der weltlichen Schlechtigkeit. Dann will ich mit ihr eine Litanei beten. Aber sie ist nicht von der Bodentür abzubringen. Und mein Martyrium beginnt aufs neue. Lichter an und aus, Türen auf und zu, Fledermäuse im Gebälk, knuspernde Ratten und knackende Seelen. Nächste Nacht wieder und auch die drauffolgende. Spät, aber doch, kommt mir von oben die Erleuchtung. Ich könnte mich ohrfeigen, daß ich nicht schon früher die Idee hatte. Gespannt warte ich nun im Bett auf die Zugluft von der Reinfrida. Sie schnarcht wie gewöhnlich. Dieses Mal geht mir alles nicht flott genug. Ertappe ich mich bei, wie mir schon die Augen zuklappen. Aber dann fängt sie endlich doch wieder an: »Es zieht! Urselchen! Die Bodentür!« So behende habe ich mich noch nie aus dem Bett hochgerappelt. Macht mir richtig Spaß, den Lichtschalter zu klicken. Nun aus der Kammer, Tür angelehnt, und dann denkt sie, daß ich schon durch die Unbillen der Nacht wandle. Hinter der Tür rühre ich mich aber diesmal nicht vom Fleck. Großzügig zähle ich bis mindestens achtzig. Der Reinfrida zieht es ja noch durch fünf Schlüssellöcher. Allmählich ist die Zeit ran, daß ich zurück sein könnte. Mit abgehetztem Atem stürze ich in die Kammer rein. »Ich habe sie zugemacht«, flunkere ich, »ist es jetzt besser?« Ein Seufzer ist ihre Antwort, und dann schnarcht sie zufrieden.

Mit der barmherzigen Lüge habe ich mich leider versündigt. Andererseits ist aber die dauernde Rumturnerei zu nachtschlafender Zeit nicht üblich. Schuld sind die Armen Schulschwestern. Hätten sie mich doch davon unterrichten müssen, daß ich es in meiner Kammer mit dem menschlichen Schicksal zu tun habe.

Tagsüber werde ich jetzt manchmal von einer weißen Schwester ausgesperrt, wenn ich mir aus der Kammer was holen will. Weil die Reinfrida nicht so auf dem Posten ist, kommt ein Franziskanerpater ihr die Beichte abhören. Tagsüber ist sie meistens am Schnarchen und abends, wenn sie aufblüht, spielen wir die Sache mit der Bodentür. Inzwischen habe ich mir noch eine Kurzfassung ausgedacht, die so geht: Die Reinfrida: »Urselchen, es zieht so.

Mach doch schnell nach der Bodentür.« Ich nun: »Gleich, Schwester Reinfrida.« Sofort wurschtele ich ein Bein aus der Zudecke, lasse es in der kühlen Nachtluft hängen, wo ich es mehrmals im Takt auf den nackten Boden stucke, daß die Reinfrida glauben soll, ich gehe gerade. Das Licht lasse ich dunkel. Weil ich doch nun weg bin, höre ich natürlich auf zu atmen. Angemessenes Weilchen später bums ich wieder paarmal mit dem Hacken auf, als ob ich gerade zurückkomme. Mit Wonne vernimmt sie die Erfolgsmeldung: »Ich habe sie zugemacht, Schwester Reinfrida.«

Heute nun ist mir nicht so richtig. Komme ich aus dem Tagesraum, von den Schularbeiten und will meinen Kram nach oben bringen. Da werde ich von der Schwester Adelgundis, die plötzlich durch den weißen Vorhang wie der Heilige Geist aufgetaucht ist, energisch daran gehindert. Und zwei weiße Schwestern schleppen Eimer mit dampfenden Wässern. Ein Leben ist das plötzlich in der Kammer! Bisher waren wir die Stätte des Vergessens.

Nach dem Abendbrot gehe ich wieder schlafen. Wie jeden Abend stehe ich in der Kammer und horche auf das Schnarchen. Aber damit ist heute nichts. Mir zuliebe wird sie es sich doch nicht abgewöhnt haben? Ohne das bin ich so allein. Ich wage nicht, mich zu bewegen. Das Mansardenfenster sieht aus wie eine halbe Apfelsinenscheibe und ist heute ausnahmsweise weit geöffnet. Aber der Reinfrida zieht es nicht. Bloß ich bibbere. Von der frischen Luft bewegt sich die Gardine des Nonnenbettes ein sanftes bißchen. Außer mir möchte ich gern noch wen hören, weil ich mir zur Nacht nicht genüge. Diesmal piesacke *ich* die Reinfrida mit der Bodentür. »Für den Kontrollgang melde ich mich heute freiwillig. Wenn Sie möchten, kann ich auch das Fenster zumachen. Denn an sich müßten Sie doch Durchzug haben, nicht Schwester?« Aber heute ist sie nicht empfindlich. Von Gott weiß woher kommt plötzlich die Schwester Fidelis angehetzt und ruft: »Nate, Mädel, dich haben wir ja in der Aufregung ganz vergessen!« Bekunde ich ihr, daß ich mich ans Vergessensein gewöhnt habe. Auf einmal sind die hartherzigen Schulschwestern nachgiebig, denn ab heute, erklärt mir die Fidelis, darf ich wieder zurück in mein altes Bett. Patze ich sie an: »Auf einmal, wo ich mich gerade eingelebt habe bei der Schwester Reinfrida? Ich weiß gar nicht, ob ich mich so holter-die-polter von ihr trennen kann. Sie braucht mich, denn nachts vergibt sie an mich Aufträge.« Aus Treue zur Reinfrida rege ich noch an: »Können Sie nicht mal bitte für eine dickere Decke sorgen? Die Schwester Reinfrida friert sich noch halb zu Tode.«

Nun bekommt die Schwester Fidelis so fromme, gottesfürchtige Augen, daß ich wirklich Schalmeienklänge höre. Dann sagt sie feierlich: »Wo unsere Schwester Reinfrida jetzt ist, da friert sie nicht mehr. Wir wollen für sie beten.«

Hellhörig war ich ja immer. Aber daß ich in einer Sterbekammer gehaust habe, wo die zukünftigen Leichen abgestellt werden, darauf wäre ich nie im Leben gekommen. Ohne zu fackeln, nehme ich sofort die Schwester Reinfrida zu den armen Seelen auf, für die ich abends immer bete.

Wie lange wollen die Pensionatsmädels denn noch so tun, als ob sie kein Deutsch verstehen? Meinethalben bis zum Jüngsten Gericht. Hauptsache, mir bleibt die Annemie. Weil ich sie in Verdacht hatte, daß sie immer verschwindet, wenn ich in ihrer Nähe bin, habe ich sie zur Rede gestellt, als gerade niemand weiter da war. »Ich möchte endlich mal wissen, ob du noch meine Freundin bist.« Genickt hat sie und geantwortet: »Ich bleib' dir treu, Nate. Komme, was da wolle.« Damit haben wir unsere wahre Freundschaft erneut besiegelt. Nun treten wir uns unterm Tisch heimlich auf die Füße und blinzeln uns zu, was bedeuten soll: Auf immer und ewig.

Seit die Pensionatsmädels von der Schwester Amabilis gegen mich aufgehetzt worden sind, gehe ich noch lieber in die weltliche Schule als vorher. Die fünf Klostermädels in meiner Klasse zählen nicht gegen die einunddreißig normalen Schülerinnen, bei denen ich doll beliebt bin und durch die ich das Sprechen nicht verlerne. Die Heimatklänge kann man nicht genug pflegen, denn unsere heilige, deutsche Muttersprache wird von den ausländischen Fremdwörtern unterwandert. Haben sie sich einfach frech in der deutschen Zunge eingeschlichen. Sind wir vielleicht so arm an eigenen Wörtern, daß wir die von fremden Leuten in den Mund nehmen müssen? Die Liebedienerei mit dem ausländischen Kauderwelsch muß ein Ende haben. Wollen wir uns doch mal wieder auf uns besinnen, fordert die Frau von Hagen. Wo wir über die kraftvolle, deutsche Muttersprache verfügen, die schon die großen, deutschen Dichter zu ihren genialen Werken entzündet hat, sollten doch uns erst recht die deutschen Laute begleiten, vom Anfang bis zum Ende. Alles Fremde müssen wir ausmerzen.

Die Frau von Hagen läßt uns nichts mehr durchgehen. Für jedes Fremdwort, das uns entwischt, müssen wir am Katheder fünf Pfennig in die Trommelsparbüchse stecken, die sie sich extra dafür hält. Mit dem Vermögen, das sich dann anhäuft, wollen wir mal einen Bildungsausflug machen. Noch klappert die kleine Pimpfentrommel aber nicht sehr reichhaltig.

Die Fitti Bengschers hat sich bei der Frau von Hagen beschwert, ihr gefällt es nicht, daß wir aus unserem Wortschatz das Ausländische ausrotten müssen. Das findet sie unpraktisch. Die deutschen Wörter dafür kennen wir ja zur Genüge, und durch die ausländischen, die wir benutzen, lernen wir ganz nebenbei, ohne große Anstrengung, bißchen was von einer Fremdsprache. Und spielend werden wir gebildet. Was uns denn das schaden könnte?

Die Frau von Hagen findet, die Katzbuckelei haben wir als selbstbewußte, starke Großmacht nicht mehr nötig. Das ist unter unserer Würde. Wenn die anderen was von uns wollen, sollen sie doch gefälligst Deutsch lernen. Trotz Ächtung der Fremdwörter hat sie aber Englisch und Französisch noch nicht vom Stundenplan gestrichen, wo es mir, was das Französische betrifft, ganz lieb wäre. Ich bin auch dafür, die anderen sollen sich nach uns richten. In unserem deutschen Haus wollen wir unter deutschen Leuten bauen, pflügen, ernten und die Gipfel erklimmen. Nach dem glorreichen Sieg, sagt die Frau von Hagen, wird Deutsch ohnehin Weltsprache. Deswegen lasse ich jetzt auch schon bißchen nach in Englisch und Französisch. Weil ich mich durch meine Dichtkunst dafür interessiere, habe ich etwas Sprachforschung getrieben. Schon über das erste englische Wort, was mir in den Sinn kam, bin ich gestolpert. Klar zu erkennen ist der »Mensch« ein großes Wort, denn der Mensch ist was. Das Wort »Leute« für Menschen genommen ist nicht ganz so stolz, aber schlecht auch nicht. Nun das englische »people«. Wenn man es so als Bild geschrieben sieht und die Aussprache nicht weiß, denkt man doch sofort an einen falsch geschriebenen Nasenpopel. Als höhere Schülerin liest man es natürlich richtig, wie »piepel«. Eine typisch englische Schweinerei ist das.

»Du sollst den Feiertag heiligen«, deshalb geht das Pensionat sonntags zum feierlichen Hochamt nicht in die poplige Klosterkapelle, sondern in die Pfarrkirche. In der großen, öffentlichen Kirche habe ich immer so allerhand Gedanken. Während der Predigt erfinde ich ein Kriegsrätsel. Welches Schiff hat keine Bruttoregistertonnen zum Versenken? Das Kirchenschiff.

In der ersten Reihe sitzen immer die stolzen Mütter von den Meßdienern. Einer war mal in mich verliebt. Und zwar vom Hochaltar der wichtigste, der bei den Meßdienern so die erste Geige spielt. Wenn man das viele Gold, das hier glitzert, als Geld haben könnte! Heute kann ich nicht zur Kommunion gehen, weil ich einen Bonbon gelutscht habe. Zum Glück sitze ich abseits von den Schwestern, wo gerade Platz war. Sowie es auf die Kommunion zugeht, sind sie immer ganz verklärt, daß sie gar nicht merken, wenn ich sitzenbleibe.

Der Pater Gerhard vergrault manche Leute mit seiner Predigt, daß sie schon vor dem Schluß rausrennen. Dabei ist gerade die Predigt immer so spannend. Wird der Pater nun von der Kanzel runtergeholt oder nicht? Das kommt nämlich ganz darauf an, was er gesagt hat. Mitten unter den Gläubigen sitzen jeden Sonntag zwei Geheime, die wie die Schießhunde aufpassen, ob er etwas gegen den Krieg und die Regierung sagt. Wenn der Pater Gerhard uns was in der Beziehung mitteilen will, muß er das hintenrum, auf die scheinheilige, katholische Tour verschleiern, daß wir aber trotzdem alle Bescheid wissen. So geheim, wie sie denken, sind die Geheimen gar nicht. In Glatz kennt sie jeder. Heute kann ich sie nicht entdecken. Jedenfalls sind es so dicke, feiste Kerle, und obwohl sie Zivil anhaben, wirken ihre Mäntel zackig. Mit den Geheimen ist es in der Kirche viel spannender als im Kino.

Am Beichtstuhl steht wieder eine lange Schlange. Wenn er die Ohren spitzt, kann der vorderste die Sünden aus dem Beichtstuhl mithören. Als Beichtstuhlkrankheit gilt die Nierenschrumpfung. Das kommt von dem kühlen Fußboden und der schlechten Heizung. Die kalten Steine vom Fußboden bergen aber nicht nur Tod und Krankheit in sich, sondern auch Segensreiches. Unter mancher großen Steinplatte ruhen Märtyrerknochen. Hin und wieder sind Reliquien von ihnen abgesplittert, die man sorgsam in kleinen, goldenen Sonnen hinter Glasscheiben aufhebt und die wir an hohen Feiertagen küssen dürfen. Dazu spielen sie schöne Orgelmusik. Nach und nach erhebt sich dann die Gemeinde von den Bänken und geht vor zum Priester, der uns die Glitzersonne mit dem Glasscheibchen an den Mund hält. Direkt den blanken Knochen läßt er uns nicht küssen. Aber die wundertätige Wirkung kommt noch durch die Verglasung. Wir brauchen auch keine Angst zu haben, daß wir uns beim Küssen, alle auf derselben Stelle, mit Bazillen anstecken. Das verhindern schon des Knöchleins heil'ge Kräfte. Frische Knochen gibt es nicht, weil heutzutage die Heiligen rar sind. Wenn nun eine Kirche durchaus Wert auf einen ganz bestimmten Heiligen legt, von dem die Knochen knapp sind, weil er für die ganze Welt gar nicht so viele am Skelett hatte, dann macht man es wie mit der Blutsfahne. An die echten Heiligenknochen werden die normalen rangehalten, und sofort sind sie geweiht mit den heiligen Eigenschaften.

»Großer Gott, wir loben Dich«, singe ich mir jetzt von der Seele. Noch mit dem Lied auf den Lippen mogle ich mich zum Ausgang. Sonst zerquetschen sie mich nachher wieder, wenn sie alle rauswollen. Draußen muß ich warten, denn das Pensionat geht geschlossen nach Hause. Die Schwestern singen noch. Wir Mädels sind schon alle versammelt. Heute bin ich alleine die ganzen Mädels, die sich in Zweierreihen anständig aufführen sollen. Die anderen verspüren über das Wochenende zu Hause wieder die Mutterliebe. Das ist nicht weiter tragisch, weil ja sonst auch niemand mit mir redet. Das Schicksal ist mir eben vorgezeichnet. Unsichtbar trage ich die Dornenkrone der Dichter. Wenn ich erst mit meinem Roman berühmt geworden bin, kommen sie alle angekrochen.

Langsam erscheinen die Schwestern. Am Seiteneingang warten wir immer auf einander. Endlich sind wir vollzählig. Unseren Zug eröffnet die Oberin mit vier Schwestern. Dann kommen wir Mädels. Ich gehe recht luftig und lasse Platz frei für die Abwesenden, wie man es so gewöhnt ist. Den Schwanz bildet die Fidelis. Weiter hinten machen die weißen Schwestern wieder ihren Privatverein auf. Der Rock von der Amabilis wippt gerade man so über den Regenpfützen. Manchmal stippt er auch ein. Ausbürsten müssen ihn dann wieder die weißen Haus- und Küchenschwestern.

Mit der Amabilis bin ich in Feindschaft. Von meiner Mutti habe ich als Sparbüchse ein Blechkarussell geschenkt bekommen mit Zweimarkfünfundachtzig. Nicht an die Amabilis hat sie das Karussell geschickt, sondern an mich. Und wo ist es? Bei ihr im Büro. Wenn es aber dort steht, erkenne ich es nicht mehr an als meins. Nächstens soll meine Mutti von vornherein alles an die Amabilis schicken. Die kann einem so richtig den Sonntagsfrieden vermiesen. Und was ist mit den Filmpostkarten von Hans Söhnker, auf die er mir Autogramme schreiben sollte. Kann ich lange warten, bis die Postkarten mit »Herzlichst Hans Söhnker« drauf zurück sind, wenn ich sie, anstatt sie bei der Postverteilung zu bekommen, zufällig in der Schuhputzkammer, ganz hinten, unter Lumpen und Latschen finde. Katholiken haben Mucken, wenn sie in die Bibel gucken ...

Mir ist jetzt nach Sonntagskakao mit Schlesiersemmel. Ohne zu verpusten sind wir forsch durch die Kolonnaden gegangen. Die Schwesternschaft freut sich genauso aufs Frühstück. So weltentrückt sind sie nämlich auch nicht. Auf dem großen Platz vor unserer Adolf-Hitler-Straße sehe ich absichtlich nicht nach dem Kino hin. Als ob ich mir nichts draus mache. »Hallo, Janine« geben sie bestimmt erst ab achtzehn. Die Schwester Hermengildis war schon ganz zeitig in der Morgenmesse. Hoffentlich hat sie unser Frühstück fertig. Die Gitterstäbe vom Gartentor sind wie ein Gefängnis. Die Amabilis quietscht die Tür einen Spalt auf, geht aber nicht weiter durch und verstopft den Eingang. Damit ich mich meiner Stimme nicht entfremde, muß ich endlich mal was von mir geben: »Ehrwürdige Schwester Fidelis, ich wünsche Ihnen einen gesegneten Sonntag.« Wieso schiebt denn keiner das Tor weiter auf? Trippeln wir alle schüchtern durch, wie eine Herde vertrottelter Schafe.

Im Garten haben wir auf einmal Sonntagsbesuch. Hübsche, junge, schwarze SS-Männer. Von den Nonnen sagt keine »Heil Hitler«. Unter der Kastanie drücken sie sich alle eng zusammen, in ihren frommen Gewändern. Vor dem Haus stehen die SS-er mit zackigen Uniformen. Die einzige Zivilperson unter uns bin ich. Die SS-Männer sind ja Einbrecher! Das sind sicher überhaupt keine echten. Das sind welche, die sich zu Unrecht in die Uniform gesteckt haben, und nun entweihen sie die Ehrenkleider. Das sind Verbrecher, die bei den Katholiken den Kirchgang ausnutzen. Gut, daß wir gekommen sind. Was wollten sie nicht alles mitschleppen! Auf dem Hof stehen schon unsere ganzen Koffer. Und die saubere Bettwäsche ist hanebüchen durcheinandergefleddert. Und die guten Kruzifixe und Madonnenbilder sind zertöppert. Einfach so liegen die Klassenbücher auf der Erde. Auch vor frischgewaschenen Wollsachen haben die falschen SS-er keine Achtung! Im Dreck sehen wir sie wieder. Und was nicht noch alles! Gar nicht zu schildern. Wir müssen uns erstmal fassen, ehe wir die Strolche verhaften. Aber die Schwestern sind solche Memmen und fangen an zu weinen. Besonders die weißen beten und flennen. Nicht mal vor dem Martyrium der Amabilis, die jetzt leidvoll zu ihnen hingeht, sind die Unmenschen beeindruckt. Bestimmt werden sie jetzt von der Oberin zur Rede gestellt, wieso sie dazu kommen und nicht wegrennen, wenn wir sie entlarven. Unsere Geduld mit den Schuften ist gleich zu Ende. Das sind Klosterräuber! Im Mittelalter haben sie sich dann noch der Nonnen bemächtigt. Mindestens müssen sie uns die dreckigen und kaputten Sachen alle ersetzen. Da können wir nicht nachgeben.

Die Amabilis kommt wieder zurück zu unserem Häufchen. Tränenüberströmt sagt sie, die SS-er sind echt. Sie haben den Befehl, uns zu vernichten. Nicht als Menschen, aber als Kloster. Die Amabilis hat das Dokument selbst gelesen. Mit Stempel und Unterschrift. Das Pensionat wird aufgelöst und in eine Parteidienststelle umgewandelt. Die Nonnen sollen sich auf die schlesischen Mutterhäuser verteilen, wenn sie noch welche vorfinden. Den Mädels wird telegrafiert und telefoniert, sie müssen für immer zu

Hause bleiben. Ihre Privatsachen können sie abholen lassen. Wer nun schon nach hier unterwegs ist, na ja, der soll vorläufig bleiben, bis die Eltern was Neues befohlen haben. Wegen mir müssen die Schwestern erst nach Berlin schreiben, was werden soll. Bis wir das alles abgewickelt haben, können wir entweder in der Schuhputzkammer oder im Büro wohnen bleiben. Anständig, wie sie sind, wollen sie uns bis Ende des Monats diese Räume überlassen. Alles andere wird versiegelt.

Weil mir das welche aus den eigenen Reihen unserer Volksgenossen antun, werde ich wieder ganz streng katholisch. Vielleicht ist das alles gekommen, weil ich so viel gefrevelt habe? Jetzt, wo sie mir einfach das Dach über dem Kopf wegnehmen, finde ich es ganz schön hier. Nun bin ich wieder Flüchtling, ohne Bleibe. Zu Hause können sie mich auch nicht gebrauchen. Auf einmal heule ich in die Hand von der Fidelis, der ehrwürdigen, lieben Schwester. Die kann ich wieder so gut leiden. Diese verfluchte Welt aber auch! Nichts darf man behalten! Die Uniform ist den Rabauken wohl zu Kopf gestiegen? Dienstmädchen belatschern, das können sie und Ordensfrauen nackt und bloß und heimatlos auf die Straße treiben. Wenn das der Führer wüßte!

Ein Schluderleben führen wir jetzt, wie die Zigeuner. Außer der Amabilis und der Fidelis sind alle Schwestern sofort versetzt worden, und nun warten sie, bis sie auch dort rausgeschmissen werden. Der Restbestand an Schülerinnen besteht aus mir und noch zwei Mädels. Die Schwester Amabilis benutzt das ganze Büro für sich allein. Da ißt, schläft und betet sie und durchstöbert die Akten, die ihr die SS-er zerwühlt haben.

In der Schuhputzkammer sitzen wir zu viert übereinander. Auf einem Turm von Koffern und Waschkörben, gleich unter der Decke, schläft die Schwester Fidelis. Raffiniert hat sie sich eine Nonnenschürze als Vorhang zurechtgebastelt und noch einen Regenschirm aufgespannt, damit wir bloß nachts ihre Glatze nicht sehen können. Ganz gemütlich hat sie sich dort oben ein unbezogenes Plumeau zurechtgekuschelt. Zwei umgekippte Stühle sind das Bett von der Erni Rosenow. Behaglich liegt sie auf dicken, weichen Klamotten. Ich schlafe bis zu den Knien in einer geräumigen Bücherkiste. Meine Unterbeine hängen im Kasperletheater vom Taubstummenkindergarten, den die Schulschwestern früher mal unter sich hatten. Burgl Glogaus Schlafstätte ist eine Kofferspalte. Links eine wacklige Kofferwand, rechts genauso eine, und wenn die Burgl schläfrig wird, muß sie sich dazwischen runterlassen. Sie hat schon ein möbliertes Zimmer gefunden, mit separatem Eingang. Ultimo zieht sie. Sie ist siebzehn. Daheim, in ihrem Nest, gibt es keine höhere Schule. Darum soll sie bis zum Abitur in Glatz bleiben.

Die Annemie sehe ich nie mehr wieder. Von Altheide-Bad ist sie gar nicht mehr nach Glatz zurückgekommen. Weil ich demnächst obdachlos bin, mache ich mich nach der Schule auf Zimmersuche. Ich finde, ob meine Mutti das Geld der Amabilis schickt oder an eine Wirtin, ist egal. Mutti hat bloß noch nicht geschrieben. Für mich kommt natürlich auch nur ein Zimmer in Frage mit separatem Eingang. In Glatz gibt es Straßen und Gassen, von denen ich keine Ahnung hatte. Schiefe Wände, dunkle Flure, ausgelatschte Treppenstufen. Ich klingle und klopfe mich durch die schäbigen Häuser. »Haben Sie nicht ein Zimmer für mich frei, mit separatem Eingang?« Frauen in Hauslatschen und Lockenwicklern schmeißen mir die Türen vor der Nase zu. Nicht mal eine gescheite Ausrede lassen sie sich einfallen. Nur eine sagt, sie kann jetzt nicht, sie ist gerade beim Mohnbabebacken. Ohne ein Zimmer schleiche ich nach Stunden müde zurück in die Schuhputzkammer. Da erwartet mich die Schwester Fidelis, killert mich unter dem Kinn und überrascht mich mit der Nachricht: »Laß man gut sein, Nate, der Brief aus Berlin ist da. Du sollst sofort nach Hause kommen.«

Daß ich mich nun gar nicht freue, wäre geschwindelt. Die größte Nettigkeit vollbringt zum Abschied noch die Amabilis. Fix und fertig hat sie mir schon einen fremden Koffer für die Reise gepackt und ihn zugeschlossen. Das Schlüsselchen muß ich mir am Twistfaden um den Hals hängen. Für mein ferneres Leben gibt sie mir noch eine Ermahnung mit auf den Weg: »Nate, Nate, sei nicht so leidenschaftlich! Das nimmt nochmal ein schlimmes Ende mit dir.« Sie will auch dafür sorgen, daß mir die Frau von Hagen mein Abgangszeugnis nachschickt. Sollte sie es aber vergessen, bin ich auch nicht weiter tückisch, denn so berühmt wird es nicht ausfallen. Meinen richtigen Koffer haben SS-Stiefel mutwillig zertrampelt. Das werde ich mir merken! Die SS-er sind für mich gestorben, genau wie die Glatzer, die mir ein Zimmer verweigert haben, mit separatem Eingang.

Gerade bin ich frisch aus Schlesien eingetroffen. Wenn man nach langer Zeit heimkehrt, haben sie einen alle wieder gern. Muß man bedenken, ohne Vater und Mutter, ein Kind ganz allein in der Fremde! Nicht, daß ich hetzen will, aber ich habe mich von zu Hause völlig entfremdet. Muß ich mich erst wieder eingewöhnen. Nun sitze ich und warte in der guten Stube auf den Empfangskaffee und den Marmorkuchen, der meiner Mutti schwergefallen ist, denn bei dem großen, kräftigen Menschen, unserem Heia, langt ihr die Futterei zu nichts. Denkt sie vielleicht, ich hatte in Glatz Fettlebe? Im Wachstum wird einem der Hunger ständig größer, und jeden Tag muß man ein Stückchen mehr von sich ernähren. Beim Abholen hat mir meine Oma gleich auf dem Bahnhof die freudige Nachricht überbracht, seit ich weg bin, ist ihr Zucker ganz niedrig.

Zum Willkommen zeigen sie sich alle von der nettesten Seite. Wollen sie mir alles schön machen. Nicht das kleinste Teelöffelchen darf ich reintragen. Sogar mein Koffer steht noch unausgepackt draußen in der Küche. Da wollen wir uns später ranmachen.

Aus der Küche höre ich plötzlich den Heia überkandidelt quieken. Eine Sorte Lachen ist das! Was er schreit, kann ich nicht verstehen, besonders weil meine Mutti wie verdreht dazwischenjuchut. Die Oma tutet wie eine Schiffssirene, und dann bittet sie sich Ruhe aus. »Traurig genug«, schimpft sie, »daß ihr über so was lachen könnt! Das ist überhaupt nicht komisch!« Der Heia deklamiert jetzt etwas, das aber im glucksigen Gegurgel meiner Oma untergeht. Neugierig gehe ich mal nachsehen.

An der offenen Küchentür möchte ich auf der Stelle tot sein. Der Kofferdeckel ist aufgemacht und mein Zeug durcheinandergewühlt. Dem Koffer gegenüber sitzt auf dem Küchenstuhl meine dicke Oma, ißt Diabetikerkuchen und lacht meckernd unter Tränen. An der Spüle steht gebückt meine Mutti und hält sich zwischen den Beinen alles zu, weil sie es vor lauter Kreischen nicht mehr auf die Toilette schafft. Das hat sie öfter. »Aufhören, Kinder! Aufhören!« Neben dem angeschnittenen Marmorkuchen läßt der Heia vom Küchentisch die Knickerbockerbeine runterbaumeln. Auf seinem Schoß liegt mein Roman! Und über den ernsten Inhalt amüsieren sie sich und ziehen alles in den Dreck, was mir heilig ist! Wenn die wüßten! Lacht man! Lacht! Stehe ich tausend Tode aus, daß sie mir noch hinter mein Geheimnis kommen. Der Heia springt vom Tisch runter und verbeugt sich schleimscheißig vor mir. »Welche Ehre, daß wir in der Familie eine große Dichterin haben! Und noch dazu eine so blutrünstige!« Ich werde immer kleiner und alleiner. Meine Oma japst nach Worten.

Eingebrockt hat mir das dieses ehrwürdige Arschloch von Amabilis. Die Amabilis war so niederträchtig und hat ihn mir heimlich unten in den Koffer gelegt, daß ihn meine Leute zu Hause beim Auspacken finden sollten. Und ich dachte, mein Roman wäre ein Raub der Flammen geworden. Den Schwestern ist ganz recht geschehen. Noch viel zu milde sind die SS-er mit ihnen umgegangen. Nun weiß ich endgültig Bescheid über die scheinheiligen Betschwestern.

*

Rechtzeitig zur Geschlechtsreife bin ich wieder in meiner ehemaligen Moabiter Klasse. Als ich reinkam und mich als Neue vorstellte, haben sie mich alle schallend ausgelacht, weil ich die Klassengemeinschaft ja nur vorübergehend verlassen hatte. In der großen Pause schaffte sich die Evi sofort ihre neue Freundin Helma Böttcher ab, die sie sich solange als Notnagel gehalten hatte. Damit war wieder alles beim alten, bloß daß wir in der Zwischenzeit ein Panoptikum als Lehrerkollegium bekommen haben.

Unser schicker Musiklehrer, Herr Bard, weg ist er, und so alles, was an Lehrern noch halbwegs jung war und krauchen konnte. Eingezogen. Statt dessen humpelt und ächzt es durch die langen Flure, und sie haben die ganzen ollen Fräuleins und Mummelgreise, die schon eingemottet waren, wieder ausgekramt.

Der alte Herr Dusselt, bei dem wir in Mathe Wurzeln ziehen, hat mächtige, rote Ohren mit ausgeleierten Ohrläppchen und einen rumschlackernden Truthahnhals. Er zieht alle Mädchen vor, die lange Zöpfe haben. Verheiratet ist er und hat was mit unserer Handarbeits-, Zeichen- und Turnlehrerin, Fräulein Kriebach, die auch nicht mehr ganz neu ist. Keine Turnübung kann sie vormachen. Immer läßt sie uns bloß Keulen schwingen. Die dicke Rexen, an der alle Kleider runterhängen wie verregnet, weil sie sie immer zwei Nummern zu groß kauft, denn sie denkt, dadurch wirkt sie schlanker, muß auch bis zum Sieg weitermachen. Sie stand direkt vor der Pensionierung. Genauso geht es unserer Klassenlehrerin Fräulein Meyer, der das aber gar nichts ausmacht. Im Gegenteil, sie ist glücklich, daß sie mithelfen darf, den Krieg zu gewinnen. Ohne ihre Brille ist sie fast blind, und sie hat eine feuchte Aussprache.

Auf unsere Geschlechtsreife hingewiesen hat uns Fräulein Zöllner, die kleine aufgeregte Giftspritze. Bio gibt sie und Englisch. In der ersten Stunde hatten wir heute schon bei ihr Englisch. In der letzten Stunde muß sie uns noch Bio geben. Anstatt uns die natürlichen Heilkräuter aus den deutschen Fluren und Auen vorzustellen, soll sie uns heute aufklären. Die Rexen hält das für dringend. An den Staubgefäßen der Blumen, an den Stempeln und Narben, will uns die Zöllnern das schweinische Thema aufhängen.

Schon seit morgens können wir es gar nicht mehr erwarten bis zur letzten Stunde. Der alten Zöllnern werden wir ein Loch in den Bauch fragen, daß sie aus den Latschen kippt. Unsere Frühreife, die Schwumme, haben wir von der letzten Reihe auf die erste Bank umgesetzt. Die weiß mehr als wir alle zusammen. Die hübschesten Beine von der Klasse hat sie. Mit Boys geht sie ins Kino knutschen. Küssen tut sie richtig mit Zungenschlag. Und im kleinen Tiergarten, hinter dem Rummelplatz, läßt sie die Boys im Dunkeln alles von sich angucken und betatschen. Mal hat sie schon gedacht, sie ist davon schwanger. War aber nicht. Für die Zöllnern soll ich ihr am Rücken den Pullover mit Sicherheitsnadeln enger stecken. Das Haar hat sie sich ganz wüst auf Zarah Leander ins Gesicht geruschelt. Wir mit unseren sämtlichen Busen bevölkern die vordersten Bänke, sowie die Mädels, die schon bluten, darunter auch ich. Von der Evi und den anderen weiß ich jetzt zum Glück, das passiert mir nicht alleine. Die flachen Bretter unter uns haben wir mehr nach hinten verfrachtet. Die sind zu harmlos. Die Ulla Dörfler weiß noch von überhaupt nichts. Während der Aufklärung soll die Rita Poschmann mit Babygeschrei dazwischenfunken. Fragen werden wir stellen, wie die ersten Menschen. Wenn sie sich trauen, sollen die Flachbusen von hinten summen: »Auf dem Dach der Welt, da steht ein Storchennest.«

Da kommt sie, klein, doof, zottlig, aber mit den Zensuren gefährlich. »Good morning, girls!« Dabei ist es schon viertel eins. Bißchen durcheinander, die olle Zöllnern. Weil wir kichern, merkt sie, es ist bereits die letzte Stunde, und nicht Englisch ist dran, sondern Bio. In die vorderste Bank, Fensterreihe, haben sie sich zu viert hingequetscht. Geschlechtsreif sitzen wir da und feixen, tuscheln und warten. Die Zöllnern zieht den Stuhl hinter dem Katheder vor. Sagt sie: »Machen wir es uns ruhig gemütlich. Bei einem schwierigen Thema, wie wir es jetzt durchnehmen, wollen wir nicht albern sein, sondern ganz locker und natürlich. Lach nicht so dämlich, Schwumme!« Unruhig rutschen wir auf unseren Plätzen herum. Die Kleinkinderbänke sind uns in der Geschlechtsreife zu eng geworden für die Busen, die wir mal bißchen recken müssen. Nach dem Schnäuzen popelt sich die Zöllnern lange mit dem Taschentuch die Nasenlöcher frei. »Ihr wißt doch, daß es in der Natur immer so ist, nicht wahr, Mädels? Es greift eins ins andere, ein ewiger Rhythmus, ein Kommen und Gehen. Ihr versteht doch, was ich meine?« In völliger Ahnungslosigkeit schütteln wir wild die Köpfe, daß wir verruchte Haartollen kriegen, wie gerade aus dem Bett gekommen. Fragt sie schnell: »Was wollt ihr denn wissen?« Wie im Chor: »Alles!« »Für heute wird das ein bißchen viel sein, fürchte ich. Aber wir werden das Wichtigste streifen. Ja Schwumme, was ist?« Die Schwumme, wie von hinterm Mond: »Wir haben ja schon allerhand läuten gehört, aber wie ist es denn nun wirklich?« »Wie ist was wirklich?« Wir verkneifen uns das Lachen. Ausführlich verbreitet sich nun die Zöllnern darüber, sie kann sich nicht besinnen, wann sich die Schwumme je in einer anderen Stunde so doll gemeldet hätte. Genaugenommen hört sie heute zum ersten Mal die Stimme von der Schwumme richtig. Nun weiß sie wenigstens, wo bei der Schwumme die Interessen liegen.

Die Aufklärung beginnt die Zöllnern dann tatsächlich mit DA UNTEN. Darüber sollen wir keine zotigen Witze machen. Das ist eine ernste Sache. Da unten sind wir ein tausendfältiges, hochempfindliches Instrument, das wir nicht sinnlos berühren dürfen und mit dreckigen Händen schon gar nicht. Denn Mikroben und Bazillen wollen sich bei uns einnisten und Unheil stiften. Äußerste Sauberkeit ist geboten, denn die Gesundheit geht über alles. Selbst wenn es uns mal draußen in der freien Natur überkommen sollte, und wir es sehr eilig damit haben, müssen wir immer vorsichtig sein und uns den Platz genau angucken, wo wir es machen wollen. Auch eine fremde Wohnung darf uns nicht so ohne weiteres Vertrauen einflößen. Lieber sollen wir es uns verkneifen. Es gibt mehr Schweine, als wir glauben. Wer hätte das gedacht, daß die kleine Zöllnern so scharf rangeht! Und dann sollen wir auch noch von ihren eigenen Erfahrungen profitieren: Für da unten dürfen wir nur zartes, weiches Toiletten- und Seidenpapier zum Abwischen benutzen. Niemals aber färbende Druckerschwärze. »Der Völkische Beobachter« ist ganz schädlich.

Mit dem Krieg geht es immer besser. Jetzt haben wir Paris einkassiert. »Siegreich wolln wir Frankreich schlagen, sterben als ein tapfrer Held«, singen wir im Strandbad Wannsee. Die Pariser Nächte sind jetzt unser. Ab heute kann jede deutsche Frau, wie sie will, billig nach französischem Parfum riechen. Bei ihr duftet das auch ganz anders, als bei den Pariser Flittchen. Denn die Franzosen sind oben hui und unten pfui, genau, wie die Pollacken. Alles eine Sorte, sagt die Rexen. Nicht mal richtig zu schießen getraut haben sich die französischen Waschlappen.

Was soll denn noch alles passieren, bis sich die Rexen mal zu Schulfrei aufrafft? Zwar hat sie ihre Doppelstunde ausfallen lassen, aber wir durften nicht nach Hause gehen. Mit unserer Klasse ist sie geschlossen ins Strandbad Wannsee gefahren, wo wir gemeinsam jetzt das Frankreichlied singen. Für manche Länder, falls wir mal wieder welche einnehmen, haben wir gar keine Lieder. Eigentlich müßten schnell noch welche komponiert werden.

In Wannsee sonnen sich die Menschen und haben noch gar nicht die Größe der Stunde begriffen. Nicht an einem Strandkorb sind Papierfähnchen geflaggt. Wäre doch toll, wenn lauter kleine Hakenkreuze im selben deutschen Wind flattern, der jetzt auch über Paris weht, nach dem Motto: »Die Heimat reicht der Front die Hände.« Aber die Leute hier sind von gestern und haben keinen blassen Schimmer. Die denken wohl immer noch, Paris liegt in Frankreich! Selbst bei unserem Frankreichlied geht ihnen kein Licht auf, denn es ist durch die vielen französischen Ortschaften und Landstriche, die wir bereits erobert haben, schon so abgegriffen.

Wenn wir nicht wüßten, daß die Rexen ein Kleid anhat, würden wir das weiße Geschlabber mit den vielen Hohlsäumen für ein Nachthemd halten. Sie geht nie ohne Parteiabzeichen. Nun will die Rexen die Leute wachrütteln. Das ist sie der geschichtlichen Tat unseres Führers schuldig. Zu dem Zweck müssen sich die Ulla und die Beate als Pyramide breitbeinig nebeneinander stellen. Der Gerlinde Krämer helfen wir auf die Schultern der beiden.

Hoch oben soll sie dem Strandbad mit heißem Herzen verkünden, was ihr die Rexen vorher eingetrichtert hat. Die Gerlinde hält sich ängstlich fest an Ullas Hahnenkamm und am Hals von der Beate. Dann schmeißt sie die Zöpfe auf den Rücken und ruft: »Achtung! Achtung! Sondermeldung! Paris ist gefallen! Paris ist in deutscher Hand! Paris! Paris!« Nun muß der Jubel losbrechen, und wir werden alle Fragen beantworten, wenn uns das Volk umringt. Aber es umringt uns keiner. Die Gerlinde hält sich nur noch mühsam. Gleich fällt sie runter. Sowie sie im Sand gelandet ist, brechen wir in den Jubel aus, den wir von den sturen Leuten erwartet haben. Unsere »Sieg-Heils« überschreien das ganze Strandbad. Und dann setzen wir ein: »Kamerad wir marschieren im Westen, mit den Bombengeschwadern vereint.« Daß im Strandbad Wannsee doch noch eine anständige Feierstunde zustande gekommen ist, haben die laschen Typen hier nur uns zu verdanken.

Wenn eine Frau einmal im Leben etwas mit einem Juden gehabt hat, dann ist sie für immer verschandelt. Die Judensäfte kreisen im Blut der deutschen Frau und verseuchen es bis zum letzten Tropfen, auf daß es entartet. Da kann sie zehnmal hinterher einen arischen Deutschen heiraten und eine anständige Ehe führen, wenn ein Kind kommt, hat es die verräterische Hakennase. Die arischen Verwandten ahnen nichts und wundern sich. Und beim nächsten Kind dasselbe. Hakennase. Die Juden sind ja nicht umsonst so wild auf unsere blonden, deutschen Frauen. Ihr ganzes jüdisches Sinnen trachtet nach Blutschande. Ruinieren wollen sie die deutschen Frauen und die gute Rasse mit ihrem krummnasigen plattbeinigen Erbgut vermantschen. Auf die Art vermehren sie sich heimlich und unterwandern andere Völker. Das Weltjudentum ist im Gange, allerorten. Nun habe ich mit eigenen Augen ansehen können, was es anrichtet. In einem Haushalt, wo man es nicht glauben sollte.

Im Krieg haben sie meinen Vati als Oberleutnant eingezogen. Weil er noch nicht an der Front ist, tut er solange Dienst in einer Berliner Kaserne, und kann dauernd in voller Uniform nach Hause kommen. Ich, nun frisch aus der Glatzer Hölle zurück, gehe ihn besuchen, wie es von mir verlangt wird. Nicht zum ersten Mal sehe ich meinen Vati als Soldat. Schon in Grünsburg hat er ab und an Soldatenübungen als Offizier machen müssen. Damals haben sie immer nur Krieg gespielt, so als ob, heute ist er nun richtig. Wenn der Vati seinerzeit weg war, konnten wir immer aufatmen. Jetzt tut er so überheblich, als ob es nur sein Krieg wäre. Dabei ist er genauso meiner und von jedem deutschen Volksgenossen.

Nach der Begrüßung gehen wir in meinem ehemaligen Zuhause sofort die Treppe hoch in das einstige Kinderzimmer von uns. Während meines Glatzer Aufenthaltes hatten sie eine Geburt gehabt, die ich mir ansehen soll. Was die mit meinem weißen Schrank gemacht haben! Blau gestrichen und mit dicken, bunten Trachtenblumen bemalt, Marke Obersalzberg. Die Friedel Grollmann nimmt behutsam die Rüschengardine vom Mullhimmel zur Seite. Im Körbchen liegt ein halber Bruder. Ich beherrsche mich, daß ich nicht zu sehr erschrecke. Denn die Hakennase des puterroten kleinen Udo ist entlarvend. Vom Edgar von Plüss weiß ich, in Lichterfelde-West wurde gemunkelt, die Grollmann soll mal eine Zeitlang was mit einem besseren jüdischen Herrn gehabt haben, der ihr aus Dankbarkeit den Schokoladenladen eingerichtet hat, als typisch jüdische Bestechung. Auf diese Weise vermehrt sich das vermorschte Blut noch heute im kleinen Udo. Siehe Hakennase. Das zweite Halbgeschwisterchen von mir wird genauso verschandelt. Das sehe ich schon, obwohl es noch im Bauch ist. Weshalb ich die beiden Mißgeburten als überhaupt nichts von mir anerkenne. Wir waren ja bloß katholisch, und das hat meinem Vati schon nicht gepaßt. Aber seine nächste Garnitur Kinder ist verjudet. Das ist die gerechte Strafe für alles. Weil ich mit meinem Vati für immer fertig bin und ihm diesen kleinen Itzig von Herzen gönne, kann ich ihm aufrichtig dazu gratulieren: »Nachträglich noch herzlichen Glückwunsch!«

In Ostpreußen sterben die Verrückten wie die Fliegen. Alle am Herzschlag. Auch wenn sie noch jung sind. Zum Herzschlag von doofen Ostpreußen müssen wir gleich zwei bekannten Familien durch eine Trauerkarte gratulieren. Die Frau Griguleit, mit der meine Mutti früher in Grünsburg aus Spaß öfter zu fremden Begräbnissen gerannt ist, hat uns ganz ergreifend vom traurigen Ableben ihres lieben Mannes geschrieben, der seit dem Tobsuchtsanfall vor fünfzehn Jahren wieder ein reines Kind geworden war, weshalb sie ihn schweren Herzens ins Irrenhaus stecken mußte. Aber geliebt wurde der Herr Griguleit um so mehr. Die amtliche Karte von der Anstalt, wo sie den Herzschlag bestätigen, hat sie uns tief erschüttert beigelegt. Wir sollen sie ihr wiederschicken zum ewigen Andenken. Der Text besagt, daß der Patient Griguleit am soundsovielten, neunzehnhundertundvierzig leider ganz plötzlich an einem Herzschlag verstorben ist. Herzliches Beileid. Paar Tage später bekamen wir von unserer anderen alten ostpreußischen Freundschaft, ebenfalls aus Grünsburg, eine schöne Traueranzeige, die vom irren Vater handelte. Allerdings war er schon älter. In derselben Anstalt hat ihn der Herzschlag getroffen. Die Karte vom Irrenhaus, die sie uns auch mit beigelegt hatten, war haargenau so eine, wie von den Griguleits, wortwörtlich, bis auf den anderen Namen und das bißchen spätere Datum. Die Freundschaft hat uns noch geschrieben, daß sie aus Heiligenbeil einen verwirrten Bauern kennen, dem vor Jahren plötzlich der Geist beim Gänsenudeln ausgesetzt hat und der in derselben

Anstalt wegen Herzschlag nicht mehr ist. Auch die Heiligenbeiler besitzen genauso eine Karte. Deswegen haben uns die Griguleits geschrieben: Gänsefüßchen unten: In der Heilstätte ist Herzschlag ansteckend. Gänsefüßchen oben. Mit dem Griguleitschen Sohn soll ja auch nicht alles stimmen. Aber wenn er das Haus anzündet, schreibt die Frau Griguleit, wird sie ihn nicht hergeben. Denn im Irrenhaus regt er sich nachher noch genauso auf wie sein Vater und bekommt einen Herzschlag. Falls es mit Wölfchens weicher Birne schlimmer werden sollte, will es die Frau Griguleit vor der Welt verheimlichen. Den Brief sollen wir am besten vernichten.

Weil die Doofen doch alle am Herzschlag sterben, sind die vorgedruckten Karten an die Leidtragenden ganz zeitsparend, aber doch recht lieblos. Da sieht man mal wieder, kranke Geister bedeuten zugleich auch kranke Herzen, was uns einmal mehr den schönen Spruch bewahrheitet, den wir schon von klein auf in der Schule gelernt haben: »Nur in einem gesunden Körper wohnt auch ein gesunder Geist.« Den Spruch, mit Schlaufe zum übers Bett hängen, kann man im Papierladen kaufen.

Mit der Post kommt selten etwas Gescheites. Sind die Postsachen aber erstmal durch den Briefschlitz gerutscht, können sie nicht auf der Erde verkommen. Besser werden sie nicht vom Rübertrampeln. Wenn die Oma beim Arzt sitzt und Mutti Geld verdient, bücken wir uns deshalb schon mal nach den Kuverts und legen sie im großen Zimmer auf den Tisch, wo sie bis sonstwann schmoren können, weil fremde Post uns nichts angeht. Anständig wie wir sind, haben wir nicht mal Interesse an Kartengrüßen. In Postangelegenheiten sind wir ehrlich.

Wir hätten auch den dicken Brief ungeschoren gelassen, wenn er sich nicht so anfühlen würde, als steckten Geldscheine drin. Seitlich lockern wir die Kuvertklappe etwas vom Leim ab, um einen Finger durchzustecken. Vielleicht können wir uns ein bescheidenes Scheinchen rausfischen, das mit den wenigsten Nullen von allen. Und das teilen wir uns dann ehrlich. Aber der miese Kriegsumschlag platzt aus den Nähten. Hätten wir mal lieber Wasserdampf genommen! So bleibt uns gar nichts anderes übrig, als den

Brief ganz aufzureißen, und nachher ist er eben in den Kriegswirren irgendwo untergebuttert worden. Beim Schütteln rührt sich der Brief kein bißchen, und statt Geldscheinen flattern Fotografien im Chamois-Abzug auf die Tischdecke. Mit weißem Rand sind sie mir aber lieber. Weil sie schon mal da sind, begucken wir sie uns dann auch. Auf einer lacht meine Mutti. Das hat sie fein raus, sobald sie geknipst wird. Wenn sie bloß nicht so dicke Schenkel hätte! Der kurze Sonnenanzug ist noch der alte, mit Blümchen. Damit steht sie vor einem urigen Salzburger Bauernhaus auf einer Salzburger Wiese. Ahne ich gleich, daß die Aufnahmen von ihrem letzten Kurzurlaub stammen, den sie ohne uns Kinder verbracht hatte. Wir mußten ja zur Schule. Den größten Zufall von der Welt besehen wir uns auf dem nächsten Abzug. Da steht ein dicker Herr auf derselben Wiese neben unserer selben Mutti. Ist das doch tatsächlich Heias Beichtvater. Aber hier ist er gar nicht hochwürdig, sondern im Pullover. Daß sie sich vor dem kirchlichen Herrn nicht geniert, so die Beine zu zeigen! Dann schubst der Heia viele menschenleere Fotos durcheinander, auf denen die zerklüftete Natur sich darstellt als Gebirge, an den Spitzen lauter Schneekoppen. Und dann kommt eine Aufnahme, die ein schneeweißes Bett zeigt. Der Nachttisch daneben ist bayrisch-österreichisch bemalt. Auf dem glatten Laken sitzt völlig nackend und speckig Heias Beichtvater, der sich mal Weilchen vom Klosterleben freigenommen hat, zur Erholung. Die splitterfasernackte Dame hinter ihm, die mit beiden Händen in den hochwürdigen Bauch kneift, ist unsere Mutti. Nun weiß ich endlich, wozu man einen Selbstauslöser braucht.

Von »so einem« will der Heia nicht mehr Beichtkind sein, schreit er mich an, als ob ich der Nackedei wäre. Anstatt sich zu freuen, daß er eine Ausrede hat wegzubleiben. Seit der Heia sich bei uns als Vater aufspielen darf, ist er größenwahnsinnig. Am liebsten soll ihn meine Mutti mit allem fragen. Als Geschiedene kann sie aber tun und lassen, was sie möchte. Von mir aus soll sie. Aber der Heia schwört bei allen Heiligen, mit diesem Foto wird Milch und Honig für ihn fließen. Denn die Dame darauf, die für immer den Ehrentitel MUTTER verwirkt hat, muß ihm zukünftig alles, was er will, spendieren und von den Augen ablesen. Andernfalls geht er zu den Erpressern und wird das Foto der Oma und der

Welt und dem Kloster zeigen. Aber das garantiert mir der Heia, jetzt wird er so wohlhabend wie möglich. Gelobt sei Jesus Christus.

*

Im Protektorat Böhmen und Mähren, was die ehemalige Tschechoslowakei ist, dämmern wir jetzt herauf als der neue Morgen. Hier werden wir wegen Bombennächten, die in der Heimat losgehen könnten und den dortigen Lebensmittelkarten, die uns nicht satt machen, aufgespart für nach dem Krieg. Der Führer will seine Jugend fern von allen Gefahren wissen. Dick und dumm werden wir uns am tschechischen Essen futtern können. Das wertvolle, deutsche Blut muß gerettet werden. Bei uns Mädels hat der Führer natürlich den Hintergedanken wegen der späteren Mutterschaft, mit der wir die gefallenen Jahrgänge auffüllen sollen. Was das dem Staat für Geld kostet, uns zu retten! Schulenweise übersiedeln wir zu den Tschechen. Und unseren Eltern wird kein Pfennig abgenommen. Anstandshalber müssen sie uns nur ab und zu ein Päckchen schicken und für Kleidung sorgen.

Auf der Fahrt nach Glatz runter konnte ich wenigstens vom Fenster aus die Landschaft erleben. Aber nach dem Protektorat sind wir fast nur nachts gefahren, mit Verdunklung, um die feindlichen Bomber zu täuschen, falls es welche auf uns abgesehen hatten. Die Barbaren verschonen nicht mal Frauen und Kinder. Über Prag sind wir auch gekommen. Aber die goldene Stadt von der Kristina Söderbaum lag für uns hinter dem Verdunklungspapier.

In den Fahrtpausen mußten wir vor der Gulaschkanone anstehen, aus der uns Rotekreuzschwestern heiße Gemüsesuppe mit Kälberzähnen in die Blechnäpfe schöpften. Als Zugbegleitung hatten wir ein altes BDM-Mädel von über Zwanzig. Ganz gerührt war sie über die Kälberzähne. Weil der Führer an alles gedacht hat und wir seine sorgende Hand spüren. Und wir sollen mal sehen, hat sie uns vorgeschwärmt, für seine heißgeliebte Jugend ist ihm das Feinste und Beste gerade gut genug. Unsere Schule, zum Beispiel, das weiß sie, kommt in ein vornehmes Heilbad, wo sich bisher nur reiche, tschechische Nichtstuer herumgetrieben haben. Unsere Unterkunft hat sie selbst mit eingerichtet. Und tatsächlich mußten wir dann, hier angekommen, als Absender nach Hause schreiben: Bad Luhatschowitz bei Ungarisch Brod, KLV-Lager, Hotel Arco. Die Organisation, der wir jetzt angehören, heißt Kinderlandverschickung, kurz KLV.

Extra unseretwegen wurde den Tschechen der ganze Luxus weggenommen. Sämtliche Feudalhotels sind für die Kinderlandverschickung beschlagnahmt worden. Die Besitzer können zwar als Hausmeister weiter in ihren Hotels wohnen bleiben, aber als rechtmäßige Inhaber sind sie entmachtet. Wenn wir von draußen reinkommen und mit matschigen Schuhen den feinen Treppenläufer versauen und die Politur vom Geländer abschubbern mit scharfen Gegenständen, wie Handarbeitsscheren und Skistöcken, dann zucken sie aber doch immer wieder zusammen, als wäre noch alles ihr Eigentum. Im Speisesaal ist der Fußboden nach der kurzen Zeit schon derart verschrammt, daß man kaum glauben kann, wie es dort vor kurzem noch tipptopp aussah. Auch die Holztäfelung an den Wänden ist beklatert und vollgekritzelt. Wo ich beim Essen sitze, kann man hinter meinem Rücken lesen: Ficken ist gesund, macht die Mädchen dick und rund. Bei der Evi sind wenigstens Hakenkreuze eingeritzt.

Unser Hotel in Bad Luhatschowitz wurde früher von aufgetakelten, tschechischen Dämchen bevölkert, die dem Herrgott die Zeit gestohlen hatten mit Fingernägel maniküren, Völlerei und Schminken, und sich von oben bis unten bedienen lassen. Heute ist hier die Kameradschaft zu Hause von zweihundertdreiundachtzig deutschen Mädels, die lernen und wachsen und die Zukunft Deutschlands auf ihren jungen Schultern tragen. Durch die Hotelzimmer und Säle grölt nicht mehr entartete Negermusik zum Ohrenzuhalten, vielmehr erschallen deutsche Volksweisen und Hitlerlieder.

Wegen Spionage müssen wir vor dem ehemaligen Wirt auf der Hut sein, mit seinen tschechischen Schlitzaugen. Ganz verdächtig geht er uns aus dem Weg, wie das wandelnde schlechte Gewissen. Nicht mal »Guten Morgen« kann er auf deutsch verstehen, geschweige denn »Heil Hitler«.

Ich glaube, seit die KLV hier ist, erkennen die Tschechen ihr altes Bad Luhatschowitz nicht mehr wieder. Brauchen sie bloß mal durch den Ort zu gehen, dann denken sie, sie sind in Essen. Ich komme mir auch schon vor wie im Ruhrgebiet. Wo man hinsieht, marschieren Kinder aus Essen und überschwemmen von Bad Luhatschowitz jeden Winkel. Wir Berliner gehen da völlig unter. Durch die Bank weg sind die Essener spake Spinnenkinder mit blassen Rußgesichtern, vom Kohlestaub, der die Sonne verdunkelt. Meistens haben sie kurzgestutzte Bubiköpfe, als ob die deutschen Zöpfe in Essen noch nicht eingeführt wären.

Ein gigantisches Bild geben wir ab, wenn wir so als Schar von zweihundertdreiundachtzig Mädels im Gleichschritt durch die Straßen marschieren und »Es blies ein Jäger wohl in sein Horn« anstimmen. Die Tschechen auf dem Bürgersteig gucken kein bißchen, wohl weil sie sich als Tschechen vor uns schämen. Frisch und frei singen wir Luhatschowitzer mit: »Es zittern die morschen Knochen« und »Ein Kampf ist entbrannt, und es blitzt und es kracht«.

Aber auf einmal sollen wir ein Sauhaufen sein, den unsere Lagerführerin Hede satt hat. In der Marschkolonne will sie keine Dauerwellen mehr wippen sehen. Auch Hahnenkämme müssen verschwinden. Unsere Frisuren sollen jetzt einheitlich ausgerichtet werden. Deshalb gibt die Hede den Befehl heraus: Wer keine Hängezöpfe hat und keinen Nackenknoten, für den beginnt der Tag ab morgen einheitlich frisiert mit Mozartzopf.

Mir steht aber kein Mozartzopf! Alle Mädels tun ihr die Liebe, bis auf mich. Ich muß aber auch, sagt die Hede. Wenn ich es nicht freiwillig mache, wird sie mir persönlich den Mozartzopf zusammenbinden.

Auf der Stube oben habe ich mir abends das Haar so schrecklich abgefipselt, daß ich wie ein zermotteter Puppenkopf aussehe. Kurz und abgefressen hält darin kein Gummiband der Welt mehr. Beim Fahnenappell, am nächsten Morgen, bin ich so entstellt, daß ich mich bei der Hede beschwere: »Meine ganzen Haare sind mir vom Mozartzopfbinden unter den Fingern abgebrochen. Das darf ich gar nicht nach Hause schreiben. Sonst kann ich was erleben!«

Alle stinkige Luft steigt immer aufwärts, so will es das Gesetz der Schwerkraft. Unsere Betten sind vom Militär ausgeliehen. Und wo schlafe ich? Oben! Mein Untermann ist die Evi.

Das Bett am Fenster hat die Brunhilde Motzke. Die ist vielleicht begriffsstutzig! Unter ihr schläft die Margarethe, die eine Männerstimme hat und mal zur Oper will. Wenn sie schon als Kind Alt ist, wie soll das später erst werden? An der Tür, wo es zieht, haust auf dem oberen Bett die Ruth Schwumme, die sich mal an einen Tschechen ranmachen will, um nicht ganz aus der Übung zu kommen. Der Untermann von der Schwumme ist die Streberleiche, Gerlinde Krämer, die wegen ihrer neuen Stiefmutter am liebsten lebenslänglich in der KLV bleiben möchte, späterhin mal als Junglehrerin. Schwärmen tut sie für die Jagdflieger Mölders und Galland.

Auf jedem Flur wohnt eine andere Klasse. Natürlich hat unser Lehrkörper für sich die ehemaligen Luxuszimmer beschlagnahmt. Und jeden Tag führt eine andere Lehrkraft die Aufsicht, die uns dann auch »Gute Nacht« sagen muß. Wenn der Herr Dusselt an der Reihe ist, warten wir schon immer hinter den Türen mit unseren Blößen. »Schlaft gut« darf er uns nur durch den Türspalt wünschen. Denn wir könnten ja im Halbschlaf mit hochgerutschten Nachthemden in den Betten liegen. Sobald der alte Dusselt die Tür aufschiebt, stöhnen wir immer und grunzen und wackeln mit den Betten. Schnell verzieht er sich dann.

Die schärfste Aufsicht ist sein ehebrecherisches Verhältnis, die Kriebach. Hört sie im Flur auch nur das kleinste bißchen von uns, kreischt sie: »Mädeln, es ist bereits Nachtruhe!«

Wochentags müssen wir noch vor dem Frühstück auf dem Kohlenplatz vom Hotel Arco zum Fahnenappell antreten. Im Viereck ausgerichtet stehen wir um den Fahnenmast. Links neben ihm bilden unsere Führerinnen auf strammen Waden eine zackige Reihe, rechts versammeln sich unsere Krematoriumsanwärter, die

Lehrerschaft. Beide Parteien kommen sich nicht in die Quere. Der Vormittag gehört dem Wissen und damit der Schule. Nachmittags sind die Lehrkräfte froh, daß wir ihnen nicht auch noch den Nerv töten. Dann gehören wir der Hitlerjugend. Über uns selbst können wir nur in der Mittagspause verfügen und kurz vor dem Schlafengehen. So lang wie der Fahnenmast ist, schlackern Schnüre im Wind, an denen die Fahne hoch muß. Mit ausgestreckter Grußhand sehen wir ihr nach, wie sie klettert. Sie darf aber erst aufsteigen, wenn eine Führerin einen Tagesspruch von Adolf Hitler aufgesagt hat oder von Goebbels. Ist die Fahne hoch, fallen wir ein mit »Deutschland, heiliges Wort«, oft auch »Ja die Fahne ist mehr als der Tod«. Abends schicken wir sie zur Ruhe und exerzieren den ganzen Zimt noch einmal. Im Kreise von zweihundertdreiundachtzig Kameradinnen singen wir in die Abendstimmung »Gute Nacht, Kameraden, bewahrt euch diesen Tag«. Wie ein Abendgebet soll uns das wiegen, will die Rexen. Bei Regen muß die Fahne alleine bleiben, und die Morgenfeier wird im Vestibül vom Hotel Arco abgehalten.

Heute, am Sonntag, regnet es. Hungrig haben wir uns im Vestibül versammelt. Weil der Wind uns hier nicht unter die Röcke fegt, dauert es im Vestibül wesentlich länger und sonntags schon gerade. Wie draußen haben wir uns auch hier im Viereck ausgerichtet. Zur Feier des Tages tragen wir unsere Ehrenkleider, weiße Blusen, Schlips und Knoten, Mozartzöpfe. In der Mitte steht die Rexen und ertrinkt in einem weiten Gewand, umrahmt vom Lehrkörper. Daneben sind die Führerinnen angetreten. Ein Bild für Götter!

An diesem verregneten Sonntag gestalten sie uns den Morgenappell so feierlich wie zu Führers Geburtstag, mit Blockflötenuntermalung, Lehrkräfte und Führerinnen glotzen dauernd in meine Richtung. Die Evi, neben mir, versteht das auch nicht. Langsam müßten sie sich an meinen Mottenkopf gewöhnt haben. Überall, wo ich bin, bekomme ich eben mein Päckchen zu tragen. Auf den Wink von der Rexen tritt die oberste Klasse einen Schritt vor. Zum Tonangeben singt die Rexen BANG, und die großen Mädels stimmen an:

Als die gold'ne Abendsonne
sandte ihren letzten Schein, letzten Schein,
zog ein Regiment von Hitler
in ein kleines Städtchen ein.

Traurig klangen ihre Lieder
durch die kleine stille Stadt, stille Stadt,
denn sie trugen ja zu Grabe
einen Hitlerkamerad ...

Das Lied würgt uns immer mächtig in der Kehle, weil es von der Wirklichkeit handelt, wie sie mal richtig passiert ist. Und prima singen unsere Großen! Haushoch haben sie schon Singwettstreite gegen andere Lager gewonnen. Die Essener sind von ihnen in Grund und Boden gesungen worden. Auch jetzt bieten uns die Großen wieder eine tadellose Leistung. Nach dem Lied treten sie ins Glied zurück, und der Kreis der Gemeinschaft schließt sich. Dann trägt die Hede den Spruch vor »Sei getreu bis in den Tod.« Solche besinnlichen Sprüche gibt es viele. Meistens sind sie von einer Berühmtheit, die wir aus der Wochenschau kennen. Nun räuspert sich die Rexen in ihrer grauen Schlabberjacke. Hoffentlich macht sie nicht zu lange. Wir haben Kohldampf. Bevor sie mit ihrer Rede anfängt, sieht sie noch einmal zu mir. Starre ich aber zurück, bis ihr der Blick bricht. In Berlin übe ich das immer in der U-Bahn. Versonnen guckt sie nun über mich weg, als ob die Wände nicht wären und es immer und unendlich weiterginge, und dann salbadert sie: »Was wir als Gemeinschaft tragen, das ist nicht so schwer für den einzelnen. Verliert einer seine Mutter, verliert Deutschland eine und du und ich. Der Verlust jedes Bruders, jeder Schwester, trifft uns alle, weil Blut versiegte von deinem Blut und meinem. Daß wir heute so fröhlich in den jungen Morgen schreiten können, verdanken wir nicht zuletzt einem, den wir jetzt als Helden beweinen müßten. Das will er aber gar nicht. Denn nicht für Tränen, Trauer und Leid hat er sein blühendes Leben geopfert, sondern daß wir lachen können in einem neuen, starken Deutschland. In stolzer Trauer und Ehrfurcht verneigen wir uns. Denn daß Deutschland lebe, hat er fallen müssen. Und daß wir behütet lernen und froh in die Zukunft blicken können, hat er den Heldentod erlitten. Evamaria Dombalski, ich spreche von deinem Bruder Fritz, auf den wir alle sehr stolz sind. Es bleibt uns nur zu sagen: Wir danken. Auch vor deinem Schmerz, Evamaria, senken wir die Köpfe. Wir alle helfen dir, ihn zu tragen. Und sein Opfer ist nicht umsonst gewesen, wenn du mit deinen bescheidenen Kräften genauso einstehst für unser Deutschland, wie er es getan hat.«

Die Evi ziept mich aufgeregt und flüstert, ihr ist das peinlich so vor allen, und was soll sie denn nun machen? Ohne Sarg kann sie sich das mit dem Fritzi gar nicht richtig vorstellen. An Schicksalsschlägen, wie die Evi jetzt einen hat, kann sie die dargebotene Freundeshand von mir erst mal so richtig schätzen lernen. Der Fritzi ist der erste Held, den ich persönlich kenne. Privat war er nicht besonders. Evis einzigen Lippenstift hat er mit dem Fuß in den Gulli geschubst. So als Toter habe ich aber vor ihm Achtung.

Alle stieren sie jetzt auf die Evi. Was sie für ein Gesicht macht und ob Tränen kommen. Zwar sagt die Evi zu Hause »Väterchen« und »Mütterchen«, wie von uns keiner, aber Küßchen schenken und ankuscheln ist nicht kommunistisch. Bloß Fäuste ballen. Auch Tränen kennen sie nicht.

Die Rexen kommt jetzt auf sie zu. In tiefem Mitgefühl gibt sie der Evi einen Händedruck, der gar nicht aufhört. Als er endlich erschlafft ist und die Rexen wieder zurückgeht, erschallt stimmgewaltig ». . . und über uns die Heldenahnen, Deutschland, Vaterland, wir kommen schon«. Reih dich ein, Fritzi, reih dich ein, bei den Helden! Kaum sind wir verklungen, sagt die Rexen leise: »Wir hatten einen guten Kameraden, Fritz Dombalski, zwei, drei«, und sogleich verschmelzen wir mit dem Lied »Ich hatt' einen Kameraden, einen bessren find'st du nicht«. Und dabei heult nicht nur die Evi wie ein Schloßhund.

Nach der Heldenfeier soll sich die Evi gleich bei der Rexen im Konferenzraum melden. Sofort geht das leidgeprüfte Mädel. Ich begleite sie als Stütze. Dort gibt ihr die Rexen den Brief von zu Hause, worin die völlig durchgedrehten Eltern vergessen haben zu schreiben, wo denn nun sein Heldengrab geschaufelt ist, auf dem Balkan oder in Frankreich. »Und sie möchten die Frau Direktor herzlich bitten, es der Evi doch recht schonend beizubringen. Denn sie hing so an dem Fritzi.«

Wir hier, im Protektorat, müssen dicker werden. Zu Hause, in Deutschland, gibt es Kanonen statt Butter, was ja im Krieg nicht anders sein kann. Darum sollen wir bei den Tschechen unsere Vormachtstellung nahrhaft ausnutzen, indem wir uns mästen. Es sind direkte Tabellen angelegt worden für jedes Mädel. Dreimal Nachschlag können wir verlangen. Manche Freßsäcke holen sich fünf Teller voll.

Jede Woche marschieren wir klassenweise durch Schnee und Frost zu einer beschlagnahmten Tschechenschule. Dort ist so was ähnliches wie ein Gesundheitsamt eingerichtet. Da gibt es Wiegeschalen, auf die wir nackend steigen. Die Führerin trägt unsere neu angefutterten Kilos in eine Liste ein. Wehe, wir haben in einer Woche mal nicht zugenommen! Dann sind wir Mickerer, die dem Führer in den Rücken fallen, der uns die Möglichkeit gibt, daß wir mitten im Krieg auf tschechische Kosten platzen können. Unser Ausstellungsstück ist die Gundi Beßler. Seit wir im Protektorat sind, bringt sie 40 Pfund mehr auf die Waage.

Die Masterfolge müssen wir auch nach Hause schreiben. Daß mein Gewicht sich nicht rührt, soll ich im Brief unterschlagen. Wir dürfen nämlich nicht schreiben was wir wollen, sondern es muß immer so in der Art heißen: Liebe Mutti, mir geht es prima, das Lagerleben gefällt mir prima, die Führerinnen sind prima, und lernen tue ich auch ganz prima. Mal habe ich geschrieben: Liebe Mutti, kannst Du Dich nicht erkundigen, wie lange die KLV noch dauert? Den Brief hat mir Fräulein Meyer verboten. Unsere ganze Post müssen wir nämlich bei der Klassenlehrerin abliefern und was ihr nicht in den Kram paßt, wird rot angestrichen. In ihrem Sinne müssen wir dann alles noch einmal schreiben.

Im Sinne des Führers ist es bestimmt nicht, daß in der KLV das Briefgeheimnis gebrochen wird und auch nicht, daß sie uns hier wie die Schweine mästen. Denn der Führer hat sich seine Jugend nicht als nudeldicke Mehlpampsbäuche vorgestellt, sondern zäh wie Leder, hart wie Kruppstahl und flink wie die Windhunde.

»... denn heute gehört uns Deutschland und morgen die ganze Welt«, das singen wir zwar immer, aber so weit ist es nun doch noch nicht. Letztes Jahr, das gerade vorbei ist, und auch davor, haben wir eingenommen: Dänemark, Norwegen, Belgien mit Brüssel, Paris mit ganz Frankreich, und wir sitzen hier bei den Tschechen. Seit Juni hat der Duce endlich sein Freundeswort beim Führer eingelöst und steht uns zur Seite. Aus Erfahrung wissen wir, daß die Makkaronifresser leider, wenn es drauf ankommt, mehr flitzen als alles andere. Aber besser als gar keine Freunde. Was nächstes Jahr wird, weiß nur der Himmel und Fräulein Meyer, die durch ihre dicken Brillengläser schon in die Zukunft sieht.

Eine gewaltige Landkarte hat sie an eine Wand vom Gesellschaftsraum gehämmert, und nun steckt sie eifrig Fähnchen in die fremden Länder, die wir noch nicht haben. Fräulein Meyer ist mit dem Krieg schon viel weiter fortgeschritten als der Führer. Sie versteht was davon, weil sie mit ihm eine Seelenverwandtschaft hat, durch die sie schon vorher weiß, was er denken und planen wird, worum er in einsamen Nächten ringt und wozu er sich schließlich für unser Bestes entscheidet. Eigentlich brauchte der Führer sich nicht mehr so den Kopf zu zergrübeln, auf welche Länder er seine zukünftigen Siege verteilen soll, mit welcher Taktik und in welcher Reihenfolge. Er könnte doch einfach Fräulein Meyer im Protektorat antelefonieren, denn sein Weg vorwärts ist auf ihrer Landkarte mit Fähnchen, die auf Stecknadeln pieken, bereits klar und einleuchtend gekennzeichnet.

Der hohe Besuch, der heute unser Lager besichtigt, ist viel zu alt, um als HJ-Führer aufzutreten. Die Drückeberger könnten sie an der Front gebrauchen. Zum Mittagessen sind sie bei uns eingeladen. Die Männer kommen von der höchsten KLV-Dienststelle aus Prag und sollen nach eigenem Augenschein dorthin über unser Wohlergehen berichten. Zwei von ihnen sind im Rang höher als der andere, das merkt man an dem ganzen Gehabe.

Bevor die Schnüffler kamen, hatte die Rexen angesagt, wir sollen dem Prager Besuch recht deutlich zeigen, wie glücklich wir sind, daß wir hier sein dürfen. Durch Zufall treffen wir die Prager im Flur, auf dem Weg zum Speisesaal. Drei Mann hoch, Linde, Margarete und ich, drücken wir uns an ihnen vorbei. Der höchste von den Männern biedert sich gleich bei mir an: »Na, du kleine Schwarze, wie gefällt es dir denn hier?« »Bombig!« An sich können wir auch nicht klagen. Bloß immer dasselbe ist so langweilig. Die Filme, die wir geschlossen ansehen müssen, könnten sie besser im Kindergarten zeigen. Sonntags gehe ich immer schon heimlich in die Nachmittagsvorstellung zu tschechischen Liebesfilmen. Liebesszenen verstehe ich nämlich auch auf tschechisch. Sonst ist mein Wortschatz nur »dobriden« und »dobrinoce«, und im tschechischen Gottesdienst verstehe ich als heilige Mutter Gottes so was ähnliches wie »Maria matcamuschi«. Wir sollen uns aber von den tschechischen Scheuerfrauen, die uns den Dreck wegkehren, nicht mehr tchechische Wörter annehmen als höchstens »Guten Tag« und »Guten Abend«. Mehr ist unter unserer Würde.

Die Prager können sich freuen, daß Freitag ist. Da gibt es heißes Leinöl mit Quark und Pellkartoffeln und als Nachtisch Stückchen Kuchen. Das hört sich nach gar nichts an, schmeckt aber phantastisch. Klassenweise sitzen wir an zusammengestellten Tischen. Am oberen Ende thront immer die Lehrerin, am Fußende sitzt die Mädelführerin. Heute sitzen unsere Gäste auf Ehrenplätzen neben der Rexen. Die werden sich doch nicht unters Volk mischen! Da würden sie nämlich merken, daß die Lehrerschaft Extraportionen aus der Küche bekommt, was zum Himmel schreit. So was heißt nun Volksgemeinschaft!

Zweihundertunddreiundachtzig Mädels stehen hinter den Stühlen und warten erst noch den täglichen Tischspruch ab, den immer eine von den Führerinnen aufsagt. Heute muß ihn unsere blutarme Hilde von sich geben. Er heißt so:

Mit feistem Bauche läuft das Schwein
durchs Leben hin tagaus, tagein.
Auch wir wollen guten Bauchspeck haben,
das Mittagsmahl soll uns erlaben.
Drum öffnet nun das Maul schön breit!
Das macht euch sicher keine Pein.
Jetzt geht das Futtern los, haut rein!

Dann sagt sie noch GUTEN – und wir schreien HUNGER! Nun Teller nehmen und beim tschechischen Küchenpersonal, das sich an der Längswand hinter Riesenkochtöpfen aufgebaut hat, Schlange stehen. Tischweise, Klasse für Klasse. Das geht aber ganz zügig. Teller hinhalten, Schlag Kartoffeln fassen, anderthalb Schritte weiter am nächsten Bottich Kelle Quark empfangen, neuer Topf, aus dem wir eine Schöpfkelle glühendheißes Leinöl über die Portion gegossen kriegen, unterwegs Obacht geben, daß nichts verplempert, hinsetzen und loslöffeln. Nachschlag gibt es natürlich erst, wenn alle einmal haben. Dann können wir uns aber holen, sooft wir wollen, bis die Töpfe restlos leergekratzt sind. Nach der Mahlzeit wird erst mal Stündchen aufs Ohr gelegt. Dazu stürmen wir in unsere Stuben, denn jede Minute ist kostbar. Diesmal klappt es damit nicht, weil der Prager Besuch gleich Stubenappell bei uns abhält, um das KLV-Leben ganz ungeschminkt kennenzulernen.

Wir brauchen uns unserer Stube nicht zu schämen. An den Wänden hängen Zeichnungen, die wir im Unterricht angefertigt haben. Und ein Foto vom Führer, auf welchem sein Zinken im Profil einigermaßen manierlich aussieht. Nach dem Gemurmel im Flur schätzen wir, die Prager sind so etwa zwei Zimmer vor uns reingegangen. Nicht mal die Schwumme traut sich aufs Bett zu setzen. Aber dann kommen sie rascher als wir dachten. Vorneweg die Rexen im Kostüm auf Zuwachs, danach die begeistert spuckende Meyern mit den Gästen, die bei ihrem feuchten Geschwabbel ein höfliches Stückchen weichen. Das Zimmer überfüllt sich. »Na, alles in Ordnung?« erkundigt sich die Rexen. Dem hohen Tier gefällt es bei uns. Meint er: »Besser könnt ihr es doch zu Hause auch nicht haben.« Keine Widerrede von uns. Auch nicht von der Margarete, die so an Heimweh leidet, daß sie schon Angst hat, sie könnte noch ihre Opernstimme verlieren. Übertrieben pinslig zieht jetzt der hohe Gast an dem Bett von der Schwumme einen Hubbel glatt, und die Schwumme grinst vielsagend. Die Stühle sind leergeräumt, wie es sein muß. Also klopft er mit der Faust gegen die Schränke. Die sollen wir mal aufmachen. Von uns aus! Das Innenleben ist, was Wäsche und Handtücher betrifft, Kante auf Kante ausgerichtet und die Breite von jedem Stück, mit Bandmaß nachgemessen, vorschriftsmäßig zwanzig Zentimeter. Hoher Besuch wird nämlich schon lange vorher angekündigt. Die Rexen zieht die Türen auf, und der HJ-ler schreitet die offene Schrankfront ab und hat nichts zu beanstanden. Schon denken wir, der hohe Gast wird sich lobend von den Schränken abdrehen, da stolpert er zu guter Letzt doch noch über was. Tönt er großspurig: »Wem von euch gehört dieser Schrank?« Natürlich meiner! Das hätte ich mir ja gleich denken können. »Als ob es für ein deutsches Mädel keine anderen Vorbilder gibt als so einen Schmalzheini. Den Schund wollen wir lieber abreißen.« So spricht der HJ-Opa von Hans Söhnker, der als sechs Filmpostkarten innen an meiner Schrankwand klebt. Mich lasse ich zur Not ja noch beleidigen, nicht aber den Mann, der für Deutschland Filme dreht und der so toll aussieht, daß sich der HJ-ler eine Scheibe von abschneiden kann. Nichts als blasser Neid ist es, denn ihn wird sich so leicht keine hinhängen. Ich bin sehr entrüstet und sage: »Ich lasse mir noch lange nicht meine Familie beleidigen! Der Schmalzheini ist mein leibhaftiger Onkel. Und mein Lieblingsonkel bleibt aufgehängt, wo er ist.« Dem HJ-Affen ist es nun furchtbar peinlich, und er versucht sich damit zu entschuldigen, daß er das ja nicht gewußt hat.

Weil der Führer wegen der Sorge um Deutschland keine Zeit hat, schickt er uns seinen Reichsjugendführer Baldur von Schirach. Mit dem hat er uns vielleicht was aufgehalst! Direkt vorm Hotel dürfen wir ihn nicht empfangen, Gott bewahre, wir müssen weit hinter Luhatschowitz auf die Chaussee jubeln gehen. Dafür haben wir auch noch frische Blusen anzuziehen und blütenweiße Sommersöckchen. In den Stuben mußten wir das Unterste nach oben kehren und die Kammzinken entklatern, von Schuhe wichsen und Transparente malen ganz zu schweigen. Wegen der paar Minuten Baldur von Schirach so ein Gewese! In der Abgangsklasse haben alle Mädels Taschentuchtäschchen zum Umhängen gehäkelt. Das schönste davon soll dann dem Baldur als Gastgeschenk überreicht werden, für das kleinste Schirachkind. Außerdem wurde noch bei uns für den Baldur gesammelt, damit wir ihm eine riesige tschechische Bauernblumenvase mit echter Handmalerei überreichen können.

Die weißen Sommersöckchen machen mitten im April noch keinen Frühling, denn um die Waden rum zieht es ganz gemein. Aber gelobt sei, was hart macht, hat der Baldur von Schirach gesagt, und so marschieren zweihundertdreiundachtzig Mädels, abzüglich der Kranken, vom Hotel Arco auf die Chaussee zum Spalierbilden. Vorbei geht es an der Fahne der Jugend, die über dem Kohlenplatz weht. Das rote Tuch der Jugend unterscheidet sich von der Fahne der Alten einmal durch einen weißen Streifen, der waagerecht mittendurch läuft, als ob er die lichte Straße der Zukunft wäre, und dann noch durch das weiße Feld für das Hakenkreuz, das bei uns viereckig ist und auf einer Spitze steht, im Gegensatz zu dem Kreis der Altersfahne. Der Größe nach gestaffelt marschieren wir durch Luhatschowitz und überschreien die Essener mit unseren Liedern. Die aus dem Haus Puschat haben sich den Ehrentitel »Musterlager« errungen, auf den wir nicht weiter wild sind, weil wir da aus dem mustergültigen Tageslauf gar nicht mehr rauskämen. Die Puschnatler imponieren uns gar nicht. Unser Lager ist größer. »Schi-rach, Schi-rach«, kommandiert die Hede, denn es marschiert sich ganz zackig nach dem Schi-rach. Im Laufschritt erstürmen wir die Chaussee und können es gar nicht mehr erwarten. Kurz nach elf soll er hier durchkommen und dann langsam mit seinem Stab zum Hotel Arco fahren, wohin wir ihm singend folgen werden. Bis wir da sind, kann er sich schnell noch die Hände waschen. Unser Lager ist am besten vorzuzeigen, weil wir das schönste und größte Hotel erwischt haben. Auf einem möglichst langen Stück von der Chaussee soll er sich ganz heimisch fühlen. Denn sein Zuhause ist doch immer bei seiner Jugend. Darum steht alle fünf Meter ein Mädel alleine am Chausseerand und soll ihm begeistert zuwinken. Lauter weiße Blusen, braune Kletterwesten, dunkelblaue Röcke, in den Bundschuhen weiße Söckchen, so kann der Reichsjugendführer mitten in der Tschechei durch ein Stückchen Jungdeutschland fahren.

Ein Stunde immer auf demselben Fleck warmhopsen lasse ich mir zur Not ja noch gefallen. Aber länger sind die Eisbeine für unsere Blasen schädlich. Paar beherzte Mädels tanzen jetzt aus der Reihe und beschweren sich bei den Führerinnen, die natürlich nicht so bibbern, weil sie zur Kontrolle dauernd die Chaussee ablatschen. Auf einmal heißt es Achtung, wir haben wieder in Marschkolonne anzutreten. Wenn er jetzt käme, wäre es eine große Pleite, denn wir sollen uns im Laufschritt warm rennen, bis wir aus der Puste kommen. Als wir nicht mehr können, machen wir kehrt und marschieren wieder zurück. Ziemlich eingerostet singen wir: »Der Baldur, der Baldur ist immer noch nicht da, aber alle Vögel sind schon da, alle Vögel alle.« Schön durchglüht stehen wir dann auf unseren angestammten Plätzen. Stündchen später krächzen immer noch paar Unentwegte: »Der Baldur, der Baldur ist immer noch nicht da ...« Mir kann er jetzt gestohlen bleiben. Auch wenn wir uns in Abständen warm rennen dürfen. Zur Abwechslung gucken wir hoch nach den Lämmerwölkchen vom Hermann Löns, weil wir nämlich gerade sein Lied singen müssen. Es sind bloß keine da. Überall wird jetzt gegrölt, aber von jeder Gruppe was anderes. Ein schrecklicher Liedersalat, den wir da zusammenrühren. Und zwischendurch immer wieder: »Der Baldur, der Baldur ist immer noch nicht da, aber alle Vögel ...« Nach dreieinhalb Stunden haben wir die Wahl zwischen zweihundertdreiundachtzig Lungenentzündungen zu Ehren von Baldur von Schirach oder abmarschieren.

Wir marschieren und sind auch nicht mehr zum kleinsten Lied zu bewegen. Wer gerne Lagerkeile haben will, der braucht jetzt bloß den Namen Baldur von Schirach auszusprechen. Noch nie haben wir uns so auf das Hotel Arco gefreut. Die Toiletten reichen dem Ansturm nicht aus, auch nicht die Waschbecken. Plötzlich schrillt das verdammte Klingelzeichen, bei dem wir ins Vestibül runterspritzen müssen.

Von allen Seiten, aus allen Stockwerken poltern wir über die Treppe nach unten. Im Vestibül watschelt die Rexen ganz aufgebläht im weiten, cremegelben Plisseekleid um das Lehrerkollegium herum, das schon halb übergeschnappt ist. Die Meyern haucht ihre Brille blind, und dann putzt sie mit dem Taschentuch und putzt. Und die Führerinnen schreien ihre Befehle wüst durcheinander. »Baldur kommt! Antreten! Aufrücken! Zöpfe und Dicke nach vorne, Bubiköpfe und Heringe nach hinten. Beeilung!« Schnell werden wir zum Viereck, wie wir es hundertmal geprobt haben. An der Hoteltür haben wir eine Gasse gelassen, durch die er bequem zur Mitte gelangen kann, wo wir ihn alle sehen können und ein großes Erlebnis haben, von dem wir noch unseren Kindern erzählen werden. Bis auf mich. Denn ich werde ganz hinten an der Wand zu Mus gequetscht. Die Evi steht unkameradschaftlich viel vorteilhafter. Diesen Moment höre ich die Flügeltüren aufklappen und Volksgemurmel, »pst, Ruhe, das ist er!« Die Rexen muß von ihrem Platz geflogen sein, denn sie spricht plötzlich von ganz woanders. Die Mädels vor mir recken sich auf Zehenspitzen, und ich weiß nicht mal, wer nach der Rexen die Begrüßungsworte zu uns spricht, einer aus der Begleitung oder der Reichsjugendführer persönlich. Danach kann man sein eigenes Wort nicht mehr verstehen, so doll rufen wir immer wieder im Sprechchor: »Schi-rach, Schi-rach« und »Bal-dur, Bal-dur!« Ich bekomme bei dem Krach nicht mal mit, wer uns befiehlt, daß wir jetzt singen müssen »Ein junges Volk steht auf zum Sturm bereit«. Auf einmal, wir sind noch gar nicht ganz fertig, knallt was. Etwa ein Attentat auf Baldur von Schirach, wie seinerzeit im Bürgerbräukeller auf den Führer, der zum Glück die Vorsehung bei sich hatte? Ich werde ja blaß! Ein Aufschrei geht durch die Menge. »Da liegt sie!« ruft die Irmtraut Wölke drei Reihen vor mir. »Wer? Die Rexen?« »Nein«, flüstert die Irmtraut, »die Vase, unsere teure Vase!«

Ganze zwei von zweihundertdreiundachtzig Familien haben sich durch unsere hellauf begeisterten Briefe den Grips vernebeln lassen. Alle anderen haben postwendend ihre Unterschrift unter das Formular gesetzt, auf das hin wir vorübergehend nach Hause kommen sollen. Nach fast neun Monaten. Wegen der Unterschrift ist Evis Mutter sofort zu meiner gelaufen. Der Erfolg war, daß sie uns vorgejammert haben, wie sehr ihnen die Trennung doch schwerfällt, aber wenn sie an den Fliegeralarm und die reine tschechische Bergluft denken und das gute Essen und wie glücklich wir immer geschwärmt haben, dann wollen sie uns da beileibe nicht rausreißen, weshalb sie die Unterschrift verweigern, zu unserem Besten.

Nach tagelangem Packen ist dann die Rexen mit der ganzen Schule, ohne uns beide, in Richtung Heimat abgedampft. Als sie nach dem Bahnhof marschiert sind, haben wir ihnen hinterhergeheult. Dann sind wir reingegangen, um nochmal vom Hotel Arco Abschied zu nehmen. Es war wie leergefegt. Keine deutschen Laute. In den verwaisten Fluren sangen tschechische Scheuerfrauen.

Wir sind in ein vollkommen fremdes Haus gestopft worden, ins Kloster Augustiner, wo die Mäuse auf der Treppe spielen. Die Klasse, in die sie uns gesteckt haben, ist eine verschworene Gemeinschaft. Schon weil wir aus dem Hotel Arco sind, können sie uns nicht ausstehen. Denn wir haben mal bei einem Singwettbewerb das Kloster Augustiner besiegt mit »Liebes Mädchen, ach meide Männerschmeichelei'n«. Nun sind sie nachtragend.

Gleich am ersten Morgen hat die Evi uns vom Unterricht abgemeldet, weil wir angeblich von der Rexen, kurz bevor sie abgefahren ist, eingeteilt worden sind zum Kelleraufräumen im Hotel Arco.

Nun gehen wir jeden Vormittag in Luhatschowitz rumschuchteln. Das können wir uns mit gutem Gewissen natürlich nur leisten, weil es in der KLV prinzipiell keine Zeugnisse gibt, wenn sie länger dauert als drei Monate. Wir bekommen bloß so einen Wisch, wo die Leistungen in Bausch und Bogen abgeurteilt werden. Kinder in Sammelverschickungen, die über ein Vierteljahr dauern, werden am Ende des Schuljahres automatisch versetzt. Einzelverschickte und Zuhausegebliebene müssen sich ihre Versetzung richtig erlernen. Von mir aus kann der Krieg bis zum Einjährigen dauern. Meine Sorge ist bloß, daß ich wieder zu meiner alten Schule komme. Deswegen habe ich auch schon einen Brandbrief nach Hause losgelassen.

Zu Hause sollen sie sich nicht so drauf versteifen, daß wir automatisch versetzt werden. Vielleicht ist der Krieg mal ganz plötzlich zu Ende. Sie sollen den Ausspruch nicht auf die leichte Schulter nehmen: »Kinder, genießt den Krieg, der Frieden wird schrecklich!« Denn im Frieden, das kann sich meine Mutti hinter die Ohren schreiben, werde ich mit meinen Leistungen, die im Augustiner nun ganz verkümmern, garantiert klebenbleiben.

Die arme Evi sitzt immer noch in Luhatschowitz im Augustinerkloster. Mit meinem Brief in der Hand hat Mutti sofort den Antrag gestellt, auf den hin ich jetzt nach Hause geschickt werde. Wenn sie das geahnt hätte, daß nur ich und die Evi länger bleiben mußten! Bei den kommunistischen Eltern von der Evi dauert es länger, bis sie schalten. Denen werde ich aber ordentlich einheizen.

In unserer Wohnung muß sich meine Oma bei meinem Anblick erst mal setzen, sonst bekommt sie einen Kollaps. So schnell hätte sie mich nicht im Traum erwartet. Wenn meine Angehörigen bis jetzt noch nicht mal die Benachrichtigung von meiner Heimkehr haben, kann es nur an den fehlenden Kräften bei der Post liegen, die an der Front sind. Meine Oma findet, langsam werde ich wieder ansehnlicher. So wohl hat sie mich gar nicht im Gedächtnis. Quängelt sie mir die Ohren voll, wir wollen mich gleich morgen früh bei der Kartenstelle anmelden. Nach der langen Trennung hätte ich einen anderen Empfang erwartet. Meine Oma muß mich erst mal verdauen. Ich fühle mich sehr beengt hier. Es ist mir ein Rätsel, warum ich mich so auf zu Hause gefreut habe. Bald fahre ich mit der KLV wieder ins Ausland. Die Jugend gehört in die Welt raus, daß sich ihr Horizont erweitert. Das verschafft uns der Führer. In anderen Ländern reisen nur die Reichen. Bei uns kommen die einfachen Leute mit KDF und KLV rum und bezahlen gar nichts, außer unseren Landsern, die mit ihrem Leben bezahlen müssen, wenn sie Pech haben. Für Führer, Volk und Vaterland, wie es immer in den Traueranzeigen vom »Völkischen Beobachter« heißt, ist es aber wenigstens eine große Ehre.

Auch unser Heia hat dem Führer sein Leben zur Verfügung gestellt. In erster Linie war es wohl wegen des Abiturs, das sie ihm nachgeschmissen haben, weil er freiwillig bei den Fallschirmjägern Leutnant werden will. Muttis ganzes Parfum hat er zum Lehrgang mitgehen lassen. Er riecht immer so gern bei Mädchen.

Auf die Empfangsstulle schmiert mir meine Oma einen Schmadder, der nach Schmalz schmeckt, das mit Mondamin gestreckt ist. Nach elf Monaten genehmige ich mir das erste Täßchen Bohnenkaffee. Zweiter Aufguß. Mehr werde ich nicht gefeiert, also gehe ich Evis Eltern aufhetzen. Das bin ich der Evi schuldig.

Vor ihrem Haus steht so ein affiger Mensch, der einen Hut aufhat und feixt, als ob wir dicke Bekannte wären. Seit ich im Ausland war, habe ich andere Interessen als verweichlichte Zivilisten. Die Evi wohnt, wie ich, vier Treppen hoch und wegen ihres Proletariats im Seitenflügel. Oben sind sie bis auf den Herrn Dombalski alle ausgeflogen. Als er mir öffnet, wundert er sich: »Was, die Zigeunersche? Ich denke, du bist bei den Tschechen, wo du auch hingehörst.« Ich sage, daß ich da gerade frisch herkomme. Sowie wir am Küchentisch sitzen, stippt er sich Graubrot in einen Tassenkopf voll Kaffee, ohne mir auch was anzubieten. Ich mache ihm die Hölle heiß wegen der Evi und phantasiere, daß sie von den fremden Mädels im Augustiner mit Kleiderbügeln verprügelt wird, bloß weil sie aus dem Arco kommt. Solange war ich ihr Beschützer, aber jetzt ist sie denen ausgeliefert. Der Herr Dombalski zetert, zu Hause futtert sie ihm noch die letzten drei Haare von der Glatze und dort kostet sie ihm gar nichts. Hier würden wir doch bloß wieder Dummheiten aushecken. Beim Gehen gemahne ich ihn nochmal eindringlich: »Drei Bügel haben die Mädels schon auf Evis Rücken zerschmettert.«

Gleich, als ich vom Haus auf das Pflaster der Putlitzstraße trete, bemerke ich wieder den Laffen von vorhin mit Hut auf. Als ob er auf mich gewartet hätte. Sofort stiebelt er mir nach. Kein Wunder, daß er sich mit meinem Alter verschätzt. Durch die neue Olympiarolle, die ich seit kurzem trage, sehe ich viel älter aus, als ich bin. Die letzte Zeit war mir das Fusselhaar in der KLV wieder ganz üppig nachgewachsen. Noch ist es aber so knapp nach innen umgebogen, daß ich bei zugigen Ecken das Genick steif halte, damit mir die Olympiarolle nicht zerflattert.

Mit der Rolle bin ich ein Männertyp, wie ich jetzt merke. Auf den Hustenanfall hinter mir reagiere ich ja nun gar nicht. Wenn er mir weiter so auf die Pelle rückt, tritt er mir noch in die Hacken, daß mir die Schuhe schluppen. Nun fragt er mich ehrfürchtig: »Hallo, Fräulein, darf ich Sie begleiten?« »Wüßte ich nicht, weswegen!« sage ich und stolziere hochnäsig weiter. »Weil Sie mein Typ sind.« Das höre ich gerne, denn seit dem Günter Schander hatte ich nie mehr Chancen. Ich muß mich ziemlich entwickelt haben. Der Hutmensch ist der erste Boy, der zu mir »Sie« sagt. So richtig habe ich ihn noch gar nicht unter die Lupe genommen. Vor lauter Hut vermißt man ja die Haarfarbe. Wie er jetzt vertraulich neben mir herläuft, erschrecke ich, denn das ist gar kein richtiger Boy mehr. Mit Hut ist er viel zu alt für mich. Tolle Augen hat er, die mich anhimmeln, und einen Verführermund mit Bammellippe. Bedripst erfährt er von mir, daß ich direkt aus dem Ausland komme, nach wohin ich demnächst wieder zurückkehren werde. Am Hals quillt ihm ein weißes Cachenez aus dem Mantel, wie der Johannes Heesters immer eins umhat. Und da frage ich mich doch plötzlich, wieso denn der Hutmensch in dem Alter, mitten im Krieg, gemütlich in der Putlitzstraße herumspaziert und nicht an der Front ist. Wenn das alle so machen würden, könnten wir keinen Krieg führen. Als Urlauber soll er sich mal bei mir nicht ausreden, denn da wäre er in Feldgrau. Die Wehrmacht verschmäht nur Alte, Sieche, Halbjuden und Unabkömmliche. Für unabkömmlich ist er aber wieder nicht in dem richtigen Alter. Bleibt lungenkrank oder Halbjude. Oder beides. Volljude kann er nicht sein, denn dann wäre er kenntlich gemacht mit einem gelben Stern am Mantel. Wenn mich schon mal alle Jubeljahre einer verehrt, passiert mir so was!

Vor meiner Haustür will ich ihn abblitzen lassen. Da verstellt er mir den Weg und erfleht sich ein Wiedersehen: »Wollen wir uns nicht morgen abend Punkt sieben hier treffen, Fräulein?« Als Korb gebe ich ihm die Ausrede mit meiner Oma und ihrem Zucker, auf den ich Rücksicht zu nehmen habe, denn gerade abends steigt er unermeßlich. Blödelt er mich an: »Was war denn mit dem Zucker, als Sie im Ausland weilten?« »Wie ich dort geweilt habe«, sage ich, »war ich sehr unruhig. Aus Sorge bin ich vom Ausland hergeeilt. Meinethalben können Sie mich ruhig verscheißern.« Meines Samaritertums wegen, das er jetzt endlich für voll nimmt, verehrt er mich um so mehr noch. »Kleines Stündchen«, überlege ich, »könnte ich mich schon frei machen, wenn Sie möchten.« Innerlich schwanke ich zwischen Lungenpneu und Halbarier. Wenn er zum Abschied mit »Heil Hitler« grüßt, ist er nur schwindsüchtig. Wünscht er mir aber »Guten Abend«, wird er abserviert. Und was sagt er? »Adieu, Fräulein.«

Damit hat er sich endgültig entlarvt. Den dekadenten Halbjuden muß ich mir morgen vom Halse schaffen. Schließlich werde ich mal älter, und dann kann es mit uns in Blutschande ausarten, und für einen Arier bin ich erledigt. Mache ich aber, daß ich im Hausflur verschwinde. Das Zweiminutenlicht lasse ich dunkel, bis ich annehmen kann, daß er weg ist. Geraumes Weilchen später tippe ich auf den Schalter. Fräulein Meyer hat recht. Juden kann man vorne rausschmeißen, dann kommen sie hinten wieder rein. Halbjuden sind eben nur halb so aufdringlich. Meiner ist zählebig an der Tür stehengeblieben, die er einen Spalt breit aufhält. Im Licht entdeckt er mich freudestrahlend. Da bin ich aber doch von den Socken. Lässig, wie ein Filmheld, zieht er vor mir seinen Hut. Es ist der erste Hut in meinem Leben, der mir solche Ehre erweist.

Meine Mantelknöpfe, an denen ich es abzähle, ob ich ihn loswerden möchte, sagen nein, aber mein Gewissen will sich nicht mit dem Semitismus rumschlagen. Wenn ich mit ihm Schluß mache, ohne daß er Halbjude ist, habe ich ihn ganz umsonst geopfert. Eigentlich gefällt er mir gewaltig, und ich möchte ihn behalten. Aber das geht nicht. Er ist für mich zu alt und vornehm. Mit Boys kann ich umspringen, aber nicht mit alten Männern von achtzehn, neunzehn. Deshalb habe ich die Schwumme überredet, sie soll zu meinem Rendezvous mitkommen. Denn wenn ich mutterseelenalleine vor ihm stehe und er den Hut zieht, bin ich geliefert.

Hellbegeistert war sie. Allerdings mußte ich sie von zu Hause, aus der Elberfelder Straße abholen. Währenddessen steht er sich die Beine in den Bauch vor meiner Haustür, aus der ich ihm nicht entgegentrete, weil ich ihn ja von rückwärts, mehr aus der Flanke, überrasche. Schon wie die Schwumme ihn von weitem sieht, wird sie neidisch auf meine Chancen. Sofort macht sie ihn mies. »Einer mit Hut ist ein Lackaffe.«

»Dir muß er ja nicht gefallen. Du sollst ihn bloß vergraulen. Kann ich dafür, wenn nur gefährliche Männer mit Hut und Seidencachenez hinter mir her sind? Deine harmlosen Bubis kannst du alleine aus dem Felde schlagen. Aber bei dem Kaliber brauche ich Verstärkung.« Wenn die Schwumme ihre Sache nicht gut macht, schreibe ich ihr nicht den Aufsatz über Kopernikus, den ich ihr zum Lohn versprochen habe. Als ob er mich erahnt hätte, dreht er sich plötzlich um, und wir drei stehen uns gegenüber.

Nur mich sieht er. Hätte ich die Schwumme mal lieber nicht mitgeschleift. »Fräulein«, sagt er, »nett, daß Sie doch noch kommen. Die halbe Stunde später macht nichts. Hauptsache, daß Sie da sind.« »Entschuldigen Sie, aber ich mußte erst noch meine Freundin besuchen. Das hier ist sie.« Energisch schubse ich die Schwumme Stückchen beiseite. Ich will sie los sein und sage unmißverständlich: »Sie hat mich begleitet, aber nun muß sie machen, daß sie weiterkommt, nicht, Schwumme? Bis dann also ...« Doch die Schwumme geht nicht. Feierlich lüftet er den Hut, und ich werde Butterschmalz. »Wie Fräulein Schwumme heißt, weiß ich ja nun. Aber Ihren Namen muß ich noch immer raten«, sagt er. »Ich bin Fräulein Nate.« »Nate ist reizend.« »Wenn Sie meinen.«

Jetzt, wo er weiß, wie ich heiße, verliebt er sich unsterblich. Die Schwumme schlägt auf dem Pflaster Wurzeln. Vom Hutabnehmen ist sie noch ganz benebelt. Solche feine Straßenbekanntschaft hat sie nicht aufzuweisen. Ihre Boys buffen sie gleich immer in die Seite. Wie beim Schwitzen knöpft sie sich jetzt den Mantel auf und gibt groß an mit ihren fünfzig Gramm Busen auf jeder Seite. Ein Bein stellt sie aufdringlich vor, daß er man ihre hochhackigen Weiberschuhe nicht übersieht, die schon ihre Mutter müllkastenreif ausgelatscht hat. Wenn sie weiter so versucht, mich auszustechen, schlage ich sie nachher zu Puppenlappen. Denkt sie wohl, es ist männermordend, wie sie sich dauernd die Ponys aus dem Gesicht pustet. Ohne Ponys ist ihre Stirn aber nur rachitisch. Den Blick verwässert sie sich wie die Sybille Schmitz, stemmt die Hände in die Hüften, und dann legt sie los: »Was Sie von der Kleinen hier denken, das ist nicht. Das sehen Sie doch auf den ersten Blick, die Kleine hat Angst vor so was. Bei mir sind Sie da schon eher an der richtigen Adresse. Leider sind Sie nicht ganz meine Kragenweite. Aber ich lasse mit mir reden. Von mir aus können wir zusammen abzischen.« Die Schwumme ist richtig Feuer und Flamme. Jetzt merke ich überhaupt erst, was hier gespielt werden soll. So haben wir nicht gewettet. Gleich gefällt er mir noch viel besser, und ich verfalle in Liebe. Bis jetzt hat er keine Silbe von sich gegeben, aber nun sagt er: »Wenn Sie so eine Freundin haben, ist mit Ihnen auch nicht viel los, Fräulein Nate«, lüftet noch einmal den Hut und scheidet aus meinem Leben.

Jetzt werden wir die Welt mit unseren unverbrauchten Kraftreserven aus den Angeln heben. Der Reichsminister Dr. Goebbels hat es dem deutschen Volk im Sportpalast zugerufen. All die Mucker, Miesepeter und Drückeberger hat er aufgerüttelt. Wir sind nicht am Ende vom Krieg. Wir sind erst am Anfang. Denn jetzt mobilisieren wir die ungeheuren Reserven aus unserem Volk, die bisher brach lagen. Unsere tapferen Soldaten sollen den Krieg nicht mehr alleine auf ihren Schultern tragen. Ein gut Teil wird jetzt auf die Heimat abgewälzt. Reitpferde dürfen auch nicht mehr benutzt werden. Wie sieht es denn aus, wenn ein verwundeter Soldat auf Heimaturlaub im Grunewald die Etappenhengste hoch zu Roß sieht, als stünde nicht die Welt in Flammen, als würden keine Beine amputiert. Nach dem Endsieg können wir über die russischen Steppen galoppieren. Auch die Kultur muß stillstehen. Dafür müssen Räder rollen für den Sieg. Wozu brauchen wir denn den dicken Heinrich George im Theater? Den können wir auch auf der Leinwand bewundern. Die Künstler müssen erst mal Bomben und Granaten drehen, Seite an Seite mit den Arbeitern, die Mangelware sind, daß die Front ihren Nachschub bekommt. Nach dem Siegesrausch werden wir auch wieder mehr Muße für schöne Worte im Theater haben. Worte sind Schall und Rauch, stehen nicht Taten dahinter. Auch das Tanzbein schwingen wir das erste Mal wieder auf der Siegesfeier. Vorher werden alle Beine für den Krieg gebraucht. Der letzte Mann und die letzte Frau sind aufgerufen! Siegen oder Sterben!

Nicht etwa, daß der Dr. Goebbels das gegen unseren Willen von uns verlangt hat. Er hat uns erst gefragt. Was vom deutschen Volk nicht mehr in den Sportpalast reinpaßte, hat vor dem Volksempfänger zugehört. Auf dem Höhepunkt der Goebbelsansprache ist dann die Schicksalsfrage durch ganz Deutschland gehallt: »Wollt ihr den totalen Krieg? Wollt ihr ihn, wennmöglich totaler und radikaler als wir ihn uns heute überhaupt erst vorstellen können?« Und da sind wir alle vor Begeisterung explodiert. Der Sportpalast war das reinste Irrenhaus, so wie sie da geschrien und getobt haben. Keiner wollte beiseite stehen. Die Gerlinde Krämer aus meiner Klasse hat zu Hause auf dem Schreibtisch gehockt und den Volksempfänger umarmt und ihn angeschrien: »Ja! Ja! Noch totaler als total!« Ein Wunder, daß der Volksempfänger mit den empfindlichen Membranen bei dem Jubel nicht zerplatzt ist. Und der Dr. Goebbels hat uns Stück für Stück den ganzen Luxus genommen, die kleinste Freude vermasselt, und uns Opfer und Arbeit, Zähnezusammenbeißen und Verzicht dafür in Aussicht gestellt. Und in jeder Kate, jeder Bruchbude, jeder Villa, jeder Wohnung, hat das Volk bis zur Erschöpfung JA geschrien, wir wollen den totalen Krieg! Und nun haben wir ihn.

Seit im November Stalingrad passierte, wurde unser Land von einem allgemeinen Wankelmut erschüttert. Auch bei mir stand der Glaube an den Endsieg ganz schön kipplig. Kleines Weilchen. Mit dieser Rede hat der Dr. Goebbels jeden einzelnen von uns persönlich angesprochen. Nun sind wir erleichtert. Denn es geht jetzt wieder vorwärts mit uns. Jetzt sind wir zu einem Leib verschmolzen, sagt Fräulein Meyer, und der heißt Deutschland. Übrigens hat sie mit der Rexen schon damals sofort gewußt, daß es kleingläubig ist, wegen Stalingrad zu zweifeln. Wenn es auch nicht so aussah, erkannte Fräulein Meyer doch gleich, daß die Helden von Stalingrad siegreich untergegangen sind. Denn ihre Blutsopfer waren nicht umsonst gewesen. Wir können das von unserer Warte aus natürlich nicht richtig beurteilen. Nicht mal die Generäle. Die Übersicht hat einzig der Führer. Wenn was schiefgeht, trifft allein uns die Verantwortung, weil wir nichts getaugt haben. Als Einzelschicksal wollte auch Fräulein Meyer die Stalingrader betrauern. Aber im Großen gesehen hatten sie eine für Deutschland lebenswichtige Aufgabe, nämlich die, alle russischen Kampfverbände so lange wie möglich in Stalingrad festzuhalten und in Kampfhandlungen zu verwickeln, damit der Führer an anderer Stelle, die wichtiger war, freie Hand hatte und ohne Feindbelästigung strategisch operieren konnte. Die positiven Auswirkungen werden wir schon noch merken, weil sie nämlich weitläufig gespannt sind. Seit dem Sportpalast setzen wir alles auf eine Karte. Na klar, wo wir doch jetzt die Trümpfe in der Hand haben. Nun Volk steh auf und Sturm brich los!

Bei Fliegeralarm werden wir gleich doppelt aufgeschreckt. Draußen heulen zum Erbarmen die Sirenen, und in unserem Hausflur krakeelt die Frau Kollin, die immer als erste aus der Wohnung stürzt und losschreit: »Terrorangriff! Englische Bomber! Alles in die Schutzräume!« Als ob wir das Sirenenheulen verschlafen würden! Tatsächlich ist aber ihre Stimme noch viel schrecklicher. Da kippt der letzte aus dem Bett.

Bei diesem Alarm nun, von dem wir nicht gedacht hätten, daß er noch kommt, zumal wir heute schon einmal im Keller waren, höre ich sie eine Treppe tiefer die Leute rumscheuchen, die mit ihren Koffern schnell in den Keller wollen. Was wir von Wert besitzen, paßt in ein Stadtköfferchen und zwei Aktentaschen, von denen ich eine mit meiner Hans-Söhnker-Sammlung, den Lebensmittelkarten, sowie sämtlichen Kleiderpunkten trage. Wenn ich draufgehe, müssen meine Leute in Zukunft nackend laufen. Schnell versuche ich, mich mit meiner Aktentasche an der Kollin vorbeizudrücken. Ich nicke freundlich, was sie aber nicht gelten läßt und mich anfährt: »Kannst du nicht grüßen?« Aus Schikane komme ich ihr römisch-katholisch mit »Grüß Gott«. Verschreckt läßt sie doch wahrhaftig bald die Sportkutsche mit dem Detti wegrollen. Gerade noch kann ich ein Bein vor die Vorderräder stellen. Auf dem nächsten Treppenabsatz beraubt sie mich meiner Freiheit und hält mich widerrechtlich fest. Fremde Kinder darf man gar nicht anfassen. Wenn jetzt eine Bombe platzt, ist sie verantwortlich. »Frau Kollin«, sage ich bedrohlich, »der Befehl lautet, bei Alarm ohne Verzögerung den Luftschutzkeller aufsuchen!« Einen Moment stutzt sie, ehe sie mich abkanzelt: »Wenn du so neunmalklug bist, müßtest du auch wissen, der deutsche Gruß heißt ›Heil Hitler!‹« Sag' ich: »So'n Bart hat das!« Faucht sie: »Na, wird's bald?« Ich sage: »Heila«, und latsche in den Keller runter. Es ist mir doch Wurst, welcher Gruß gerade modern ist. Aber die Kollinsche soll nicht denken, daß ich kusche, bloß weil sie mit einem Ortsgruppenleiter verheiratet ist, wegen dem sich viele im Haus in die Hosen machen. Angeben tut sie, als ob er Gauleiter wäre, und seit er an der Front ist, benimmt sie sich noch verdrehter.

Was die Kollin Schutzräume nennt, sind unsere über fünfzig Jahre alten muffigen Kartoffelkeller aus der Gründerzeit, die von den Mietern leergeräumt werden mußten. Die Türen der Lattenverschläge sind aus den Angeln gehoben, und nun gibt es lauter offene Zellen, die mit ausrangierten Chaisen, wackligen Lumpensesseln und Holzstühlen so gemütlich wie möglich hergerichtet worden sind. Die alten Klamotten genügen für unseren letzten Atemzug, falls wir ihn hier verröcheln müssen. Die Decken sind mit Holzstempeln abgestützt, unten verkeilt.

Ihr alter Friedenskeller, in dem meine Oma noch jung war und Holz und Kartoffeln hochgeschleppt hat, ist als fortschrittlicher Luftschutzkeller kriegsmäßig ausgerüstet worden. Wenn es ernst wird, werden wir den paar Holzbalken unser Leben zu verdanken haben, falls sie die Decke auch dann noch hochstemmen sollten, wenn die zusammengebombten Stockwerke als Schuttmasse auf ihr liegen. Wer's glaubt, wird selig! Auch die rumstehenden Sandsäcke, mit denen wir die Brandherde löschen müssen, sind gar nichts, wenn es hart auf hart kommt.

Aber was die Luftschutzausbildung anbelangt, ist alles Menschenmögliche für uns getan worden. Auf dem Hof von der Dorotheenschule mußten wir als geschlossene Hausgemeinschaft eine zünftige Luftschutzübung abhalten. Luftschutzwarte, oder was das für welche waren, haben auf der Erde Feuerchen entzündet, die wir nach Vorschrift löschen mußten. Dann sollten wir annehmen, der Dachstuhl vom Schulgebäude steht in Flammen.

Meine Oma und die Portiersfrauen mußten sich als Verwundete melden, die Brandblasen schrecklichen Grades hatten. Von der Ersten Hilfe bekam die Portiersfrau den rechten Arm fachmännisch umwickelt. Meine Oma hatte es schlimmer erwischt. Geknickt saß sie mit vermummeltem Mullkopf auf der Tragbahre, neben der die beiden Träger standen, die das Wegschaffen der Schwerverwundeten nur andeuteten, weil ihnen meine Oma bloß für Übungszwecke zu schwer war. Durch den Verband ging ihre frische Ondulation flöten. Als sie deshalb moserte, sagte der Ausbildungsleiter, im Ernstfall wird sie noch viel mehr einbüßen.

Der Clou aber war, daß ich vorletzte Nacht nicht zu Hause geschlafen habe, weil ich in unserer Schule ehrenamtliche Luftschutzwache halten mußte. Bei den vielen Schülerinnen kommt man nicht sehr häufig an die Reihe. Der Auftrag lautete: Sobald Alarm war, sollten wir zu zweien in Abständen das Bodengeschoß nach Brandbomben absuchen und den Himmel überprüfen wegen der Lage. Und wenn es noch so doll ballerte, hatten wir ruhig Blut zu bewahren. Bei Volltreffer war sofort mit dem Telefon Alarm zu schlagen.

Ein Sonntagsspaziergang ist es nicht gerade, unter feindlichem Beschuß auf dem Boden rumzukrauchen so nahe an den Terrorfliegern, die es ebenso auf Frauen und Kinder abgesehen haben wie auf unsere kriegswichtigen Rüstungsbetriebe. Jedes Mädel eignet sich nicht zu der verantwortungsvollen Aufgabe. Wir sind mächtig gesiebt worden. Ich war gleich bei den ersten, die in Frage kamen. Sind keine besonderen Vorkommnisse, dürfen wir uns nach der Entwarnung in einem leeren Klassenzimmer auf die Pritschen hauen. Leider war ich nicht mit der Evi eingeteilt, die seit vierzehn Tagen wieder in Berlin ist. Mir zur Seite stand die

Gerlinde Krämer, die ein Gipsbein hatte, das erst drauffolgende Woche abkam. So krüpplig taugte sie mir als Hilfe zu gar nichts.

Als ich dann mit der Gerlinde ganz alleine in der ausgestorbenen Schule herumirrte und die altbekannten Flure sich zur Nacht geheimnisvoll verschlängelten und neben einer Klassentür ein Männerschatten auf uns lauerte, der sich nachher als vergessener Mantel entpuppte, der am Haken hing, und mich Stückchen weiter jemand schubste, oder aber ich bin ausgerutscht auf dem Gebohnerten — nie wird man es erfahren —, und Gerlindes Taschenlampe wie von unsichtbarer Hand flackerte und unsere Worte in den weiten Treppenfluren als schauerliches Echo widerhallten, und zu allem Übel plötzlich auch noch die Sirenen zum Großalarm losjaulten und wir Flakballern nicht mehr von Bombenwürfen unterscheiden konnten, bloß daß alles knallte, da hatten wir es als Pflicht angesehen, lieber unser nacktes Leben zu retten, als auf den Boden zu klettern. Tot nützten wir dem Vaterland gar nichts. Schulen konnte man wieder aufbauen. In unserem Kellerloch sind wir auf die Pritschen gekrochen, Decken über den Kopf, die auch noch lausig kratzten, und dann haben wir jeder heimlich gebetet. Und die Schule ist auch mit Gottes Hilfe verschont geblieben.

Wo wir jetzt ständig auf den Kriegsschauplätzen zurückgehen, anstatt vorwärts, was Frontbegradigung heißt und dem Feind gegenüber eine Finte ist, könnte der Führer allmählich mal wieder seine Siege ausspielen. Ich denke, als Volk ohne Raum brauchen wir so nötig die östlichen Weiten? Nun haben wir sie endlich und lassen sie im Stich. Taktik ist schön und gut. Aber bißchen was sehen will man als Volk auch mal wieder. Schon zur Belohnung, daß wir die Terrorangriffe erdulden müssen.

In unseren Großstädten ist es nicht mehr sehr gemütlich, was man schon daraus sieht, daß ich freiwillig und am liebsten schon morgen wieder in die KLV möchte. Wie sich der Wind gedreht hat! Ich habe immer den Verdacht, in Omas Keller sitzen wir in einer Mausefalle. Meiner Mutti wird es allmählich auch zu bunt, und sie will sich mit der Oma evakuieren lassen. Zu dritt thronen wir auf unserem alten Eisenbett, noch von Opa, den ich nicht mehr kennengelernt habe. Meine Oma ist heilfroh, daß er tot ist. Seufzt sie: »Was ihm alles erspart bleibt!«

Der Hauswirt Blaske kommt bei uns vorbei und will meine Muttl auf den Hof rauslotsen, daß sie sich das Feuerwerk am Himmel ansieht. Als leichtsinniges Huhn schwebt sie gern in unnützer Lebensgefahr. Vorhin war der Blaske schon draußen und hat das Gerücht mitgebracht, die Wilhelmshavener Straße ist ein Flammenmeer. Die sollen die Tommys doll beharkt haben. Da komme ich erst wieder sonstwann ins Bett. Nach der Entwarnung rasen wir nämlich alle in die Wilhelmshavener Straße, um sie brennen zu sehen. So ein Schauspiel ist gewaltig. Da verpuffen irdische Güter von Generationen zu Rauch und Asche. Ein Rucksack auf dem Rücken ist das Wahre. Wenn es so weitergeht, werden wir noch ein Volk von Rucksackträgern. Der Blaske schimpft, die meisten Hauswirte haben selber schuld an ihrem eigenen Unglück. Ihre Hausgemeinschaften rühren keinen Finger. Sie denken, wenn Bomben fallen, ist man ohnmächtig. Nicht so der Blaske. Eisern zwingt er unsere hauseigenen Mummelgreise, den kleinsten Funken zu löschen. Dauernd kontrolliert er den Boden. Kein Bombenteppich kann ihn davon abhalten. Seinem tatkräftigen Einsatz haben wir es zu verdanken, daß unser Haus wie eine Eins steht und bloß paar verkohlte Bodenbalken hat.

Bei besonders starken Detonationen erzittert der Keller, daß uns himmelangst wird und wir uns ducken. Das kommt von unseren Reflexen. Danach atmen wir auf, daß nichts passiert ist. Besonders schrecklich ist es, wenn der Kellerkalk rieselt. Über uns, an die Kellerdecke, habe ich mit dem Heia, als wir noch kleiner waren, beim Kohlenraufholen mit der Petroleumlampe schweinische Rauchsignale geräuchert, die bis heute noch unversehrt sind. Das Deckenmuster besteht aus lauter Kinderdrachen, aber mit nur einem kurzen Strich in die Mitte. Jetzt sind die Gemälde schon historisch, denn sie stammen aus dem tiefsten Frieden, als wir noch keine Kriegskinder waren.

Beklommen zählen wir die Einschläge mit, und die Frau Kollin schwärmt von der Luftüberlegenheit vom Hermann Göring. Vor ihrer Ehe war sie BDM-Führerin. Da hat sie gelernt, mit Menschen umzugehen. Zum Zeichen, daß wir uns nicht unterkriegen lassen, sollen wir jetzt mal alle den Mister Chamberlain mit seiner lächerlichen Musspritze verachten, und die Frau Kollin stimmt das Spottlied an:

O du alter Lügenlord, was sind das für Sachen?
Wenn der Tommy dich durchschaut, hast du nichts zu lachen.

Durch die Holzlatten sehen wir, wie sie mit den Armen rudert, weil wir alle einfallen sollen, und zwar je lauter sie draußen ballern, um so doller. Aber sie verstummt bald wieder, denn allein hat sie keinen Spaß dran. Dann erklärt sie uns, der Krach draußen muß von unserer starken Abwehr kommen. Bange machen gilt nicht! In der Wilhelmshavener Straße, könnte sie sich denken, kommt der gewaltige Brand von einem abgeknallten Feindbomber, der auf die Straße gefallen ist. Wieder einer weniger!

Endlich Entwarnung. Von der Sirene ist der kleine Detti wach geworden. Er blinzelt, sabbert auf sein Lätzchen und lallt so was Ähnliches wie »ha-halla«. Voller Stolz ruft uns die Frau Kollin an seinen Wagen und flüstert gerührt. »Haben Sie das eben gehört? Er sagt schon ›Heil Hitler‹.«

Wir können dem Führer gar nicht dankbar genug sein. Ganz Berlin geht kaputt. Seine Jugend aber sitzt in den schönsten und sichersten Orten. Meine Schule ist nach dem vornehmen Ostseebad Bansin gekommen, wo wir klassenweise in den besten Pensionen verstaut worden sind. Im Haus Cremona hat unsere Klasse ihr Domizil aufgeschlagen. Durch die Ostsee verschmerzen wir, daß wir nicht ins Ausland gekommen sind. Dafür können wir hier die Kurgäste verkohlen, die mit aufgetakelten Sonnenhüten und überkandidelten Strandanzügen auf der Kurpromenade entlangstolzieren. Damit die Sonnenstrahlen ihnen keine Furchen ins Gesicht knittern, sind die Dämchen glänzende Ölsardinen. Ihre Lockenpracht stopfen sie unter Strohhüte, damit der Wasserstoff sich bei der scharfen Seeluft nicht aus dem aufgenordeten Blond verflüchtigt. Denen ihr Vornehmtun zerstampfen wir unter unseren Marschtritten, wenn wir als Kolonne an ihnen vorbei müssen. Statt rotbeschmierter Lippen und Faulenzerleben sollten sie sich mal lieber der Rüstung zur Verfügung stellen.

Im Haus Cremona gibt es Drei - und Fünfbettzimmer. Ich bin mit der Evi in einem Dreier. Im kleineren Kreis können wir mehr unsere Persönlichkeit entfalten, die wir dann aber wieder der Allgemeinheit zur Verfügung stellen. Wir passen schon auf, daß wir keine Eigenbrödler werden. Bis gestern hatten wir vorübergehend sogar ein unbelegtes Bett in unserem Zimmer, das der Schwumme gehört, die wegen dringlicher Familienangelegenheiten nach Berlin zurückbeordert worden war.

Gestern ist sie wieder in alter Frische bei uns eingetroffen. Seitdem haben wir auf unserer Stube Trauer, die sich darin äußert, daß wir aus Pietät weder singen noch lachen und nur verhalten reden. Die Rexen hat ihr das Versprechen abgenommen, daß sie über die Berliner Vorkommnisse Stillschweigen bewahren soll. Ich und die Evi, wir mußten der Schwumme unser Ehrenwort verpfänden, daß wir den Mund halten über alles, was sie uns erzählt hat. Der Gerlinde und der Ulla Dörfler haben wir es nur unter größter Verschwiegenheit weitergesagt, daß der Blutsfahnenträger Kurt Schwumme, Ruths Vater, die Fahnenflucht ergriffen hat ins Jenseits. An seinem Fensterkreuz in der Elberfelder Straße ist er aufgeknüpft vom Untermieter gefunden worden. Nicht als Familienvater, hieß es im Abschiedsbrief, als Blutsfahnenträger hing er dort. Im Familienkreis sind ihm nur glückliche Stunden beschieden gewesen. Vielmehr hat er plötzlich spitz gekriegt, daß das Heiligtum der Partei, die Blutsfahne, die vom Blut der Besten durchtränkt ist, tagtäglich geschändet wird. Getreu dem Schwur ist er sein Lebtag lang für Führer und Fahne gewesen, die er wie kein anderer stolz erhobenen Hauptes in die Zukunft geschwenkt hat. Wie sie ihn auch als Blutsfahnenträger rumgereicht haben zu Propagandazwecken, ist er doch der einfache, alte Mitstreiter vom Führer geblieben. Auch der bessere Posten, den sie ihm auf Grund dessen zugeschanzt haben, hat ihn schlicht bleiben lassen. Zum Schluß aber wollten ihm die Kriegsgeschehnisse und die Juden nicht in den ehrlichen Altkämpferkopf passen. So konnte er nicht mehr Gleichschritt halten mit dem Führer. Enttäuscht hat er in aller Stille die besudelte Fahne eingerollt, den Kopf in die Schlinge gesteckt und den Hocker weggestoßen. In dem Sinne etwa hat er es der Nachwelt offenbart in seinem Vermächtnis.

Wir fliegen von der Schule, wenn wir auch nur ein Sterbenswort über den Fall Schwumme verlauten lassen. Aber Gottes Wege sind seltsam. Trotz größter Geheimhaltung von unserer Seite ist die Angelegenheit bei Fräulein Meyer gelandet. Die hat sofort die Rexen im Haus Abendfrieden unterrichtet, daß wir nun alles wissen. Umgehend ist die Rexen bei uns aufgekreuzt und hat einen außerplanmäßigen Appell abgehalten, bei dem wir wegen der zersetzerischen Gerüchte, die wir in die Welt streuen, verdonnert wurden. Dann hat sie an unsere Ehre appelliert, daß wir solchen Räuberpistolen keine Nahrung bieten dürften, weil wir damit dem Führer in den Rücken fallen. Durch den Verlust des geliebten Vaters ist die Schwumme verständlicherweise nicht ganz zurechnungsfähig. Aber das darf nicht zum Politikum werden! Wo er auch Ernte hält, zollen wir dem Tod die gebührende Achtung. Im Angesicht der leidgeprüften Schwumme fällt es ihr darum schwer, nun gezwungenermaßen das Lügengebäude niederzureißen, das wir verantwortungslos errichtet haben: »Den Blutsfahnenträger Schwumme hat einzig und allein die geistige Umnachtung in den Tod getrieben.«

*

Nach herrlichen Bansiner Zeiten, und einem guten Vierteljahr Berlinaufenthalt, sind wir nun schon seit Monaten Schloßgespenster auf Schloß Wihorschau. Vor Verzweiflung schreibe ich mich jetzt sogar mit der Friedel Grollmann. Sie schildert mir in den höchsten Lobeshymnen, wie prächtig die zweite Garnitur Kinder von meinem Vati eingeschlagen ist. Der große Udo soll ja bereits Strichmännchen kritzeln, von denen eins schon mal so ausgesehen hat wie der Führer. Der Jüngste, Widokind, ist weit voraus. Er macht sich bloß noch voll. Wir von der ersten Garnitur waren in dem Alter schon lange stubenrein. Bei so einem angejahrten Vater sind die Erbmassen eben lascher.

In Berlin habe ich dem Widokind aus Neugierde einen kurzen Besuch abgestattet. Die Nase war in Ordnung. Aber sicher bekommt er Plattfüße. Die Säbelnase vom Udo hatte sich auch ganz schön verwaschen. Im letzten Grollmannbrief war ein Foto, das meinen Vati darstellte, wie er in voller Offiziersuniform im Polenfeldzug auf einem Pferd sitzt. Wer weiß, wo er jetzt reitet! Nachdem es mich erfreut hat, soll ich es der Grollmann wieder zurückschicken. Mit Boys schreibe ich mich gar nicht, obwohl ich in Berlin eine Tanzstundenliebe hatte.

Während unsere Klasse geschlossen den ersten Schritt ins Leben trat und zum Konfirmandenunterricht mußte, nahm ich mit der Evi, als einzige Katholiken von unserem Haufen, Tanzstunde. Denn wir waren ja schon in längst vergangenen Kindertagen am Tisch des Herrn abgespeist worden. Wegen zu großer Jugendlichkeit wollten sie uns in der Tanzschule zuerst nicht annehmen, bis ich erklärte, daß wir im Notstand sind, weil wir bald wieder in die KLV müssen.

Das Etablissement war in einer Seitenstraße vom Kurfürstendamm, und wir mußten mit der Straßenbahn hinfahren. Trotz des strengen Tanzverbotes ist das Tanzenlernen, bei dem ja das Vergnügen wegfällt und nur die Anstrengung bleibt, staatlicherseits erlaubt. Wo sollten denn auch sonst unsere heimgekehrten Helden nach dem Krieg die Tanzpartnerinnen hernehmen? Die Omas, die jetzt tanzen können, sind doch dann nicht mehr gefragt. Wir waren ganz versessen auf den Foxtrott. Aber bevor wir an ihn rangelassen wurden, mußten die Herren erst das Verbeugen üben und wir huldvolles Lächeln. Dabei darf man nicht zu dick zeigen, wie hocherfreut man ist, daß man einen abbekommen hat. An der einen Wand saßen wir Damen als schöne Perlenkette nebeneinandergereiht auf Stühlen. Uns gegenüber thronten die Kavaliere. Auf das Kommando der Tanzlehrerin stürzten dann alle Herren auf uns zu. Ich hatte mir einen Schwarzen mit langen Loden aufs Korn genommen. Aber der lief in die falsche Richtung. Auch der blonde Brillenheini, der mit gut gefiel, drehte kurz vor mir ab. Die Evi, die neben mir saß, wollte auch keiner haben. Wie sie alle in unserer Nähe auf den Absätzen Haken schlugen und, statt uns aufzufordern, sich wie kurzsichtige Tattergreise lieber ein Püppchen Rührmichnichtan in Organdy, eine Hippe in rosa Taft und sonst was für Abfall zum Tanzen holten, und selbst die Bohnenstangen weggingen, da haben wir kurz getuschelt und beschlossen, unser Geld wiederzuverlangen. Denn im Kursus war keineswegs Männermangel. Es gab sogar zwei mehr als wir brauchten. Also standen uns vier Stück zur Verfügung. Und auf die hatten wir für unser Geld Anspruch. Dabei waren wir nicht mal häßlicher als die anderen Schnepfen. Bloß jünger und schlechter angezogen. Ich immer mit meinen vorsintflutlichen Strümpfen, und die Evi hatte zuviel Gestückeltes am Leibe.

Der Tanzlehrerin gingen wir sehr zu Herzen. »Aber meine Herrn Kavaliere, keine Müdigkeit vorschützen, hop, hop, hop, hier sitzen doch noch zwei reizende junge Damen!« Aber erst die Drohung, daß die Tanzstunde sonst abgebrochen werden sollte, scheuchte zwei von den Herren zu uns hin. Vorher wollten sie sich alle vier gegenseitig den Vortritt lassen. Es waren zwei Freunde. Eins, zwei, Wechselschritt, zählten wir mit, und schon während der Konversation auf der Tanzfläche haben die Herren bei uns angebissen, weil sie merkten, daß man nichts auf den ersten Schein geben darf.

Hinterher mußten sie uns – als Damen – zur Straßenbahn bringen. Unterwegs haben wir Witze gerissen von der gepfefferten Sorte. Bis zur Straßenbahn hatten sie sich so in uns verknallt, daß sie sogar mit nach Moabit runterfuhren, allerdings bei getrennter Kasse. Wegen der ordinären Gegend haben wir geflunkert, hier wohnen wir nur vorübergehend, bis unsere ausgebombte Villa in Schlachtensee wieder halbwegs renoviert ist. Daher auch unsere einfachen Klamotten. An sich sind wir in Seidenpikee zu Hause.

In Moabit wollten sie unbedingt mit uns hinter der Heilandskirche in den Anlagen verschwinden. Wehe, wenn wir nicht mitmachen! Dann würden sie uns nicht mehr zum Tanzen auffordern. Aber kaum waren wir aus der Straßenbahn geklettert, wurde Alarm gegeben. Wir rasten in den nächsten Luftschutzkeller. »Ein Scheißdreck! Jetzt wissen wir nicht, wie wir anschließend nach Hause kommen sollen. Das wird wieder eine Weltreise. Nachher können wir noch zu Fuß nach Neukölln latschen. Auf so was mußten wir nun reinfallen!« Damit meinten sie uns. In der fremden Hausgemeinschaft wurden wir als Liebespaare auf eine Extrabank verwiesen. Sie stand ganz lauschig in einer Kellerecke. Aber die Kavaliere waren über den Alarm so was von biestig, daß sie sich nach Geschlechtern getrennt setzten. Als ob wir die Tommys bestellt hätten! Die ganze Zeit über benahmen sie sich flapsig und haben kein Mal mit uns geplänkelt. Bei dem dauernden Fliegeralarm kann sich eine Tanzstundenliebe nicht richtig entfalten. Die Bomber zerstören alles. Aber der vernichtende Volltreffer für uns kam nicht vom Himmel, sondern von Evis Kavalier. Der sagte zu seinem Freund so laut, daß wir es hören konnten: »Auf die miesen Schrippen hätten wir weiß Gott verzichten können!« Danach sind wir nicht mehr zur Tanzstunde gegangen.

Der nächste Schritt ins Leben, falls wir vorher nicht von einer Bombe getroffen werden, soll ja dann das Einjährige sein. Wir wissen zwar, wo Wladiwostok liegt und kennen die Kornkammern der Ukraine. Mich kann man nachts am großen Zehen zwicken, wann der Führer geboren ist, werde ich im Schlaf runterleiern. Wir verstehen musterhaft Betten zu bauen, im Singwettstreit zu siegen, Gepäckmärsche zu machen und Laienspiele zu veranstalten, aber unsere Allgemeinbildung ist eine einzige Pleite. Ein Glück, daß wir das Einjährige, wenn wir es in der KLV ablegen, im Prinzip schon in der Tasche haben. Danach gehen fast alle ab, weil wir ja doch heiraten.

In unserem fortgeschrittenen Reifestadium stopfen sie uns mit den Kleinen in einen Schlafsaal, damit wir an ihnen schon mal als Mutter üben können. Jede Kleine durfte sich aus unseren Reihen eine Mutti aussuchen. Eine Iris hat sich ganz versessen die Evi gewünscht, und ich wurde zur Mutter auserkoren von einer Biene Schlüter. Dieses Spinnenbalg hasse ich allmählich, denn es läuft mir jede Minute nach und hängt mir am Hals. Sowie ich auftauche, schreit die Biene: »Mutti! Mutti!« Unseren Kindern sollen wir die Schularbeiten beaufsichtigen, die Ohren nachgucken, Strümpfe stopfen, Zähneputzen kontrollieren, mit ihnen spazierengehen, sie benähen und bestricken, ihnen Lieder beibringen, in unsere Betten können sie sich ausweinen kommen, und das Schärfste, an die leiblichen Mütter, die sich das alles abgewimmelt haben, sollen wir auch noch schöne Grüße schreiben.

Diese Schnapsidee stammt natürlich von der Meyern. Mit Sorge beobachtet sie jetzt, wie sich unsere Klasse nach anfänglich guten

Ansätzen mit der Zeit zu Rabenmüttern entwickelt. Wir verstecken uns vor unseren Kindern, wenn wir sie bloß von weitem hören und haben sie zuletzt so vernachlässigt, daß sie uns schon untreu geworden sind und sich andere Muttis gesucht haben. Unsere 5a ist nämlich nicht so wild auf die Mutterschaft. Zumal wir das mit den Vätern überspringen müssen, meint die Schwumme.

Jetzt schweben wir in Lebensgefahr, weil wir hier in Schüttenhofen vor tschechischen Attentätern nicht mehr sicher sind. Schüttenhofen heißt auf tschechisch Sucice. In Wilhorschau hatten sie uns doch nicht ganz vergessen. Ein allgemeines Aufatmen ging durch die Schloßgemächer, als wir nach hierher in Marsch gesetzt wurden.

Die Leute von Schüttenhofen sind ziemlich sauer auf uns Deutsche. Eine lang aufgestaute Wut haben sie im Bauch, weil wir ihnen einfach die jungen, kräftigen Söhne von der Straße wegschnappen, sie auf Lastwagen verfrachten und ab geht es nach Deutschland. Im Reich müssen dann die geraubten Tschechen in unseren Fabriken arbeiten, weil wir Arbeitskräftemangel haben. Junge, bullige Burschen trauen sich nur noch bei Dunkelheit auf die Straße. Werden sie eingefangen, dürfen sie sich nicht mal zu Hause verabschieden. Nun werden ja die Tschechensöhne bei uns nicht geschlachtet. Aber trotzdem! Wenn die Tschechenweiber mir auf der Straße verhaßte Blicke zuschmeißen, kann ich, wegen der Verschleppung, gar nicht mehr so schön gemein zurückkneisten wie früher, als ich von so was noch nichts gewußt habe.

Die rachedurstigen, tschechischen Attentäter wollen Leute, die ihnen das antun, nicht auch noch nachwachsen lassen. Also versuchen sie, unsere KLV-Lager in die Luft zu sprengen und damit Deutschlands Zukunft. Sie haben sich aber in den eigenen Schwanz gebissen. Denn wer bewacht uns mit Knarre auf dem Rücken? Tschechen! Natürlich werden sie von uns dazu gezwungen. Tag und Nacht streicht immer so ein gestiefeltes Exemplar in undefinierbarer Uniform um unser kleines Hotel Pod' Strazi rum. Der Wachtposten sieht aus wie ein halber Soldat oder ein besserer Polizist. Passiert uns was, ist er dran.

Seit wir hier sind, haben wir Hummeln im Hintern. Besonders abends sind wir nicht mehr zu bremsen. Wir wollen das Leben genießen, das für uns Punkt neun Uhr abends aufhört. In unserem Alter! Wenn der Herr Dusselt Aufsicht hat, verschwinden immer zwei aus unserer Stube unauffällig in die Nacht. Als Mann darf er unser Zimmer nicht betreten. An sich sind wir sechs Figuren auf der Stube. Nun müssen die restlichen vier für die Aushäusigen bißchen mehr auf die Tube drücken, wenn sie »Gute Nacht, Herr Dusselt« rufen.

Den illegalen Ausgang haben wir gerecht eingeteilt. Einmal in der Woche ist der Herr Dusselt Lehrer vom Dienst, und an dem Tag verdrücken wir uns umsichtig paarweise. Aus dem Flurfenster vom ersten Stock rutschen wir über einen Koksberg nach unten. Wir warten immer ab, bis die tschechischen Flaschen die Vorderfront vom Hotel kontrollieren.

Das letzte Mal war ich mit der Evi in einem Lida Barová-Film. Die Barová ist die abgelegte Geliebte vom Goebbels. Nach der Liebschaft hat er sie in ihre tschechische Heimat verbannt. Vor dem Goebbels war da was mit ihr und dem Gustav Fröhlich. Der Fröhlich soll aus Eifersucht auf die Barová dem Goebbels eine geklebt haben. Woraus der Witz entstanden ist: Was wünscht sich das deutsche Volk zu Weihnachten? Das deutsche Volk möchte zu Weihnachten einmal FRÖHLICH sein.

Normalerweise müßte die Rexen schon längst auf irgendeiner Bank Tauben füttern. Aber einsatzfreudig wabbelt sie ihre zwei Zentner von einer KLV zur nächsten. Dafür hat sie jetzt das Kriegsverdienstkreuz verliehen bekommen. Frisch dekoriert erscheint sie natürlich auch bei uns im Hotel Pod' Strazi. Komisch ist nur, daß ihr zu Ehren bloß die obersten vier Klassen im Speisesaal zusammengetrommelt worden sind. Das grüne Gemüse darf an der Feierstunde nicht teilnehmen. Weil die Rexen uns so unverhofft überfällt, müssen wir nun die Feier aus dem Boden stampfen. Organisiert ist mal wieder gar nichts. Die Gerlinde Krämer hat den genialen Einfall, daß wir alle im Chor »Wir gratulieren!« rufen sollen.

Erwartungsvoll stehen die vier höchsten Parallelklassen als festgefügter Block auf der Empore, bereit zum Jubel. Ohne Einsatzbefehl kann er aber nicht losbrechen. Die Lehrkräfte sind vollzählig im Saal versammelt und kümmern sich um gar nichts. Das wird vielleich eine schöne Blamage!

Wie vom Wind auseinandergeschlagen, fliegt jetzt die hohe Flügeltür auf, eine dicke, weißkostümierte Furie erstürmt den Speisesaal und umkurvt Lehrerschaft, Führerinnen, unsere Empore und die zusammengeschobenen Tische und Stühle. Das Kriegsverdienstkreuz durchrast mit der Rexen den Saal, erbebt auf übervollem Busen, hängt klein und bescheiden an großem Herzen. Mit dem schlichten Kreuzchen bläht sich die Rexen unheilvoll vor uns auf. Alle sind stumm. Niemand im Saal bewegt sich, außer der Rexen. Energisch fährt die altdeutsche Euterliesel mit der Hand in die rechte Kostümjacke, reißt einen Brief heraus ohne Umschlag, schon halb zerfleddert. Das unschuldige Papier klatscht sie in ihre linke Handfläche, immer fuchtiger und wilder. Ihr Hals pumpt sich auf, und der kleine Murmelkopf schwillt rot an, zum Zerbersten. Wütend schlenkert sie mit dem Brief zu unserer Empore rauf. »Eine Schande!« schäumt sie, »ein Vertrauensbruch! Aber ich werde euch die Flötentöne schon noch beibringen.« Gefährlich rot ist jetzt ihr Kopf. Schnaubt die Rexen: »Das Kriegsverdienstkreuz habe ich bekommen, weil ich einen Sauhaufen leite. Man schämt sich ja in Grund und Boden. Aber das schwöre ich euch, jedem einzelnen Fall wird nachgegangen. Ich stehe hier nicht vor deutschen Mädchen, sondern vor ehrlosen Schlampen. Das müssen mir tschechische Mädchen schreiben!« Sie schwenkt den Brief drohend gegen die Empore, zieht mit der freien Hand die schmale Goldrandbille aus der Tasche und hält sie dicht unter die Nase. Wütend schlackert die Rexen das Schreiben auseinander. »Allein der Schluß spricht Bände: ›... und so bitten wir Sie, dafür zu sorgen, daß Ihre Mädchen unsere Freunde nicht länger belästigen, die sich gar nicht mehr vor Ihren Mädchen retten können.‹ Zwanzig Unterschriften.« Außer sich droht sie uns mit der Brille: »Tschechenmädchen zeigen mit Fingern auf deutsche Flittchen. Ihr könnt stolz auf euch sein.« Restlos erschöpft zieht sie ein großgemustertes Herrentaschentuch aus dem Ärmel, wischt sich die Spucke vom Mund, steckt es mit der Brille zusammen in die Kostümjacke und bellt: »Ab heute gibt es Ausgang nur noch in Gruppen und unter Aufsicht von Führerinnen. Bedankt euch bei denen, auf die der Brief gemünzt ist.«

Die Evi und ich, wir waschen unsere Hände in Unschuld. Bei unserer Freizeitgestaltung liegt das Schwergewicht auf Sauerkraut. Es ist das einzige, was die Tschechen ohne Marken abgeben und auch nur in kleinen Portionen. Auf unserem Nachttisch liegt immer welches.

Für die Freizeitbeschneidung können wir uns bei der Schwumme und solchen Nulpen bedanken. Und ich war auch noch für die Schwumme als Liebesbote unterwegs. Sie war ganz durcheinander, als ihr Tschechenjunge nichts mehr von ihr wissen wollte. Vom Sehen kannte ich ihn flüchtig und wußte, daß er als Friseurlehrling in einem Laden arbeitet, an dem wir immer zum Sauerkrautholen vorbei müssen. Kein Wort Deutsch kann er. Bei der Schwumme hatte ich mich vorher extra noch erkundigt, wie ich mich denn mit ihm unterhalten sollte. Hatte sie keine Ahnung. »Na, wie unterhaltet ihr euch denn immer?« »Wir unterhalten uns gar nicht.« Blieb mir nichts anderes übrig, als ihn einfach aus dem Laden herauszuschnalzen. Zur Begrüßung habe ich ihm im Namen der Schwumme paar schwülstige Blicke hingefeuert und ihm dann eindringlich R-u-t-h S-c-h-w-u-m-m-e vorbuchstabiert. »Warum du sie nicht mehr küssen?« Er grinste recht komisch und wollte nach meiner Hand fassen. Ich zog sie aber weg. »Schwumme, die blonde Schwumme. Ruth, verstehen?« Und zur Verdeutlichung schmatzte ich mehrmals laut einen Kuß auf den Handrücken. Davon war er so begeistert, daß er heftig nickte und affig mit den Augen plierte. Und er hat sogar kapiert, daß er am Sonntagnachmittag um vier Uhr an den Waldrand kommen sollte, parallel zur Brücke. Dort wollte nämlich die Schwumme auf ihn warten. Nun ist die ganze Mühe umsonst gewesen.

*

Als frischgebackene Damen betreten wir die Goldene Stadt. Sogar die Schwumme hat das Einjährige geschafft. Das ganze Drumherum mit Prüfungen und Klausurarbeiten ist allerdings mehr pro forma abgerollt worden. Bißchen Klimbim mußten sie schon machen. Zur Belohnung dürfen wir nun drei Tage das goldene Prag an der Moldau erleben. Golden soll es von der Abendsonne werden.

Am Wenzelsplatz wohnen wir eine Treppe hoch in einem Glaskasten. Auf unserem Stockwerk ist mit der Verglasung wirklich geast worden. Das können sich die Prager aber nur leisten, weil ihre Scheiben nicht von Bomben zerknallt werden. Wegen der unersetzlichen alten, deutschen Kulturgüter, die an jeder Straßenecke zu finden sind, ist Prag von uns zur offenen Stadt erklärt worden. Damit fällt es unter die Städte, die der Nachwelt erhalten bleiben sollen und von Flugzeugen verschont werden. Als Gegenleistung dürfen wir Prag nicht für den Krieg mißbrauchen. Unsere gefährdete Rüstung können wir schon mal nicht hierher verlagern. Sonst knallt's. Aber die friedliche, deutsche Filmproduktion ist nach Prag umgezogen. Ufa, Tobis und Terra drehen ihre Filme vor den Toren Prags in den tschechischen Barandow-Ateliers. Es hat sogar in der »Filmwelt« gestanden, daß der Johannes Heesters draußen in Barandow dreht und mit Frau und Kindern im Hotel Alcron wohnt. Was die Feinde auch anstellen, wir lassen uns nicht unterkriegen.

In unserem Glaskasten kampieren Hunderte von Mädchen. Aus dem ganzen Protektorat die Einjährigen. Wenn wir unseren neuen Lebensabschnitt mit Prag eingeweiht haben, werden wir nach Hause entlassen, von wo aus wir in die Gemeinschaft der Erwachsenen eintreten. Obwohl wir keine Schülerinnen mehr sind, fällt es unseren ehemaligen Lehrkräften gar nicht ein, »Sie« und »Fräulein« zu uns zu sagen. Es soll ja Schulen geben, da ist abgestimmt worden. Ich hätte mich siezen lassen. Denn ich wüßte nicht, wann ich mit Fräulein Meyer und der Rexen schon mal Schweine gehütet häte.

Wir hatten angenommen, in Prag könnten wir als Damen frei herumschuchteln. Da waren wir aber auf dem Holzweg. Denn bis zum letzten Moment unterstehen wir der Hitlerjugend. In Achterreihen und unseren Zivilklamotten verstopfen wir den Wenzelsplatz. Die Fraulichkeit platzt uns aus allen Nähten. Die unübersehbare Schar der Einjährigen ist von den Führerinnen nur mit Zetern in Reih' und Glied zu halten. Durch das Schaufenster eines Friseurladens sehe ich, wie eine elegante Dame manikürt wird. Manikürte Samtpfötchen könnten wir gar nicht gebrauchen. Mit unseren Händen müssen wir zupacken können, wo Not am Mann ist. Nur für Handküsse eignen sich so gesalbte und beschnipselte Hände besser. Handküsse kommen aber immer mehr aus der Mode. Auffällig an den Pragern sind die unverschämt guten Stoffqualitäten und der Pfiff der Mäntel. Bei dem geschlagenen Volk sind Luxus und Eleganz gewaltig. Gegen die Pragerinnen gebärden wir uns wie ein stampfender Haufen Mannweiber. Latsch! Latsch! Latsch! Bisher sind wir mit freudigem Stolz bereit gewesen, die Menschen an uns zu begeistern, wenn wir sieghaft die Straße beherrscht haben. Aber hier wirken wir, als ob wir zwei linke Füße hätten. Vielleicht sind wir auch aus dem Marschieralter rausgewachsen, seit wir die Mittlere Reife haben. Nun sollen wir ja immer vor den Ausländern geschlossen als Jungdeutschland auftreten, diszipliniert bis in die Zehenspitzen. Aber in so einer ungeheueren Marschkolonne ist gemeinsames Singen Mumpitz. Das Katzenkonzert, das wir den Pragern darbieten, klingt jammervoll zum Ohrenzuhalten. Ganz vorn brüllen sie markerschütternd: »Führer gib die Marschbefehle, die uns kein Zweifel bricht ...«, am nächsten Abschnitt sind sie schon bei: »Kameraden, fremde Welten träumen nachts von unserm Land ...«, und dazwischen fallen immer wieder neue Gruppen ein mit: »Führer gib die Marsch ..., Führer gib die Marsch ..., Führer gib die Marsch ...«, wie so eine angeknackste Schallplatte.

In Prag wird kein Platz für Kinos vergeudet. Sie sind alle unterirdisch und darüber die teuren Geschäfte. Ganz vernünftige Einteilung. Von Rechts wegen gehörten wir auch auf den Bürgersteig und nicht als Hammelherde aufs Straßenpflaster. Es ist entwürdigend, wie wir alles Damenhafte an uns unter unserem Marschtritt zertrampeln. Für die hochnäsigen Prager sind wir klotzige Hinterwäldler, an denen sie arrogant vorbeiflanieren. Unser Gleichschritt ist hoffnungslos auseinandergefallen. Auch das einzig vertraute Gesicht in unserer Reihe, die Gerlinde Krämer, ist auf einmal abhanden gekommen. Es muß sich alles verschoben haben. Die ganze Ordnung ist zum Teufel. Eine fremde Führerin taucht auf, versucht, uns mit ihrer Trillerpfeife auf Vordermann zu bringen und rast weiter zum Mittelblock. Unsere altbekannten Führerinnen müssen woanders eingesetzt worden sein. Die hier rumkommandieren, sind für uns gänzlich unbeschriebene Blätter. Die Evi erklärt mir ganz logisch: »Wenn wir ausscheren, kräht doch kein Hahn nach uns. Hauptsache, daß wir abends pünktlich wieder im Bett sind, wenn abgezählt wird.«

Wir mogeln uns neben die Kolonne, gehen hintereinander, halten Abstand und rufen: »Links, links, links!« Und es ist verblüffend, wie sie daraufhin alle wieder Gleichschritt fassen. Das Zeug zur Führerin steckt in uns. Wir legen bloß keinen Wert darauf. »Und link, links, links«, kommandiere ich barscher. Bloß gut, daß an diesem Abschnitt keine Einjährigen von unserer Schule auftauchen. Wir marschieren rückwärts und treten auf der Stelle. An einem Baum legen wir die Befehlsgewalt nieder. Ich mache mir meinen runtergetrampelten Schuh wieder flott, und die Evi leistet mir Hilfestellung. Vorsichtig warten wir hinter dem Baum ab, wie die Kolonne sich weiter fortwälzt. Am Schwanzende rennen sie jetzt, weil sie aufrücken müssen. »Wildgänse rauschen durch die Nacht . . .« Ja. rauscht man ab, ihr Gänse! Endlich können wir Prag erobern, die Goldene Stadt.

Es ist selbstverständlich, daß wir unser Programm der Kunst widmen. Das Ziel, das wir anpeilen, ist das Hotel Alcron, in dem der Johannes Heesters mit seiner Familie während der Dreharbeiten wohnt. So wie wir im Augenblick aussehen, wird er uns bestimmt nicht zum Film entdecken. Wobei es nicht mal das schlimmste ist, daß wir in den zu knapp gewordenen Kleidern wie festgestopfte Leberwürste aussehen. Aber in Schüttenhofen hat Tschechenhaß Sabotage an uns verübt. Für den Pragbesuch haben wir uns noch einen Tag vorher beim Friseur Dauerwellen legen lassen. Als wir ausgewickelt wurden, waren wir starre Drahthaarköpfe mit verbrannten, kleingeschrumpelten Spiralen. Und wenn der Friseur zu doll kämmte, hatte er dicke Haarbüschel in der Hand. Die ganze Herrlichkeit brach ihm unter den Fingern weg. Wir waren das Opfer eines Racheaktes geworden.

Wie wir jetzt so vor dem Hotel Acron stehen, sind wir unschlüssig. In der Halle ist alles noch viel gedämpfter und hochtrabender, als wir es uns erträumt haben. Die Evi will gleich wieder türmen. Zu der Blamage lasse ich es aber nicht kommen. Energisch gehe ich auf die kleinen Tische zu, die so dezent dastehen, als ob das hier gar kein elegantes Hotel wäre mit klotzigen Zimmerfluchten. Lässig begutachten wir die Ausstattung. »Ganz nett hier, nicht Evi?« Damenhaft bewegen wir uns zwischen den kleinen Tischen, um die gemütliche Sessel gruppiert sind. Von dem einen Ober werden wir dann auch schlankweg als Gäste anerkannt. Er zollt uns den nötigen Respekt mit einer leichten Verbeugung und deutet zurückhaltend auf die Sessel. Wo es uns denn recht wäre? Wir erwählen einen Tisch, der besonders günstig zwischen Hoteltreppe und Ausgang steht. Beides müssen wir unentwegt im Auge behalten. Den Heesters dürfen wir nicht verpassen. Stückchen abseits wartet der Ober bescheiden auf unsere Wünsche. Gelangweilt schlage ich die Beine übereinander. »Einen Tee, bitte. Für die andere Dame auch einen.« Devot flitzt der Ober los. Mit dem Tee müssen wir haushalten. Mehr können wir uns nicht leisten. Wir wissen ja nicht, wie hoch der Luxus, der uns umgibt, mitangerechnet wird. Vielleicht müssen wir auf den Heesters drei Stunden warten. Deshalb dürfen wir immer nur winzige Schlückchen nippen. Den Zucker knabbern wir extra. Mit dem Tropfen Milch wollen wir den Tee strecken, wenn wir bloß noch eine Träne haben. Die Evi trinkt zu hastig. Ein leeres Glas ist nachher peinlich. Bei drei Stunden kann sie sich ja die Quentchen ausrechnen, die uns pro Schluck zustehen. Imposante Leute kommen durch die Eingangstür, die leise hinter ihnen zugleitet. Aber es ist nie der Heesters. Wieder geht die Tür auf. Das ist der Untergang des Abendlandes! Grobschlächtig poltert unser Herr Dusselt in das feine Alcron, im Schlepptau die Kriebach. Einen mächtigen Kaffeedurst muß er mitgebracht haben. Eilig steuert er auf eine Nische zu. Unser Pech, daß er sich nochmal umdreht und uns verschiebelt anstiert, bis es ihm dämmert. Ungehobelt läßt er die Kriebach einfach stehen, und während er auf uns zustürzt, suchen wir krampfhaft nach einer Ausrede. Kurz werden wir von ihm Maß genommen und bekommen blitzschnell doppelseitig ein paar Saftige gefeuert. Als ob wir noch dumme Schuljören wären! Vor den kultivierten Hotelgästen sind wir blamiert bis auf die Knochen. »Wohlgemerkt, das ist nicht dafür, daß ihr hier seid, sondern dafür, daß ihr eure Köpfe so entstellt habt, ihr Papuaneger!« Und gerade jetzt schreitet der Johannes Heesters traumhaft schön die Treppe hoch, begleitet von seinen beiden Töchterchen in dunkelblauen Mänteln.

*

Durch das finstere Ostpreußen zockle ich in einer Kleinbahn von der Sorte, die an jeder Milchkanne hält. Ich mache aber keine Fahrt ins Grüne, sondern soll mich in Herdenau beim Arbeitsdienst melden. Arbeitsmaiden müssen bei einer Bauersfrau den Dienstbolzen spielen, auf den Feldern den Knecht ersetzen und den eingezogenen Bauern. Wir sollen lernen, den deutschen Bauern zu achten. Das ist der tiefere Sinn einer Arbeitsmaid. Altersmäßig brauchte ich erst nächstes Jahr zum Arbeitsdienst. Aber je eher ich das halbe Jahr hinter mich bringe, um so schneller und jünger komme ich zur Schauspielschule, die immerhin zwei bis drei Jahre dauert. So gesehen habe ich keine Zeit zu verlieren. Schließlich will ich nicht erst als Mummelgreisin mit Hans Söhnker filmen. Denn dann ist er ja auch schon ein alter Krauter. Deswegen habe ich mich freiwillig gemeldet.

Meine Mutter ist mit der Oma wegen der Bomben nach Grünsburg übergesiedelt. Sie sind bei Fräulein Moenke untergekommen, die mit der Zeit immer mehr abstirbt. Zahnlos war sie ja schon immer. Nun hat sie auch noch das Gehör verloren und die Kraft aus den Beinen. Wenn sie ganz hin ist, erbt die steinreiche, katholische Kirche alles.

Von Schüttenhofen aus bin ich natürlich nicht, wie die anderen, nach Berlin gefahren, sondern Richtung Ostpreußen. In dem Einstellungsbüro vom Reichsarbeitsdienst, wo ich mich gemeldet habe, bin ich an eine Arbeitsführerin geraten, die ganz versessen war auf Herdenau. Dort hatte sie selbst mal als kleine Arbeitsmaid angefangen. Am liebsten wollte sie mit mir tauschen und hat mir Grüße aufgetragen an Herdenau und das Lager. Schon über zwei Stunden fahre ich in dieser Kartoffelbahn, über Kleewiesen und nackte Felder.

Herdenau wird nicht mal ausgerufen. Für was die Führerin in dem Einstellungsbüro so geschwärmt hat, das ist ein Kuhdorf mit links und rechts schiefen Katen, und in der Mitte zieht sich ein morastiger Weg lang, auf dem ich mir meine guten Halbschuhe von oben bis unten beschmaddere. Was ich an Bevölkerung treffe, besteht aus zwei Großvätern. Den einen erbärmlich dürren Opa, dem der geflickte Hosenboden in die Kniekehlen gesackt ist, frage ich nach dem Arbeitsdienstlager. Ohne stehen zu bleiben, deutet er kurz hinter sich auf ein Haus. »Wollen Sie uns auch bißchen helfen kommen, Fräuleinchen?« brabbelt er, schiebt seine speckige Mütze noch tiefer in die Stirn und schlurft weiter.

Das Haus ist gar nicht zu verachten. Hoffentlich werde ich im ersten Stock einquartiert. Parterre habe ich auf dem Land immer Angst vor Ratten. Auf Anhieb finde ich den Eingang zum Büro. Vor mir steht ein Schreibtisch mit einer dicken Vase, in der ein Riesenbuschen getrockneter Feld-, Wald- und Wiesengräser phantastisch auseinanderfällt. Dahinter sitzt eine adrette, blonde Maidenführerin. Drahtig wippt sie vom Stuhl auf. Ich gleich: »Guten Tag. Ich heiße Renate Walter und soll mich hier freiwillig beim Arbeitsdienst melden.« Mit einem Ruck reißt sie ihren rechten Arm hoch und sagt: »Herzlich willkommen, Arbeitsmaid Renate Walter. Wir freuen uns immer besonders auf unsere Freiwilligen. Es ist doch ganz was anderes, wenn man mit dem Herzen dabei ist.« Dann streckt sie mir die Hand entgegen. »Brunhild Schenker, Ihre Maidenführerin.« Nach kraftvollem Händeschütteln — Hände wie ein Schraubstock — erfahre ich, daß die Freiwilligen schon drei Wochen früher eingezogen werden als die übrige Belegschaft. Wenn die dann am Stichtag hier eintreffen, haben wir bei den alten Maiden schon alles gelernt, was wir vom Arbeitsdienst wissen müssen. Das sollen wir dann den Neulingen vermitteln.

Zusammen gehen wir nach nebenan in den Aufenthaltsraum. Alles sieht wie geleckt aus. Hier hat man mir sogar schon Kleidungsstücke und Wäsche zurechtgelegt. Wir bekommen nämlich die ganze Garderobe geliefert. Die Schenker zupft an den Sachen und tut wie Weihnachten. Über den Stuhllehnen hängen: ein Rock, ein Jackett, ein kornblumenblaues Leinenkleid, darauf ein kreischend rotes Kopftuch, eine handgestickte, weiße Dirndlschürze mit Hohlsäumen, und auf einem Pfosten entdecke ich ein schauerliches Monstrum von Hut. Zum Abgewöhnen! Auf den

Stuhlsitzen liegen pinslig zusammengelegte Unterhemden, Schlüpfer, einzuknöpfende Zwickel für die Schlüpfer, Blusen, Socken. Darunter stehen ein Paar Halbschuhe und nagelbespickte Botten. Ich habe mir noch gar nicht alles richtig betrachtet, da macht sie mir schon die Hölle heiß. Ich soll bloß nichts von den Sachen verlieren und verschludern, die mir vom Führer anvertraut worden sind. Für verschwundene und verkommene Stücke gibt es schwere Strafen. Alles, was hier vor mir liegt, ist das Eigentum Deutschlands. In seinem Namen soll ich das Zeug hüten, pflegen und tragen und sofort stopfen, wenn was ist. Dann zieht sie mich unter das einzige Bild, das im Aufenthaltsraum hängt und klopft mir auf die Schulter. Als Maid muß sie früher Bäume gefällt haben. Die große Fotografie über mir zeigt den Reichsarbeitsdienstführer Hirl, wie er einer weizenblonden Arbeitsmaid mit aufgesteckten Zopfflechten herzhaft die Hand drückt, und dabei lachen sie beide, als ob sie für Blendax Reklame machen. Im Hintergrund wogen die Ähren. Was er gerade zu der Maid sagt, kann man darunter in gotischer Schrift lesen. Reichsarbeitsdienstführer Hirl Doppelpunkt »WO IHR SEID, MUSS DIE SONNE SCHEINEN!«

Mein Zivilleben hängt jetzt im Spind. Zum Abendbrot bin ich in dem kornblumenblauen Leinenkleid im Eßraum erschienen, das ganz nett ist. Die anderen sind auch alle in Kornblumenblau und sitzen schon. Die schweren Nagelbotten an den Füßen sind eine Katastrophe. Bißchen gemildert wird das durch die grauen Wollsocken, die man sehr weit überschlagen muß, sonst rutschen sie weg in die Stiefel. Halbschuhe sind nur für sonntags. Die Tafel besteht aus vielen zusammengeschobenen, weißgescheuerten Tischen. Außer mir sind noch zwei Freiwillige angekommen, die Ortrud Plischkat aus Pilkallen und die Hilde Weitekat aus Frauenburg. Wir werden aber gleich von Fräulein Schenker auseinandergerissen und zwischen Altmaiden gesetzt, die alle ihre Stammplätze haben. Ich bin zwischen einer Jenny und einer Elma gelandet. Die Jenny ist eine Schlafpuppenschönheit mit Grübchen, und die Elma hat einen ganz intensiven Unschuldsblick.

An der Schmalseite der Tafel sitzen unsere Wachhunde, Fräulein Schenker und Fräulein Nath. Die gleichen sich wie zwei Eier. Das bernsteingelbe Haar haben sie sich schon vom Scheitel an auf beiden Seiten in eine feste Rolle gedreht, die im Nacken in einem harten, faustgroßen Knoten endet, aus dem sich kein Härchen kringelt. Ihre Augen sind blau, die von der Schenker deftige V.D.A.-Kerze, die von der Nath mehr Glockenblume. Unsere Maidenführerinnen sind gut beieinander. Prallbusig, pferdearschig und stämmige, dunkelblond behaarte Beine. Die herbere Schenker ist für die politische Schulung zuständig, überhaupt für Organisation und Tageslauf. Der innigeren Nath untersteht die Kocherei, die Waschküche und der Kräutergarten. Bei ihr lernen wir Wirtschaftslehre.

Seit ich heute morgen von zu Hause weggefahren bin, habe ich nichts Gescheites mehr in den Magen bekommen. Einen unverschämten Kohldampf schiebe ich. Durch die offene Tür riecht es aus dem Flur nach Essig. Könnte auf Weinkraut hindeuten oder Sauerbraten. Vor uns warten schon die flachen Teller, rechts die Messer und links die Gabeln. Die Maiden vom Küchendienst müssen alles über den Flur reinschleppen. Ganz verschwitzt kommen die ersten mit vollen Schüsseln. Braune, runde, pralle Pellkartoffeln, Größe Männerfäuste. Wie am Fließband geben wir die Schüsseln weiter, die saumäßig heiß sind, und richten sie in gleichmäßigen Abständen auf dem Tisch aus. Ein Berg Pellkartoffeln steht günstig in meiner Reichweite. Zwei purzeln runter. Die Jenny baut sie wieder auf, wobei sie »heiß« jault und sich die Finger ausschlackert. »Hättest du sie mal lieber zu mir gekullert«, sage ich. »Vorher anfangen gibt's nicht!« patzt sie zurück. Die ist nämlich bloß nicht so jieperig, weil sie sich von ihrem Bauern rohe Eier mitgebracht hat, die sie vorhin unbedingt noch in sich reinschlürfen mußte. In Alarmbereitschaft zücke ich schon mal die Gabel. Aber erst müssen wir noch die nächsten Schüsseln abwarten. Dampfend werden sie reingetragen. Die graue Moppelkotze ist Lungenhaschee. Auch noch süßsauer! Wenn ich jetzt Stückchen Butter hätte! Endlich haben es die Küchenmaiden geschafft, und es kann losgehen. Vor Hunger bin ich schon ganz rammdösig. Als ich zugreifen will, piekt mir die Jenny mit der Gabel in den Arm. »Verfressenes Stück, kannst du nicht abwarten!« Alle warten nämlich auf Fräulein Schenker. Bis die sich so zu einer Schöpfkelle voll Lungenhaschee bequemt hat! Das ist für uns das Startzeichen. Jetzt dürfen wir reinhauen. Schnell spieße ich mir die vier dicksten Kartoffeln auf und beiße erst mal von einer ab, gleich mit Pelle. Die ostpreußische Kartoffel ist ganz flockig, wenn sie richtig gedämpft wird. Sie schmeckt mir auf der Zunge nach Matjeshering mit Gürkchen und dann auch wieder nach Glumse mit heißem Leinöl. Ich sinniere über Kartoffelbäuche, Kartoffelfeuer, Kartoffelschnaps, Bratkartoffeln und Kartoffelkuchen, da klatscht plötzlich die Schenker in die Hände, und wie auf Kommando gucken alle zu meinem Teller, auf dem ich nichts entdecken kann, außer einer zerquetschten Kartoffel und noch drei ungepellten. »Aber Renate, ich muß doch sehr bitten!« ruft Fräulein Schenker, »bei uns wird nicht gehamstert. Mehr als zwei Kartoffeln auf einmal gibt's nicht. Erleichtern Sie mal Ihren Teller wieder.« Und tatsächlich, bei den anderen sehe ich nur ein bis zwei Kartoffeln. Raffiniert, wie wir so ganz nebenbei im Arbeitsdienst die feine Lebensart beigebracht kriegen. Ein übervoller Teller macht einen schlechten Eindruck. Andererseits ist ein Teller mit drei Kartoffeln noch nicht überladen. Gegen so kleinliches Gehabe bin ich machtlos und muß mich fügen. Lege ich sie eben wieder zurück. Die eine zerfällt schon vom vielen Begrabschen. Meinetwegen können sie sie hin und her wandern lassen. Mit vollen Backen kaue ich vor meinem leeren Teller. Jetzt kann ich ja wieder nachnehmen. Ich liebäugle mit einer geplatzten. Die sind immer so schön mehlig. Da springt Elma neben mir auf: »Maidenführerin, ich bitte um die Erlaubnis, mir noch zwei Kartoffeln nehmen zu dürfen.« Prüfend sieht die Schenker sie von oben bis unten an und sagt: »Na, Elma, wird das nicht ein bißchen viel, bei Ihren Oberarmen? Geben sie sich mal mit einer zufrieden.« Ich denke ich träume. Immer mehr Maiden stehen jetzt stramm und bitten um Nachschlag. Zügig werden sie der Reihe nach abgefertigt. »Erika, Sie hatten doch schon zwei große. Jetzt wollen wir mal einen Punkt machen. Einen Löffel Lungenhaschee können Sie noch haben. – Irmtraut, nach drei Kartoffeln betrachte ich Ihr Ansinnen als Unverschämtheit. Schluß jetzt. – Anita und Inge, Sie teilen sich am besten eine. – Wo Sie es so mit der Verdauung haben, sei'n Sie mal lieber vernünftig, Anneliese.« Hier werden einem ja die Bissen im Mund gezählt! Diese Tischsitten sind ganz unglaublich.

Die Schenker muß mir ansehen, wie sehr ich vom Arbeitsdienst enttäuscht bin. Besorgt ermuntert sie mich: »Aber Sie, Renate, haben doch sicher noch Appetit von der Reise. Ihnen würde ich die Bitte nicht abschlagen. Ich warte auf Ihre Meldung.« Mir ist immer noch ganz mapplig vor Hunger. Zentnerweise könnte ich Kartoffeln verdrücken, sogar mit Lungenhaschee. Vorschriftsmäßig stehe ich auf und höre ganz verzweifelt, wie ich sage: »Danke, Maidenführerin, ich bin satt bis obenhin.«

Wir gewöhnlichen Maiden wohnen in Arbeitsdienstbaracken und nicht in dem schönen Steinhaus, das die Führerinnen für sich beschlagnahmt haben. Auf drei Baracken sind wir verteilt und schlafen in zweistöckigen Soldatenbetten. Zwischen den Doppeldeckerbetten steht immer ein Doppelspind. Sechsmal Bett, Spind, Bett an der linken Barackenwand, und sechsmal Bett, Spind, Bett an der rechten. In der Mitte ist ein breiter Gang gelassen, wo das Leben hin und her flutet, daß man nicht zur Ruhe kommt.

Die grauen Spinde sind von außen nichtssagend, beherbergen aber innen unser höchstes Gut, die persönliche Freiheit einer Arbeitsmaid. Diese paßt in das Geheimfach, das in jeder Schrankseite zu finden ist. Es hat ein kleines Vorhängeschloß und muß von den Führerinnen bis hin zum Reichsarbeitsdienstführer Hirl respektiert werden. Wenn ich Lust hätte, könnte ich darin alles wie Kraut und Rüben durcheinanderwurschteln, auch Liebesbriefe verstauen und schweinische Romane stapeln. Gegen dieses Bollwerk sind die Führerinnen machtlos, die unsere sorgfältig gebauten Betten zerwühlen, wenn sie einer Falte am Laken nicht grün sind oder unsere Stiefelsohlen abends mit der Lupe nach Staubkörnchen absuchen. Sie können auch ruhig unsere sämtlichen Sachen aus den Schränken reißen, weil dazwischengekullerte Söckchen die abgezirkelte Unterwäsche ausbeulen. Das habe ich schon alles erlebt an meinem ersten Abend gestern. Aber wenn sie sich noch so ordnungswütig gebärden, vor unseren Geheimfächern stehen sie ohnmächtig. Meins habe ich sofort zweimal zugeschlossen. Wenn ich mir auch erst noch das Geheimnis für das Fach anschaffen muß.

Gleich neben uns ist die Waschbaracke, wo viele Wasserhähne wie Hühner auf einer Stange sitzen und in lange Schweinetröge tropfen, die darunter stehen. Genau gegenüber gibt es noch die Waschküchenbaracke und das Klo. Das ganze Lager ist eingezäunt und hat außerdem noch einen Küchengarten. Wo ich mir das Essen nun weitgehendst abgewöhnen werde, bin ich ja mal gespannt auf den ersten Tag in diesem Saftladen. Morgens um dreiviertel sechs haben sie uns schon aus den Betten gescheucht mit einem Pfiff, von dem sofort alle Träume verkrüppeln. Nach der Leibeserziehung mußten wir uns eiskalt abschrubben und das Waschzeug zurück in den Spind bringen. Die Trainingsanzüge sollen wir noch anbehalten. Keine drei Minuten sind wir in der Baracke, da hören wir die Schenker auf dem Hof rumbolzen. Plötzlich schreit sie: »Raustreten zum Klogang!«

Wir trotten los, und die Schenker feuert uns an: »Ich werde Ihnen Beine machen, bißchen dalli!« Gemächlich formieren wir uns in Dreierreihen und sind schließlich abmarschbereit. Als müder Haufen marschieren wir dann tatsächlich die fünfundzwanzig Schritte zur Klobaracke und krächzen: »Und die Morgenfrühe das ist unsere Zeit, wenn die Winde um die Berge singen ...« Weiter kommen wir nicht, weil wir schon da sind. Vor der Klobaracke schreitet Fräulein Schenker die Front der Maiden ab, die alle mal ganz nötig müssen. Forsch kommandiert sie »Papierträger und Listenführerin raustreten!« Drei Maiden schnellen aus unserer Gruppe. Zwei tragen je eine fast neue Rolle Toilettenpapier von bester Kriegsqualität, Marke Reibeisen, die dritte hat auf einem Aktendeckel eine Liste liegen. Wir Freiwilligen, am Schluß der Kolonne, wissen nicht recht, was wir von den absonderlichen Gebräuchen hier halten sollen und sind ziemlich ratlos. Dann verschreckt uns Fräulein Schenker endgültig, als sie laut und zackig sagt: »Wie immer beginnen wir den Morgen nach Frühsport und Waschen mit unserem Stuhlgang, von dem wir wissen, wie wichtig er ist. Wer hat Verstopfung? Birgit, schreiben Sie, Verstopfung keine. Braucht jemand von Ihnen Kohletabletten fürs Gegenteil? Birgit, machen Sie dahinter einen Strich. Das geht ja wie geschmiert heute. Ich komme jetzt zur namentlichen Aufrufung: Radünz, wieviel Blatt werden Sie brauchen? Aber bitte sparsam. Papierverschwendung gibt's nicht.« »Mit vier Blatt kann ich hinkommen, wenn ich mich nach gestern richte.« — »Birgit, notieren Sie die Stückzahl. Ende des Monats werden die Klorollen dann abgerechnet. Wer am sparsamsten war, kann sich sein Lieblingslied von uns wünschen. Nur damit die Neuen Bescheid wissen. Abromeit, wieviel heute?« — »Drei.« — »Bogdanski?« »Bei meiner Bäurin hatten wir reichlich Kenichsbarjer Flack mit Arbsmus. Das macht mindestens sechs Blattchen.« — »Sie wissen doch, Bogdanski, fünf ist der Höchstsatz. Und Dombroschat, was ist mit Ihnen?« — »Vielleicht, daß ich mit drei hinkommen werde.« — »Und Sie, Baduhn?« »Auch drei, bitte.« Das Klopapier wird genau sechs Blätter weiter abgerollt. Ich mache den Ausklang. »Walter, was ist Ihnen denn über die Leber gelaufen? Wieviel haben Sie sich ausgerechnet?« Verlangen möchte ich zehn, geniere mich aber, denn vor Außenstehenden will ich meinen Stuhlgang nicht aktenkundig werden lassen. Mit dem Klo sollte es genauso gehandhabt werden wie mit dem Geheimfach, in dem ich nunmehr unbedingt Klopapier horten werde. Das große Geheimnis für mein Fach habe ich mir allerdings poetischer vorgestellt. Gegen meinen gesunden Menschenverstand erbitte ich mir ein Blatt. »Nicht so nuscheln, Walter. Was brauchen Sie?« — »Ich habe gesagt, eins reicht mir, Maidenführerin.« — »Na gut, wenn Sie so ein Spatz sind.« Mein Papier bekomme ich nicht mal in die Hand gedrückt und muß es mir persönlich abreißen. Am liebsten möchte ich drauf verzichten. Aber ganz ohne geht es nicht. Wir sind nun alle eingedeckt, und die ersten erstürmen die fünf nebeneinanderliegenden Kabäuschen. Weil wir von hinten anfangen, habe ich Glück, daß ich mit dabei bin.

Der Riegel, der die Tür hält, ist ein längliches Stück Holz mit reingedonnertem Nagel, drehbar nach allen Seiten. Zum Versperren hängt an der Tür innen eine Schlaufe, die in einen umgebogenen Nagel eingehängt werden muß. Spärlich kommt das Tageslicht durch die Bretterritzen. Ich throne auf einem breiten Holzkasten mit popogroßem Loch in der Mitte, zu dem es auch einen Deckel gibt. Gerade will ich mich so schön versenken, da fängt die Mannschaft an, um die Klobaracke zu traben. »Und links, links, links«, hechelt die Schenker, und die Turnschuhe der Maiden stampfen den Takt, der sich mir ins Gemüt hämmert, weil die draußen es sich noch verkneifen müssen. Wenn ich so gehetzt werde, kann ich gar keine Muße finden. Bei den Maiden wird es dringlicher, und sie ziehen das Tempo immer mehr an. Wie an einem Barometer kann ich ihre Gemütsverfassung daran ablesen. Kurzatmig schnaufen sie um die Klobaracke und zertrampeln in mir jede Regung. Und richtig, es funktioniert nicht. Da vergeht mir alles. Außer daß ich beim Arbeitsdienst halb verhungern muß, bekomme ich auch noch chronische Verstopfung. Hier will ich nicht alt werden und denke an Flucht. Unermüdlich umkreisen mich die Maiden. Ich bin so zugeschnürt, daß ich über meine sinnlosen Bemühungen den Deckel klappe, mich salonfähig mache und die Tür aufstoße. Sowie ich ins Licht pliere, werde ich stürmisch von einer dicken Maid umgerannt, die es in höchster Not gerade noch zum Holzkasten schafft. Dementsprechend knallt die Tür zu.

Kurze Zeit später sitzen wir Freiwilligen erschüttert an der Frühstückstafel, wo wir schon wieder auf das Gerangel um die Schnitten warten. Die Küchenmaiden schleppen schwere Platten mit großen Haufen von aufgeschnittenen Broten, bei denen sich Margarine oder gelbe Marmelade in die Poren gesaugt hat. Nachdem die Schenker schon fröhlich draufloskaut, dürfen wir auch anfangen. Mit Heißhunger habe ich die erste Margarineschnitte verschlungen und will magenknurrend auf die nächste verzichten, weil mir Betteln gegen den Strich geht, da bemerke ich neben mir, auch gegenüber und wo ich hinsehe, wie die Maiden ungeniert nach den Broten greifen, daß der Berg beängstigend schnell abnimmt. Verdattert sehe ich der Schenker beim Kauen zu und verplempere den Zichorienkaffee. Die Schenker kann sich darüber scheckig lachen. So komisch ist das bißchen Fußbad in meiner Untertasse nun auch wieder nicht, daß die Nath juchzend halb unter den Tisch rutschen muß, die Jenny neben mir wie angestochen blökt und die anderen Maiden vor Vergnügen quietschen. Hier bin ich in ein Irrenhaus geraten. Nachdem die Schenker sich halbwegs beruhigt hat, kichert sie, daß das mit den Pellkartoffeln und dem Klopapier nur ein Spaß war, hu, ha, hi, den sich alte Maiden immer mit neuen machen, seit der Gründung vom Arbeitsdienst. Und wir sollen später unsere Belegschaft genauso veräppeln. Bißchen schäme ich mich ja, daß ich so reinfallen konnte. Aber zugetraut hätte ich es denen.

*

Ohne die mattsilberne Brosche mit dem Hakenkreuz im Ährenkranz sind wir Freiwilligen keine vollwertigen Arbeitsmaiden. Bis sie uns verliehen wird, dürfen wir noch nicht beim Bauern arbeiten. Solange haben wir im Lager Hauswirtschaftslehre bei Fräulein Nath und Schulung bei Fräulein Schenker. Auf die Art ist uns in der kurzen Zeit schon allerhand fürs Leben eingetrichtert worden, Gedankengut und Handfestes. Als zukünftige Hausfrauen müssen wir in schlechten Zeiten, wenn Besuch kommt, mit Täuschungsmanövern operieren, denn aus Gastfreundschaft können wir unseren Kindern nicht die lebenswichtigen Aufbaustoffe entziehen. Darum werden die Schnitten, die wir anbieten, in der Mitte mit viel Liebe und wenig Margarine bekratzt, und erst zur Kruste hin schmieren wir üppiger, dann ein Scheibchen Sülzwurst draufgepackt und der Gast sieht hocherfreut die Margarine darunter dick hervorquellen. Das haben wir an massenhaft Stullen geübt, die es anschließend zum Abendbrot gab. Zur künstlerischen Gestaltung der Rohkostplatten habe ich mir mit der Ortrud Plischkat erst mal die Finger wund geraspelt an Weiß- und Rotkohl, Mohrrüben, Kohlrabi und Rettich und dann auf einer Platte schwungvolle Arabesken aus lilaroten Rotkohlschnipseln gehäufelt, diese in rettichweiß eingebettet, umschlängelt von Mohrrübengirlanden in orange, das alles noch mit Weißkohltupfen aufgelockert und Kohlrabischnipseln garniert. Die gute Hausfrau erkennt man außerdem an ihrer Wäscheleine. Auf ihr darf nämlich nicht alles wild durcheinanderflattern, sondern Schlüpfer muß sich an Schlüpfer blähen, Büstenhalter dürfen nur unter ihresgleichen sein und Socke hat neben Socke zu baumeln, auch Handtücher gehören nicht zwischen Unterhemden. Kleider werden am Rocksaum aufgehängt und Blusen in der Taille. Wo auf einer Wäscheleine Windel neben Küchenschürze hängt und Nachthemd mitten unter Wadenwickeln, muß die Hausfrau schon ein älteres Semester sein und ist nicht im Arbeitsdienst gewesen. Und wenn sie zehnmal behauptet, sie wäre noch keine fünfundzwanzig.

Heute untersteht mir die Waschküche schon den ganzen Tag. Als Hilfskraft ist mir die Ortrud Plischkat zugeteilt worden. So können wir mal richtig in der Praxis beweisen, was wir gelernt haben. Sämtliche Wäschestücke, die fertig sind, hängen wir streng nach Sorte auf und freuen uns, daß wir mal aus dem Dampf rauskommen.

Nachdem wir stundenlang die Wäsche des ganzen Lagers durchgekoddert haben und nun endlich alles flattert, dürfen wir nicht etwa unsere Hände in den Schoß legen. Wir drei Freiwilligen müssen noch vor dem Abendbrot zur Schulung. Verschwitzt und naßgespritzt klappern wir in unseren Holzpantinen zum Steinhaus. Der Schulungsraum liegt eine Treppe hoch, direkt neben den Zimmern der beiden Führerinnen. Unterwegs stößt die Hilde Weitekat zu uns, die uns gleich am ersten Tag großzügig gestattet hat, »Ihr könnt mich ruhig Hillusch nennen.« Seitdem müssen wir's auch, sonst ist sie beleidigt.

Die Schulung ist ganz gemütlich. Wir dürfen uns hinsetzen, wie wir wollen. Erhaben über uns kippelt die Schenker auf einem Stuhl und sagt: »Heute befassen wir uns mit den Anfechtungen einer Arbeitsmaid.« Hier sind wir nämlich nicht nur im Schoß der Gemeinschaft geborgen, hier müssen wir auch mutterseelenallein den Versuchungen des Lebens widerstehen, wenn sie uns anfechten. Und die größte Gefahr dabei sind wir uns selber. Der Feind Nummer eins ist unsere eigene Unbeherrschtheit. In unserem Alter machen uns die fraulichen Empfindungen täglich immer mehr zu schaffen, frei herausgesagt, sind viele von uns schon mannbar. Jetzt ist es eben soweit, daß die Natur sich bei uns meldet. Als Arbeitsmaid haben wir aber die Verpflichtung, eisern Zucht zu üben. Disziplin ist alles. Bei unserem Ausgang können wir uns ja mit einem netten Arbeitsdienstmann treffen und Erfahrungen austauschen auf der gleichen Ebene. Es ist aber streng verboten, sich mit polnischen Kriegsgefangenen einzulassen, die als Fremdarbeiter auf unseren Bauernhöfen eingesetzt sind. Weil wir durch den Krieg Arbeitskräftemangel haben, müssen wir leider auf dieses minderwertige Menschenmaterial zurückgreifen. Hände weg von den Polaken ist das oberste Gebot für jede Arbeitsmaid. Daß die Kerle oft hübsch aussehen, ist nur äußerlich. Alle Polen sind verseucht, dreckig und stinken, sind Schluderjane, denen man auf die Finger gucken muß und nicht in die Augen, denn sie stehlen wie die Raben. Das vielbesungene heiße Polenblut, die vornehmen polnischen Grafen und »doch die Polin ist die Schönste«, alles papperlapapp, unzeitgemäßes Operettenschmalz. Ehe uns ein Pole anfaßt, wollen wir lieber sterben. Diese Untermenschen können wir nur verachten, gerade weil wir zähneknirschend Seite an Seite mit ihnen arbeiten müssen. Immer wieder kommen Beschwerden von Maiden, daß die Polskis sich mit polnischen Fremdarbeiterinnen tierisch im Dreck sielen. Hinter keinem Heuhaufen und in keiner Ackerfurche ist man vor diesem widerwärtigen Anblick sicher. Und während der Arbeit tragen die schamlosen

Polakenweiber nicht mal Schlüpfer, damit sie immer gleich loslegen können. Maiden müssen sich bei so was abrupt wegdrehen und ausspucken. So niedrige Instinkte haben wir nicht, daß wir uns davon anheizen lassen. Passiert es aber doch mal, gibt es ein bewährtes Mittel, um sich wieder abzukühlen. Die Maid braucht bloß ganz schnell an unsere tapferen Soldaten zu denken, die in ihren Schützengräben und in ihrer Focke Wulf auch keine Mädchen haben. Wer sich ehrvergessen doch mit einem Polaken einläßt, ist erniedrigt und erledigt bis zum Grabe, und das zieht weite Kreise zu den allerhöchsten Stellen und wird streng bestraft. Derartiges ist aber zum Glück noch nie vorgekommen, seit Fräulein Schenker das Lager Herdenau leitet. Der Arbeitsdienst sieht es als seine Pflicht an, uns vor solchen Gefahren zu schützen. Darum ist es streng verboten, mit den Polen mittags an einem Tisch zu sitzen. Die Bäuerin hat dafür zu sorgen, daß wir von den Polen getrennt essen. Schmatzende Polaken sind einer Maid auch nicht zuzumuten. Andernfalls ist die Bäuerin ihre billige Arbeitskraft los, die sie für ein paar Dittchen bekommen hat. Zur Kontrolle radeln Fräulein Schenker und Fräulein Nath unangemeldet die Höfe ab. »So, das wär's für heute.«

*

Die Schenker hat mir vor den Polen richtig Angst gemacht. Noch bleibt mir aber bis zum Außendienst eine Galgenfrist. In dieser Zeit ist mir der Milchdienst anvertraut worden. Wegen der schweren Kanne muß die Hillusch mitkommen. Die Hillusch sieht nach gar nichts aus. Das hervorstechendste an ihr sind die schrecklich vielen Leberflecke. Jeden Abend, wenn gemolken ist, gehen wir los. Unsere Milch holen wir von gegenüber. Zu der Klitsche sind es keine vierzig Meter, die große Molkereikanne hängen wir zwischen uns.

Das schmale niedrige Haus ist eine optische Täuschung, denn nach hinten raus zieht es sich ganz schön in die Länge. Im Hof sehen wir keine Menschenseele. Nur ein alter, vertrockneter Kuhfladen liegt da, vor dem Schweinestall ist schmieriger Mist breitgetreten und drinnen grunzen die Schinken. Wir hören Kühe stampfen, und eine gefleckte Katze fegt vom Haus auf den Pumpenschwengel. Die Wagenspur, die sich in den breiigen Boden eingedrückt hat, ist voll Jauche gelaufen und führt bis zum Scheunentor, vor dem ein Leiterwagen auf drei Rädern steht. Sein viertes liegt unter der Deichsel. Um uns riecht es nach Heu, Molke, Mistgrube und Schweinekartoffeln. Wir müssen uns ordentlich die Lungen damit vollpumpen. Landluft ist das beste Mittel gegen Tuberkulose. Nun machen wir uns mit dem Henkel bemerkbar, den wir mehrmals kräftig gegen den Kannenbauch schlagen. Die Hillusch ruft in den Stall rein: »Sind Sie da, Frau Matern?« Doch bloß ein Kälbchen blökt. Also werden wir mal im Haus nachsehen. Die Kanne lassen wir derweile auf dem Hof zurück.

In dem langen, dämmrigen Flur tapern wir vorwärts, weil wir uns von dem zweimal Milchholen noch nicht so gut auskennen. Ganz hinten muß die Küche liegen. An der geschlossenen Küchentür lehnt auch schon jemand. Gerade will ich »huhu, Frau Matern« rufen, da hält mir die Hillusch mit der Hand den Mund zu. Gleichzeitig starren wir ungläubig zur Küchentür und gehen keinen Schritt weiter. Dort lehnt doch tatsächlich ein klatriger, polnischer Lulatsch und umarmt anmaßend und schleimig eine von unseren Maiden im kornblumenblauen Kleid, die sich kein bißchen wehrt, obwohl ihr eingebleut worden ist, daß sie so einen nicht mal mit der Mistforke anfassen darf. Jetzt erkenne ich das Madonnengesicht von der Elma Ambrosius, meiner linken Tischnachbarin, unserm Unschuldslamm! Bei dem Dauerbrenner, den er ihr auf den Mund drückt, ist ihr das rote Kopftuch zur Erde gerutscht, wo es rot wie die Liebe und rot wie Gefahr zu uns heraufleuchtet. Und vom Bauchnabel abwärts zittern sie beide einträchtig. Sie sind viel zu aufgekratzt, um uns zu bemerken. Wenn wir nicht mitschuldig werden wollen, müssen wir es melden. Da hören wir draußen die Frau Matern mit der altersschwachen Stute Julchen rumschimpfen. Auf Zehenspitzen verlassen wir das Schandhaus, bloß raus an die frische Luft.

Im Eingang vom Kuhstall hat die Frau Matern Schüsseln und Eimer aufgebaut. Restlos geklatscht starre ich auf die brühwarme, gelbliche Milch, die über die Schnute der Maternschen Zinkschüssel in unsere Kanne fließt und höre der Frau Matern nicht zu, warum wir morgen eine halbe Stunde später kommen sollen. Unterwegs müssen wir alle paar Schritte die schwere Kanne absetzen. Sonst gießen wir uns immer Milch in den Deckel und plempern uns den Bauch voll. Heute ist uns der Appetit vergangen.

Auf dem Lagergelände treffen wir Fräulein Nath, die sich gleich künstlich aufregt: »Na endlich das Milchkommando! Wo waren Sie denn so lange? Im Dauerlauf aber ab in die Küche!« Bedeutungsvoll sehen wir uns an. Wenn die wüßte!

Ernst und schweigsam liefern wir dann die Milch in der Küche ab. Die Hillusch sagt, sie muß durchaus noch vor dem Abendbrot in die Baracke, wann soll sie denn sonst Briefe schreiben? Ich bestehe aber auf einer Lagebesprechung im Freien, ohne Spione. Achtung, Feind hört mit. Quengelt sie: »Was gibt es denn da noch zu besprechen?« Sie hockt sich aber doch neben mich auf den breiten Baumstumpf hinter der Waschküche. Mit Stein, Schere, Papier wollen wir ausknobeln, wer die Meldung machen soll. Plötzlich drückt mir jemand ein Knie ins Kreuz. Beim Umdrehen ist es die Elma Ambrosius, die ganz unschuldig, als ob gar nichts passiert wäre, kleine Luftsprünge macht, wobei sie wichtigtuerisch die Hände hinter dem Rücken versteckt. »Das ist hier wohl eine Geheimverschwörung«, kalbert sie, »links oder rechts?« »Rechts«, sage ich, und dieselbe Hand, die sich eben noch an einen dreckigen Polen geklammert hat, hält mir jetzt kameradschaftlich ein großes, braunes Ei hin. »Heute der Henne frisch unterm Hintern weggenommen. Für Hillusch auch eins, und morgen gibt's Nachschub.«

Ein Ei ganz für mich allein, nur als Nascherei, außerhalb der Mahlzeit! Wo wir vom Innendienst noch in keiner Weise an Eier rankommen! Eigentlich müßten wir sie stolz gegen den Stein schmettern, besser noch, sie verächtlich zwischen den Fingern zermantschen. Andererseits soll man die Kameradschaft, wo sie aufflackert, nicht tottreten. Die Elma muß eilig weiter zu den Klokabäuschen. Erstmal pule ich mir ein großes Loch in die braune Kuppe, und dann schlürfe ich. Die Hillusch bricht ihr leergetrunkenes Ei auseinander und leckt innen andächtig die zackigen Schalen aus. Geraumes Weilchen werden wir von unserem Gewissen hin und her gerissen, weil wir schon von Kindesbeinen an die Kameradschaft hochgehalten haben, gegen die Eltern, die Lehrer und auch gegen die Führerinnen. Wüßte ich nicht, wann ich den Heia jemals im Leben verpetzt hätte? Für Verräter gab es Klassen- oder Straßenkeile. Schon bei den Jungmädeln ist uns immer eingeimpft worden, Kameraden sind Kameraden, in jeder Lage. Zugegeben, die Lage ist sehr knifflig, denn die Elma Ambroseus hat ja in ganz ungeheuerlicher Weise das Ehrenkleid der deutschen Arbeitsmaid besudelt. Aber wenn wir wirklich den Mund aufmachen, was passiert denn dann mit ihr? Erziehungsanstalt oder Gefängnis? Ewig wird es in ihren Akten stehen von der Rassenschande. Studieren kann sie ohnehin nicht, weil sie kein Abitur hat, aber bei allen besseren Berufen wird ihr der Pole wie ein Klotz am Bein hängen. Vielleicht ist sie von ihrer Fraulichkeit unverhofft übermannt worden, und das hat der Pole schamlos ausgenutzt. Soll eine schwache Stunde ihr die ganze Zukunft vermasseln? Und wollen wir unser Gewissen damit belasten? Die Polen sind sowieso Luft für uns und zählen nicht. Was sollen wir das groß aufbauschen. So einigen wir uns, daß wir gar nichts gesehen haben. Nämlich erstens, weil wir nicht wissen, was das noch alles für Staub aufwirbelt, zweitens aus Kameradschaft, denn die Elma ist ja doch wirklich ein nettes Mädchen, und drittens, aber nicht letztens, wollen wir unsere Eierquelle nicht versiegen lassen.

*

Sündenböcke werden immer gefunden. Sonst müßten sich die Führerinnen ja ihre Zimmer selbst wienern. Die Jenny seift apathisch im Steinhaus sämtliche Türen ab, weil sie sich ohne Erlaubnis mit ihrer Mutter getroffen hatte, die extra aus Königsberg gekommen war. Plötzlich mußte die Jenny angeblich dreimal in der Woche zur Kieferbehandlung nach Kuckerneese fahren. Als die Schenker Verdacht schöpfte und telefonisch bei dem Zahnarzt nachfragte, kam heraus, daß die Jenny überhaupt nur einmal zur Durchsicht erschienen war und ihr Gebiß sich in tadellosem Zustand befand. Gretchen Rindfleisch entstaubt Bücher wegen ihrer dreckigen Kammzinken, Irmchen Tributkeit liegt auf den Knien und schrubbt mit Brüste und Schmierseife die splitternden Dielenhölzer, weil sie beim Frühsport ihren Busen ohne Büstenhalter unter der Trainingsbluse frei herumschaukeln ließ, was eine Schweinerei ist, und ich scheure Fräulein Schenkers Fensterrahmen weiß, für meinen vergammelten Kuchen.

Von zu Hause ist er noch unversehrt bei mir eingetroffen, sorgfältig mit Holzwolle umwickelt. Doll nach Marzipanaroma hat er gerochen und war mit Eigelbersatz schön kräftig gefärbt worden. Meine Mutter, die ich auf meine alten Tage wieder leiden kann, hatte sich diesen Kümmerling von den knappen Marken für mich abgehungert. Deshalb konnte ich es auch nicht übers Herz bringen, ihn mit den dreiundzwanzig Maiden meiner Baracke zu teilen, wie es im Arbeitsdienst üblich ist. So habe ich ihn schnell im Geheimfach hinter Briefen und einer großen Flasche Salizylspiritus versteckt, mit dem ich mir immer die Kopfhaut einreibe, die sich noch nicht ganz von der tschechischen Dauerwelle erholt hat. Über der vielen Arbeit, den zahlreichen Appellen und der Hetze habe ich den Kuchen dann total vergessen und verschimmeln lassen. Von Fräulein Schenker wurde er entdeckt, als ich mal aus Versehen den Schlüssel im Geheimfach steckengelassen hatte.

Die Quittung für mein unkameradschaftliches Verhalten sind die arbeitsreichen Sonntage, bis auf weiteres. Als Katholikin soll ich ja die Feiertage heiligen. Beim Antritt der Strafe habe ich das vor Fräulein Schenker auch erwähnt, woraufhin sie mir patzig erklärte, sie wäre ja schon lange gottgläubig und nicht mehr bibelfest, aber da gäbe es ihrer Meinung nach solche Aussprüche wie »Was du dem ärmsten deiner Brüder tust, das hast du mir getan.« Von »selber essen macht fett« stünde in der ganzen Bibel nichts. Daß ich in solchen Zeiten aus Geiz Eßwaren verschimmeln ließe, wäre himmelschreiend.

Draußen vor dem Haus feilen sich die anderen Maiden ihre eingerissenen Nägel, schreiben auf dem Schoß Liebesbriefe und dürfen nachher noch ins Kino gehen. Aber deshalb ist ihre Stimmung auch nicht besser als hier bei uns. In vierzehn Tagen sollten die Altmaiden entlassen werden, und auf einmal heißt es, Kommando zurück, es geht gar nicht nach Hause, bis zum Endsieg kommen sie zur Heimatflak oder nach Königsberg zur Straßenbahn. Das können sie sich aussuchen. Der Himmel über Deutschland darf nicht mehr länger ein Tummelplatz für Feindbomber sein. Durch den Einsatz der Maiden soll er wieder deutsch werden. Heimat, deine Sterne ... Um die Maiden auf andere Gedanken zu bringen, drehe ich den Volksempfänger an. Wir hören den Wiener Filmliebling Rudolf Carl. Aber was singt er? »Liebe, kleine Schaffnerin, kling, kling, klang ...«

Am Sonnabend kam dann wegen der Auflösung der alten Belegschaft der ganze Tageslauf durcheinander. Das gewohnte Morgenpensum mit Frühsport und Schulung fiel aus. Dafür hatten die Altmaiden Kleiderappell, bei dem die ganze Dienstkleidung eingesammelt wurde bis auf die Ausgehuniform, die sie noch für die Feierstunde brauchten. Wir Freiwilligen waren zum Listenführen eingeteilt worden und mußten die zurückgegebenen Sachen einzeln abhaken. Nach dem Appell, der eine Dreiviertelstunde gedauert hatte, bildeten die Altmaiden ein Spalier, das wir drei feierlich durchschritten. Umringt von Kameradinnen zogen wir dann zum Fahnenplatz, auf dem schon Fräulein Schenker und Fräulein Nath warteten.

Um den hohen, weißen Fahnenmast bildeten die Altmaiden in Sekundenschnelle einen Halbkreis. Weil ich zum Theater will, durfte ich am Beginn der Feierstunde einen Spruch aufsagen, den mir die Schenker am Abend vorher gegeben hatte. Mit Herzklopfen wartete ich ihren Wink ab, trat zwei Schritte vor und stand einer Front von braunen Kostümen gegenüber, und an jeder Maidengurgel prangte eine stumpfsilberne Brosche mit ährenumkränztem Hakenkreuz. In diesem Kreis hatten nur wir Freiwilligen noch nackte Hälse. Plötzlich wurde mir das Gehirn ganz weit, die Befangenheit war weg, kurze innere Sammlung, und wie eine Botschaft an die Nation rief ich in den Wind, was ich gestern auf dem Klo eingeübt hatte:

Josef Goebbels:

Es ist nur das Schöne,
Das der Deutsche immer wieder
Mit der hungernden Seele sucht,
Dem er nachgeht
In den fernen, glücklicheren Süden,
Und das er, ohne Gefahr
Als Ausgleich des stärkeren Nordtums in ihm,
In sein männliches Wesen aufnimmt.

Schweigende Ergriffenheit bei den Maiden. Ein letzter Blick von mir über ihre Köpfe weg, in das Land, und als eine von ihnen trat ich wieder zurück zwischen die beiden anderen Freiwilligen.

Vor dem Fahnenmast stehend richtete Fräulein Schenker jetzt die Festrede an uns: »Heute, liebe Freiwillige, kommt Ihr erst wirklich zu uns, obwohl Ihr schon eine Weile da seid. Jetzt erst reiht Ihr Euch ganz ein in die mächtige Gemeinschaft der fleißigen Maiden und Männer vom Reichsarbeitsdienst. Herzlich willkommen! Die Brosche, die Ihr von nun an tragen werdet, ist eine Ehrennadel. Sie steht für das täglich' Brot, das wir mit unseren Händen dem Volke schaffen, für das Flammenzeichen, das in unseren Herzen lodert – das Hakenkreuz –, unter das wir unsere jungen Leben gestellt haben. Tragt die Nadel stolz und selbstbewußt. Ich rufe die Arbeitsmaid Renate Walter!« Tief beeindruckt hörte ich meinen Namen verhallen, und mit würdevollen Schritten folgte ich dem Rufe. Tiefblau blickte mir die Schenker in die Augen, stummes Momentchen, und dann fummelte sie mir am Hals rum, bis die Brosche saß. Händedruck, Kehrtwendung, und ergriffen wohnte ich von meinem Platz aus der Verleihung der beiden anderen Broschen bei. Nach »Nur der Freiheit gehört unser Leheben« stimmten die Maiden schwermütig das Ostpreußenlied an »Abends treten Elche von den Dünen, ziehen von der Palve an den Strand . . .« Als alte Ostpreußin drückt mir das immer sehr auf die Tränendrüsen. Zum Schluß durften wir in unserer neuen Würde das erste Mal die Fahne hissen. Die Ortrud und ich standen als Ehrenjungfrauen neben dem Mast, und die Hillusch zog an der Schnur, aber zu hastig und ungleichmäßig, so daß die Fahne ruckartig zur Spitze hochhopste. Nachher bekamen wir als Frühstück dickbeschmierte Festtagsschnitten.

Weil ich kein Hoftor finde, gehe ich durch eine Lücke zwischen dem verwitterten Ziegenstall und dem Bretterschuppen. Es ist schon etwas Großes, auf deutscher Scholle zu stehen. Allerdings wird diese hier nur durch Dreck, Rost und Schimmel zusammengehalten, Stallbalken, Dachrinnen, Türen und Gerätschaften sind brüchig und verbogen. Die Elma Ambrosius hat mir, bevor sie abfuhr, noch den Rat gegeben, ich soll zum Außendienst unbedingt immer meinen Brotbeutel mitnehmen für den Fall, daß mir die Bäuerin mal was Nahrhaftes zusteckt, wie Eier und dergleichen. Aber wenn ich mir diese zähen, alten Suppenhühner hier so betrachte, wird wohl nicht viel daraus werden. Vor der Hundehütte knurrt feindselig eine angekettete Töle, die schwarz und groß ist, zum Fürchten. Verbeulte Milchkannen sind über schiefe Zaunlatten gestülpt, neben denen die Nachbarbretter fehlen. Sämtliche Fenster des niedrigen Wohnhauses sind geschlossen. Das macht so einen verreisten Eindruck.

Die Tür schlägt jetzt auf, und in weitem Bogen schwabbt Dreckwasser durch die Gegend und endet als Pfütze, zu der sofort Enten schnattern. Dem Wasser folgt eine alte Schlunse, die mit einem verbeulten Emailleeimer zur Regentonne stakst. Sie läßt den Eimer reinhängen, der sich vollgluckert. Eine Jammergestalt von typisch polnischer Rasse. Mit so einer kann man nicht mal auf einem Acker zusammen jäten, geschweige denn am selben Tisch essen. Charakteristisch die slawisch verhungerten Backenknochen von kränklicher Blässe, immer den Blick zur Erde, lichtscheu und disziplinlos, da ist der Wurm drin. Die Schenker hat nicht übertrieben. Um den Kopf schweben zerfledderte, fadenscheinige Haargespinste, durch die man die Kopfhaut schimmern sieht. Fleisch hat sie nicht viel an sich, nur Haut und Knochen. Die verschwitzte, grau in grau geblümte Kittelschürze ist unter dem einen Arm ausgefranst. Diese Belüftung hat das Polenweib bestimmt bitter nötig. Unter dem Kittel hängt ein lachsrosa Unterrockzipfel raus. Wohl nach heimatlicher Sitte niest und schnäuzt sie herzhaft in die Hand, mit der sie dann seelenruhig irgend etwas aus dem vollen Wassereimer fischt. Als sie ihn in das Haus tragen will, sieht sie mich endlich und wagt es doch dreibarstig, mich in meinem sauberen, blauen Kleid vertraulich anzureden, als ob wir auf einer Stufe stünden. »Man nech so zimperlich, Damchen, fassen Sie mit an, Arbeit schad' nuscht. Romeikat heiß' ich. Ksch, ksch, die damlichen Viecher krauchen einem dauernd vor den Latschen.«

Ostpreußische Heimatklänge! Diese Schlampe scheint meine Bäuerin zu sein. Ich sage, daß ich die neue Arbeitsmaid bin und mich tüchtig einsetzen werde. Seit ich mittrage, verplempern wir die Hälfte. Vor der Tür stellen wir den Eimer ab. Ich will ihn allein reinschleppen, da macht sie »ksch, ksch« zu mir, wie bei ihren Viechern, »man immer langsam, Damchen, im Haus haben Sie mir nuscht zu suchen. Mit Arbeit müssen Sie sich an den Polen halten. Bis Mittag bin ich zurück aus Kuckerneese. Vom Amt, wissen Sie. Wie heißen Sie jleich?« — »Arbeitsmaid Renate Walter.« »Na, macht ja nuscht.« Sie stößt mir vor der Nase die Tür zu und läßt mich auf dem fremden Hof stehen, ohne Richtlinien und Arbeitseinteilung.

Muß ich denn nun was nageln oder streichen? Soll ich rumliegenden Müll einsammeln, Dreckkrusten von den Geräten abkratzen, den Hof sauberfegen? Kommt nicht in Frage, daß ich dem Polen unterstellt werde. Man sieht ja, wie verkommen der Hof ist. Vom zweiten Frühstück, auf das ich mich so gespitzt habe, war bei der Romeikatschen keine Rede. Nutzlos stehe ich rum. Ich bin direkt dankbar, als ich einen Jungen ganz zusammengesunken aus der Scheune schleichen sehe. Auf höchstens vierzehn schätze ich ihn, und kalkig ist er wie ein verstaubter Großstädter. Von weitem sind seine Augen dunkle Höhlen. Am kahlgeschorenen Kopf ist nur über der Stirn eine lächerliche, weißgelbe Haarbürste stehengeblieben. Er drückt sich an der Scheunenwand entlang. Sowie er mich sieht, ändert er seine Richtung und kommt pomadig rangeschnurrt. Nur um etwas zu sagen, erkundige ich mich: »Bist du auch hier vom Hof?« Sagt er »ja«. Er sieht doll um die Hosenbeine aus, daß ich frage: »Woher bist du denn so mistig?« »Na vom Sand doch. Ei wollen wir mal zusammen ausprobieren, wie weich Sand ist?« — »Ich werde dich mal lieber abklopfen.« — »Ei klopfen Sie doch mal, Fräuleinchen.« Ganz nah atmet mich der Junge an. »Wollen Sie mal was Schönes sehen, Fräuleinchen?« — »Das wird schon was Gescheites sein.« — »Ei gehen Sie doch mal nach der Scheune. Ich komme gerade von da, Fräuleinchen, lassen Sie mich doch auch mal!« — »Was denn bloß?« — »Ei wie das da in der Scheune.« — »Wie was da?« — »Na wie das da mit dem Polen und der Polin.« Ungläubig sehe ich den Jungen an. Der Junge ist vierzehn. »Ei bloß einmal, Fräuleinchen, nur zwei Minuten. Wenn Sie sich wegen der Muttchen nicht trau'n, die macht doch gleich nach Kuckerneese.« Im Schneidersitz hockt er sich abwartend vor mir auf die Erde, schaukelt mit dem Oberkörper und bettelt von neuem: »Ein einziges Mal bloß, Fräuleinchen.« Er pendelt stärker, wiegt sich tiefer, daß der schiefgehaltene Kopf mit den Ohren fast den Boden streift, solange bis ich merke, der Junge will mir ganz ordinär unter den Rock sehen, und ihm einen Fußtritt verpasse und ihn anfauche: »Du Ferkel!« Er kippt in den Staub, aus dem er sich langsam wieder hochrappelt. Bekümmert trottet er zur Hundehütte und mault: »Ich will auch mal mit einem Mädchen.« Kettenrasselnd springt ihn die große Töle an. Er hat Mühe, sie loszumachen, faßt sie am Halsband und geht mit ihr am Misthaufen vorbei hinaus auf die Felder.

Mechanisch reiße ich Löwenzahnblätter aus, feure sie auf den Misthaufen, wo sie fröhlich weiterwachsen werden. Aus Langeweile hole ich mir sämtliche durchlöcherten Schüsseln zusammen und stelle sie der Größe nach ineinander. Dann gehe ich auf Spinnwebenjagd. So nach einer halben Stunde kapituliere ich und will mir nun doch lieber den Polen suchen. Er muß noch in der Scheune sein.

Innen ist sie größer und viel höher, als man es ihr von außen ansieht. Auf Stroh und Häcksel stehe ich vor einer Dreschmaschine. Die Luft hier ist trocken und staubig und kitzelt in den Nasenlöchern. Die eine Scheunenseite ist mit Strohballen fast bis unter das Dach vollgestopft. Die andere hat einen Zwischenboden, an den eine lange Leiter gestellt ist. Und keine Spur von dem Polen. In so einer Scheune könnte ich noch heute rumtoben wie die Katzen, die ich über mir durch das Stroh rascheln höre. Auf dem Zwischenboden müssen sie hausen. Vielleicht sogar ein Pärchen. Wahrscheinlich aber eine Alte mit ihren Jungen. Sofort fällt mir unser Maxe ein, der schon längst Dünger geworden ist im Garten von Fräulein Moenke. Vorsichtig klettere ich die steile, wacklige Leiter hoch und bin oben ganz behutsam, denn Muttertiere, die frisch geworfen haben, sind schreckhaft. Langsam knie ich mich auf den Holzbalken des Zwischenbodens und »Miez, Miez, Miez« locke ich. Da explodiert vor mir ein Strohberg. Ein kugliger Kopf kommt zum Vorschein und ein kugliger Kürbisbauch, den ich hell und aufgebläht sehen kann, weil sich der hochgerutsche Sommerfetzen über der Brust verkrumpelt hat. Neben ihr duckt sich ein Kerl mit nacktem Oberkörper und Stroh im Haar. Hastig knöpft er sich seine dunkle Hose zu. An der Leiter unten steht auf einmal der Junge, der mir mit offenem Mund unter den Rock sieht. Krampfhaft überlege ich, was ich anhabe. Flaschengrüne Bleyleschlüpfer.

*

Die Neuen sind alle vollzählig im Lager eingetroffen. Wir Freiwilligen sollen nun helfen, aus Menschen Arbeitsmaiden zu machen. Das können wir natürlich nur, wenn wir ihnen optimistisch entgegentreten und sie durch unseren Schwung mitreißen. Deswegen verliere ich kein Sterbenswort über die Zustände auf meinem Hof.

Ihren Egoismus müssen sich die Neuen ganz schön abgewöhnen. Kaum daß sie da waren, sind sie mit Koffern und Pappkartons in den Händen zu den Baracken gestürmt und haben sich um die Schlafplätze geprügelt. Das Bett neben mir gehört jetzt einer Ruth Teuberich, bei der man Angst hat, daß sie durchkracht. Ein bulliges Urvieh, Schuhe wie Kindersärge, Kreuz wie ein Kohlenträger und dazu ein zackiger Männerhaarschnitt. Aber Grips hat sie. Abiturientin. Das Zweizentnerweib nennen wir Täubchen.

Mit dem Außendienst haben wir vor den Neuen mächtig aufgeschnitten. Viel bestaunt haben wir drei uns dann wie alte Hasen zum Außendienst abgemeldet. Hinter der Dorfstraße von Herdenau muß die Ortrud abbiegen. Ihre Bäuerin stinkt, sagt die Ortrud. An dem runtergetretenen Stacheldrahtzaun trenne ich mich auch von der Hillusch. Der Trampelpfad mit den vielen Butterblumen führt direkt zum Romeikatschen Hof hin.

Und wenn ich mir heute mit Gewalt Arbeit verschaffen muß! Über die weiten Felder werde ich schreiten, ungeachtet der Erdklumpen an den Stiefeln; wo noch keine Saat liegt, will ich sie betten, und die schon warm liegt, hüten. Vor meinem geistigen Auge sehe ich bereits, wie sich sonnentrunken die Ähren im heißen Sommerwind wiegen. Als Morgengruß höre ich vom Hof her fleißiges Geklapper, Musik der Knechte und Mägde, die sich regen.

Das Anwesen ist mir schon ganz vertraut. Auf der grünen Eisenbank vor dem Haus fehlt eigentlich ein verwitterter, alter Bauersmann mit Pfeife, der das Wetter von morgen schon in den Knochen spürt. Statt dessen stakst der Pole aus der Scheune, mit geschlossenem Hosenschlitz, aber offener, polnischer Uniformbluse, schluderlich bis in die Nähte, auf dem Kopf eine klatrige, polnische Militärmütze mit komisch laschen Ecken. Er ruft einem zweiten Polen etwas zu, das sich wie »TSCHICK-TSCHECK-TECK« anhört, zum Zungespalten. Und dieser Heuhupfer, der Polenweiber zu Kürbisbäuchen bläht, kommt plötzlich wie ein schmalziger Tangobubi auf mich zugewiegt. Wo so einer die blauen Augen herhat, die in der Nähe noch viel blauer werden, unanständig blau, als er dicht vor mir stehenbleibt. Slawischblau! Wo liegt da zu dem Nordischen der Unterschied? Im Blick liegt er. Bei dem Jauchecasanova schwummert zerwühltes Heu im Blick. Sein weißer Zahnschmelz ist filmreif. Aber weiter hinten werden wohl mehr schwarze Lücken sein als Backenzähne.

»Ich Jan«, sülzt er mich gleich an, »und Sie, wie heißen?« »Arbeitsmaid Renate Walter.« – »So schönen Fräulein nix da Renate. Für mich Sofja.« – »Für Sie immer noch Fräulein Walter!« Mit seiner Größe imponiert er mir gar nicht, weil er viel zu dünn ist. »Kommen«, sagt er und zieht mich wollüstig in den Schweinestall. Noch nie bin ich so handgreiflich begehrt worden. Dem Polaken werde ich schon zeigen, eine deutsche Arbeitsmaid anzurühren. Ein Kinnhaken von mir und sein Kiefer ist ausgekugelt. Zu meinem ersten Nahkampf stehe ich abwehrbereit dem lüsternen Polen gegenüber. Die Reinheit ist für ein junges Mädchen ein stolzes Gut. Aber eine unangefochtene Reinheit, die gar keiner antasten will, darauf kann ich mir nichts einbilden. Wieso versucht er es denn gar nicht, wo ich hilf- und wehrlos dem unausweichlichen Schicksal ausgeliefert bin? In dem dämmrigen Stall sind wir nur, weil ich mit einer Riesenkeule Schweinekartoffeln zerstampfen soll, so wie er es mir vormacht. Gleich neben der Tür blubbern sie in einem verrußten Waschkessel, unter dem die Glut langsam im Rauch erstickt. Ein Drahtkorb mit kleingebrochenem Knüppelholz steht da zum Nachlegen. Gegorener, säuerlicher Kellermuff, vermengt mit Schweinegestank, statt frischer Luft auf Gottes weiten Feldern.

Der Pole hat mich bei drei ausgewachsenen Schweinen zurückgelassen, die sich ihre Flohbisse an den Kalkwänden wund schubbern. In den leeren Trögen schnüffeln die Schweine die verkrusteten Wände ab und lassen unter den Ringelschwänzen Haufen plumpsen. Wie die Fettwänste mich so schweinisch anblinzeln, fühle ich mich ihnen verpflichtet. In beide Hände nehme ich die schwere Keule und stoße sie in den Kessel, wo zerplatzte und faule Kartoffeln mit Pelle, Augen und Keimen unter meinen wuchtigen Schlägen zermantschen. Das Übergeschwappte habe ich breitgetreten und stehe wie auf Schmierseife. Bevor losgeschmatzt werden kann, muß der Schweinefraß abkühlen. Immer wieder wuchte ich die Keule in den Patsch. Den ganzen Vormittag komme ich nicht aus dem dunstigen Stall raus. Längst ist das Feuer ausgegangen.

Draußen ruft jetzt der Junge: »Gleich zwölf, Hitlerfräuleinchen, Mittagessen!« Ich packe ihn mir: »Arbeitsmaid heißt das! Meinethalben sag Nate. Und du?« — »Ei, wie ich heiße?« — »Jadoch!« — »Hansi.« Ich sage dem Hansi, er soll mal pumpen. Fünfmal quietscht die Pumpe, bevor Wasser rausschießt. Die Beine halte ich gleich mit den beschmadderten Stiefeln unter den Strahl und kratze mir den Kartoffelkleister von den Armen. Dann gehe ich neugierig hinter dem Hansi in die Küche.

Unglaublich verkommen ist hier alles. An den Wänden ein Schock wahllos eingeschlagener Nägel, über denen Lumpen hängen. Die Garderobe der Romeikatschen. In einem Eimer voll Drecklauge schwimmen Socken, ein verlatschter Schuh liegt im Weg, auf dem Steinboden glitschen welke Gemüseblätter zum Beinebrechen, zwei Katzen kabbeln sich um einen Knochen mit Zadder. Stühle, Tisch, Bank, Küchenschrank, alles wurmstichig und entblättert von jeder Farbe, auf der Herdplatte Schwärme fettgemästeter Brummer, gußeiserne Töpfe mit angetrockneten Drecknasen, in einer Ecke ein Berg alter Zeitungen, aus einer Holzkiste quillt der Müll über.

»Heil Hitler«, grüße ich zur Romeikatschen, die am Herd steht. »Tagchen! Man immer setzen, Damchen.« Wo denn? Am einzigen Tisch fläzen sich schon die beiden Polen mit dem Polakenweib, das den Kürbisbauch vom Jan hat. Der zweite Pole ist ein vierschrötiger Kraftmeier mit Halbglatze, obwohl er noch jung sein muß. Der sieht schon mehr einem Polen ähnlich, wie man ihn sich vorstellt. Der Hansi hockt dazwischen und pult sich hingebungsvoll im Ohr. Es gibt Brühsuppe. Die ostpreußischen Bauern kochen deftig. Das ist den ganzen Außendienst wert. Ein Geruch, nicht von schlechten Eltern. Ordentlich appetitanregend. Im Topf schwimmen dicke Fettaugen, halbe Mohrrüben, zerkochter Grünkram und Kartoffelstückchen. Aus der Abwaschschüssel, die auf der Erde steht, nimmt die Romeikatsche einen Steingutteller nach dem andern und grabscht doch wahrhaftig mit bloßen Händen in die Suppe, fischt triefende Fleischbrocken heraus, die sie, wenn sie ihr zu groß sind, zerfleddert und auf die Teller klatscht. Die Suppe kann also nicht heiß sein. Aus einem Milchmaß, das sie mit der Faust zusammen eintunkt, gießt sie von der Gemüsebrühe darüber und dreht sich nach mir um: »Man bißchen dalli, Damchen, die Teller fliegen nicht nach dem Tisch rüber.« Schon will ich laufen, zupacken, froh, daß ich endlich mal meiner Bäuerin zur Hand gehen kann, da fällt mir schlagartig mein heiliges Deutschtum ein, dessen ich mir immer bewußt sein soll. Nur vor den Hansi stelle ich einen Teller und gehe kerzengerade zum Herd zurück. »Eine deutsche Arbeitsmaid bedient keine Polen.« Und hoffe, daß es der Jan nicht gehört hat. Kurz entschlossen trägt die Bäuerin selbst die Teller, die der Jan ihr abnimmt. Einer bleibt verlassen auf dem Herd zurück. Meiner.

Ungeniert schlürft die Romeikatsche, als deutsche Bäuerin, ihre Suppe bei den Polen. Vergeblich sehe ich mich nach einem Stuhl um. Auf der Bank, neben dem Jan, wäre noch Platz für mich. Am anderen Ende der Küche entdecke ich einen Eimer, den ich mir als Sitzgelegenheit umstülpe. Unangenehm, wie die scharfe Eimerkante mir in den Po drückt. Mahlzeit! Beim Löffeln schiele ich häufig zum Tisch rüber, wo sie es bequemer haben. Was die Polen jetzt von mir denken mögen. Kann ich etwa dafür, wenn »die da oben« sich das in ihren Hirnen so ausgebrütet haben? Die Polen essen ganz manierlich. Schmatzen höre ich nur die Romeikatsche und ihren Sprößling. Aber als Arbeitsmaid habe ich nun mal meine Richtlinien. Das blaue Kleid der Arbeit und der Ehre zu tragen ist Verpflichtung. Hauptsache ist nur, daß die Maßstäbe, die sie an die Blutsqualitäten der Menschheit gelegt haben, auch richtig sind. Sonst wäre ja unser ganzer Hochmut Mumpitz. Wenn ich gewöhnliches Blut hätte, könnte ich mich durchaus in den Jan verlieben. Natürlich würde ich nicht wollen, doch praktisch wäre das möglich. Weil aber gutes, herrenvölksches Blut in mir pulsiert, werde ich mich nie im Leben in einen Polen verlieben. Auf die Dauer sind mir die eingeschlafenen Pobacken lästig.

Gleich nach dem Essen will die Romeikatsche auf einen Sprung zur Frau Grigull rüber. Ob die ihr nicht einen Topf Pflaumenmus gegen Schokolade eintauscht. Weil doch der Herr Romeikat als Landser immer von Schokolade träumt. Und das Feldpostpäckchen ist wieder fällig. Den Abwasch mache ich allein. Nachher soll ich noch die Betten bißchen aufschütteln und dann den Jan fragen. Kaum habe ich das dreckige Abwaschwasser vor die Tür geschüttet, drängt mich der Jan, noch mit der Schüssel in der Hand, in eine Kammer, die direkt von der Küche abgeht.

Hier riecht es süßlich nach ungewaschenen Socken. Es gibt bloß zwei zerwühlte Betten und zwei Stühle. Die fleckigen Inletts sind klumpig und haben keine Bezüge, dafür graue und braune Flicken, an deren Rändern kleine, zerzauste Federchen herausgucken. Weißer Fusselflaum überzieht die ganzen Inletts. Ich soll doch nicht ernsthaft die Polenkammer aufräumen! Frostig frage ich: »Wer schläft denn in der Murksbude?« — »Frau und Hansi, Sofja müssen Betten bißchen schön machen, aber nix lüften, Frau hat verboten.« Angeekelt nehme ich eins der stinkenden Federbetten hoch und lege es auf die Stühle. Da geniert man sich ja als Deutsche vor den Polen. Diesen Miefkullen täte Lüften mal nötig. Die Unterbetten sind genauso verwahrlost, ohne Laken, mit peinlichen Flecken. Und darauf soll sich nun ein Landser freuen in der Ferne! Vielleicht ist die Rückseite anständiger. Vorsichtig hebe ich einen Zipfel hoch und starre ungläubig in den hölzernen Bettkasten. Da gammeln alte Niveadosen neben leergequetschten Tuben. Medizinflaschen kullern zwischen Schachteln, Döschen, und einer halben Schere. Flicken, Bleistiftstummel, zertretene Ölsardinenbüchsen, gelbdurchtränkte Wattebäuschchen, gebrauchte Mullbinden, benutzte Camelias, verhedderter Stopftwist, eingetrocknete Schuhcreme, Fellreste, verkrumpelte Heftpflaster und plattgewalzte Zigarettenschachteln. Als erstes will ich diese Müllgrube ausräumen, scharre mir schon eine zerdrückte Zelluloidklapper und anderen Kram zusammen, um das Zeug schubweise in meiner Schüssel wegzutragen, da deckt der Jan energisch die ganze Bescherung wieder zu. »Nix da, Frau verboten, brauchen alles. Sofja müssen Tür waschen und Boden saubermachen. Frau auch verboten, aber nix merken.« Er verschwindet einen Moment, kommt mit einem Eimer voll Wasser, einem Wischlumpen und einem Paket Ata zurück. Von der Tür scheure ich den letzten Rest der Farbe. Um die Klinke herum ist alle Mühe vergeblich. Für den Fußboden brauche ich fünf Mal klares Wasser. Immer wieder sieht der Jan nach mir und drängelt: »Wenn Frau kommen, dann Theater. Sofja lieber aufhören.« Es ist unmöglich, das winzige Fenster aufzustoßen, das bockt und klemmt, verklebt von Dreck und Farbe.

Die Polin mit dem Kürbisbauch heißt Kazia und ruft zur Kaffeepause. Sie hat eine drollige Knollennase und leicht verschwollene Augen. Eine komische Krucke. Mit Mordsappetit setzen wir uns alle, dreckig wie wir sind, um die dickbeschmierten Vesperbrote rum, einen Schubs Milch noch in den Kaffeetopf, und dann kauen wir himmlische Schmalzbrote mit Bratensatz, Speckgrieben, Majoran und Äpfeln. Nach der dritten Schnitte fällt mir plötzlich auf, daß ich einträchtig mitten unter den Polen sitze und habe nicht einmal eine Gänsehaut.

*

Kein Glockenläuten mahnt uns am Sonntag zum Kirchgang. Die Kirche ist zwei Dörfer weiter. Was uns trotzdem zur Messe treibt, ist das friedensmäßige Frühstück, das wir nach dem Besuch des Hochamtes vom Pfarrer spendiert bekommen. Schon seit Jahren ist das vom Pfarrer so eingeführt worden, damit sich die Maiden auch aufraffen. Seitdem hat er aus dem Arbeitsdienstlager schönen Zuspruch. Das erste Mal war ich nicht mitgegangen, weil ich das mit dem Frühstück noch nicht gewußt hatte.

Während wir lospilgern, müssen die Daheimgebliebenen den Hof fegen, Barackenfenster putzen oder ein Sonntagssingen veranstalten. Bis zum Pfarrhaus haben wir ein ganz anständiges Stück Landstraße abzulatschen. Bei jedem Schritt meldet sich der leere Magen, denn für die Kommunion müssen wir nüchtern sein. Am letzten Sonntag soll es Eierkuchen gegeben haben, in guter Butter gebraten. Und echten Kaffee, keine Plirre, richtig mit Sahne.

Sechs Figuren sind wir, die eisern zum Glauben stehen, trotz der weltlichen Mächte, die uns in den Krallen halten. Kleinjuditten liegt bald hinter uns. Dort möchten wir nicht begraben sein. Paar Gehöfte, kein Kino, gar nichts. Wie Herdenau gehört es zur Gemeinde Großjuditten, wo wir hin müssen. Über dem Ort liegt aromatischer Kaffeeduft, und wir schnuppern Marmorkuchen aus sechs Eiern. Die Hillusch ist auf dem Taufschein auch katholisch und riecht Bratkartoffeln mit Speck und Blutwurst. Vor der kleinen Backsteinkirche auf dem Hügel will ich höhere Gedanken haben als Sultaninen und Napfkuchen. Aber sowie ich mich verinnerliche, sehe ich die zweite Person Gottes Fische vermehren, Brote verteilen und aus Wasser Wein machen.

Das Meßopfer feiert der Pfarrer Ludwig, der uns auch das Frühstück gibt. Sein Bauch ist friedensmäßig. Die Beichte vorher haben wir uns geschenkt, weil es im Lager nicht groß Gelegenheit gibt, in Sünde zu fallen, höchstens in läßliche, und was wir jeder sonst noch zu beichten hätten, ist uns peinlich, weil es nur uns allein angeht, denn es ist unsere Rückenmarkschwindsucht, die wir davon kriegen können.

Innen ertrinkt die kleine Kirche in Blumen. Im Pfarrgarten gibt es genug, und die Bauersfrauen bringen riesige Sträuße. Auch an Kerzen ist kein Mangel. Gerade in diesen Zeiten braucht fast jeder eine Fürbitte, da spendiert man schon mal eine zu zweifünfzig. Fürs Geld gibt es sowieso nicht mehr viel Gescheites.

Das Hochamt mit dem schleppenden Singen der Gemeinde ist richtig anheimelnd. Endlich mal wieder Mottenpulver, Knoblauch, Baldrian und Weihrauch in der Nase. Geschlossen treten wir an die Kommunionbank, – O Herr, ich bin nicht würdig –, unsere Knie drücken die lange Fußbank, sechs Arbeitsmaiden kommen zum Tisch des Herrn und bemühen sich krampfhaft, nicht an den Frühstückstisch vom Herrn Pfarrer zu denken. Wir empfangen das Allerheiligste, das uns feierlich auf der Zunge zergeht. Halb verhungert schreiten wir mit gesenkten Köpfen zurück auf unsere Plätze. Der Pfarrer Ludwig sagt: Er steht hier auf der Kanzel und hungert nach Gott. Wir haben unverschämten Kohldampf.

Das Frühstück macht uns Fräulein Luischen, seine Schwester. Ihr gehört der Hof. Fräulein Luischen erwartet uns schon. »Grüß Gott auch, da ist ja unsere Jugend.« Wir im Chor: »Grüß Gott, Fräulein Luischen.« Sie ist rundlich und rosig wie ihr Bruder, aber eine Menge älter. Bestimmt hat sie mal Mutterstelle an ihm vertreten. Extra für uns ist ein langer Tisch hinter dem Haus aufgestellt. Eine richtige, kleine Tafel, mit zwei weißen, sich in der Mitte überlappenden Tischdecken. Nur durch ein schmales, mit Ziegelsteinen eingefaßtes Beet sind wir vom Hof getrennt und können die ganze Landwirtschaft überblicken. In dicken Tupfen wachsen Margueriten, Lupinen, Pechnelken und Kapuzinerkresse. Dann bevölkern wir die Küche. Zwei von uns sollen das Blümchengeschirr nehmen und draußen decken. Bestecke sind rechts in der Schiebe, Brot ist schon aufgeschnitten, schön eng geschichtet in den Korb legen, raus damit. Eine kann ja so gut sein und die Spillenmarmelade, den Kunsthonig und das Hagebuttenmus tragen. Das Tablett ist vollgestellt mit durchwachsenem Speck, von dem schon tüchtig abgesäbelt worden ist, das sieht man an der Schwarte. Dabei ist gemein geaast worden. Wie kann man so viel Fettes dranlassen! Auf dem Feuerloch steht eine riesige, schwarze Eisenpfanne, in der Rühreier schmurgeln, wie für eine Kompanie Soldaten. Die Anrichteplatte muß ich schön schräg halten, damit Fräulein Luischen die fetttriefenden Rühreier von der Pfanne rüberschubsen kann. Die Hillusch soll derweilen den Butterklumpen mit dem Butterbrettchen schlagen, daß es ein appetitliches Rillenmuster gibt. In einem Topf ist frisch ausgelassenes Gänseschmalz. Reines Gänseschmalz! Für Fräulein Luischen wird nicht mitgedeckt. Sie frühstückt schon immer nach der Morgenmesse um halb sieben. Wo unser Herr Pfarrer bloß bleibt? Die letzte soll die Kanne mit dem Kakao nehmen. Milch ist schon drin, und wir können jederzeit nachhaben. Alle sechs quetschen wir uns auf die weiße Bank, weil niemand mit dem Rücken zum Hof sitzen will. Hinter dem beladenen Tisch genießen wir den schönen Sonntagsfrieden. So läßt sich der Krieg aushalten. Wegen Fräulein Luischen trauen wir uns nicht recht anzufangen, denn wir wissen nicht, ob wir vorher beten müssen. Plötzlich besinnt sie sich, daß sie in den Stall muß, und sofort fallen wir über das Frühstück her.

Ein paar Meter vor uns hebt ein Pole mit einem Spaten ein breites Loch aus. Bei dem festen Boden muß er sich ziemlich abrackern. Die Rühreier sind nur noch lauwarm. Der Kakao ist feinste Hamsterqualität und schmeckt wie bittere Schokolade. Nachdem wir uns eine solide Unterlage angefuttert haben, beobachten wir den Polen. Ob er Abfälle vergräbt? Jetzt geht er in den Stall zu Fräulein Luischen. Kurz darauf kommt er mit einer schwarzen Prachtkuh wieder raus, die er an einem Strick zur Grube hinzieht. Sie stakst tollpatschig und nickt beleidigt bei jedem Schritt. Das Tier soll doch nicht etwa vor unseren Augen geschlachtet werden? An der Grube wird die Kuh störrisch und sträubt sich. Der Pole schiebt und stößt sie fluchend, bis sie mit den Vorderbeinen in das Loch gerutscht ist. Dort macht sie gar nichts weiter, aber er hält sie fest wie sein Leben. Ein anderer Pole kommt jetzt mit einem furchterregenden Bullen aus dem Stall. Das Tier will sich im Galopp losreißen und muß vom Polen mühsam gehalten werden. Wütend versucht der Bulle, sich auf die Kuh zu stürzen, die ihm widerwillig ihr hochgestelltes Hinterteil entgegenreckt. Dem wuchtigen Fleischbrocken ist ein Ring durch die Nase gezogen, an dem sich der Pole festhält. Der Bulle verdreht die Augen, macht kurze, hektische Sprünge, sabbert und schleift den Polen mit sich. Die Hinterbeine der Kuh stehen erhöht, damit der Bulle besser rankommt. Sie schlägt aus und kann dabei ihren Schwanz kaum bewegen, den der Pole zur Seite gebunden hat. Fast genieren wir uns, offen hinzusehen, denn bei dem Bullen hängt da unten schon seine ganze rote Schlampampe raus. Plötzlich bäumt er sich hoch, nicht ungefährlich für den Polen, der schwitzend den wilden Koloß über den Kuhhintern hievt. Beim Zielen hat der Bulle Schwierigkeiten, bißchen tiefer müßt' er ... »Gelobt sei Jesus Christus!« tönt es hinter uns. »In Ewigkeit, Amen.« Verlegen stehen wir vor dem Herrn Pfarrer auf. »Wo die Natur waltet, wollen wir sie in Frieden wirken lassen. Göttliche Gnade liegt über allem, auch über dem, was für so junge Augen nicht bestimmt ist.« Und als unser Seelenhirte verlangt er, wir müssen die Bank an die andere Seite des Tisches tragen.

Auf den Acker hinter dem Hof sollen Rüben. An sich müßten sie längst drin sein. Umgepflügt ist schon alles. So habe ich es mir immer vorgestellt, daß was wächst und wird unter meinen Fingern. Allerdings stehe ich etwas mutlos auf dem riesigen Stück Erde. Das müssen wir nun alles zu viert mit Menschenkraft beackern, eine Deutsche und drei Polskis. Vom Leiterwagen hat der Jan eine Menge junger Rübenstecklinge abgeladen, die wir in den Boden bringen sollen.

Wir arbeiten in zwei Gruppen. Ich und der Jan bilden eine Mannschaft und Kazia mit dem Witek die andere. Reihenweise sollen die Rüben über den ganzen Acker gepflanzt werden. Erst muß ich mich sehr ranhalten, aber dann habe ich es spitz, und es geht mir wie im Schlaf von der Hand. Ungemütlich auf die Dauer wird nur die krumme Haltung. Ich muß nämlich vor dem Jan knien. Er steht über mir und macht einen Spatenstich, zieht dann das Spatenblatt leicht schräg nach hinten, zack, zack, so daß ein nach unten spitz verlaufendes Loch entsteht, in das ich kleine Rüben senke, nicht zu viel, nicht zu wenig, drei Handgriffe von mir, und das Loch ist wieder zugeklopft, Stückchen vorrobben, Rübenkorb mitziehen, nächstes Loch füllen, schließen.

Den ganzen Vormittag habe ich einen krummen Rücken und sehe nur die zerlöcherte Hose vom Jan – schmale Füße muß er haben –, hochgekrempelte Ärmel, glänzende, braune Männerarme, den erdigen Spaten, braune, deutsche Erde, Braunhemden, braune Bewegung – summe: »Wenn alle Brünnlein fließen, da muß man trinken ...« Wenn ich Jan denke, sehe ich Gräser zittern, Klatschmohnblätter fallen, zarte, rote, auf zertretene Disteln, höre Heu rascheln, spüre kruppstahlblaue Augen auf meiner ausgewachsenen Dauerkrause, nein, nicht kruppstahlblau, sie sind tiefer, blauer. Eine verirrte Butterblume ist im Rübenkorb dazwischengekommen, gelb und blau gibt grün – eine grüne Wiese zum Hinlegen –, »wenn ich mein Schatz nicht rufen darf, tu ich ihm winken ...« – »Sofja?« – »Was ist?« »Geben für mich Augen ...« Wieso ich ihm gleich zulächle? Es ist das erste Mal, daß ein Mann mir so was sagt. »Sofja, geben für mich Zähne ...« Der Butterblume, die ich gerade in der Hand halte, reiße ich den Kopf ab und quetsche ihr den Saft aus dem Stengel. »Ja winken mit dem Äugelein und treten mit dem Fuß, sitzt eine in der Stube drin, die meine werden muß ...« Ein großes Loch, das der Jan jetzt gemacht hat für eine dicke Rübe, – »juja Stube drin ...« Von außen kann man ihm das minderwertige Blut nicht ansehen. Wenn man es nicht weiß, ist er rassig. Müßte ich nicht aufrecht den Spaten führen und er unter mir als Wurm kriechen? Der Quatsch mit der Rassenkunde hängt mir allmählich zum Halse raus. Arbeitskameraden sind wir, die sich auf einem fremden Hof abschinden. Dann denke ich schnell wieder an das wertvolle Erbgut, das ich in mir trage und daß der Jan eine minderwertige Kreatur ist. Warum soll er eigentlich kein wertvoller Mensch sein? Lehrer ist er, sagt er. Seine Sinnlichkeit zeugt ja eher von gesundem Erbgut. Zufrieden sehe ich unsere Rübenreihe runter. Ganz schön schon, was wir geschafft haben! Kazia und Witek sind hoffnungslos zurückgeblieben. Stetig, wie eine Maschine, schieben wir uns über den Acker: Loch, Rübe, zuklopfen. Mein Loch, seine Rübe, — in mein Loch seine Rübe ... »Sofja, Tante naß?«

Nach der ungewohnten Landarbeit haben wir wirklich jede Minute Schlaf bitter nötig. Wir stammen nämlich nicht von starken Bauerngeschlechtern ab, sondern sind aus Königsberg, Braunsberg, Marienburg, Allenstein, Tilsit, und ich bin eine nach hier verschlagene Großberlinerin. Früh um acht stehen wir schon wieder einsatzbereit auf den Feldern und sind abends ganz schön von der Arbeit geschlaucht. Nun dürfen wir nicht etwa bis zum letzten Moment ausschlafen. Eine Stunde früher als wir müßten, scheucht uns die Schenker zur Leibeserziehung aus den Betten. Zehn Minuten später heißt es Schulung, und wir sinken im Zimmer der Schenker auf die Erde, lehnen Rücken an Rücken und gähnen »Wo wir stehen, steht die Treue«, hören aus der Ferne, daß wir das Land, das uns rief, nicht im Stich gelassen haben und gegen den Hunger angetreten sind, damit der eingezogene Bauer, draußen in der vordersten Linie, beruhigt an die heimatlichen Felder denken kann.

Zum Nutzen des Volkes wollen wir ja auch alles tun, ohne zu mosern. Aber wem hilft es, wenn wir morgens eine Stunde Schlaf verlieren und dafür runtergeleiert wird: Sein Vater war Zollbeamter, später zogen seine Eltern nach? Na, wer weiß das? Er wollte Kunstmaler werden, als das Vaterland rief, meldete er sich freiwillig. Was bekam er für eine Auszeichnung? Richtig. Seine Stationen? Wien, München, Landsberg, Berlin. Welches ist die Hauptstadt der Bewegung? Wie wird sie noch genannt? Warum die braune Stadt? Wie heißen die Gauleiter von Berlin, Königsberg, Frankfurt, München? Wer ist der Reichsjugendführer? Wer war es vorher? Was ist der vorige jetzt? Wie heißt der Reichsarbeitsdienstführer? Der Reichspostminister ist wer? Was ist Dr. Goebbels? Wodurch ist er bekannt geworden? Richtig, er hat das deutsche Kulturschaffen zur höchsten Blüte gebracht. Und was hat er ausgemerzt? Die jüdische Entartung. Was macht er noch? Den Reichspropagandaminister. Was ist Göring? Außer dem Oberbefehlshaber der Luftwaffe, was noch? Der erste Reichsmarschall des Reiches. Und wozu ist er berechtigt? Den Reichsmarschallstab zu tragen. »Seine Edda spielt mit goldenen Förmchen und stammt aus einer künstlerischen Befruchtung, weil der dicke Hermann wegen seinem Bauch nicht an die Hohe Frau rankommt«, flüstert Täubchen. Himmler ist was? Heß ist doch verrückt! Mit dem wollen wir nicht immer wieder anfangen. Und was Todt war, das ist jetzt wer? Speer, der Baumeister des Reiches. Und Frau Scholtz-Klink? Ist die Reichsfrauenschaftsführerin. Und was hat sie? Jawohl, das neue Bild der deutschen Frau geformt hat sie. Die deutsche Frau ist natürlich. Was wissen wir von Robert Ley? »Daß er ein Suffkopf ist«, brabbelt Täubchen. Die Oberbefehlshaber des Heeres, der Luftwaffe und der Kriegsmarine heißen? Im Chor, alle ... Und nun wieder der Führer, wie tief Fräulein Schenker schon mal in seinen herrlichen, blauen Augen gebadet hat und sich nicht losreißen konnte, bis heute noch nicht, und daß sie seinen dämonischen Blick für immer in sich trägt, den sie uns weitervermitteln will. Jeden Morgen um sechs, auf nüchternen Magen.

Müssen wir doch tatsächlich jedesmal, wenn wir das Lager verlassen, stramme Haltung annehmen, die Grußhand emporschnellen lassen und kraftvoll ausrufen: »Arbeitsmaid Renate Walter meldet sich zum Außendienst ab!« Dabei blickt einem die diensthabende Führerin fest in die Augen, stellvertretend für Großdeutschland. Kommen wir nach schwerem Tagwerk zurück, müssen wir im Büro den Satz von morgens umwandeln in: »Arbeitsmaid Renate Walter meldet sich vom Außendienst zurück!«

Einmal in der Woche ist Wunschwoche, in der man sich seinen Lieblingshof wünschen kann. Denn nicht alle ostpreußischen Bauern sind freigebig. Viele sitzen auf ihren Schmalztöpfen und warten ab, bis die Maid mit den Polen auf dem Feld ist.

Am Tag der Wunschwoche formieren wir uns im offenen Viereck um den Fahnenmast, durchdrungen von dem Gedanken an unseren Wunschhof und daß ihn uns bloß niemand wegschnappt. Mit dem Romeikatschen Hof bin ich völlig konkurrenzlos und werde für verrückt erklärt, daß ich ihm in jeder Wunschwoche die Treue halte. Maiden, die dorthin abkommandiert werden, jammern Fräulein Schenker die Ohren voll.

Die begehrten Höfe habe ich inzwischen auch alle kennengelernt, die zum Teil geradezu mustergültig instand sind. Bei manchen Bauern bekommen die Maiden Geld zugesteckt und Freßpäckchen. Aber um welchen Preis! Durch die großherzige Ader der Bäuerin kommt oft solche Vertrautheit auf mit der Maid, daß sie für den vollgeschlagenen Bauch ihre ganze Freizeit opfern muß. Wo sie so genudelt wird, kann sie auf die Frage, ob sie Sonntag nicht bißchen helfen kommen will, schlecht nein sagen. Beim Jan dagegen haben wir nur losen Kontakt zur Bäuerin, das Essen ist einfach und kräftig, eine Extrawurst gibt es nicht, aber satt wird man genauso, und es verpflichtet zu nichts. Wenn auch die Romeikatsche mit den Fingern in die Suppe faßt. Selbst auf besseren Höfen schwimmen manchmal Fliegen im Eintopf.

Heute ist wieder Wunschwoche. Wie gewöhnlich sind wir nach dem Frühstück alle auf dem Appellplatz angetreten. Der Reihe nach werden von der Schenker die Höfe feilgeboten. Interessenten sollen sich mit »hier« melden. Bei dem Namen Romeikat versinkt der Platz in Schweigen. Einen Moment kommt mir der Verdacht, die Hillusch könnte mir in die Quere kommen, weil sie von meinen Erzählungen neugierig auf den Jan ist. Sie hat es sich aber doch verkniffen. Muß ich also wieder in den sauren Apfel beißen. Ich kann den Hof einfach nicht im Stich lassen. Ich bin immer so eine treue Seele. »Hier!« rufe ich in Pflichterfüllung. Zu keiner anderen Maid hat der Jan jemals Sofja gesagt.

Gleich hinter der Gartentür fängt die Nath alle Maiden ab, die vom Außendienst eintreffen und schickt sie hoch in Fräulein Schenkers Zimmer. Um eine plötzlich angesetzte Schulung kann es sich nicht handeln, sonst hätten wir uns vorher die Hände waschen müssen. So aber bringen wir den Stallmief und den Arbeitsschweiß mit ins Zimmer. »Fenster auf!« und »wegen Überfüllung geschlossen!« brüllen welche. Das überlastete Sofa ist unter den vielen Maidenhintern zusammengesackt. Überall fläzen wir, nur auf das Bett von der Schenker mit der dickgewebten braunen Wolldecke traut sich niemand.

Sind wir nun hier versammelt wegen der Wunderwaffe oder weil die Feinde klein beigegeben haben? Manche tippen auf Absturz vom Galland oder so was in der Preislage. Womöglich Endsieg? Täubchen uzt: »Vielleicht werden wir heute alle entlassen!« Das zündet und wir johlen schaurig schön den Kanon »Heim, heim, heim, – heim, heim, heim, heim woll'n wir gehn. Lied ist aus, Spiel ist aus, Tanz ist aus, all's ist aus . . .« Der Kanon versuppt, als die Schenker hereinwankt, gestützt von der Nath. Die einst straffen, lebensfrohen Gesichtszüge der Schenker sind ihr in abgrundtiefe Verzweiflung entglitten, um die Mundwinkel gräbt sich der Schmerz. Die tränentrüben Augen wollen von diesem düsteren Tag nichts mehr sehen. Der stets festgezwiebelte, deutsche Nackenknoten ist schiefgerutscht. Eine lange Haarsträhne hat sich selbständig gemacht und hängt gelöst über den Kragen. Aus reinem Herzenstakt erheben wir uns ohne jedes Kommando, dünsten Kohlrabis, Zwiebelklopse und Mitgefühl aus. Die Luft in dem überfüllten Zimmer ist zum Umfallen. Mühsam schleppt sich die Schenker an ihren Herrgottswinkel, die Führerecke, die sie zum letzten Führergeburtstag gebastelt hat. Als saubere Laubsägearbeit hängt eine dreieckige, kleine Konsole über Eck an der Wand. Darauf hat im Wechselrahmen der Führer mit sturmerprobtem Wettermantel den Blick in die Zukunft gerichtet. Links und rechts von ihm hält je ein kleiner Hakenkreuzwimpel Wacht, und in einer handgemalten Tasse welken Buschwindröschen. Über der Kultstätte ist der Spruch angenagelt: »Deutschland erwache!«

Die Nath leidet in weißen Söckchen, Hände an den Rocknähten, Schuhspitzen ausgerichtet. Tapfer reißt sich die Schenker zusammen, quält die Lippen auseinander: »Mit Empörung und Abscheu im Herzen habe ich die traurige Pflicht, Ihnen mitzuteilen, daß eine kleine Clique verantwortungsloser und verräterischer Offiziere ein Bomben-Attentat auf unseren heißgeliebten Führer verübt hat. Aber der Führer lebt! Er ist so gut wie unverletzt geblieben. Bevor ich eben zu Ihnen kam, hat er persönlich im Rundfunk gesprochen.« Dann ist es zuviel für sie. Die mörderische Bombe explodiert jetzt noch einmal in ihrem Herzen, mit Spätzündung. Schwergetroffen sinkt sie auf die Knie. Völlig gebrochen reckt sie mit letzter Kraft anklagend die Arme hoch: »Womit der Führer das verdient hat!«

Durch die Vorstellung, die uns die Schenker hinlegt, sind wir von der Schreckensnachricht ganz abgelenkt und können ihr Ausmaß gar nicht richtig würdigen. Täubchen zwickt mich: »Warum die Kuh sich bloß so aufregt! Dem mit seiner Vorsehung passiert doch nie was!« Ich horche in mich hinein und warte auf stummes Entsetzen. Unverantwortlicherweise geht mir aber nur ganz pietätlos durch den Kopf: Und wenn schon, dann hätten wir eben den dicken Hermann als Führer!

Weil sich der Hansi mit der Hündin schon seit Stunden irgendwo in die Büsche geschlagen hat, muß ich heute nachmittag die Kühe hüten. Den ganzen Morgen ist er mir wieder dumm gekommen: »Fräuleinchen, ei wenn ich Ihnen zehn Mark gebe, lassen Sie mich dann mal?« Auf dem hubbligen Wiesenzipfel muß ich fünf Kühe in Schach halten und höllisch aufpassen, daß die Rindviecher nicht wieder zum Nachbarn überlaufen. Das machen sie zu gern. Besonders die dicke Rosi haut plötzlich ab, kaum daß ich bißchen in den Himmel träume. Macht eine Kuh erst den Anfang, packt es alle. Und was es für Schweiß kostet, sie wieder zurückzutreiben! Für den Zweck habe ich mir einen Knüppel zurechtgemacht.

Im Augenblick sind die Kühe aber ganz brav. Kann ich mich getrost auf die Wiese lagern. Unter mir zerdrücke ich Sumpfdotterblumen. Ich habe mir die Schuhe ausgezogen, die Socken abgeschüttelt, den Rock bis zu den Schenkeln hochgekrempelt und verscheuche ausdauernd mit einem Weidenstecken Fliegen von den Füßen. Dabei kaue ich wilden Sauerampfer. Zwischen Kuhfladen, Löwenmaul und Pusteblumen spüre ich heiß im Nacken, wann der Jan beim Mähen zu mir rüberpeilt. Stückchen weiter arbeitet er auf einer schmalen Grasnarbe. Der biegsame, wetterbraune Jan, der die Gräser fällt und die Weiber, immer wieder und vor meinen Augen, die knubblige, wollige Kazia, die pomadig mit einem Holzrechen das Gras zusammenharkt und ihre dreisten Arschbacken vor seiner Sense tanzen läßt. Das verschossene, schwarze Sommerfähnchen aus dünnem Fusselstoff wird von keinem Schlüpfer gebremst und kriecht wollüstig in den Poschlitz. Schamloses Weibsstück! Wer sich so mannstoll aufführt, den verachten die Männer. Der Jan ist bloß zu fleischlich veranlagt. Aber verehrt wird nur scheue Zurückhaltung. Wenn der Jan zu mir rübersieht, hänge ich lässig nach hinten den Kopf in den Wind, das Kinn himmelwärts, Brigitte Helm-Haltung. Die Helm kenne ich nur von alten Zigarettenbildchen. Als jüdisch Versippte ist sie schon lange im deutschen Film verboten.

Überflüssig, daß der Jan die Kazia an den Schmalzlocken packt. Sie könnte sich auch von allein zum Melken bequemen. Der Jan hat seine Jacke unter den Arm geklemmt, und der Witek bringt vom Hof schon die Eimer, aber keine Melkschemel zum Umschnallen, wie sie anderswo üblich sind. In unserer Lotterwirtschaft gibt es keine. Beim Melkenlernen bekam ich anfangs teuflische Nervenschmerzen in den Unterarmen. Jetzt geht es schon besser, bloß recht Milch kommen will nicht. Ich soll aber nicht aufgeben, spornt mich der Jan an und läßt mich täglich üben. Wie die Kazia ordinär über ihre Ballen latscht! Nimmt sie sich natürlich wieder die Rosi, bei der es am leichtesten geht. Mir läßt sie die Hanna. Die Milchleitungen von der Hanna müssen verstopft sein, so schwer wie sich da was durchzwängt. Der Jan würde mir schon die Roswitha zuschanzen, aber sie läßt sich nur von ihm melken. Jedem anderen peitscht sie mit dem Schwanz Ohrfeigen. Ich habe immer denselben Eimer. Nachher gießen wir unser Gemolkenes in der Zinkkanne zusammen, die der Witek innen peinlich sauber gescheuert hat.

Bei den anderen höre ich die Milch schon zügig in die Eimer spritzen. Jeder hat so seinen Rhythmus. Mit geschlossenen Augen könnte ich am Plätschern des Milchstrahles den Melker erraten. Ich knie unter der Hanna und tatsche ihr erstmal vertraulich den Bauch: »Gut Freund, Hanna.« Behutsam arbeite ich mich dann mit den Fingerkuppen an das dicke Euter. Der Hanna bin ich nicht geheuer. Sie stiert mißtrauisch zu mir nach hinten. Man muß die Zitzen paarweise über Kreuz melken, nicht grob ziehen, sonst kommt nuscht. So mit Fingerspitzengefühl zupacken, aber nicht kneifen, sonst kommt nuscht, beherzt drücken, drehen, winden, abstreifen, Daumen und Zeigefinger fester klammern, ziehen, quetschen, Druck in der Handkuhle nachlassen, wieder drücken, lockern, ziehen. Die Hanna stampft mit den Hinterhufen, dußlige Kuh, na wird's bald? Die Milch muß aus dem Euter, damit er sich nicht entzündet. Alles Drüsen. Ich zwicke, ziehe, schiebe und reize die Drüsen. Es kommt nuscht. Rauf und runter streiche ich die laschen Zitzen, fühle und zerre, ihr Wabbelfinger, ihr nichtsnutzigen Drohnen am prallgefüllten Schwellkörper, Hautlappen am Fettgewebe, werd't ihr wohl mal! Beim Kneten und Pressen schwillt es mir plötzlich kraftvoll zwischen den Fingern, scharf und dünnstrahlig zischt wahrhaftig die kuhwarme Labsal in den Eimer, schäumt zu sahnegelber Landbutter und Schlagsahne, Träume, Schäume, verbotene, Vollmilch, Buttermilch, Magermilch Stufe eins, immer Rahm abschöpfen. Nicht aufhören, den Euter in Schwung halten, nicht versiegen lassen, und wenn ich mir eine Sehnenscheidenentzündung anmelke! »Jan«, rufe ich aufgeregt, »es kommt Milch bei mir!« Aber nur noch der Witek hockt auf einem umgestülpten Eimer vor einer Kuh und grinst. Zwischen dem großen Apfelbaum und einem zusammengeharkten Grashaufen steht tiefgebückt die Kazia, und der Jan ist dicht hinter ihr und hält ihre drallen Hüften. Unterm wiegenden Apfelbaum wiegt sich auch der Jan.

Frühmorgens sind wir wieder mal im Halbkreis zum Wunschwochenappell angetreten. Ehrensache, daß ich beim Jan bleibe. Täubchen steht weiter vorn. Ich bin am Schwanzende, brauche mir aber keine Sorgen zu machen, daß mir jemand meinen Hof wegschnappt. Mit Täubchen wird die Wunschliste eröffnet. Routinemäßig fragt die Schenker: »Na, Täubchen, bleibt es bei Ihrem Stammbauern oder gibt's einen Wechsel?« Ich horche erst auf, als in Täubchens Redeschwall mein Name fällt »... und wegen der Felder dort draußen läßt mein Bauer noch um die Abkommandierung von der Nate Walter bitten.« – »In Ordnung«, stimmt die Schenker zu, »Renate, Sie gehen dann in dieser Woche mit Täubchen.« Daß der Bauer so versessen auf mich sein soll, halte ich für ein Windei. Der alte Krauter kennt mich überhaupt nicht. So einen phantastischen Ruf unter den Bauern kann ich gar nicht haben, daß er durch die ganze herdenausche Landschaft gedrungen ist.

Täubchens Bauer holt uns gleich vom Lager ab, damit wir auf dem Weg zum Hof nicht unnötig Zeit verplempern. Er ist schon über sechzig. Mit seinem ausgefransten Schnauzbart könnte er glatt Modell gesessen haben für den knauzigen Vater von den »Vater und Sohn«-Zeichnungen, die mal eine Zeitlang in der »Berliner Illustrierten« so beliebt waren. Ich fahre auf dem Leiterwagen neben Täubchen zu dem Feld raus, wo wir Heugarben binden und luftig aufstellen müssen und das direkt am Haff liegen soll. So übel ist Täubchens Bauer gar nicht. Auf dem quergelegten Brett vorn kutschiert er und hat uns gleich in den Leiterwagen eine große Brotbüchse gereicht mit dem zweiten Frühstück. Die Brote sind prima, fingerdick Butter mit gar nichts oder Streichwurst mit Schmalz drunter. Was wir jetzt verputzen, entbehren wir allerdings nachher in der Arbeitspause.

Bis wir zum Haff kommen, dauert es noch Weilchen, denn die alten Gäule sind schlachthausreif. Wir fahren an Feldern vorbei, auf Holperwegen und schlucken Staub, den die Pferde aufwirbeln. Überall steht das Korn stramm und gesund zum Platzen. Wo man hinsieht, gebückte Rücken, Bauersleute, Polen, und immer wieder zwischen den gelben Halmen — »Roter Mohn, warum welkst du denn schon? Wie mein Herz sollst du glüh'n und feurig lohn, pam-pam-pam ...« — wie von der Rosita Serrano besungen, die mohnroten Kopftücher unserer Maiden und das satte Kornblumenblau ihrer Arbeitstracht, »huhu, Elfi!« und dann ist es gar nicht die Elfi, sondern Ortruds Hintern, »hallo, Sieglinde!«, da geht einem ordentlich das Herz auf, wenn wir eine von uns im Einsatz treffen.

Täubchen ist so fett, daß beim Schuckeln des Wagens alles an ihr bibbert. Eigentlich müßte sie mit den üppigen Formen weich und rund sein, sie wirkt aber eher eckig. Das mag am verfipselten Haarschnitt und den burschikosen Bewegungen liegen. Sie hat auch immer einen barschen Ton am Leib. Bei den Bauern gilt sie als tatkräftig, ein Brocken, dem man schon was zumuten kann.

Solche Ansprüche darf ihr Bauer natürlich nicht an mich stellen. Bei der Arbeitseinteilung muß er schon meine abfallenden Schultern, die dünnen Handgelenke und die schmale Taille berücksichtigen. Nicht, daß ich mich drücken will, aber ich soll mich unbedingt vor meiner Veranlagung zu Leistenbruch hüten, hat früher mal ein Arzt zu meiner Mutter gesagt. Täubchen beglubscht mich aufdringlich. Sie fragt mich, warum die Härchen auf meinen Armen blond sind, wo ich doch sonst so rassig dunkel bin. »Na von der Sonne! Denkst du, ich pinsele mir die Arme mit Wasserstoff?« – »Und auf den Kopf«, fragt sie, »scheint die Sonne wohl gar nicht?« »Doch nicht durch's Kopftuch.« – »Mach's doch mal ab. Haar ist viel schöner als so ein roter Lumpen.« – »Denkst du, ich will mir täglich den Kopf waschen? Was glaubst du, was wir auf dem Feld einstauben!« Frech verrutscht sie mir einfach das Tuch und stellt fest: »Bißchen Kupfer hast du ja in dem Dunklen.« – Das Gewese um die Haarfarbe wird mir zu bunt, und ich will das Kopftuch wieder zurechtziehen, da sagt sie für ihre Verhältnisse erstaunlich sanft: »Bis wir auf dem Feld sind, laß doch ...« Macht sie richtige Zicken, ich schiebe das Tuch zur Stirn vor, sie zerrt es zurück, so, nein so, bis es ganz abrutscht. Dann schüttelt sie mir das Haar locker, daß ich aussehen muß wie ein Handfeger. »Fahren wir jetzt zum Rendezvous oder zur Heuernte?« nörgele ich und binde mir das Kopftuch besonders angeklatscht wieder um. Faselt sie: »Du bist mir schon ein Zigeuner«, bohrt mir ihren Stiefel unter den Schenkel. Das ist mir unangenehm und ich rutsche Stückchen.

Wenn man die Natur immer um sich hat, sieht man sie nicht mehr so. Aber schön ist es doch, unser Ostpreußen. Schwerblütig. Gegen Berlin kommt mir Ostpreußen richtig ausgemacht vor und behäbig. Und dann das Haff! Das Frische Haff, kleingekräuselt und schilfumkränzt, davor das saftige, überreife Feld, auf dem der Pole schon mit der klappernden Maschine mäht und zwei Polakenweiber zusätzlich die scharfen Sensen schwingen. Halme neigen sich, kippen, die Maschine rattert, wir müssen uns ranhalten. Vom Wagen runtergesprungen, Halme umarmt, soviel man packen kann, bißchen zurechtgestuckert, mit Schwung noch eine Handvoll vom Boden gefegt, fix Bindestroh daraus gedreht, um den Bauch der Garbe geschlungen, festgeknotet, fertig, locker auf die Stoppeln gestellt, daß sie nicht das Gleichgewicht verliert, und so Garbe an Garbe gelehnt, bis sie sich zu einer spitzen Strohhütte zusammenschließen. Die nächste Hütte gebaut. Der Wind soll sie dann austrocknen.

Die Halme pieken gemein, zerkratzen Arme, Beine, ritzen Hände blutig. Ist erst alles zerstochen, spürt man es nicht mehr so. Täubchen findet eine Kornblume und wirft sie mir neckisch zu. Was soll ich damit? Meine Lippen schmecken salzig vom Schweiß. Die Polenweiber haben es luftiger ohne Schlüpfer. Krähen umkreisen uns krächzend und warten, daß Körner fallen. Meine Hände brennen, unter den Armen klitscht das blaue Kleid und das Frische Haff funkelt. Stunde um Stunde binden wir Roggengarben, zertrampeln Kornblumen und Disteln, fluchen, hauen mit Heißhunger in die Stullen rein. Die nächste Pause gibt es erst wieder, wenn wir auf dem Feld Schluß machen. Die Zeit ist knapp. Mit der nötigen Sturheit werde ich langsam zur Maschine, einen Rücken habe ich nicht mehr, das Gehirn ist ausgetrocknet, aber ich funktioniere, bis zum Umfallen, und das ist genau um dreiviertel sechs. Feierabend!

Alles haben wir nicht geschafft, was wir wollten. Müssen wir morgen noch mal her. Im Moment interessieren mich weder Brote noch Muckefuck, ich pfeife auf die Tomaten, bin von oben bis unten zerstochen, verdorrt und verschrumpelt, ich will nur noch ins Frische Haff. Den ganzen Nachmittag habe ich mich schon darauf gespitzt. Jetzt renne ich zum Wasser und Täubchen hinter mir her. Ich trample Schilf runter, rieche im Wind das Haff, da fällt mir überhaupt erst ein »wir Kamele haben ja unser Turnzeug vergessen!« – »Nun mach' mal halblang«, ruft Täubchen. »Aber der Bauer und der Pole!« – »Die können uns doch gar nicht sehen, da ist das Schilf dazwischen.« Die Schleife an meinem Taillenband hat sich hinten zu zwei Knoten verheddert. Täubchen hilft mir beim Aufknüppern. Kleider über den Kopf, Büstenhalter runter, Schlüpfer ab, Stiefel, Söckchen, im Schilf sind wir sicher. Die Luft kitzelt am Bauch. »Wollen wir angefaßt ins Wasser, Täubchen?« Bißchen ekele ich mich vor Fröschen. »Täubchen, quetsch' mir doch nicht so die Potsche! Das brennt ja wie Feuer.« Händedruck von einem Bierkutscher. Stutze ich aber, als sie mich unverhofft zu sich ranzieht und ihren Hängebusen an meine lächerliche Handvoll drückt. »Nateschatz ...« Was soll das? Reichlich viel Körper hat sie, der sich an mich drängelt. Ich spinne wohl schon! Einer Kameradin muß man frei entgegentreten und klar ins Gesicht blicken und nicht solchen Schwulst machen. Doch dazu muß ich mich erst mal freiboxen. Aber da sehe ich auf einmal in Augen, die mich fressen wollen, die mich schon verschlingen. Wieso denn, Weiberhüften, Wabbelbusen, zarte Ohrläppchen und dann dieser heißhungrige Männerblick? Jetzt erst fühle ich mich richtig nackt und fröstele mir eine Gänsehaut. Ich bin doch nicht von gestern! Täubchen ist ein Kerl.

Mir wird ganz mapplig. Passieren kann mir nichts, dazu fehlt ihr was. Aber trotzdem! Verlegen schlenkere ich mit dem Arm, bis sie mich losläßt und hechte ins Haff. Hinter mir bolzt das dicke Mädchen hinein, mit der Männerseele. Vor dem »kessen Vater« möchte ich nie mehr auftauchen. Aber nur zehn Stöße unter Wasser bringe ich fertig, dann geht mir die Puste aus. Beim Hochkommen höre ich plötzlich neben mir etwas Schweres plumpsen, Wasser klatscht, Wellen ziehen Kreise. Aus dem Schilf löst sich ein dunkler Koloß und gleitet ins Haff. Ein Dinosaurier! Entsetzt kreische ich: »Täubchen, Hilfe!« und stürze stolpernd aus dem Wasser.

Täubchen ist schon bei den Sachen. Wie wir sind, rennen wir zu der nächsten Garbenhütte und ducken uns auf den Stoppeln. Ein hastiger Blick zurück zum Haff, ob das Ungeheuer uns verfolgt, und wir wurschteln uns die Kleider über die nassen Körper, egal, daß sich alles verkrumpelt. »Ihr habt wohl den Deibel jetroffen?« ruft uns der Bauer zu. »Ein riesiges Urvieh war im Haff hinter uns her!« »Jott bewahre, Mariellchen, der Elch hier aus der Jejend wird man bloß jebadet haben.«

*

Die Kartoffelernte habe ich wieder mit dem Jan bewältigt. Eine Schinderei war das! Vom Nachbarn hatten wir uns zwar eine vorsintflutliche Maschine geborgt, die die Kartoffeln aus der Erde an das Tageslicht wühlte, aber das in die Körbe klauben der Knollen blieb trotzdem Handarbeit. Tagelang bin ich mit der Kazia und dem Witek auf den Knien die Furchen langgerutscht.

Durch die Landarbeit gehen wir Maiden immer mehr unserer Schönheit verlustig. Abgesehen von den rissigen Händen, die nicht mehr damenhaft wirken, haben die Füße dicke Hornsohlen bekommen und wir sind aus dem Leim gegangen.

Ende des Monats werden wir vom Arbeitsdienst bloß noch träumen. Wer weiß, was uns dann blüht! Leider kann ich mein Schauspielstudium bis zum Endsieg in den Wind schreiben, weil wir nach dem Arbeitsdienst tatsächlich alle zur Straßenbahn oder zur Flak müssen. Die letzten Straßenbahnschaffner und Flaksoldaten sollen wir ablösen, damit sie für die Front frei werden.

Wenn wir hier fort sind, werden jüngere Jahrgänge nachrücken. Es ist ganz richtig, daß jedes »Püppchen-rühr-mich-nicht-an« Seite an Seite mit Mädeln aus allen Schichten des Volkes mal tüchtig zupacken muß.

Die meisten Maiden haben nach wie vor eine anständige politische Gesinnung. Unerschütterlich glauben sie an den Endsieg und singen bei jeder Frontbegradigung, die der Volksempfänger meldet: »Führer befiehl, wir folgen dir!« Besonders die Hillusch steckt sie alle an mit ihrer Treue zum Führer. Bei den Standfesten handelt es sich durchweg um Ostpreußen. Ein gemischter, kleinerer Haufen aus allen Himmelsrichtungen wird von Täubchen aufgehetzt und besteht aus Gesinnungslumpen. Ich verhalte mich neutral und schwebe so dazwischen. Ich bin unschlüssig, ist denn nun unser dauernder Rückzug wirklich ein genialer Schachzug des Führers? Es gefällt mir auch absolut nicht, daß der Führer sich in seiner gottverlassenen Wolfsschanze so abkapselt. Mitten im Kriegsgeschehen müßte er operieren und nicht am grünen Tisch Geschichte machen. Kein Wunder, daß sie jetzt danach ist! Dann sage ich mir wieder: Er ist der Staatsmann, ich bin die Arbeitsmaid, und Generäle und Parteispitzen, die ihn unterstützen, hat er zur Genüge. Das sind doch nicht alles Idioten!

An der Haltung der ostpreußischen Landbevölkerung könnte man sich, wenn man solche Angst wie ich hat, moralisch wieder aufrichten. Ich halte aber die Leute für Spinner. Die neueste Parole, die auf den Bauernhöfen die Runde macht, heißt »Aktion

Mausefalle«. Vorboten der »Aktion Mausefalle« bekamen wir das erste Mal zu spüren, als ich letztens mit dem Hansi das Vesperbrot zum Feld rausbrachte. Plötzlich hörten wir vom Horizont her ein eigentümliches Grummeln, das verebbte und anschwoll und niemals ein Gewitter war. Erschrocken kniete der Hansi vor mir nieder, umarmte meine Waden und jammerte: »Erbarmung, Fräuleinchen, ei lassen Sie mich doch bloß ein Mal, ehe die Russen kommen!« Nur wegen der drohenden Gefahr aus dem Osten habe ich ihm keine geschallert. Von da ab müssen wir im Windschatten der Front auf den Feldern arbeiten. Täglich kommt das Ballern näher. Immer wieder zucke ich zusammen und kann mich an den Geschützdonner nicht gewöhnen, der durch deutsche Luft hallt, unter dem deutsche Erde erzittert. Mir kam schon der schreckliche Gedanke, daß ich vielleicht für den Iwan die Ernte einbringe.

Aber die Bauernschaft in der Gegend zeigt durchweg ein unbeugsames Rückgrat. Wie die Wilden wecken die Bäuerinnen, nun gerade und erst recht, unter Kanonendonner Gläser auf Gläser ein. Denn falls die Bauern mal hier weg müßten, wäre das ja nur vorübergehend. Die Bolschewiken hätten gar keine Zeit, das Eingeweckte aufzuessen, weil sie stur vorwärtsmarschieren müßten, ohne zu wissen, daß sie schon mitten in der »Aktion Mausefalle« steckten. Ihr Einmarsch wäre vom Führer beabsichtigt. Ungerührt ließen wir sie heiligen, deutschen Boden betreten, unsere Geschütze feuerten nur zum Schein zurück. Sollten doch die asiatischen Horden nur immer hereinfluten, je zahlreicher um so lieber. Den verlausten Bolschewiken winkten wir verheißungsvoll mit Tilsit und Insterburg, Marienburg und Allenstein. Heiligenbeil gefällig? Die masurische Seenplatte? Und wenn sich der Iwan dann bei uns so recht wie zu Hause fühlt und sich gemütlich die zerlumpten Fußlappen abwickelte, dann peng! schnappte die Mausefalle zu. Er wäre umzingelt, würde zerquetscht und zermalmt von unserer Kriegsmaschine.

In der Art soll sich die »Aktion Mausefalle« im Ernstfall abwickeln, die sich jetzt schon in der Ferne grollend ankündigt.

*

Das sind doch wenigstens noch ehrliche, deutsche Misthaufen, die friedensmäßig stinken. Mehrere Fuhren Mist hat der Witek angefahren und sie in vielen Haufen über den ganzen Acker verteilt. Wir müssen sie nun kleinmachen und verstreuen. Das zieht einem ganz schön die Forke nach unten. Miststreuen geht über die Muskeln.

Während ich mit der großen Gabel angestrengt in meinem Haufen stochere, um ihn etwas aufzulockern, damit ich die Flatschen besser abheben kann, fällt mir plötzlich ein, daß ich überhaupt kein Lieblingsparfüm habe.

Während ich mich noch mit dem ersten Misthaufen abquäle, hat der Jan bereits zwei dem Erdboden gleichgemacht. Schon nimmt er sich den nächsten vor, sticht kraftvoll hinein, reißt die Forke hoch und schleudert sie mit entfesselter Manneskraft zur Seite. Schwerfällig klatscht der Mist auf die Scholle. Wieder wendet er sich dem Haufen zu, sehnig und drahtig, klassisch wie von Arno Breker. Auf goldbraunem Häckselmist steht elastisch der goldblonde Jan, schickt mir sein Lächeln auf deftigen Mistwolken, die mich umkosen und streicheln. Ich streue nicht so rassig, aber der Mief, den ich dabei verbreite, ist ebenso zärtlich an ihn gerichtet. Für Außenstehende düngen wir ganz gewöhnlich den Acker. Nur unsere Herzen wissen, was zwischen uns schwelt. Weil Rassenschranken uns trennen, wird unsere Sehnsucht genauso verdampfen wie der Mist. Himmel und Erde sind durchtränkt von ungeflüsterten Liebesschwüren, der Mist, auf dem ich stehe, ist so kreatürlich, und ich will ganz kreatürlich in braunen Armen, an braunen Hüften liegen. Wie gut, daß es die Rassenschranke gibt.

Wenn der Wind so wie jetzt steht, hört man die Front rumoren. Dann kracht es, als ob die Welt zerplatzt. Bloß weitermachen, die Polen nichts merken lassen. Aber die Russen kommen nicht. Bis in alle Ewigkeit werden Arbeitsmaiden über Ostpreußens Äcker schreiten. Die Russen kommen nicht. Das voreilige Grinsen wird euch schon vergehen, Polskis! Niemals werdet ihr die Herren auf unseren Höfen, die deutsch sind und deutsch bleiben. Sowie es kracht, hat der Witek Oberwasser und die Kazia bewegt sich anmaßend. Die Polaken wittern Morgenluft. Gelassen miste ich weiter. Die Russen kommen nicht. Höchstens vorübergehend. Der Donner ist bedenklich nahe. Viel Krach und nichts dahinter. Aufgeblasene Windmacher, Schaumschlägerei, unsere Kriegsmoral zu untergraben. Eisern streue ich Scheiße, Stroh und Häcksel. Wenn sie aber nun doch kommen? Es dröhnt, daß mir vor Schreck der Forkenstiel aus der Hand fällt. Eingeschmaddert liegt er in der jauchigen Soße. Meiner Mutter geht es in Grünsburg gut, auch der Oma. Der Heia ist von den Panzern aus zu einem Kurzlehrgang. Kann er sich die Knochen schonen. Vom Vati keine Nachricht. Vielleicht weiß die Friedel Grollmann was, die mit den beiden Bastarden nach Breetz bei Lenzen/Elbe evakuiert ist. Und die Nate Walter wird mitten im Krieg von polnischer Zunge »Sofja« gerufen. Name und Herz habe ich mir schon verpolaken lassen, bloß das Blut nicht. Rassenschande kommt gleich nach Mord, hat die Schenker uns eingeimpft. Meine Hände hängen noch immer gefühllos. »Pst, pst«, zischelt der Jan, »mussen nix Angst haben. Sofja immer gud zu Jan. Wenn Russen kommen, dann Jan Sofja beschitzen.«

Der Führer muß das Startzeichen für die »Aktion Mausefalle« gegeben haben. Ganz Herdenau mit Nachbarorten und Umgebung ist voller Rindviecher. Auf allen Wiesen und Wegen blökt und bäht es. Muhende Kühe galoppieren über die Chausseestraße. In schaukelnden Eutern sehe ich schon die Milch buttern. Wo die Russen wahrscheinlich demnächst vorübergehend aufkreuzen, werden die Kühe in Marsch gesetzt, weil wir unsere Kühe auch vorübergehend nicht entbehren können. Keinen Liter deutsche Milch für den Iwan! Dank allgemeiner Hilfsbereitschaft dürfen die Kühe unterwegs fremde Weiden abgrasen und fremdes Wasser aussaufen. Hingeklackste Kuhfladen in Massen gehören jetzt zur Landschaft. Die Kühe überrennen uns aber nicht in Panik, sondern diszipliniert und geordnet nach Gehöften und Dörfern.

Die meisten Bauersfrauen halten noch daheim die Stellung und hüten die Kinder. Bangemachen gilt nicht! Als Vorhut werden erst mal die Kühe fortgeschickt. Für alle Fälle. Sollte der Führer mit der Wunderwaffe dazwischenfunken, muß die Kolonne eben wieder kehrtmachen. Die einzelnen Kuhabteilungen werden angeführt von alten Knackern in Parteiuniformen — sei es der getreue

Altknecht, der kriegsuntaugliche invalide Bauer oder der Opa – die hoch auf glanzlosen Schindern sitzen, guten, alten Lotten, die nicht mehr wehrtauglich sind und schnaufend, mit gespitzten Ohren wacker vorwärtstrotten, als ob sie wüßten, was für führertreue Hintern sie dem Endsieg entgegentragen. Die braunen Uniformen sind auf der Landstraße eingestaubt. Fest sitzen die Parteimützen auf kantigen Ostpreußenschädeln, und die knorrigen Hände der Männer führen nicht nur die Zügel. Manch einer schultert stolz ein selbstgezimmertes Transparent, auf das er geschrieben hat: »Wir kommen wieder!!!«, oder »Ostpreußen bleibt deutsch«, oder »Führer befiehl, wir folgen dir!« »Wir kommen wieder« ist aber am schönsten.

Die Volksgemeinschaft muß sich jetzt beweisen. Bauersfrauen, Arbeitsmaiden und Kinder, Mütterchen und Greise, zur Unterstützung auch noch die Fremdarbeiter, alle, alle müssen Wiesen, Wege und Plätze bevölkern und was das Zeug herhält melken. Jeder muß sich ein Schock Kühe vornehmen, bis die Hände Schwielen kriegen. Wer ein Kälbchen sieht, soll ihm Milch einflößen.

Bis tief in die Dunkelheit melken wir. Das Brüllen der Kühe, die noch ein pralles Euter haben, klingt schaurig durch die Nacht. Zinkwannen voll Milch, Holztröge und Eimer, die überall im Wege stehen, werden von den unruhig schubsenden Tieren umgestoßen. Mitten im totalen Krieg versickert sahnige Vollmilch in der Wiese. Mein Magen knurrt, und ich lasse mir den warmen Milchstrahl gleich vom Euter in den Mund spritzen. Mir ist aber immer noch flau zumute. Wenn ich mir diesen Spuk hier so betrachte, dann habe ich solchen Bammel, daß wir auf dem vorletzten Loch pfeifen.

Als einzige Maid habe ich zum Abschied einen großen Bahnhof. Alle meine Polen sind auf der Station erschienen, um mir die letzte Ehre zu erweisen. Soviel Treue verblüfft mich. Das bißchen Haltung ihnen gegenüber ist nicht der Rede wert. War doch beinahe selbstverständlich, daß ich am selben Tisch mit ihnen gegessen habe und auf einer Wiese gevespert, als ob wir gleichwertig wären. Zumal der Hansi als Warnsignal durch die Finger pfiff, wenn die Schenker zur Kontrolle angeradelt kam. Hier in der Öffentlichkeit nehmen wir natürlich angeblich keine Notiz voneinander.

Unser ganzes Lager wartet auf den »Schnieffke«, wie die kleine Bimmelbahn von uns getauft worden ist. Die Schenker und die Nath geben uns das Ehrengeleit. Zehn Tage dürfen wir auf Urlaub fahren, und danach sollen wir uns noch mal kurz in Herdenau sammeln, um von hier zur Flak in Marsch gesetzt zu werden. Fast alle haben sich vor der Straßenbahn gedrückt und zur Flak gemeldet. Bei feindlichen Terrorangriffen auf Königsberg sollen nämlich schon etliche Maiden als Straßenbahnschaffnerinnen gefallen sein. Dieses Schicksal wollten wir am eigenen Leibe vermeiden. Bei der Flak haben wir eine längere Ausbildung.

Wegen der Stoffknappheit behalten wir auch am Flakgeschütz unsere braune Arbeitsdienstuniform. Die echten Luftwaffenhelferinnen sind allgemein als Flittchen verschrien. Ist uns ganz lieb, daß wir uns auch rein äußerlich von den Offiziersnutten unterscheiden. Wenn ich hier abdampfe, schließt sich ein dunkles Kapitel in meiner Seele. Allein auf den Männermangel kann ich es nicht schieben, daß ich so gefährlich in polnische Richtung geträumt habe. An meinen Ausgangstagen hatte ich in Kuckerneese mindestens bei zwei Arbeitsdienstmännern Chancen. Sie waren mir aber zu grün und picklig. Andermal war sogar einer mit Gipsbein hinter mir her, von der Infanterie. Aber geschmeidige, nackte Männersohlen, die im Stroh versinken, sind für mich viel sinnlicher als Marschtritte. Beim Stallausmisten habe ich mir schon mal überlegt, ob ich mich im Frieden in Sofja umtaufen lassen soll. Zur Erinnerung an eine unerfüllte Liebe.

So umwimmelt von braunen Uniformen kann ich für den Jan gar nichts Besonderes darstellen. Bin ich auch nur ein Schlapphut unter Schlapphüten, restlos verschandelt, ob ich ihn nun lässig schief, nach hinten oder ins Gesicht schiebe. Allzu auffällig darf ich mich nicht zum Jan umdrehen, der nach außen hin gelangweilt mit der Kazia und dem Witek am Bahnhofskabäuschen lehnt. Links fangen sie jetzt an zu grölen: »In der Heimat, in der Heimat, da gibt's ein Wiederseh'n.«

Der »Schnieffke« taucht auf, pfeift mir durchs Mark, rollt mir über die Nerven und steht. Beim Einsteigen will ich mich von der braunen Masse abheben, mich verzweifelt aufbäumen, daß der Jan mich als unauslöschlichen Eindruck für immer entschwinden sieht. Aber das wird mir von den schubsenden, urlaubswütigen Maiden vermasselt. Paar Kartons, Aktentaschen und Beutel, das ist alles, was wir mithaben. Wäsche und Privatsachen sind im Lager zurückgeblieben. Was sollen wir das groß hin- und herschleppen.

Drinnen hängen wir übereinander in den runtergekurbelten Fenstern, fuchteln mit Hüten, winken, kreischen. Unter Jacken, nassen Schweißblättern und prallgespannten Blusen bohre ich meinen Kopf hutlos und zielstrebig über den Fensterrand, der mir fast die Kehle abwürgt, weil Zentner auf mir lasten. Mit der Nase bin ich endlich nach draußen gestoßen und kann wegen Ellbogen, die mir auf den Schädel drücken, den Hals kaum drehen. Unbedingt muß ich aber noch einmal den Jan sehen. Ich bin so eingekeilt, daß ich das Ende vom »Schnieffke« noch gerade so im Blickwinkel habe.

Was sich dort abspielt, verbiestert mich aber mächtig. Aus dem letzten Wagen werden dem Jan mehrere schwere Pakete herausgereicht, die er an den Witek und die unförmige Kazia weitergibt. Daß bei der man nicht die Wehen auf dem Bahnhof einsetzen! Den letzten, dickbauchigen Korbkoffer trägt der Jan persönlich. Wenn er bloß hergekommen ist, weil er die Sachen abholen muß, ist das schuftig, nach all dem, was war, und ich werde ihn vergessen. Erbarmungslos ruckt der »Schnieffke« an, der dünne Schornstein pafft, und ein rußiger Trauerflor weht über den Mann hinweg, mit dem ich so gern Rassenschande getrieben hätte.

*

»... in der ersten Hütte ham wa zusammen gesessen, in der zweiten Hütte ham wa zusammen gegessen, in die dritten ham wa 'neingeschaut, saß ein Flaksoldat bei seiner Braut.« So grölen wir über den Hof der Flakkaserne von Stralsund. Mit diesem Lied marschiert es sich bombig.

Eine Handvoll Flakausbilder sind hier die Halbgötter und haben eine ganze Kompanie Weiber unter sich, die den Männern aber nur in ihrer Eigenschaft als Flakhelferinnen unterstehen. Was auf der fraulichen Ebene liegt, befehligen zackige Arbeitsdienstführerinnen, die viel schärfer sind als die Unteroffiziere. Die Führerinnen zeichnen für die Singstunden verantwortlich, den Stuben- und Kleiderappell, ferner den ganzen Vertrauenskram, ob sich jemand verloben will oder eine Schwangerschaft anzumelden hat, sowie das Schleifen auf dem Kasernenhof. Darüber gibt es allerdings Streit wegen der Kompetenzen, weil das ja eigentlich zum Soldatischen gehört. Als zukünftige Mütter geht es uns aber gegen die Frauenehre, wenn wir uns vor Männern im Dreck sielen sollen — hinlegen, auf Ellbogen vorrobben, auf, hinlegen. Das üben wir nicht etwa aus Gemeinheit. Wenn wir zwischen die feindlichen Linien geraten, kann uns das unter Umständen das Leben retten. Gelobt sei, was hart macht!

Die Flakkaserne liegt am Stadtrand, eine Welt für sich, mit Schusterei, Sanitätsräumen und urwüchsiger Bauernstube, in der sich abends die Ausbilder treffen und von Flakhelferinnen bedienen lassen. Dazu werden aber nur hübsche abkommandiert.

Wir ehemaligen Herdenauer sind auf die vielen Kasernenblöcke verteilt worden. Mit Täubchen und Hillusch liege ich zusammen auf einer Stube, in der wir zwölf Figuren sind, die ihr ganzes Privatleben auf zweistöckigen Doppelbetten abwickeln. Außerdem steht jeder Flakhelferin noch ein Blechspind zur Verfügung und der Gesellschaftsraum, gleich neben der Toilette.

Daß wir überhaupt noch hier gelandet sind, ist vom Arbeitsdienst aus dem Stegreif organisiert worden. Herdenau haben wir gar nicht mehr zu Gesicht bekommen. Unterwegs zum Lager sind wir von Militärstreifen aus den Zügen geholt und in ein Kuhdorf verfrachtet worden. Das war vielleicht ein Jubel, als uns Fräulein Schenker dort tiefbewegt in Empfang nahm. Denn während unserer Abwesenheit ist uns Herdenau von den Russenschweinen brutal entrissen worden. Unsere ganzen Privatsachen und die Arbeitsdienstklamotten waren von der Schenker und der Nath im Verein mit den Freiwilligen vom Winterjahrgang noch rausgeholt worden, ehe die Russen kamen. Fräulein Schenker war zuversichtlich: Und wir können Gift darauf nehmen, Russen und Polen sielen sich in ostpreußischen Bauernbetten nicht mehr lange. Der Führer hat noch was in petto.

Einquartiert hatten wir uns in einem verlassenen Bauernhaus. Ohne große Fisimatenten hatte man uns an Ort und Stelle für die Flak gemustert. Wegen Ärztemangel war nicht mal ein Doktor anwesend. Den ersetzten die Naht und die Schenker. Tipptopp, in weißen Kitteln, fragten sie uns, welche Kinderkrankheiten wir durchgemacht haben und ob wir mit Geisteskranken oder Selbstmördern verwandt sind. Und mit wieviel Jahren wir die Periode bekommen haben und ist sie regelmäßig? Das kam alles zu den Akten. In Unterwäsche wurden wir gewogen und mußten anschließend fünfzig Kniebeugen machen. Flaktauglich sind wir dann tagelang nach Stralsund unterwegs gewesen.

Mit meinen großen, weitoffenen Ohren, welche ich von meiner Oma geerbt habe und über die ich aus Schönheitssinn die Haare kämme, bin ich hervorragend als Horcher geeignet. Der schneidige Leutnant Weinreich, für den wir alle schwärmen, hat mich deshalb auch sofort aus der Masse herausgepickt. Horcher sind eine Auslese. Jeden Vormittag wird mir nur in der Gruppe das komplizierte Horchgerät theoretisch vertraut gemacht; zwei überdimensionale Ohrmuschelpaare, nach jeder Richtung schwenkbar. Mittendrin müssen die beiden Horcher mit den Kopfhörern sitzen und die Riesenohren tastend in die Richtung schwenken, aus der sie das Motorengeräusch des Feindbombers vernehmen. Aber erst, wenn es den Horchern genau in der Mitte vom Hinterkopf summt, haben sie den Bomber erfaßt, den sie verfolgen müssen, und vom Flakrichtgerät werden die anderen Apparate gleichgeschaltet. Der Maschinensatz spendet zuverlässig Strom. Blitze zucken über das Firmament, formieren sich zu unerbittlich grellen Schweifen, die zielsicher das Flugzeug schneiden, Schwesternscheinwerfer stoßen hinzu, die ausgemachte Maschine hat keine Chance mehr, das Flakgeschütz feuert, und der Tommy trudelt vom Himmel. Was muß das für ein erhebendes Gefühl sein!

Der blonde Leutnant Weinreich ist unser Liebling. Das bißchen Hinken von der Kriegsverletzung fällt nicht weiter ins Gewicht. Seine Stiefel sind aus toll weichem Leder. Typische Maßarbeit. Er trägt auch nicht den üblichen Streichholzschnitt, sondern fast eine Hans-Söhnker-Tolle. Wenn er mit einer von uns dienstlich verhandelt, wackelt er verwegen mit dem Kopf, heißassa! Wir sind ihm alle verfallen. Natürlich haben wir sofort seinen schwachen Punkt entdeckt. In seinem musikalischen Feinempfinden ist er verwundbar. Er scheint nur für wertvolle Volkslieder und Opern zu schwärmen. Derbe Gassenhauser beleidigen seine Ohren.

Schon gleich, als wir neu hier angekommen waren, hat er sich vor uns die Blöße gegeben. Unser ganzer Mädelzug war mittags auf dem Marsch zur Kantine, wir hatten gerade die letzten Töne vom Burenlied verklingen lassen, als uns der Leutnant Weinreich charmant lächelnd entgegenhinkte. Weil wir nicht so als über einen Kamm geschorene, treudeutsche Marschtrampeln an ihm vorbeilatschen wollten, haben wir ihm den schmissigen Schmarren hingepfeffert: »Schmeißt sie raus, die falsche Judenbande, schmeißt sie raus aus unserm Vaterlande, schmeißt sie raus, wohl nach Jerusalem, wo all die falschen Juden sind, denn da gehör'n sie hin.« Mit hochrotem Kopf ist der Leutnant an uns vorbeigehumpelt und hat verärgert etwas vor sich hingebrabbelt. Nun wußten wir ja, daß ihm das Lied nicht gefiel. Um ihn hochzubringen, singen wir es seitdem immer, wenn wir an ihm vorbeimarschieren.

Nach bestandenem Horcherlehrgang werde ich aber am Himmel aufräumen! Heute ist unsere Zwölfergruppe zum erstenmal im Freien vor einem Horchgerät angetreten. Ein kolossaler, persönlicher Eindruck! Solange haben wir im Übungsraum nur theoretisch gehorcht. Vom Unteroffizier Stublikowski wurden uns die nötigen Kenntnisse vermittelt. Geistig haben wir das Horchgerät bis zur popligsten Schraube dutzendmal auseinandergenommen, so daß wir uns jetzt auf den gewaltigen Eisenohren ganz wie zu Hause fühlen. Leider gibt es unter uns auch sture Geister, die absolut nichts kapieren, weil sie nur Kerle im Kopf haben und Marika-Rökk-Schlager. Was ist, wenn die Flittchen im Ernstfall danebenhorchen, die Kanone folglich in die verkehrte Richtung schießt und die Feindbomber ungeschoren unsere Industriestädte erreichen? Hätten wir bloß nicht nach dem totalen Krieg geschrien! Was sich bei Dunkelheit auf dem Kasernengelände abspielt, ist eine Schande. Viele von uns können sich gar nicht mehr beherrschen und schmeißen sich an jeden greifbaren Flaksoldaten ran. Aus unserer Stube ist die Lisa Wörrach mannstoll geworden. Letzten Sonnabend hat sie sogar ihren Flaksoldaten zum Knutschen mit nach oben gebracht, gegen den ausdrücklichen Befehl, daß Soldatenbesuche auf Stube streng verboten sind. Wenn das nun alle so machen würden?

Augenblicklich sitzt die dicke Gaby Fleischmann, die aus dem Mund riecht wie ein Gulli, konzentriert auf dem Horchgerät. Zur Übung horchen wir einzeln. Im Einsatz sitzen natürlich zwei drauf, einer für die Seite und einer für die Höhe. Stückchen weiter wird an einem Drahtseil künstliches Flugzeugbrummen hergestellt. Wie das genau funktioniert, damit brauchen wir uns nicht weiter zu belasten, weil es in Ermangelung von Feindfliegern nur ein Notbehelf ist. Richtig spannend wird es natürlich erst, wenn wir echtes Motorenknattern in die Ohrmuscheln schleusen können.

Keine Bewegung der Gaby entgeht uns. Einfühlsam dirigiert sie den großen Trichter. Gespannt warten wir ab. Sie wird zu aufgeregt und macht reichlich große Drehungen. »Jetzt müssen Sie ihn doch längst drin haben!« beschwört sie der Unteroffizier Stublikowski. Wir grinsen. Verbissen zwängt sie sich den Brummer in den Kopf und läßt nicht locker. Ihr starrer Blick verrät uns, nun hat sie es. Wir toben. Der Stuko, wie wir unseren Ausbilder nennen, der durch kein Anhimmeln aus seiner Bierruhe zu bringen ist, muß sie energisch vom Horchgerät runterscheuchen, so ist sie mit dem Gerät verwachsen. Aber wir wollen alle noch zeigen, was wir auf dem Kasten haben.

Hätten wir für den Gerätedienst draußen nicht jeder eine dunkelblaue, wattierte Kombination erhalten, würden wir uns bei dem Selbstmordwetter den Tod holen. Die Kombination ist ein plumper Strampelanzug mit verdeckter Knopfleiste und Pumphosen.

Nachdem die Gaby endlich ihren Hintern bewegt hat, bin ich dran. Aus der saukalten Luft sollen mich nun feindliche Wellenlängen erreichen. Ich bin eine Naturbegabung, das weiß ich. Zuerst höre ich gar nichts. Eisern bewahre ich die Ruhe. Das ist schließlich kein Wespenfangen mit der Fliegenklatsche. Unsere

Waffe hat feinnervige Gehörgänge. Etwas fehlt mir das Gefahrenmoment aus dem Ernstfall. Den Tod im Auge würde ich mich schneller einhorchen. Während des Luftgefechtes hat man Wut im Bauch, in dem jetzt nur Kohlrüben bullern. Noch immer ist mir der Kopf frei und nicht angesägt vom Motorenlärm. Vielleicht sitzt der Kopfhörer nicht richtig? Dafür muß man ja einen Ballonkopf haben! Die Kameradinnen warten. Plötzlich merke ich den Summer schon am Scheitel. Wie ihn nun aber nach hinten, genau in die Mitte bekommen? Verbissen kurbele ich. In meinem Kopf dröhnen ganze Luftgeschwader. In den Kniekehlen und Ellbogen kitzelt es, nur die Stelle am Hinterkopf bleibt taub. Ich schwenke noch mehr seitwärts, immer dem Summer nach, es ist zum Verzweifeln. In der Theorie war ich die Drittbeste. Mir steigt der Verdacht auf, daß ich von der doppelseitigen Mittelohrvereiterung seinerzeit Lähmungserscheinungen am Trommelfell zurückbehalten habe. Solange es geht, muß ich das Gebrechen vertuschen. Hoffentlich kommen wir nicht mehr zum Einsatz.

Damit wir nicht unsere eigenen Flugzeuge abknallen, haben wir Dienstag und Freitag bei Leutnant Weinreich den Flugzeugerkennungsdienst. Er findet im Zimmer 96 statt. Auf den ersten Blick sehen alle Maschinen von unten gleich aus. Dem geschulten Auge aber unterscheiden sie sich deutlich. Da ist schon die kleinste Abweichung von der Tragfläche wichtig, und nicht grundlos verlaufen manche Umrisse runder oder schlanker. Ebenso sind Abstand und Form der Motoren zu unterscheiden. Raten müssen wir die verschiedenen Flugzeugnamen von kleinen Bildkarten, die uns der Leutnant Weinreich nacheinander hinhält. Um die Herkunft des Flugzeuges auszumachen, muß uns später ein kurzer Blick zum Himmel genügen.

Daß ich mich nicht sonderlich in den Flugzeugerkennungsdienst reinknie, liegt an Leutnant Weinreich. Wenn er doch immer nur diejenigen rannimmt, in die er verknallt ist! Über ihn und die Heike Döbling wird schon gemunkelt. Dabei ist sie rothaarig, stinkt auch so und hat Flaschenbeine. In Ordnung ist der Leutnant Weinreich aber beim Zeichnen. Mit flotten Strichen malt er gekonnt die Rümpfe der Focke Wulf 190, der Ju 52, der Ju 88, Ju 188, He 111, der Do 217, der Me 109, Me 110 und des Fieseler Storchs. Und dann die Feinde: Liberator, Fortress II, Lancaster und Vickers »Wellington«, die Hurricane, Mosquito, Mustang, Thunderbolt, Kittyhawk und Spitfire und die Lightning mit ihren zwei Rümpfen und wie sie alle heißen. Es gibt Ovalflügel, Keilflügel, Dreieckflügel und Pfeilflügel. Die Maschinen sind ein-, zwei-, drei-, vier- und sechsmotorig. Die Flügel können am Rumpf angerundet, am Rumpf eingebuchtet, zum Rumpf verbreitert und mit rechteckigem Mittelstück sein. Das Höhenleitwerk kann tiefgesetzt oder hochgesetzt, gerade oder auch in V-Stellung stehen, rechteckig, trapezförmig, keilförmig oder oval aussehen und bei der Feindansprache, wo wir besonders genau sein müssen, als Haifischflosse, Zuckerhut oder Spaten ausgemacht werden. Damit sie sich uns ins Gehirn eingraben, drückt der Leutnant Weinreich bei besonders wichtigen Flugzeugteilen so stark auf, daß der Kreidestummel zerbröckelt.

Heute bin ich dauernd am Dösen. Die funzlige Birne in der Lampe ist aber auch ermüdend. Ich bekomme gar nicht richtig mit, ob die letzte Frage an mich gestellt ist: »Sie da! Ja, ja, die Dunkle! Was ist das für eine?« Die zügigen Linien auf der Tafel bedeuten entweder das Typische einer bestimmten Tragfläche oder eine besonders markante Rumpfform. So über den Daumen gepeilt könnte es sich um die Tragfläche vom Stuka handeln. Vielleicht ist es aber auch eine Spitfire. Oder eine Me 190, möglicherweise. Nehme ich mal die Spitfire. Und tatsächlich, es ist die Spitfire.

Wir sitzen in engen Stuhlreihen. Gleich anschließend müssen wir hier noch beim Unteroffizier Stublikowski die Pistole 08 auseinandernehmen und wieder zusammensetzen. Weil wir aber die Pistolen nicht mit auf die Stuben nehmen dürfen, halte ich die ganze Pusselei mit Staubrauspusten, Kameradin anvisieren, Kimme, Korn, Bauchschuß für Krampf. Wenn mich ein mit dem Fallschirm abgesprungener Spion aus dem Hinterhalt anfällt, dann sage ich: »Wate a moment, ich muß erst von der Waffenkammer die Pistole anfordern.« Deshalb ist mir ziemlich schnuppe, daß ich beim Zusammensetzen der 08 immer ein paar Teile übrig behalte.

Als Kind Gottes mußte ich in Grünsburg der allein seligmachenden Kirche die Treue versprechen. »Fest soll mein Taufbund immer stehen, ich will die Kirche hören.« Das ist aber wenigstens nicht in einen Schwur ausgeartet. Heute muß ich mich nun als

Wehrmachtsangehörige mit Leib und Leben dem Oberbefehlshaber der Wehrmacht, Adolf Hitler, verschwören. Auf dem Altar, der da Deutschland heißt, sollen wir nämlich getreu dem Eid, den wir gleich ablegen werden, für Führer, Volk und Vaterland unser Leben opfern, wenn die Nation es von uns fordert. Natürlich dürfen wir nicht leichtfertig verpulvert werden. Trotzdem ist es mir sehr bedenklich. Denn halten wir den Schwur nicht, werden wir wie Verräter an die Wand gestellt.

Bedrückt marschiere ich mit den anderen zum Vereidigungsplatz nicht weit hinter den Kasernenblöcken. Der Himmel, heute die reinste Waschküche, sei mir gnädig und möglichst oft so verhangen, um unsere Städte vor Feindbombern zu verhüllen. Bei der weißen Soße kommen sie erst gar nicht.

Auf dem Platz bilden wir drei Abteilungen. »Ruhe!« schreit meine Zugführerin, »ich bitte mir Disziplin aus!« Beteuert sie: »Hier, auf diesem Platz, schlagen starke Mädchenherzen hundertfach dem Führer entgegen, mit dem wir gemeinsam siegen oder sterben werden.« Da kapiere ich überhaupt erst, daß es schon der Beginn ihrer Ansprache ist, die auf den Schwur hinsteuert. Ganz neue Töne, nachdem ich mich bisher immer an Leib und Seele stählen sollte, um dem Volke Kinder zu schenken, die mein wertvolles, deutsches Erbgut weitertragen. Im Geist habe ich mich schon als uralte Stammutter eines großen Geschlechtes, mit Mutterkreuz an die Brust geheftet, zur wohlverdienten Ruhe auf der Bahre liegen sehen. Das werde ich nun, aller Voraussicht nach, nicht mehr schaffen.

Wie drohende Schicksalsboten tauchen in der Ferne die Umrisse der Flakstellungen aus dem Nebel. Als wollten die stählernen Riesenohren unserem Todesschwur lauschen! Der fallende Nebel betaut unsere zukünftigen Heldenseelen, die demnächst gen Himmel fahren werden, um im Ahnenreigen, von dort oben noch, Wache zu halten über Deutschland.

Vor uns im Halbkreis stehen die Führerinnen und Offiziere. Abertausende von Wassertropfen tragen unser Lied mit sich, das die Feierstunde einleitet – »Großdeutschland bist du genannt ...« –, lassen es zu Boden fallen, wie zarte Trauerschleier. Dann entflammt der hölzerne Kompanieführer: »Für die bedrohte Heimat müssen wir verbrennen!« Nach ihm tritt eine knochige Führerin vor, die wir nicht kennen. Mit glasharter Stimme ruft die Knochenfrau uns zu, wie aus dem Jenseits, daß wir ihr jetzt die Eidesformel laut und deutlich im Chor nachsprechen sollen und dazu die rechte Hand zum Schwur heben müssen. Mit dem Schwurfinger stoßen wir an ein feuchtes, nebelweißes Leichentuch, groß genug, uns alle zu bedecken. Trotz Kälte und Nebel schwitze ich. Dieser Schwur ist so quasi mein letztes Vermächtnis. In meiner Not kommt mir unvermutet der rettende Einfall. Vorschriftsmäßig spreche ich fest und laut die Eidesformel, schwöre vorn, mit hochaufragendem Arm dem Adolf Hitler die Treue auf Tod und Leben, verschweiße meinen Körper bis zum letzten Atemzug mit den Geschützen; hinter dem Rücken aber lege ich die linke Hand auf den Po und mache den Schwur mit gekreuzten Fingern ungültig.

*

Deutsche Weihnacht ist am schönsten. Bis zur Bescherung noch das geheimnisvolle Tuscheln, Schränke und Truhen voll Überraschungen, in fleißiger Vorweihnachtszeit wachsen aus hunderten von Maschen — zwei Liebe, zwei Treue — Pullover für die fernen Väter und Söhne draußen. Lichtlein auf Fensterbrettern, durch Eisblumen Ausschau halten nach dem Christkind, Tische mit Tannengrün, Vorfreude, sich widerspiegelnd auf Silberkugeln, die im Kerzenschein glitzern. Vorweihnacht in allen Herzen, bis in der Heiligen Nacht unterm strahlenden Lichterbaum Lieder erklingen vom Frieden auf Erden und sich die Stube erfüllt mit Bratäpfelduft und Kinderlachen.

Heute vormittag war mir so weihnachtlich, daß mir auf dem Horchgerät das Motorenbrummen wie Schlittenglöckchen im Winterwald geklingelt hat, und jetzt gehe ich erwartungsvoll zur Weihnachtsfeier. In unserer Stube konnten wir es gar nicht mehr aushalten, bis endlich auf dem Flur geschrien wurde: »Alle raustreten zur Weihnachtsfeier!« Schon das Treppengeländer ist festlich mit Tannenzweigen besteckt. Strohsterne weisen uns den Weg zur Feier, eine Etage tiefer. Aus der offenen Tür vom großen Unterrichtssaal schimmert die Nacht der Nächte in warmem Kerzenschein. Von allen Seiten strömen Ausbilder und Flakhelferinnen.

Zwischen Führerbild und Fenster reicht ein Tannenbaum bis an die Saaldecke, eine harzige, knorrige Kiefer. Da riecht man den deutschen Wald. Glitzernder Schnee aus Engelshaar liegt auf den Zweigen, wie Eiszapfen hängt in dicken Büscheln das Lametta. Nur die Zuckerkringel fehlen. Unsere Unterrichtstische sind zu langen, weißgedeckten Tafeln aneinandergeschoben. Vor jedem Platz steht ein bunter Teller mit Äpfeln, grauen Steinpflastern zum Zähneausbeißen und Persipankartoffeln. Endlich werden wir für voll genommen und bekommen Rotwein zu trinken. Ausbilder und Führerinnen sitzen vor dem Christbaum. Das Kokeln mit Tannenzweigen vom Tischschmuck ist verboten.

Die Feier beginnt. Der Leutnant Weinreich steht auf und erhebt sein Glas: »Der langen Rede kurzer Sinn: Auf die Kriegsweihnacht neunzehnhundertundvierundvierzig!« — »Und auf den Endsieg!« übertönt ihn die Ilsedore Schlegel. »Das Ende kommt bestimmt«, kontert der Leutnant. »O Tannenbaum, o Tannenbaum . . .«. Für uns unsichtbar haben sich die Kartuschenschrammeln im Flur aufgestellt. Weihnachtstrunken singe ich mir die Seele aus dem Leibe. Beim anschließenden Weihnachtsliederpotpourri beknien wir die Käthe Busse: »Los, jetzt!« Bis die sich so zum Leutnant Weinreich hintraut, um ihm im Namen von uns allen ein flaches, liebevoll eingewickeltes Päckchen zu überreichen. Endlich steht sie linkisch vor ihm: »Von unserem Zug, Herr Leutnant. Fröhliche Weihnachten.«

Vor Freude wird der Leutnant ganz rosig. Das schmeichelt ihm mächtig. »Ganz reizend. War doch aber nicht nötig.« Gespannt verfolgen wir, wie er mit unegalen Fingern ewig an der goldenen Schleife rumknüppert, sie schließlich fahrig abreißt und das schöne, bunte Papier zerknüllt. Zum Vorschein kommt eine rosa Pappe, auf der mit großen Gummistichen ein himmelblaues Puppenbabyjäckchen mit passender Strampelhose, ein Puppennuckel und eine Babyflasche voll Liebesperlen angeheftet sind. Verständnislos schüttelt er den Kopf, winkt uns aber ein kurzes Danke. Entweder ist er ein doller Schauspieler oder so begriffsstutzig, daß er mit unserer symbolträchtigen Babyausstattung nichts anzufangen weiß. Bedeutungsvoll drehen wir uns alle nach der Heide Döbling um, bei der schon das zweite Mal die Periode nicht gekommen ist.

Im Saal erscheint jetzt ein Weihnachtsengel. Das traditionelle, fließende Engelsgewand ist, der Zeit entsprechend, modern ausgefallen, ohne Flügel, das kurze Röckchen läßt tief blicken, und die nackten Schultern, in ihrer ganzen Fleischeslust, verhunzen das Engelhafte restlos. Wo man hinsieht, Stoffknappheit. Nur das blonde Haar, das in Wasserwellen über die Schultern fließt, ist, ist noch von gestern. Die Lisa Wörrach, die den Engel darstellt, ruft zu den Kartuschenschrammeln in den Flur raus: »Die Nacht bitte!« Ergriffen zerdrücke ich mit der Zunge meine letzte Persipankartoffel. Jetzt kommt das schönste und wohl auch deutscheste aller Weihnachtslieder: »Stille Nacht, heilige Nacht«. Die Lisa Wörrach schnipst dreimal mit den Fingern und singt: »In der Nacht ist der Mensch nicht gern alleinä ...«. Dazu tanzt sie mit ungarischem Paprika à la Marika Rökk. Bei dem Wort »alleinä« streckt sie uns keß den Hintern raus und zieht ihn mit sinnlicher Porolle wieder ein. Schnalzen, Steppeinlage, »Mondenschei-nä, Sie wissen, was ich mei-nä«. Podex, Schnalzer, Hacke, Spitze, Hacke. Zum Schluß schmilzt die Lisa Wörrach zusammen und vergeht schneeflockengleich auf dem Boden, eine erschöpfte Primaballerina. Die Soldaten toben und trampeln. Und dann übt auch noch der Leutnant Weinreich Verrat an deutscher Weihnacht: »Alle mal herhören! Ganz intern, unter uns, es ist jetzt Tanzerlaubnis, aber nur im Treppenflur, damit der Baum nicht umkippt.«

*

Wir Horcher kommen geschlossen nach Baden bei Wien zum Horcherlehrgang. Anschließend geht es in die Stellung. Bis dahin wollen wir noch Wien erobern, das gleich vor der Barackentür des Ausbildungslagers liegt. Die Koffer sind schon gepackt, wir grüßen uns nur noch mit »Servus«.

Bis gestern bin ich ganz futsch gewesen, daß wir nach Wien kommen sollen, der historischen Walzerstadt mit ihrer verstaubten

Kaisertreue, deretwegen die Wiener noch immer keinen Adolf-Hitler-Schmarren haben. Aber gestern bin ich zufällig an eine Mädelgruppe geraten, die gerade frisch aus Baden bei Wien kam und auf der Durchreise zur Stellung in unserer Kaserne übernachtete. Seitdem weiß ich, daß die Wiener-Walzer-Platte einen Sprung hat. Mörderischer Dienstplan, vor nichts kann man sich drücken, verwanzte Baracken, kein Stadtausgang, wodurch Wien in unerreichbare Ferne rückt, das Essen unter aller Sau und die Führerinnen scharf wie Kettenhunde. Auf irgendeine Art muß ich in Stralsund bleiben.

Sofort habe ich eine Eingabe verfertigt; mit kurzer Angabe zu meiner Person und der dringenden Bitte um persönliche Aussprache, Baden bei Wien betreffend, habe ich sie dann noch am selben Abend im Büro vom Leutnant Weinreich abgegeben und mit längerer Bearbeitung auf dem Dienstweg gerechnet. Nun bin ich ganz erschlagen, daß ich mich jetzt schon unverzüglich beim Leutnant Weinreich melden soll. Paßt mir aber ganz gut, weil ich dadurch vom Geländemarsch befreit bin. Das Dumme ist nur, der frühe Termin trifft mich völlig unvorbereitet. Das Putnullchen, das sich mir gegenüber als Chefsekretärin aufspielt, flötet, kaum daß ich da bin: »Herr Leutnant Weinreich läßt bitten.«

Im Dienstzimmer möchte ich am liebsten wieder kehrtmachen. Nach einem kümmerlichen »Heil Hitler« verhalte ich mich abwartend. Es irritiert mich, daß der Leutnant Weinreich nicht alleine ist. Hinter dem Schreibtisch sitzt er mit noch zwei Uniformierten, deren Dienstränge ich vor Aufregung nicht ermitteln kann. Der ein Hauptmann sein könnte, ermuntert mich: »Sie sind doch sicher nicht hierhergekommen, um uns anzustaunen. So schön sind wir ja nun auch nicht. Na, mal raus mit der Sprache.« Ich weiß überhaupt nichts mehr. »Nehmen Sie sich doch den Stuhl da.« »Wir werden Sie schon nicht gleich abmurksen«, beschwichtigt mich der andere.

Baden bei Wien liegt mir in den Knochen, Stralsund zerbröckelt mir unter den Fingern, mir muß schnell etwas einfallen. An der Wand hinter dem Schreibtisch hängt der Führer neben Göring. Führer ist immer gut. Gewappnet mit dem Führer ist man unantastbar. Den Führer im Mund verschreckt man jeden. »Es ist nämlich so«, beginne ich, »ich soll doch nach Baden bei Wien, nicht? Wenn ich aber Horcher bleibe, verrate ich den Führer. Mit mir als Horcher wird der Führer im Luftkrieg eine Schlappe nach der anderen erleiden.« – »Sehr anerkennenswert, daß Sie sich so ins Zeug legen«, lobt mich der mutmaßliche Hauptmann. »Wenn Sie so unzufrieden mit sich sind, müssen Sie sich eben noch mehr am Riemen reißen.« – »Sie haben mich da mißverstanden. Der Führer muß sich auf mich verlassen können. Wenn ich noch länger Horcher bleibe, kann er das aber nicht.« Sobald ich den Führer erwähne, merke ich, daß ich dem Leutnant Weinreich jedesmal auf die Hühneraugen trete. Bin ich also auf dem richtigen Dampfer. »Ich kann es einfach nicht schaffen, das Brummen in die Mitte vom Hinterkopf zu kriegen. Das muß an der doppelseitigen Mittelohrvereiterung mit Lähmungserscheinungen am Trommelfell liegen, als ich vier war. Die Ausbildung in Baden bei Wien ist für mich ganz zwecklos. Damit ich dem Führer mit meiner ganzen Kraft dienen kann, muß ich woanders eingesetzt werden.«

Von meinen Enthüllungen ist der Leutnant Weinreich sichtlich mitgenommen. »Seit wann wissen Sie denn das da mit Ihrer komischen Gehörlähmung?« – »Erst in letzter Zeit ist der Groschen bei mir gefallen.« – »Und warum haben Sie das nicht sofort gemeldet?« – »Ehe ich nicht alles Menschenmögliche versucht hatte, wollte ich die Pferde nicht scheu machen.« – »Schon gut. Jedenfalls am Horchgerät versagt sie. Warum auch immer. Das hat ja dann keinen Sinn mit ihr. Meine Herren, ich glaube, wir können so herzzerreißend vorgetragenen Gewissensqualen nicht im Wege stehen. Mit Ihrem Einverständnis werde ich nach Rücksprache mit Stublikowski veranlassen, daß die junge Dame ans Flakrichtgerät kommt. Wir wollen doch nicht den Krieg verlieren.« Mit einem flotten »Heil Hitler« verabschiede ich mich an der Tür und warte noch einen Moment unschlüssig. Gequält sieht der Leutnant Weinreich von seinen Notizen auf, die er sich über mich gemacht hat. »Was ist denn noch?« – »Ich wollte noch fragen, kann ich dann hier in Stralsund bleiben?« – »Ja doch! Jetzt haben wir aber genug von Ihnen.«

*

Viele von uns glauben, daß es mit dem Krieg nicht so schlecht steht, wie es aussieht, weil die Führung sich den Luxus leisten kann, uns nach der Ausbildung für zehn Tage auf Urlaub zu schicken, bevor wir in die Flakstellungen einrücken müssen. Das zeugt nicht gerade von Schwäche.

Aufatmend fahre ich nach dem Wallfahrtsort Wartha, wo Mutti und Oma seit ihrer überstürzten Flucht aus Ostpreußen bei unserer schlesischen Freundschaft untergekommen sind. Als Urlauber muß man auf jedem Bahnhof aus dem Zug raus, um sich bei der Bahnhofskommandantur einen Stempel in die Urlaubspapiere drücken zu lassen. Ohne gestempelte Urlaubspapiere ist man geliefert und kommt nicht weit, bei den dauernden Kontrollen. Den halben Urlaub bin ich bestimmt auf Achse. Kurz vor Wartha macht mir eine Lehrerin im Zug angst, sie glaubt kaum, daß ich meine Mutter in Wartha noch antreffen werde. Dort sind sie schon alle im Aufbruch. Für alle Fälle kritzelt sie mir ihre Adresse auf einen Tütenzipfel. Glücklicherweise brauche ich sie aber nicht zu beanspruchen.

Am Haus von unserer schlesischen Freundschaft kommen die ganzen Leiterwagen mit dem Flüchtlingselend vorbei. Trostlos, dieses Pferdeschnauben und Wiehern, in eine ungewisse Zukunft. Die armen Kreaturen ziehen ganze Wohnungseinrichtungen mit Biedermeiersofas, aufgebundenen Fahrrädern und Baldachinen aus Perserteppichen. Wer Gutsherrschaft war, kann man sofort rauskennen. Die lassen sich pelzvermummelt in standesgemäßen Kutschen durch den schlesischen Winter kutschieren. Bei dem Gewühl auf der Straße ist es schwer, das Haus, in dem Mutti und Oma evakuiert sind, gleich zu finden. Es ist nicht mal abgeschlossen. Unsere schlesische Freundschaft sind vertrauensselige, wohlhabende Fuhrunternehmer. Schon im Flur unten höre ich meine Oma eine Treppe hoch mit der Mutti rumregentern: »Lilo, du solltest doch die Backpflaumen heute noch nicht einweichen! Sind das unsere Liesen, Lilo? Rechts das Päckchen? Woher hast du denn die schönen Liesen? Gestrichene anderthalb Pfund sind das mindestens. Soll ich sie gleich auslassen, Lilo?«

Tief bewegt schleiche ich die Treppe hoch. Meine Oma will gerade dringend zur Toilette. »Lilo, unser Mädel! Nein, so was! Bist du entlassen?« Bißchen entfremdet küssen wir uns dann, und sowie meine Mutter aus der Stube kommt, hakt sie mich gleich unter, wie in alten Zeiten. Einen dreiviertel Kopf kleiner als sie bin ich noch immer. Woher ich denn komme, und wie lange ich bleibe, will sie wissen.

Drei Tage später liege ich dann im Sterben, in einem innen angerauhten, blauen Flanellhemd von unserer schlesischen Freundschaft. Wenn ich mal fiebere, dann gleich gefährlich. Ich habe ständig Durst und verfalle zusehends. Nachdem meine Temperatur beinahe auf 42 Grad angestiegen ist und ich schon zeitweilig irre phantasiere, rennt meine Mutti verzweifelt nach einem Arzt rum. Der einzige Doktor, den es noch gibt, ist nicht zu erreichen, bleibt nur noch ein Lazarettarzt, der für mich als Wehrmachtsangehörige auch zuständig ist. Sobald er kann, will er vorbeisehen. Ich bin ja nicht mehr transportfähig. Schweißgebadet warte ich auf ihn und trinke dabei ein Glas eingemachte Birnen von unserer schlesischen Freundschaft aus.

Ich habe mich schon aufgegeben und starre hoffnungslos zur Tür, die sich plötzlich langsam bewegt. Herein tritt ein würdiger, ernster Mann von marmorner Blässe in einem langen, schwarzen, faltenreichen Gewand. Der Tod persönlich. Nun ist es soweit. Erde zu Erde, Asche zu Asche! Der Tod hat gelackte, schwarze Locken, dicke Engelsbäckchen und einen runden, leichenweißen Kragen. Feierlich malt er über mein müdes Haupt das Kreuzeszeichen in die Luft, um mich für die weite Reise zu segnen. Nichts von Todeskampf ist in mir, kein Hadern, nur unendlicher Friede und Sehnsucht nach Auferstehung. Wie ausgedörrt ist meine sterbliche Hülle, ich habe die Welt fast schon überwunden, ein letzter Blick noch zu dem schwarzgekleideten, ehrwürdigen Mann, der himmlisch lächelnd dabei ist, mir das Lebenslicht auszublasen, da soll ich doch verdammt sein! Der für das sechste Kriegsjahr erfreulich vollgefressene Bauch des Todes macht mich noch in meiner letzten Stunde neidisch, daß es dort oben keine Lebensmittelkarten gibt. Über dem Bauch des Mannes wölbt sich eine breite, schwarze Schärpe, edel fallen die Falten am Rock des Gewandes, und diese klotzige Stirn mit den hohen Denkerecken, die bald das halbe Gesicht ausmacht, kommt mir so bekannt vor. Woher bloß? Das ist es also: Feinfühlig, um mich nicht zu erschrecken, kommt der Tod aus dem Jenseits taktvoll zu mir in Gestalt vom Pater Rösler, jenes Redemptoristenpaters also, mit dem sich meine Mutter seinerzeit im Bett zusammen vom Selbstauslöser hatte fotografieren lassen, woraufhin der Heia Erpresser werden wollte. Daß der Tod sich gerade die Person dieses Paters auserwählt hat, ist naheliegend. Denn der Pater Rösler lebt ja in Wirklichkeit schon längst im Kloster von Wartha, und meine Mutter gibt sich als seine Kusine ersten Grades aus. Wegen eines schweren Nierenleidens ist er nicht eingezogen. Behutsam streicht mir die geborgte Gestalt vom Pater Rösler das naßgeschwitzte Haar aus der Stirn und geht wehmütig zur Tür. Junges Leben holt sich schwerer ab. Wo die Jahre noch nicht ran sind, hat der Knochenmann zu buckeln. Gebrochene Jugendkraft wiegt doppelt. Die Weihe des Todes erfüllt das Zimmer. Pietätvoll ziehe ich mir mein hochgerutschtes Hemd über alles Sündige. Der Flanellstoff hat sich mit meiner rätselhaften Krankheit gierig vollgesogen. Bevor der Schweigsame geht, winkt er mir stumm, als wollte er mir bedeuten: Komm Renate, es ist Zeit für dich! Ich bleibe aber ganz normal liegen und werde nicht von geheimnisvollen Kräften hochgehoben. Der Tod hat mich zurückgelassen. Leise klinkt die Tür ein, und da dämmert es mir: Ich hatte im Sterben gelegen und die Krisis zugunsten des Lebens überwunden. Nun erst bekomme ich schreckliche Todesangst, daß es womöglich der richtige Pater Rösler gewesen sein könnte, der mich heimlich, aus dem Hinterhalt, mit der letzten Ölung gesalbt hat, damit ich nicht so brutal erfahren soll, wie es um micht steht. Ich habe mich schon gerettet geglaubt, und dabei geht es vielleicht jetzt erst richtig zu Ende mit mir.

Sekunden später wird die Tür aufgestoßen und der langerwartete Militärarzt marschiert an mein Bett, gefolgt von meiner völlig durchgedrehten Mutter. Ein Kind verliert man schließlich nicht alle Tage. Mit weizenblonder Zuversicht steht der Uniformierte strotzend über mir, Gehorsam, Glaube und nie wankende Treue zur Sache eingesackt im Doppelkinn.

Erschütternd schildert meine Mutter dem strammen Doktor, daß ich vor Schwäche schon tagelang keinen Bissen mehr runterbekommen hätte. Nur eingeweckte Birnchen wären gerutscht. Wie soll ich da wieder zu Kräften kommen? Deshalb soll er mich mal so was Ähnliches wie wehrunfähig schreiben. Es lohnte sich doch auch gar nicht mehr, so'n Mädel in den Tod zu schicken. Und wer weiß, ob man sich dann jemals wiederfände. »Sein Sie mal kein Unmensch, Herr Doktor!«

»Wie soll ich das verstehen?« quäkt er und will im Interesse von meiner Mutter nur hoffen, daß er sich da eben verhört hat. Energisch reißt er mir die Zudecke weg, eine dunstige Hitzewelle steigt ihm entgegen, Hemd hoch, und grob knetet er mir den Bauch, obwohl ich meine Tage habe. Dann horcht er mir den Brustkasten ab. Befund: »Das Mädel ist eine junge, kräftige Stute und zehnmal einsatzfähig.« Der Pferdeschlächter! »Bei der Konstitution würde ich sie sogar noch mit dem Kopf unterm Arm an die Front schicken. Heil Hitler!«

*

Genau in der Mitte zwischen Schweinfurt und Würzburg liegt meine Feldpostnummer: Zwölf siebzehn Strich drei fünfundneunzig. Mit keiner Silbe darf ich den Namen meines Standortes nach Hause schreiben. Das weitverzweigte Netz der Flakstellungen ist Kriegsgeheimnis. Wir befinden uns direkt in der Einflugschneise des Feindes und müssen alles aufbieten, um ihn nicht, über unsere Köpfe hinweg, tiefer in das Reich reinzulassen.

Zu dreizehn Figuren, plus Führerin, sind wir dieses Wochenende in Gernoltshausen angekommen. Die Stellung etwas außerhalb des winzigen Dorfes übersieht man glattweg, so ist sie dem hügligen Wiesengelände mit dem spärlichen Baumbestand angepaßt. Die zwei armseligen Bretterbuden, in denen wir hausen, hält man für Schuppen, und die schwergetarnten Flakgeräte sind von oben bestimmt nicht auszumachen.

In der Waschbaracke ist die Wasserleitung eingefroren. Falls jemand trotzdem Wert auf Waschen legt, kann er sich jeden Morgen eine Waschschüssel voll Schnee schaufeln und sie auf einen von den bullernden Eisenöfen stellen. Dann hat er Wasser. Er kannt es sich aber auch einfacher machen und den nackten Oberkörper draußen mit Schnee abrubbeln.

Wir wohnen schrecklich beengt. Die Strohsäcke, auf denen wir schlafen, sind lausig gestopft. Jedes Mädel muß seine Klamotten im Koffer unter dem Bett lassen. Vom Bullerofen, genau in der Barackenmitte, knallt die Hitze nur, wenn man nicht dransteht und dauernd nachlegt. Eine Scheibe Brot auf dem Ofen geröstet schmeckt mit Salz bestreut nach Gänseschmalz. Für Feuerung müssen wir selbst sorgen.

Ehe man vom Schlafraum ins Freie kommt, muß man durch einen Windfang. Da pennt neben unserem zweiten Bullerofen die Führerin auf einem Sofa, aus dem die Eingeweide quellen.

Meine Umschulung zum Flakrichtgerät war genau richtig. Hier bin ich bei Bombenhagel nicht verdonnert, wie eine hilflose, kleine Perle in einer Riesenmuschel mein Ende abzuwarten, eine Zielscheibe auf dem Präsentierteller, in strahlendes Scheinwerferlicht getaucht. Der sachliche Apparat in Taillenhöhe ist handlich, schießt nicht, speit keine Lichtkaskaden in die Nacht, und die Armaturen sind deutlich zu entziffern. Am Flakrichtgerät muß ich mir nicht eigenhändig geradewegs in den Himmel leuchten. Flammt der Scheinwerfer nicht auf, schweigt das Geschütz, wird kein Strom gespendet, hat man sofort die Verantwortlichen beim Wickel. Wenn ich aber aus Sicherheitsgründen mein Gerät einen Augenblick nicht bediene, weil ich kurz mal in Deckung gelegen habe, ist das nicht gleich so zu merken. Im übrigen werde ich dem rätselhaften Kasten schon noch auf die Schliche kommen. Dann aber!

Unserer Feuertaufe fiebern wir natürlich entgegen. Beim soundsovielten Abschuß bekommen wir das Eiserne Kreuz zweiter Klasse verliehen. Damit werde ich dann im Urlaub groß angeben.

Seit wir hier sind, kann Gernoltshausen im Schutz unserer Stellung beruhigt schlafen und ausgeruht seiner Arbeit nachgehen, gestört nur von ein paar feindlichen Tieffliegern am Tage, die sich einzelne Bauern und Viecher aufs Korn nehmen. Meistens verfeuert der Tommy seine Munition aber blindwütig. Der Bauer aus dem Nachbarort, den der Tommy am Waldrand erwischt hat, war ein Zufallstreffer.

Die Gernoltshausener haben uns sofort in ihre Herzen geschlossen. Wenn wir durch den Ort gehen, spüren wir es an vielen Kleinigkeiten, wie stolz die Bauern sind auf ihre Beschützer. Diese schlichten Arbeiter der Faust haben ihre eigene Flakstellung mit einer hübschen 14nerschaft als kleine Privatarmee. Kaum lassen wir uns in Gernoltshausen sehen, gehen an den niedrigen Fenstern der alten Bauernhäuser verstohlen die Gardinen zur Seite. Will doch jeder einen Blick auf die werfen, die selbstlos ihr Leben einsetzen, auch für die Zukunft dieses Dorfes. Immer wieder begegnen wir alten Bauern, die respektvoll, hinter vorgehaltener Hand einander zutuscheln. Sollen wir wohl nicht so merken, wie sie uns bewundern.

Jeder Gernoltshausener Familie ist es eine Ehre, daß der Staat ihr eine Flakhelferin als Kostgänger zugeteilt hat. In der Stellung ist Kochen nämlich unmöglich, und es gibt auch nahegelegen keine Kaserne, die uns betreuen könnte. Zum Essen gehen wir dreimal täglich. Die Bauern haben unsere ganzen Lebensmittelmarken.

Meine Leute heißen Firlingshofer und sind schon über siebzig. Der Kontakt, den wir pflegen, ist herzerfrischend. Die alten Leutchen sind so besorgt um mich als wäre ich ihre Enkelin. Schon wenn ich frühmorgens komme, steht die heiße Milch auf dem Küchentisch, und ich kann mir eingießen soviel ich möchte. Die fette Pelle, die oben rumschwimmt, haben sie mir extra übriggelassen. Die ist von der Milch das beste. Nach hiesiger Sitte muß man das hausgebackene Brot in die Milch bröckeln und auslöffeln, denn zum Beschmieren gibt es nichts.

Bevor ich in die Stellung lospese, betutteln mich die alten Firlingshofer und schwärmen, daß sie gleich gesehen haben, was für eine vernünftige Person ich bin. Den Abschied gestalten sie so innig als wäre es für länger. Können sie kein Ende finden, mir die Hände zu drücken und den Mund wässrig zu machen; auf ein schönes Stück Fleisch werde es ihnen in meinem Fall nicht ankommen, weil ich ja so patent bin und verständig. Hocherfreut lasse ich darauf einfließen, daß ich gegen ein ordentliches Stück Fleisch nichts habe, denn ich bin im Aufbau und schiebe ständig Kohldampf.

Mittags um eins bin ich das zweite Mal bei ihnen. Die Speckkartoffeln muß ich schlingen, weil ich nur knapp Zeit habe. Zehn Minuten laufe ich bestimmt rauf zur Stellung. Die Bauern hier sind sogenannte Apfelbauern, die ganze Chausseeränder voller Apfelbäume besitzen. Die Frauen mosten selber. Der Humpen Apfelmost, den ich zum Mittag vorgesetzt kriege, ist gar nicht zu schaffen.

Beim Abendbrot schmeckt der Apfelmost ganz anders, irgendwie schärfer. Vielleicht ist es ein älterer Jahrgang. Jedenfalls wirkt er kolossal belebend. Nachdem ich zügig ein anständiges Quantum geschluckt habe und von den Firlingshofers aufbreche, um mich in der Stellung für den eventuellen Alarm bereitzuhalten, ist mir so leicht, als würde ich nicht unter Umständen gleich in das Tal des Todes blicken. Ich bin kaum zu bremsen, dem alten Firlingshofer einen Kuß aufzudrücken. Die schwammige Erde vor dem Haus gibt trotz der Kälte nach, daß ich hinfalle. Bei den schlechten Bodenverhältnissen ist es verdammt schwierig, im Dunkeln Gleichgewicht zu halten. Lange winke ich noch zurück und rufe aus: »Seid getrost, Leute! Wir werden euch beschützen!« Unterwegs kommt mir die Chaussee entgegen, aber sobald ich den Fuß aufsetze, zieht sie sich zurück.

In der Stellung ist gleich der Teufel los. Unsere Führerin, die Marianne Dühlmeier, trompetet ins Gelände: »Achtung, Achtung! In zwanzig Minuten ist Probeleuchten, Probeleuchten in zwanzig Minuten!« Zum erstenmal wird es nun halbwegs ernst, und ich habe nicht mal Herzklopfen. Jetzt um sechs ist noch genügend Zeit, die Festbeleuchtung auszuprobieren, mit der wir dann den Tommy empfangen werden. Mein Flakrichtgerät steht etwa in der Mitte, weitläufig umgeben von den übrigen Geräten. Der Knotenpunkt des Ganzen aber ist mein Flakrichtgerät. Die Geschützstellung liegt mehrere hundert Meter weiter und ist von uns aus nicht zu sehen.

Ohne Aufforderung laufen wir, weil es Zeit ist, auf unsere Plätze. Die zweite Bedienung steht schon an meinem Kasten. Die Marianne Dühlmeier ist mit ihrer verquetschten Krähstimme wohl auch nur Führerin geworden, weil Not am Mann ist. Erfahrene Flaksoldaten gehörten her. Aber nur zwei betagte Unteroffiziere haben die ganzen Flakstellungen unter sich. Bis zu uns sind sie noch nicht gekommen. Die Beba Richter vom Maschinensatz hat heute vormittag wegen paar Unklarheiten in der Nachbarstellung mit ihnen verhandelt. Ihr Kommentar: Keine Männer zum Träumen.

Der Stimme nach zu urteilen rennt die Marianne Dühlmeier durch das Gelände und zerfleischt sich. »Licht an! Schweinerei! Warum wird nicht geleuchtet?« Kann ich dafür? Kein Stern am Himmel, weit und breit kein Haus zu sehen, nicht mal unsere Murksbuden. Die Landschaft ist eingelullt von wohltuender Dunkelheit. Unter dem schweren Stahlhelm werde ich noch Haarausfall bekommen. Heisere Schreie hin und her, der Maschinensatz rattert, Klirren und Klappern, und mit einem Schlag wird in unserem Abschnitt die Dunkelheit grell durchschnitten. Wir leuchten! Wie aus unergründlichen Tiefen taucht Gernoltshausen goldüberflutet aus dem Dunkel, reckt das schlichte Kirchlein seinen Glockenturm dem Licht entgegen, ich kann die Häuser zählen, die als stumme Zeugen dieses denkwürdigen Augenblicks im hellen Scheinwerfernebel baden.

Ebenso plötzlich erlischt Gernoltshausen wieder. Der kurze Spuk ist aus, und die Marianne Dühlmeier kreischt: »Verdammte Scheiße, was ist denn nun wieder los?«

*

Heute vormittag war der Soldat da, der für die Technik der ganzen Flakstellungen hier zutändig ist. Er war gerade in der Nähe beschäftigt und hat unseren Maschinensatz gleich mitverarztet. Nun können wir wieder leuchten.

Heute klappt überhaupt alles. Sogar Post von meiner Mutter habe ich bekommen. Ihre Schreibfaulheit kann ich nicht übelnehmen nach der Odyssee, die sie mit der Oma hinter sich hat. Meine Oma soll ja von den vielen Entbehrungen während der Flucht aus Schlesien so vom Fleisch gefallen sein, daß ihr das Gebiß nicht mehr richtig paßt. In den überfüllten Zügen ist ihr die Briefwaage in der Handtasche verbogen worden. Seitdem wiegt sie ungenau. Nach furchtbaren Strapazen konnte sie noch immer keine endgültige Bleibe finden. Die vielen Federbetten und Kochtöpfe auf den Leiterwagen machen meine Oma ganz einsilbig. Wenn sie diesen Brief in den Postkasten geworfen haben, werden sie versuchen, sich ins Württembergische durchzuschlagen, wo sie bis Kriegsende Omas ganzes Gespartes aufzehren wollen. Denn meine Mutti besitzt ja nichts als was sie auf dem Hintern hat. Sowie sie ihre feste Anschrift wissen, schreiben sie mir. Auch in Omas Namen küßt mich meine Mutti herzlich. Der Brief ist mir vom Durchgangslager nachgeschickt worden, denn meine neue Feldpostnummer konnte Mutti ja noch nicht wissen. Nebenbei gesagt, erhielt ich mit gleicher Post auch eine Nachricht von der Friedel Grollmann aus ihrem komischen Breetz bei Lenzen/Elbe. Wegen Vati korrespondieren wir lose. Sie schreibt, daß ich mich, nach dem letzten Bild zu urteilen, nett gemausert habe. Vom Vati weiß sie leider gar nichts. Das aber weiß sie: Mit der Wunderwaffe wird noch alles anders. Die V I war dagegen nur eine Kostprobe.

Abends habe ich den Firlingshofers aus dem Brief vorgelesen. Sie waren ganz erschüttert, daß ich zu Lebzeiten meiner leiblichen Mutter schon eine Stiefmutter habe. Es gab Maultaschen, gefüllt mit Fleischresten und Unmengen Apfelmost. Nach drei Humpen war ich so in Fahrt, daß ich zur Stellung losstürzte, weil mir plötzlich bewegende Verse über das entbehrungsreiche Leben in einer Flakstellung einfielen, die ich unbedingt zu Papier bringen mußte, bevor sie weg waren.

Nun dichte ich auf meinem Bett. In einen großen Gedanken hinein heult die Sirene. Fliegeralarm! Ganz schön taumlig vor Begeisterung greife ich nach meinem Stahlhelm. Der Augenblick ist gekommen, für den wir gelebt und gelernt haben. Wir rennen uns gegenseitig bald über den Haufen. Ich spurte an der lahmarschigen Scheinwerferbesatzung vorbei und das, obwohl ich aus Tarnungsgründen im Zickzack kurve. Am hochaufgeschütteten Scheinwerferwall, der behäbig um den Scheinwerfer herumliegt, werde ich schon wieder musisch, als ob mich der Alarm nichts anginge und rufe laut in die Nacht: »Erde, die du Leben keimen sollst, was türmst du dich zur Vernichtung!« Mit Anlauf renne ich den Wall hoch. Hinter mir sackt der Sand. Über dem trübschimmernden Schnee wölbt sich der Himmel als schwarzlila Käseglocke, wolkenbeschlagen, wie verschimmelt. Auf dem Wall breite ich die Arme aus und bin ein Segelflugzeug, das den Scheinwerfer umkreist. Schwerelos gleite ich meine Runden.

Inzwischen ist die Annemie Seibald von der Scheinwerferbesatzung auf den Wall gerobbt und hat mich am Bein erwischt. »Du besoffenes Schwein«, schimpft sie und zieht mich runter. »Reiß dich bloß zusammen, daß die Dühlmeier nichts merkt!«

Am Flakrichtgerät steht schon Gerda Louise Behrends und kommt mir genauso dämlich: »Bei Alarm besoffen ist glatter Hochverrat!« – »Wieso besoffen? Ich bin überhaupt nicht besoffen! Du bist nämlich besoffen! Wozu hältst du dich denn so am Gerät fest? Weil du nämlich sonst umkippst.« Ich will sie so richtig fertigmachen, da blitzt es. Schauerliches Grummeln ist urplötzlich überall um uns. Es geht los, und ich habe auf einmal keine Ahnung, was ich jetzt machen soll. Die Gerda Louise Behrends sieht so versteinert aus, als ob sie schon tot wäre. Am zuckenden Himmel über Würzburg zerplatzen Rauchwolken, feuerspeiend, fallen Weihnachtsbäume und kleine Sonnenbälle. Belfern und Donnern verstärkt sich bedrohlich. Der Himmel brennt über Würzburg. Türme und Dächer sind vom Feuerschein rotgold überzogen und verschwinden hinter puffenden Detonationswolken. Bis wir den Krach hören, fallen in Würzburg schon längst neue Bombenteppiche. Auch bei uns knallt es. Ist das unsere eigene Flak oder sind es Bomben? Über unsere Köpfe weg pfeift etwas Schreckliches. Sofort reiße ich die Gerda Louise Behrends in den Schnee runter. Aus Angst vor Granatsplittern kauern wir uns an die eisige Wand des Gerätes. Würzburg wird von Lichtkegeln umwedelt, die sich suchend am Himmel kreuzen. Alle Scheinwerfer hier in der Gegend leuchten. Außer unserem. Oder doch nicht! Wir flackern! In dieser Rummelplatzbeleuchtung sehe ich die Jolanda Fieholz mit der Sonja Köppke wild auf unserem Horchgerät Karussell fahren, und Gernoltshausen wackelt in dem fahrigen Licht, als ob es so besoffen ist, wie ich sein soll. Doch Gernoltshausen verblaßt gleich wieder. Unser Scheinwerfer gehört auf den Schrott. Plötzlich ist Ruhe. Unheimlich. Nur Würzburg verbrennt. Wir trauen aber dem Frieden nicht und bleiben in Deckung. Und tatsächlich, ein leises Grollen verstärkt sich gespenstisch. Die zweite Welle ist im Anflug. Jetzt beharken sie Würzburg schlimmer als vorher. Die Gerda Louise Behrends hat Sodbrennen und vergräbt ihr Gesicht in meinem Schoß. Alle Geschützrohre der Gegend feuern. Salve Maria! Infernalisch! Wir liegen lang ausgestreckt, an den Boden gepreßt, daß wir flacher und schmaler werden, damit wir Schnee sind, verharschte Erdkruste, nichts weiter. Wie unter Zwang riskiere ich mit der Zeit doch einen Blick. Direkt über uns haben die Scheinwerferbalken ein Flugzeug erfaßt, lassen die große Fliege nicht mehr frei, bis sie zerplatzt und als qualmende Flamme vom Himmel trudelt. Begraben unter Flugzeugtrümmern, im Namen des Vaters und des Sohnes ... Das Schicksal war uns gnädig. Das Flugzeug ist woanders runtergegangen. Auf den Schreck pinkelt sich die Gerda Louise Behrends in die Kombination, und ich habe Dünnschißgefühle und keine Spucke mehr. In der abgeschossenen Kiste saßen eben noch lebendige Söhne, die Zahnschmerzen hatten und Käsefüße. Mir wird klar, nicht mal anglo-amerikanische Söhne kann ich umbringen. Mit keinem Finger rühre ich das Flakrichtgerät an. Dadurch ist mein Gewissen in einer Zwickmühle. Lasse ich den Feind unbeschadet durch, zerbombt er Berlin, Stettin und Hamburg, legt halb Deutschland in Trümmer, und ich bin mit schuld, daß unsere Mütter und Kinder unter Phosphorregen zu Zwergen schrumpfen, von denen ein Dutzend in einen Sarg reingehen. Ich schlage zehn Kreuze, weil Mutti und Oma nicht mehr in Berlin sind. Ist nur gut, daß ich nicht geschworen habe. Zum Töten bin ich zu mütterlich veranlagt. Hätten sie bei unserer Erziehung das Muttertum nicht so verherrlichen dürfen!

*

In der grauenhaften Nacht gestern sind mir meine ganzen Energien verbrannt. Heute könnte ich glatt für drei frühstücken. Die Menschen hier sind wortkarge Bauernschädel. Auf ganz einfache Art drücken sie ihren Dank aus. Als Anerkennung für meinen nächtlichen Einsatz bekomme ich zu Milch und Brot drei Scheiben Schinken. Zum Mittagessen versprechen mir die Firlingshofers Leberknödel in Markbrühe, als Nachtisch Butterkuchen. Ein viertel Blech davon darf ich mit rauf in die Stellung nehmen. Haben sie wohl gar nicht gemerkt, daß unser Scheinwerfer gleich am Anfang ausgefallen ist. Bißchen feiern lasse ich mich ganz gern, lege aber keinen Wert auf überschwengliche Lobhudelei. Rührend bemüht sich der alte Firlingshofer, paar passende Worte zu finden. Mein Gott, so einfache Leute, die nie aus ihrem Dorf rausgekommen sind! Von mir aus kann er seinen Dank voll in Naturalien abstatten. Wir sitzen am Küchentisch, er mit milchverklatertem Schnauzbart, sie breitarschig und bedrückt. Durch die ehrerbietige Haltung der Firlingshofers mir gegenüber will die gewohnte Herzlichkeit nicht aufkommen. Bescheiden sage ich: »Ach, das war ja gestern noch gar nichts. Wir müssen uns erst richtig einschießen. Außerdem hatten wir Pech mit dem Scheinwerfer. Aber beim nächsten Mal sieht das anders aus. Da werden sich die Tommys aber wundern.« Ich weiß gar nicht, womit ich die Firlingshofers so verschreckt habe. Sein kleines Greisengesicht ist bei meiner Rede immer mehr verschrumpelt. Sie hat krampfhaft die unruhigen Hände im Schoß gefaltet. »Sehen Sie mal«, quält er sich ab, »wir hatten doch wegen eurer Stellung frühmorgens schon eine Bauernversammlung.«

Das verwerfliche Gedankengut, das er dann umständlich vor mir ausbreitet, entsetzt mich. Was er mir zumutet ist so ungeheuerlich, daß er sofort erschossen wird, wenn ich den Mund aufmache. Mein kreuzbraver Firlingshofer, lieb und einfältig, Horizont bis zum Dorfausgang, will mich zur Sabotage verleiten. Kopf ab! Ich soll dafür sorgen, daß wir um Gottes und des Dorfes willen nicht mehr leuchten. Schon durch das bißchen Licht, das wir angemacht haben, ist Gernoltshausen in der Nacht weithin sichtbar gewesen. Wir sollen es bloß im Dunkeln lassen und den Feind auf das Dorf nicht noch aufmerksam machen. Solange die alte Stellung verwaist war, fühlten sich die Gernoltshausener sicher. Jetzt sind die Bauern vor Angst alle aus dem Häuschen. Wenn wir nicht leuchten, werden sie sich erkenntlich zeigen. Er fleht mich an, er bettelt, er will doch nur sein Haus und sein Dorf retten, er ist zu alt, um noch einmal von vorn anzufangen.

Nach dem verzweifelten Ausbruch ist es furchtbar still in der Küche. Alte Tränen sind so schrecklich. Zwei alte Menschen zittern um ihre Habe, und ich protzige Jugend will ihr gutes Essen, ihre Wärme, aber um nichts in der Welt etwas dafür wagen. Aus Mitleid verspreche ich großspurig: »Wir werden das schon irgendwie deichseln. Wenn es soweit ist, komme ich Bescheid sagen. Das werden Sie dann ja auch merken.« – »Mädelchen!«

schluchzt die alte Firlingshofer, und er tätschelt mir dankbar die Backe. Total fertig gehe ich nach draußen. Die saukalte Luft ist eine Wohltat.

Am Dorfende laufe ich geistesabwesend der Beba Richter vom Maschinensatz in die Arme. Mit einem Blick erkennt sie: »Ich sehe schon, sie haben dich auch bekniet.« – »Mir ist ganz schlecht«, jammere ich. – »Nun mach' mal halblang«, sagt sie, »die Leute haben ja recht. Wie hell das ist, wenn wir den Scheinwerfer anmachen, hast du ja gesehen. Daß die Bauern uns immer Schnaps in den Most gekippt haben, damit wir besoffen sind und nicht leuchten können, ist dir vielleicht schon mal aufgefallen. Wenn wir leuchten, ist auch unsere Stellung so schön zu sehen, daß die da oben uns alle einzeln abknallen können. Und Nate, wir haben doch noch nie gefickt.« – »Ist ja richtig. Aber wir können gar nichts dagegen tun. Oder es ist Sabotage und kann uns den Kopf kosten.« – »Quatsch, da müssen nur Fachleute ran. Wozu bin ich am Maschinensatz. Laß mich nur machen. Aber Schnauze halten, sonst wackelt die Rübe.«

Die Ernährung, die uns die Bauern jetzt angedeihen lassen, ist friedensmäßig. Wie ich es so abschätze, haben sie sich aber nicht bei allen Mädchen von uns zu sprechen getraut. Jedenfalls macht keine den Mund auf, niemand weiß etwas, aber die wenigsten erbosen sich über unseren verrotteten Maschinensatz, der dauernd ausfällt. Weil wir mit der Elektrizität nicht so beschlagen sind, müssen wir auf die Fachleute warten, und die sind so überlastet, daß sie manchmal tagelang nicht kommen. Haben sie ihn dann mühsam repariert, müssen wir gleich wieder anrufen. Auf der Kommandantur stehen sie vor einem Rätsel. Von anderen Stellungen sind schon welche für das Eiserne Kreuz eingereicht worden. Die Marianne Dühlmeier schämt sich in Grund und Boden. Nicht ein Abschuß! Aber für das schlechte Material können wir ja nun wirklich nichts. Sollen sie nicht so alte Krücken aufstellen. Mit der Beba Richter, die schon voll entwickelt ist, bin ich jetzt dick befreundet. Sie sagt, sie ist fickreif. Wir haben uns ausgemalt, wie das sein muß. So ähnlich wie alleine, bloß noch schöner. Wenn wir im Einsatz dran glauben müssen, haben wir bestimmt was versäumt.

Auch die Nächte ohne Alarm sind grausam. Die Geräte müssen wegen Spionage und Sabotage bewacht werden. Angezogen hauen wir uns auf die Betten und können keine Nacht durchschlafen. Mitten aus dem schönsten Traum wird man gerissen, und halberfroren steht eine vermummte Gestalt am Bett: »Jetzt bist du dran!« Alle zwei Stunden ist Wachablösung. Bettwarm und wie benebelt schiebt man dann in der Eiseskälte draußen Wache. Ein großes Gebiet müssen wir abmarschieren, an sämtlichen Geräten vorbeikommen, kontrollieren und unaufhörlich die Runde machen. Ich bin immer völlig geschafft, wenn ich die schwarze Nacht durchgeistere, ganz allein auf der Welt. Nicht Menschen fürchte ich, sondern Ratten und Mäuse. Bewegt sich irgendwo was, werde ich wahnsinnig. Und was wird erst, wenn der helle Schnee wegschmilzt, der wenigstens noch bißchen Licht gibt?

Mit der Beba Richter zusammen habe ich mir überlegt, daß niemand merkt, wenn wir nicht die ganze Strecke abgehen. Ohne Waffe ist das sowieso Quatsch. Nicht mal eine 08 haben sie uns gegeben. Der Marianne Dühlmeier ist ihre Nachtruhe heilig, falls am Himmel mal Ruhe herrscht. Und mit einer Inspektion von der Kommandantur ist nachts bestimmt nicht zu rechnen. Die hohen Herrschaften werden sich doch ihre Hintern nicht verkühlen. Bisher waren erst einmal mittags um elf drei Offiziere da, die sich ziemlich uninteressiert bei uns umsahen und schleunigst wieder wegfuhren. Dafür hatten wir tagelang die Apparate geputzt und Alarm geprobt.

Seitdem friere ich immer auf der einzigen Stufe von unserem Bretterschuppen und bilde mir ein, dort ist es windgeschützter. Außer daß ich mir kurz mal die Beine vertrete und mich warm schlage, rühre ich mich die zwei Stunden nicht vom Fleck.

Tagsüber bin ich auch nicht gerade auf Rosen gebettet und muß mich vor der Christel Gutschlig in acht nehmen. Bei ihr bin ich angeeckt, weil ich mir aus meiner grünen Wolldecke, die wohlgemerkt mein Privateigentum ist, so nach und nach einen Rucksack nähe, falls wir flüchten müssen. Das hat sie natürlich gleich der Marianne Dühlmeier gesteckt, die mich anwütete: »Das ist Defätismus! Wehrkraftzersetzung! Hier wird nicht geflüchtet!« Mit meinem Rucksack untergrabe ich die Moral in der Stellung. Jetzt muß ich im Bett, unter der Zudecke, weitersticheln. Statt Haken, die ich nicht auftreiben kann, mache ich mir ein Halterungssystem aus Knöpfen. Die Idee mit dem Rucksack ist mir gekommen, als ich zufällig in meinem Kram ein Bild von meiner ehemaligen Klassenlehrerin, Fräulein Meyer, fand, die uns mit auf den Lebensweg gegeben hat: Man darf nicht mehr besitzen, als man im Rucksack wegtragen kann. Dann hat man nichts zu verlieren.

Auch sonntags muß die Stellung besetzt sein. Ausgang gibt es immer nur für zwei von der Belegschaft, und um sechs Uhr haben wir uns zurückzumelden. Heute darf ich weg, die Beba Richter eigentlich nicht, sie hat aber mit einer getauscht, der es egal war. Dadurch können wir zusammen nach Altensiechen ins Kino gehen. Das sind zweimal stramme anderthalb Stunden Fußmarsch. Um pünktlich wieder in der Stellung zu sein, müssen wir es unbedingt zur ersten Vorstellung schaffen. Deshalb haben wir auf das Mittagessen verzichtet. »Auf Wiedersehen, Franziska« mit Hans Söhnker gibt es.

Wenn man den Weg nicht abkürzt, kommt man im Dunkeln an. Zweimal gehen wir frech mitten durch fremde Gehöfte. Wir laufen über Felder mit dreckigen Schneeresten und vielen Gräben. Das Wetter geht für die Jahreszeit. Wir treffen keinen Menschen. Halten sie wohl alle Mittagsschlaf. Bei der Gelegenheit lüften wir uns mal ordentlich die Lungen aus.

Wir haben bereits ein gutes Viertel des Weges hinter uns, da bleiben wir verdutzt stehen. Dann liegen wir auch schon lang. Badadadadadada. Zwei feindliche Tiefflieger benutzen uns als bewegliches Übungsziel. Vier Meter neben uns zerlöchern sie den Acker. Bis zum Wäldchen haben wir noch sechzig Meter. Sie sind über uns weg. Wir springen hoch und stürzen auf die Bäume zu. Sie haben gedreht und kommen jetzt vom Wäldchen. Badadadadadada, sie schießen mit Leuchtspur. Man sieht genau wo sie hintreffen. Dieses Mal liegt die Garbe zwei Meter zu weit rechts. Noch zwanzig Schritte und wir haben es geschafft. Nun kommen sie wieder von der anderen Seite und beharken das Wäldchen. Badadadadadada. Auf wehrlose Frauen! Diese Schweine! Aber dann sehen sie ein, daß sie uns nicht erwischen können und drehen ab. Nicht mal eine richtige Todesahnung haben sie bei uns zustande gebracht, wo blitzschnell das ganze Leben noch einmal vor dem geistigen Auge abspult.

Wir sind sagenhaft mistig durch die vielen Flachen, die wir gemacht haben. Aber mit dem Sauberklopfen nehmen wir es nicht so genau, weil wir sonst zu spät ins Kino kommen.

*

Unser Kampf mit den Tieffliegern hat in der Stellung nicht den richtigen Eindruck geschunden. Nur die alten Firlingshofers haben sich vor Schreck bekreuzigt.

In der Stellung hat uns die Jolanda Fieholz den großen Auftritt verpatzt. Plötzlich war sie mit ihren ganzen Habseligkeiten verschwunden und natürlich Tagesgespräch. Nach dem Mittagessen beim Bauern gab es von ihr keine Spur mehr. Genaues weiß man nicht, aber sie soll so geschlechtsreif gewesen sein, daß sie nicht mehr entsagen konnte. Schon lange soll sie mit einem Flaksoldaten, Geschützkanonier oder so was, rumgeknutscht haben. Und der soll auch abgehauen sein. Die Suchaktion nach den beiden soll schon laufen. Dem engmaschigen Netz entkommt keiner. Dauernd werden die Zugwaggons durchgekämmt, auf Wegen und Straßen wird man alle naselang angehalten: »Papiere vorzeigen!« In meiner Achtung ist die Jolanda Fieholz aber mächtig gestiegen. Die Zivilcourage hätte ich ihr nicht zugetraut. Gut entwickelt war sie ja. Den kleinen Hund, den sie uns angeblich von ihrem Bauern als Maskottchen mitgebracht hat, soll sie in Wahrheit als Unterpfand der Liebe von dem Flakkanonier bekommen haben. Er soll mit ihr Ehebruch getrieben haben und zu Hause sitzen mindestens fünf Kinder von ihm. Aber körperlich soll die Jolanda Fieholz die Erfüllung für ihn gewesen sein. Alles soll sich bei den beiden nur auf der untersten Ebene abgespielt haben. Laut Befehl von der Marianne Dühlmeier ist die Jolanda Fieholz, zur Zeit auf Fahnenflucht, für uns gestorben, und wir dürfen ihren Namen nicht mehr aussprechen. Das letzte Wort über sie hat das Kriegsgericht. Das uns als Warnung! Die Jolanda Fieholz ist schon so gut wie verhaftet. Über Schweinfurt wird sie nicht rauskommen.

Nach diesem bewegten Tag bin ich im Bett ganz gerädert und kann nicht einschlafen. Die Jolanda Fieholz liegt mir auf der Seele. Ich sehe sie schon kopflos. Immer, wenn ich ein Anliegen habe, werde ich streng katholisch. So ist es mir Christenpflicht, die Jolanda Fieholz unserer Lieben Frau, der Gottesmutter, zu empfehlen: »Heilige Mutter Gottes, zu Dir flehe ich, daß Du Dich bei Deinem Sohn für die verfolgte und gejagte Jolanda Fieholz verwenden mögest, auf daß sie von ihren erbarmungslosen Häschern nicht gekriegt wird. Denn sie wissen nicht, was sie tun. Du Gebenedeite unter den Weibern, erhöre mich, Maria, unbefleckte Empfängnis, die Du empfangen hast vom Heiligen Geiste, bitte für sie.« Mit leisem Zweifel, ob ausgerechnet die Heilige Jungfrau das richtige Verständnis für die Jolanda Fieholz aufbringen kann, bin ich auch schon rübergeduselt.

Entweder ist meine Marienanbetung tatsächlich erhört worden, oder es ist der historische Ablauf der Geschichte. Jedenfalls kann die Jolanda Fieholz nun unbeschadet in jedem Straßengraben rumbuhlen. Wäre sie zwei Tage später auf Fahnenflucht gegangen, hätte ihr Abhauen nicht mehr als Fahnenflucht gegolten. Denn zwei Tage, nachdem sie desertiert ist, sind wir anderen ganz überraschend entlassen worden, mit Entlassungspapieren von der Kommandantur gestempelt, Hakenkreuz in den Klauen des Reichsadlers.

Gerade heute muß ich auch noch achtzehn werden. »Schön sind die Mädchen von siebzehn, achtzehn Jahr'n ...« Was hab' ich nun davon? Bei dem Durcheinander fällt mein Geburtstag flach. Sauerei, daß sie uns so Hals über Kopf entlassen ohne neue Anordnungen, wie es nun mit uns weitergehen soll. Solange ich denken kann, haben sie sich um jeden Pups gekümmert, und ab heute sagt uns keiner mehr, was wir tun müssen. Wir wissen nicht mal mehr genau, wo überhaupt noch Deutschland ist und ob da, wo wir zu Hause sind, nicht schon schlitzäugige Tataren unsere Frauen und Kinder schänden. Die meisten von uns können gar nicht mehr in ihre Heimatstädte, weil sie uns vorübergehend entrissen worden sind. Auch die Beba Richter hat ihr geliebtes Pommernland verloren, wo einst ihr Vaterhaus stand.

Mutti und Oma sind für mich verschollen. Meine Feldpostnummer ist ab heute erloschen, und ich werde nie mehr erfahren, wo sie abgeblieben sind. Die einzige, feststehende Adresse, die mir bekannt ist und wo bis jetzt wenigstens noch die Hakenkreuzfahne weht, ist – wie ein Fluch des Schicksals – die von der Friedel Grollmann. Nach schweren, inneren Kämpfen habe ich mir Breetz bei Lenzen/Elbe als mein Fluchtziel abgerungen. Hätte ich mir auch nicht träumen lassen, daß ich mal zu diesem Weibsstück angekrochen kommen werde und wie ein Bettler an ihre Pforte klopfen muß. Aus Kameradschaft nehme ich die Beba Richter mit, die ohne Pommern aufgeschmissen ist und in Breetz die Wiedereroberung ihrer Heimat abwarten will. Ich finde aber, wer mir mein Elternhaus zerstört hat, der kann mir in Notzeiten gefälligst mal Herberge gewähren und auch noch eine heimatlose Kameradin von mir aufnehmen.

Es ist keine Art, sagt die Marianne Dühlmeier, einfach sang- und klanglos wie die Schweine vom Trog wegzugehen. Wenn wir die Flucht antreten, sollen wir uns vorher bei ihr abmelden. Den Gefallen tue ich ihr mit der Beba Richter. Die Dühlmeier kann es nicht verknusen, daß sie uns plötzlich nichts mehr zu sagen hat. Bewegt versichert sie uns, wir sollen nicht den Kopf hängen lassen, die Wunderwaffe wird unseren Fluchtweg schneller als wir denken in einen Triumphzug ummünzen, und wir sehen uns alle glücklich wieder. Ich kann es mir nicht verkneifen, sie zu fragen, wie sie denn meinen selbstgenähten Rucksack findet.

Wer von uns nicht weiß, wo er hin soll, hat die Möglichkeit, vorläufig bei seinem Bauern unterzukommen. Für Bett und Kost muß er dann tüchtig zupacken. Den meisten Mädchen bleibt gar nichts anderes übrig, obwohl sie bestimmt ausgenutzt werden. Ohne Stiefmutter hätte mir das auch geblüht. So aber kann ich der Friedel Grollmann Gelegenheit geben, etwas von ihrer Schuld an mir abzutragen.

Unsere Uniformsachen sollen wir bis Kriegsende verwahren. Außerdem habe ich noch meine ganzen Zivilklamotten immer stur mit mir rumgeschleppt. Die Säume werde ich alle rauslassen müssen und notfalls Rüschen anstückeln. Die ganzen Jahre mitgewachsen sind die beiden Strickkleider von der Friedel Grollmann, in denen mein Busen so gemein aussieht. Zu dicken Würsten gerollt ist alles im Rucksack verstaut. Mittendrin steckt die große, goldene Mappe mit meiner Hans-Söhnker-Sammlung, dreihundertvierundsechzig Zeitungsausschnitte und Bilder, eingerechnet Filmpostkarten.

Besonders durch meinen fest zusammengeschnürten, roten Wintermantel zieht der Rucksack nach den Kniekehlen runter. Für alltags habe ich dann noch den Uniformmantel, in dem ich auch fliehe. Nach den kleinen Bretterbuden unserer Stellung sehen wir uns gar nicht mehr um. Vorwärts! Wir werden uns schon durchschlagen! Hauptsache, daß in Schweinfurt noch Züge fahren.

Die Bauern mußten uns nach eigenem Gutdünken Marschverpflegung mitgeben. Weil jetzt aber sowieso nicht mehr geleuchtet wird, sind wir für die Bauern nicht mehr wichtig. Den Firlingshofers bin ich noch ein großes, rundes, fünf Pfund schweres Bauernbrot wert, unangeschnitten, und eine mittlere, harte Räucherwurst. Damit muß ich vielleicht wochenlang auskommen. Die in Zeitungspapier eingewickelte Wurst ragt mir aus dem Rucksack. Wir gehen die Abkürzung nach Schweinfurt, denn Fahrgelegenheit gibt es nicht mehr. Wir müssen uns sputen. Die Amerikaner sollen jeden Moment hier sein. An ihrem Pappkoffer schleppt sich die Beba Richter halb krüpplig und beneidet mich, daß ich die Hände frei habe.

Eine miese, sandige Landstraße führt nach Schweinfurt. Bald ist hier Amerika. Die erwachende Natur sieht noch dreckig aus und das Grün blutarm. Hätten wir nicht doch lieber beim Bauern bleiben sollen? Unser Klo ist der Wiesenrain, unser Vaterhaus das Himmelszelt, der Bach die Waschgelegenheit, den Durst löscht der Regen, für frischen Sauerampfer gegen Vitaminmangel ist es noch zu früh und zum Umkehren zu spät.

Der pralle Rucksack drückt entsetzlich, und die schweren Stiefel werden mir immer knapper. Wenn wir nicht schon bei der Hitlerjugend bis zum Umfallen kilometerweite Gepäckmärsche veranstaltet hätten, würden wir jetzt schlapp machen. Ich muß den Rucksack mal abschnallen und verpasse ihm einen Fußtritt.

Quatsch, wozu ich so viele Kleider brauche! Eins für sonntags, eins für alltags und eines für den Winter, das langt doch allemal noch. Mein braunes Strickkleid mit dem blauen Angorakragen kann ich getrost aus dem Rucksack ziehen, ebenso das Sommerfähnchen mit der breiten Kräuselkrepptaille. Ohne weiteres trennt sich die Beba Richter von Blusen und Röcken, die sie noch nie leiden konnte. Ordentlich gebündelt lassen wir die Sachen am Weg liegen. Ich verzichte auch noch auf den Uniformmantel und flüchte in meinem roten weiter. Den Rucksack schnalle ich mir verkehrt rum, über den Bauch. Auf dem Rücken kann ich ihn nicht mehr aushalten.

Jetzt fühlen wir uns erleichtert. Aber was wir von der Straße hinter uns lassen, wächst sie vorn wieder nach. Bestimmt habe ich mir die Fußsohlen schon roh gelaufen. Die Landstraße knirscht wie Sandpapier. Bis auf zweimal zum Wechseln feure ich mit der Zeit meine ganze geflickte Unterwäsche und die Wollsachen aus dem Rucksack. Die Beba Richter behält nur ihr dunkles Theaterkleid und die Camelias. Falls mit ihren Eltern was Ernsthaftes passiert sein sollte, hat sie dann wenigstens was Schwarzes. Ich besitze jetzt nichts mehr, als was ich auf dem Leib trage, abgesehen von den zwei Garnituren Unterwäsche, der Zahnbürste und meiner Hans-Söhnker-Sammlung. Zusammen mit dem Brot und der Wurst muß ich aber immer noch ganz schön asten.

Der Weg wird plötzlich von einer Balkensperre unterbrochen. In der Mitte steht ein Drehkreuz. Wenn wir die Knochen zusammenreißen, schaffen wir es noch bis dorthin. Wir können unter den Balken durchkriechen oder uns durch das knarrende Kreuz zwängen. Über die sumpfige Wiese ist es uns zu dreckig. Wir lassen uns in die kantigen Holzarme des Kreuzes sinken und schieben uns auf die andere Seite des Weges. Das Gepäck haben wir schon vorher durchgeschoben. Erst mal verschnaufen. Aber nicht zu lange, weil wir die Amerikaner im Rücken haben. Vor Ermattung verspüren wir nicht mal Kohldampf. Bei Dunkelheit wollen wir in Schweinfurt sein, damit wir im Zug schlafen können. Das ist so gar nicht zu schaffen. Nur die Zahnbürste, die Wurst und die unersetzliche Hans-Söhnker-Sammlung behalte ich. Das schwere Brot muß dran glauben. Uns bleiben ja noch die beschmierten Stullen von der Beba Richter. Nachdem ich das Brot mit dem Ellbogen abgewischt habe, lege ich es auf das Drehkreuz. Brot gegenüber haben wir als Deutsche eine tiefe Ehrfurcht. Und ich noch zusätzlich als Katholikin. Mit schwieligen Händen schafft uns der Bauer Brot, der Tag für Freiheit und für Brot bricht an, der Führer hat uns Arbeit und Brot gegeben, Salz und Brot wird gereicht, der Priester bricht das Brot für die Gemeinde, unser täglich Brot gib uns heute, Brotwegwerfen ist Sünde. Brot haben wir immer geachtet, und nun lassen wir es im sechsten Kriegsjahr auf einem Holzkreuz liegen. Ein großes, rundes Familienbrot für eine Woche. Das ist Brotschande. Vor Scham will ich es doch lieber wieder einsacken. Dann müssen wir es aber abwechselnd schleppen.

Aus ihrem schlechten Gewissen kommt der Beba Richter die Erleuchtung, wie wir uns um das Brot drücken können. Auf einen Zettel schreibt sie einen Aufruf an den nächsten Volksgenossen, der hier vorbeikommt. Das Papier legen wir oben auf die Kruste, stoßen mit einem kleinen Zweig durch den Zettel in den Brotlaib, daß die Botschaft nicht wegfliegt. Der Volksgenosse, der das Brot auf dem Wegkreuz finden wird, kann dann lesen: Das ist gutes, deutsches Brot und nicht vergiftet. Wer hier vorbeikommt, soll das Brot bitte mitnehmen. Uns war es leider zu schwer. Zwei Flüchtlinge.

*

Die Stullen von der Beba Richter haben zusammen mit meiner Wurst genau bis Lenzen gereicht. Nun würden wir uns gern mal wieder was Warmes einverleiben. Knusprige Kartoffelpuffer oder dergleichen. Die Flucht verlief reibungslos. Unterwegs haben wir wirklich Schwein gehabt, denn wo wir auch immer aufgetaucht sind, fuhr gerade der allerletzte Zug ab. Nach uns kam dann das Chaos. Noch kurz vor Lenzen haben die Leute im Abteil alle für uns schwarz gesehen. Das ganze Elbland sei überschwemmt und Breetz von der Umwelt abgeschnitten. Wiesen, Straßen und Keller ständen unter Wasser. Gerade Breetz wäre besonders hart von der Frühjahrsüberschwemmung betroffen. Wir sahen uns schon ohne feste Bleibe durch Deutschland rumzigeunern, das immer kleiner wird. Von Lenzen aus fuhr dieses Mal der allererste Zug ab, nämlich nach der Überschwemmung. Die Äcker standen noch etwas unter Wasser, Wiesen und Felder waren vermodert und übersät mit Pfützen, die ganze Gegend feucht und dunstig. In Schwarzenberg, dicht vor Breetz, mußten wir aussteigen. Wie auf Bestellung stand in der Nähe der Bahnstation ein Pferdewagen mit dicken Gummirädern. Wieder hatten wir Glück, denn der alte Bauer, der auf dem Kutschbock saß, wollte uns zuliebe den kleinen Umweg über Breetz machen.

Nun sitzen wir schon eine dreiviertel Stunde zwischen Milchkannen, ich auf meiner Hans-Söhnker-Sammlung. Wir kommen an einer Windmühle vorbei, die noch in Betrieb ist. Zu wem wir in Breetz wollen? »Zu meiner Stiefmutter«, sage ich, »die wohnt beim Bauern Winter.« »So, beim ehemaligen Bürgermeister. Stramme Tochter hat er. Die Breetzer haben alle einen Vogel. Sie werden hier überall nur ›die Herren von Breetz‹ genannt. Alles reiche Bauern. Da ist was hinter. Alles Geldsäcke, denen es zu gut geht. Aber das wird sich bald ändern.« Auf meine Stiefmutter kann er sich nicht besinnen. »Na, die Evakuierten haben in Breetz nichts zu lachen. Vermieten? Als ob die Breetzer die paar Pimperlinge von den Evakuierten nötig hätten! Ohne Landarbeit kein Zimmer.« Schadet der Friedel Grollmann gar nichts, wenn sie beim ehemaligen Bürgermeister im Keller Winterkartoffeln auslesen muß.

Während der Fahrt kommt mir erst so richtig zum Bewußtsein, daß wir uns nach so langer Zeit plötzlich wiedersehen und persönlich beriechen werden. Nimmt sie uns nicht auf, ziehen wir eben weiter ins Elend. Das soll sie dann mit ihrem Gewissen vereinbaren.

Breetz besteht nur aus einer kurzen, breiten Straße. Von der Überschwemmung ist kaum noch etwas zu merken. Alles so festgefügt und unantastbar, umweht von Wohlstand. Nicht eine schiefe Dachpfanne, nirgends Risse, keine Schraube locker und die Fensterläden wirken frisch gestrichen. Es wird jetzt mit Macht dunkel.

»Hier sind wir bei Winter.« Wir springen vom Wagen und winken. Links neben der Tür hängt ein verglaster Aushängekasten mit dem neuesten Wehrmachtsbericht. Wohl noch ein Überbleibsel von der ehemaligen Bürgermeisterei. Ich muß jetzt mal dringend zur Toilette. Der Pappkoffer von der Beba Richter hat ganz schön gelitten. Schnell kämme ich mir über die Tolle, und wir stehen in einem dürftig erleuchteten Flur, von dem steil eine Treppe hochgeht. »Tür zu! Verdunkelung!« herrscht uns eine handfeste Blonde an, so Anfang Zwanzig, mit straffem Haarknoten. Kleine Strähnen sind aus der blonden Ordnung gerutscht und umgaukeln Stirn, Ohrläppchen und Nacken. Ein Bild aus dem Bauernkalender. »Heil Hitler«, grüße ich, »ich bin eine Verwandte von der Frau Groll . . ., von der Frau Walter, meine ich, und ich hätte die Frau Walter gern mal gesprochen. Das hier ist meine Kameradin. Wir sind zusammen geflüchtet.« Das blonde Elbweib reckt sich nach der Treppe zu, wirkt noch mächtiger und ruft: »Frau Walter, Ihr Typ wird verlangt!« Neben so viel strotzender Bauernkraft komme ich mir ganz vermickert vor.

Von oben ruft eine mir verhaßte Stimme zurück: »Was ist denn, Fräulein Gudrun?« Unten an der Treppe stehe ich Wurm, im Schlepptau meinen Schmarotzer, die Beba Richter. Oben an der Treppe erscheint die Friedel Grollmann, die immer aussieht, als ob sie ein Dirndlkleid anhätte. Noch trennen uns die Stufen. Das schlichte Selbstgestrickte reicht ihr über die halben Ballonwaden. Ganz beseelte Mütterlichkeit poltert sie zu mir herunter, und ich stolpere ihr vor Verlegenheit fast in die Arme. »Nun sag doch bloß mal, Renate!« Übersprudelnd erzähle ich ihr mein Schicksal, daß sie mich bei der Flak einfach auf die Straße gesetzt haben und ich die Adresse von meiner Mutter nicht weiß, ich also vollkommen heimatlos und mittellos dastehe und sie, als jetzige Frau meines Vaters, mein letzter Strohhalm ist. Erstmal soll sie mich verkraften, die Beba Richter will ich dann später nachschieben. »Selbstverständlich bleibst du. Keine Frage! Was denkst du denn, Renate! Du bist doch Vatis Tochter. Ein bißchen also auch meine.«

Ich bin jetzt nicht in der Position, mir das zu verbitten und schweige lieber. Ich werde aber meine leibliche Mutter nie verraten. Da kann die Friedel Grollmann, die nur ein Notnagel ist, sich die Zähne an mir ausbeißen. Sie hält mich noch immer fest, und die Wärme, die von ihren Händen ausströmt, überträgt sich langsam auf mich.

*

Die Friedel Grollmann lebt bei Winters in Knechtschaft. Nicht mal über ihr primitives Mansardenzimmer, für das sie zahlt und das sie sauberhält, kann sie frei verfügen. Gleich gestern abend noch mußte sie von Winters die Erlaubnis regelrecht erbetteln, mich aufnehmen zu dürfen. Man kann gegen die Friedel Grollmann alles vorbringen, aber nicht, daß sie sich nicht einsetzt. Ich glaube kaum, daß ich mich im umgekehrten Fall für eine hergelaufene Stieftochter so gedemütigt hätte. Hut ab! Zumal ich ein Esser mehr bin, der für die Wirtschaft nichts beizusteuern hat außer seinem Appetit. Natürlich werde ich ihr, wo ich kann, unter die Arme greifen.

Winters trauern noch immer ihrem tüchtigen Landjahrmädel nach, das sie mal hatten. Nun wollten sie es probeweise mit der Beba Richter versuchen. Wenn sie sich anstellig gezeigt hätte, wäre sie wie eine Tochter gehalten worden. Aber anstatt sich gut einzuführen, steigt die Beba Richter am ersten Morgen wie ein Filmstern aus den Federn, nur das Frühstück im Kopf, und lüftet nicht mal ihr Bett auf dem Fensterbrett aus. Noch in der hellen Mittagssonne ist es zerwühlt von der Nacht. »Damit hat die Beba Richter ihre Visitenkarte abgegeben«, empörte sich die Frau Winter, drückte ihr den Pappkoffer und zwanzig Mark in die Hand, betonte, daß sie das nicht muß und hielt ihr auch noch sperrangelweit die Tür auf. Ich stand gerade draußen am Aushängekasten und wurde von der Beba Richter angepöbelt, daß ich unkameradschaftlich bin, wenn ich nicht mitgehe. Obwohl sie mir leid tat, ließ ich sie abblitzen. Wer sich durch Schlamperei ein Dach über dem Kopf mit Schmalztöpfen und Schwarzgeschlachtetem vermasselt, soll andere nicht noch mit reinziehen. Wütend ist sie dann nach Pommern gegangen. Egal ob sie umkommt.

Hochanständig, wie die Friedel Grollmann mir in dem engen Mansardenzimmer Platz gemacht hat. Neben der Tür stehen zwei weiße Holzgitterbettchen für die Bastarde, die sich noch bepuschen. Die Friedel Grollmann schläft am Fenster in einem alten Eisenbett. Gleich anschließend liege ich auf einer muffigen Klappcouch, die mit ein paar Kunstgriffen abends in mein Bett verwandelt wird. Davor steht der Eßtisch. Die Wand gegenüber muß als Küche herhalten, mit Küchenbüfett, Mülleimer und Kohleherd.

Fließwasser haben wir hier oben nicht. Was wir brauchen, holen wir in Eimern rauf. Licht und Luft bekommen wir durch zwei kleine Dachfenster, die sich gut verdunkeln lassen. Überall sieht mich die Beschränktheit mahnend an: Mußt du fette Made dich hier auch noch einnisten! Wenigstens kann sich aber die Friedel Grollmann, die die Kinder von oben bis unten bestrickt, jetzt ungestörter ihre kniffligen Norwegermuster auszählen, weil ich ihr doch manches im Haushalt abnehme.

Der größere Udo läuft nur auf Zehenspitzen, als wollte er mal Seiltänzer werden. Durch die gewölbte Fußhaltung wird er nie solche Plattfüße bekommen wie ich. Er ist Frau Luchts erklärter Liebling. Sie kommt ebenfalls aus Berlin, und hat das Nebenzimmer. Tür an Tür wohnt sie mit ihrem ganzen Kummer, ihrem Sohn, einem schönlichen Junggesellen von fünfzig, an dem eine heimtückische Krankheit nagt. Über das Leiden spricht sie nicht. Spielend hat er es in jungen Jahren zum Frauenarzt gebracht mit blendend gehender Praxis. Seit er in Berlin ausgebombt ist, wohnt er bei Winters und hat seine junge Geliebte miteinquartiert, ein gewisses Fräulein Fössler, das der Frau Lucht nicht paßt und zum Heiraten nicht in Frage kommt, weil sie nicht aus einer Akademikerfamilie stammt. Seiner angegriffenen Gesundheit zuliebe will er nach dem Endsieg in Lenzen eine Praxis aufmachen und nicht mehr in die schlechte Großstadtluft zurückkehren.

Direkt an der Bodenstiege wohnt noch die frisch gebackene Kriegerwitwe Müller aus Berlin mit dreizehnjähriger Tochter Marianne, die pro Zopf siebzehn Flechten hat, und neunjährigem Sohn Wölfchen. Wölfchen wird jedesmal auf den Hof spielen geschickt, wenn seine Mutter frische Eier organisiert hat. Wölfchen darf nämlich nicht wissen, daß sich Mutter und Schwester Zuckereier schlagen. Er soll nicht so frühreif werden. Ei gibt Ei, sagt Frau Müller immer.

Zu meinem Willkommen hat mir die Friedel Grollmann als Mittagessen gebratene Kartoffelkuchen versprochen. Das sind handtellergroße Küchlein aus geriebenen, rohen Kartoffeln, Mehl, Salz und Wasser. Das Bratgut wird vermantscht und mit sparsam Fett in heißer Pfanne scharf gebraten und nachher Zucker drübergestreut. Einmalig! Mit der Friedel Grollmann ist auszukommen.

Die Wassereimer sind leer. Im ganzen Dorf sollen sie kein Wasser haben. Möglich, daß es mit der Überschwemmung zusammenhängt. Aber auch wenn es Wasser gibt, geht die Friedel Grollmann lieber zur Pumpe, als daß sie sich von Winters in der Küche unten die Wassertropfen vorzählen läßt. Ich nehme beide Eimer. Der Widokind will durchaus mitkommen. Brüllend muß ich ihn ins Bett setzen. Er kann nämlich die steile Stiege bloß auf allen vieren rauf- und runterkriechen, und ich will ihn nachher nicht auch noch schleppen müssen.

Die Pumpe steht an der Dorfstraße, paar Häuser weiter. In Breetz riecht förmlich alles nach Großbauerntum. Auf der Straße lassen sich die wohlhabenden Familien über Mittag nicht blicken. Werden sie wohl gerade völlen, daß ihnen das Fett über das Kinn läuft. Ein Dorf, das der Krieg vergessen hat. Aber die friedliche Idylle trügt. Vor einem Haus lungern zwei Fremdarbeiter rum, die daran erinnern, daß der Bauer im Osten um Lebensraum kämpft. Volk ohne Raum. Na, jetzt stimmt das erst wirklich. Außer Polen gibt es hier noch französische Fremdarbeiter.

Die Pumpe sieht aus wie mit Grünspan überzogen. Einen Eimer hänge ich an die Schnute, hocke mich hin, um mir meinen Schnürsenkel festzubinden, der schon dreimal gerissen und geknotet ist. Miese Kriegsware. Wie ich mich aufrichte, steht da ein junger Mensch an der Pumpe und pumpt mir den Eimer voll. Die Uniform von polnischen Kriegsgefangenen kenne ich. Das hier ist sicher eine französische. Wenn er bißchen mehr auf den Rippen hätte, könnte er mein Typ sein. Und Lebensart hat er! Er ist zuvorkommend und taxiert mich ganz unauffällig. Der Pumpenschwengel quietscht nach der Ölkanne, und ich denke sofort an ein französisches Doppelbett. Er hängt die Eimer um und pumpt langsamer, damit ich nicht so bespritzt werde. Er sagt nichts und stellt die vollen Eimer nebeneinander. Ich will sie aufnehmen, da trägt er sie schon ritterlich. Er erkennt in mir die Dame, die vorsichtig sein muß mit dem Unterleib. Eine Menge Liter Wasser sind nämlich zu schleppen.

Vor der Tür stellt er höflich die Eimer ab. »Voilà, Mademoiselle.« Ich verquetsche ein »merci«. Mein erstes, französisches Wort, das ich an einen echten Franzosen richte. Im Gehen macht er eine charmante Verbeugung zu mir hin. Die Franzosen sind eben ein altes Kulturvolk. Beschwingt wuchte ich die Eimer ins Haus, bin zu faul, zweimal zu gehen und schaukele, in jeder Hand einen, pustend die Stufen hoch. Auf halber Treppe merke ich, daß der ehemalige Bürgermeister mir vom Flur aus mit verschränkten Armen nachsieht. »Ganz schön schwer, was Mädel?«

Je mehr der Wehrmachtsbericht einem zu denken gibt, umso siegeswütiger werden wir. Wie zusammengescheuchte Hühner hocken wir manchen Abend in Friedel Grollmanns Zimmer alle zusammen und beurteilen die Lage zuversichtlich. Danach können wir dann besser schlafen.

Heute haben wir uns auf Wunsch von Herrn Winter schon gleich nach dem Frühstück versammelt. Über den beiden Gitterbettchen liegen alte Tischdecken zum Abdunkeln. Die Bastarde, die ich inzwischen mächtig ins Herz geschlossen habe, halten darunter ihren Genesungsschlaf vom Keuchhusten. Die Frau Müller ist nur mit ihrer Marianne gekommen. Wölfchen schnitzt sich vor der Tür eine Flöte. Müllers sitzen auf der Couch neben dem Frauenarzt und Fräulein Fössler, die dem kränkelnden Doktor noch das Mark aussaugt. Ihre hanebüchenen Augenränder sprechen Bände. Blond und üppig lehnt die Gudrun Winter in unserem Korbsessel. Eine Bauernmadonna! Die Frau Winter ist eine aus dem Leim gegangene Altersausgabe ihrer Tochter. Ein trauriges Beispiel für die Vergänglichkeit. Neben ihrer Fülle wirkt der ehemalige Bürgermeister schwindsüchtig. Einer Venenentzündung wegen hat die Frau Lucht ihre Beine auf den Holzschemel hochgelegt. Die Friedel Grollmann strickt, mit Rundnadel bewaffnet, dreifädig auf unserer Vorratskiste.

Der olle Winter kommt gleich zur Sache. Er will uns beileibe keine Angst machen. Es ist ganz unwahrscheinlich, daß der Russe bis Breetz durchstößt. Nicht mal vorübergehend. Weil er dann ja geschafft hätte, was er wollte, nämlich dem Amerikaner an der Elbe die Hand zu reichen. Es ist nur für alle Fälle, aber er möchte uns sicherheitshalber auffordern, unsere ganzen Wertgegenstände, wie Schmucksachen und dergleichen, zusammenzusuchen und ihm bis Einbruch der Dunkelheit auszuhändigen. Er muß mal sehen, ob er die Sachen im Spargelbett vergräbt oder in der Kartoffelmiete. Dem Russen darf nichts von Wert in die Hand fallen. Wenn er zurückgetrieben wird, läßt er alles mitgehen. Aber wie gesagt, es ist sehr unwahrscheinlich, daß es soweit kommt.

Es schmeckt mir schon sehr nach bitterem Ende, daß wir unser Vermögen eingraben sollen. Die Schmuckarie gibt mir den Rest, obwohl ich persönlich kein Geschmeide besitze. Ich sage dann auch ganz ehrlich, daß ich Angst habe. Der Russe steht vor der Tür. Was denn, wenn er sich nun wirklich mit dem Amerikaner an der Elbe trifft? Dann müßte der Russe uns ja schon überrannt haben, und es ist nichts mehr Deutschland. Wollen wir noch hinter den feindlichen Linien operieren? Und mit was denn? Ob wir im Grunde den Krieg nicht schon verloren haben und uns nur noch was vormachen? Weil wir ja wissen, was uns von diesen Untermenschen blüht! Der Dr. Goebbels hat es uns oft genug ausgemalt! Besudelte Ehre, geschändete Rasse und totale Ausrottung bis zum letzten, deutschen Blutstropfen.

Das Schweigen im Zimmer dauert lange. Nur die Bastarde hört man wohlig schniefen. Erschrocken sehe ich, wie Frau Müller mit den Tränen kämpft und ihre Marianne sich fahrig die dünnen Zopfenden zwirbelt. Aber dann strafft sich Frau Müller ganz erstaunlich und bekommt etwas von den steinernen Figuren eines Kriegerdenkmals, fest entschlossen über die ewige Flamme blickend. Thorak oder Breker. Vor den Anwesenden hier – tönt Frau Müller – soll ich ihr mal frei ins Gesicht sehen. Ob ich sie schon einmal klagen gehört habe, ihr eine schwache Stunde angemerkt habe. Habe ich sie jemals verzagt gesehen? Mit dem leisesten Zweifel am Endsieg würde sie ihrem gefallenen Mann seinen Heldentod vor die Füße werfen. Jedes Wort seines letzten Briefes hat sich in ihr Innerstes eingebrannt. Ich soll sie gefälligst ansehen! Vor dem Feuergefecht in Rußland, wo es dann passiert ist, hat er geschrieben: »Du mußt für die Kinder stark sein, wenn ich fallen sollte. Müßte ich mein Leben opfern, wüßte ich wenigstens wofür: Für unser Deutschland, die Zukunft der Kinder, die ich innig küsse, und für Dich, meine Geliebte, der ich für all die schönen Stunden Dank sage.« Wenn ich jetzt noch den Mut habe, schluchzt Frau Müller, dann soll ich nur so weiterreden!

»Ich möchte mich entschuldigen«, sage ich beklommen, »und Sie können gewiß sein, daß ich das nicht so gemeint habe. Und ich will auch gegen meine Angst ankämpfen.« »Wenn Sie mal jemand zum Aufmöbeln brauchen, halten Sie sich ruhig an mich«, sagt die Gudrun Winter. »Gerade jetzt, und erst recht jetzt, haben meine Eltern mir den Jungbauernhof hinter Breetz überschrieben. Meinen Sie, wenn alles aus wäre, hätte ich noch Wert drauf gelegt, mich Jungbäuerin zu nennen? Der Hof, den ich bewirtschafte, liegt in Großdeutschland. Und da bleibt er auch! Verlassen Sie sich drauf!«

»Ich weiß ja auch nicht ...«, ist meine ganze Weisheit. Der Dr. Lucht näselt giftig: »Wenn das vorhin seine Kritik am Führer gewesen sein sollte, möchte ich Ihnen sehr raten, in Zukunft vorsichtiger damit zu sein. Das kann Ihnen Kopf und Kragen kosten.« Seine Mutter sinniert: »Schlimm, wenn schon so ein junger Mensch kein Rückgrat hat.« – »Mach dir bloß nicht in die Hosen«, veräppelt mich der alte Winter, will mich noch mehr aufziehen, aber seine Frau platzt dazwischen: »Es tut mir schon leid, daß ich Sie aufgenommen habe, weil Sie nicht unter mein Dach passen. So sehr ich die Frau Walter schätze, aber mit Ihnen bin ich ganz und gar nicht einverstanden. Vor unserer tapferen Frau Müller müßten Sie in den Boden sinken. Man kann Sie ja der Frau Müller gar nicht mehr zumuten!« Die Friedel Grollmann sieht mich schon auf der Straße und verteidigt mich: »Aber das ist doch alles Unsinn! Sie steht ja zum Führer! Schon als kleines Mädchen. Sie ist bloß immer gleich so hitzig. Herrgottnochmal! Die ganzen Opfer, der Hunger, die Entbehrungen, die Trümmer, das Flüchtlingselend, unser heißumkämpftes Deutschland und unsere gefallenen Jungs draußen, das kann ja nach gesundem Menschenverstand gar nicht alles umsonst gewesen sein. Das wäre ja gegen die Geschichte. Der Alte Fritz in der Schlacht bei Leuthen! Wie hat es denn da ausgesehen? Und auf einmal kam die Wendung. Der Führer hat noch was. Da bin ich überzeugt von! Renate, ich würde hier doch nicht so ruhig sitzen und für die Kinder stricken, wenn ich nicht den felsenfesten Glauben an den Endsieg hätte!« Verdattert sage ich, daß ich jetzt meinen Glauben wiederhabe, daß ich alles einsehe, und dann denke ich mir, seit ich nicht mehr staatlich organisiert bin, muß mir die uferlose Freiheit über den Kopf gewachsen sein. Seit ich von oben keine

Richtlinien mehr bekomme, nehme ich den Wehrmachtsbericht wörtlich, lasse mich von Städten und Dörfern, die in Feindeshand fallen, unterkriegen, anstatt zwischen den Zeilen zu lesen und Vertrauen zu haben. Gegen eine rechtschaffene Großbauernfamilie, einen versierten Frauenarzt, in der Mitte des Lebens mit heißblütiger Geliebten, eine leidgeprüfte Kriegerwitwe, die dem Volke zwei Kinder geboren hat, gegen die Weisheit des Alters einer Pensionärin mit Venenentzündung und gegen die warmherzige, kraftstrotzende zweite Frau meines Vaters, die ihm in seiner Reife noch eine Jungfamilie beschert hat, bin ich eine Null und habe keine Ahnung.

Beschämt stehe ich auf und behaupte, mir ist nicht so richtig, und ich will mal bißchen an die frische Luft gehen. Ich weiß nicht, wie ich die Treppe runtertaumle. Draußen ist April. Ein sanfter Sonnenstrahl spiegelt sich in der Scheibe des Aushängekastens, den der jetzige Bürgermeister noch immer nicht ummontiert hat. Da sehe ich, wie der greise Bote und Melker vom jetzigen Bürgermeister angeradelt kommt. Er ist schon nicht mehr ganz klar im Kopf. Brandneue Nachrichten wird er bringen. Er stellt sein Damenrad an die Hauswand, schließt den Kasten auf und wechselt die Nachrichten aus. Grußlos radelt er weg. Gegen Evakuierte hat er was. Am Wehrmachtsbericht, egal wie er lautet, will ich mich zwischen den Zeilen aufrichten. Dort steht: »Wichtige Sondermeldung! Dem Wehrmachtsbericht entnommen vom Bürgermeister. Am neunundzwanzigsten April neunzehnhundertfünfundvierzig ist der Führer des Großdeutschen Reiches, Adolf Hitler, bei den Kämpfen um die Reichshauptstadt in vorderster Linie gefallen. Der Führer hat Großadmiral Dönitz zu seinem Nachfolger ernannt, der den Kampf bis zum siegreichen Ende weiterführen wird. Erschüttert stehen wir vor dieser unfaßbaren Nachricht und werden uns dem Heldentod unseres heißgeliebten Führers würdig erweisen. Sein Leben war Deutschland, bis zum letzten Atemzug.«

Kein Führer mehr und der Himmel ist wie immer und die Straße und ich auch. Ein Seemann an der Spitze des Reiches! Ob der Dönitz den Karren noch aus dem Dreck ziehen wird? Der Führer tot und Deutschland ein verwaister Trümmerhaufen. Am Hoftor trottet ein vermurkster Schäferhund mit eingezogenem Schwanz vorbei. Vom Lieblingsschäferhund des Führers wird gar nichts gemeldet. Ob er sich am Heldengrab seines Herrn treu zu Tode wacht oder an der Seite des Führers gefallen ist? Der Führer war ja immer ein großer Tierfreund. Eigentlich müßte ich viel gebrochener sein.

Wie ich in stiller Trauer den Aushängekasten anstarre, bekomme ich plötzlich eine Gepfefferte auf meinen großdeutschen Hintern geklatscht. So pietätlos aus meinen schmerzlichen Betrachtungen gerissen, drehe ich mich empört um. Grinsend, an einem Streichholz kauend, steht da mein charmanter, französischer Wasserträger und kneistet mir frech mit den Augen zu. Schlagartig ist mir klar: Wenn dieser höfliche und zurückhaltende Franzose sich traut, so handgreiflich mit einer Deutschen anzubandeln, dann ist der Krieg verloren. Armes Deutschland!